Economics

경제학 시장경제의 원리

Principles of Market Economy

안재욱 · 김영신

2nd

박영사

개정판 서문

　　우리는 경제학의 궁극적인 목표는 경제성장을 통해 국가의 번영과 국민들의 삶을 나아지게 하는 데 있어야 한다고 생각한다. 어떻게 해야 그 목표를 이루는지에 대해 올바른 방향을 이야기하는 것이 경제학자의 임무라고 생각한다. 그런 생각으로 이 책을 썼다.

　　우리 주변에서 일어나는 경제문제와 경제현상을 정확히 이해하기 위해서는 경제원리를 잘 알아야 한다. 경제원리를 알면 경제현상을 이해하는 데 도움이 되는 것은 물론, 개인의 생활에 많은 도움이 된다. 그러나 무엇보다도 정치인들의 잘못된 정책, 거짓된 정책을 판별할 수 있는 능력을 갖출 수 있게 된다. 정부의 정책은 우리가 생활하는 사회적 환경을 결정한다. 잘못된 정책은 나쁜 환경을 만들고 좋은 정책은 좋은 환경을 만든다. 나쁜 환경에서는 살아가기 어렵다. 정부와 정치인이 나쁜 정책을 수립할 때 대부분의 국민들이 그것이 잘못된 정책이라는 것을 안다면 정부나 정치인들은 함부로 정책을 만들지 못할 것이다. 잘못된 정책이 아닌 올바른 정책이 만들어지게 되면 경제가 성장해 국가가 번영을 이루고 국민들의 삶이 나아진다. 이 책은 경제성장을 통해 국가의 번영과 국민들의 삶을 나아지게 하는 경제원리를 제시하고 있다.

　　학생들이 경제학을 기피하고, 경제학이 대중으로부터 멀어지는 가장 큰 이유 중의 하나가 경제학이 수학을 이용한 복잡한 모형을 사용하고 있는 점이다. 그래서 우리는 가급적 복잡한 그래프나 수학의 사용을 억제하고 여러 가지 사회 현상에 대한 경제학적 사고를 기를 수 있는 기초지식을 제공하려고 했다. 경제학을 처음 접하는 학생들이나 일반인들뿐만 아니라 경제학과 고학년과 석·박사 과정의 학생들에게도 경제원리를 이해하고 매일매일 일어나는 경제현상에 대한 분석능력을 함양하는 데 도움이 될 것이라고 생각한다. 이 책이 시장경제와 여러 가지 사회현상을 이해하는 데 도움이 되기를 바라고, 많은 사람들이 경제학에 대한 흥미를 되찾기를 바라는 마음이다.

초판을 출판한 지 어언 3년이 흘렀다. 부족한 부분이 많았음에도 불구하고 많은 사람들이 관심과 성원을 보내주었다. 특히 학생들과 독자들로부터 이 책을 읽고 공부하며 경제현상을 조금은 이해할 수 있게 되었고, 경제학에 대해 흥미를 갖게 되었다는 메일을 받았을 때 가장 기뻤고 보람을 느꼈다.

이번 개정판을 통해 부족한 부분을 수정·보완했다. 데이터를 업데이트했을 뿐만 아니라 내용도 보충했다. 그리고 편제도 조금 바꾸었다. 제10장 마지막 절에 있던 정부의 역할을 별도의 장을 만들어 제17장에 위치했다. 미시부분과 거시부분 모두를 배운 후에 그에 따른 정부의 역할을 언급하는 것이 내용의 흐름상 더 낫다고 판단했기 때문이다.

한편 이번 개정판에서는 각 장의 내용에 대한 심층적 이해를 돕기 위해 각 장의 끝에 〈읽어보기〉 코너를 만들어 각 장의 내용과 관련 있는 칼럼이나 기사 등을 실었다. 또 이 책을 가지고 공부하는 데 도움을 주기 위해 연습문제 중 일부를 선택하여 그 문제에 대한 해답을 책 말미에 〈부록〉으로 제공했다.

초판의 교과서를 사용하고 질문과 피드백을 주었던 경희대학교 학생들과 다른 많은 대학의 학생들을 포함하여 그 외에 질문을 해 주었던 많은 일반인들에게 감사를 표한다. 그들의 질문과 피드백이 책의 내용을 보완하는 데 많은 도움이 되었다.

끝으로 초판에 이어 개정판의 출판을 적극 지지해주신 박영사의 안종만 회장님과 안상준 대표님, 조성호 이사님, 편집과 교정을 맡아 수고하신 박송이 과장님과 모든 제작진 여러분께 깊은 감사를 드린다.

2022년 1월
저자들을 대표하여
안재욱 씀

경제학: 시장경제의 원리

초판 서문

우리 주변에서 일어나는 경제문제와 경제현상을 이해하기 위해서는 경제이론이 중요하다. 경제이론이 없으면 우리가 소비하는 재화와 서비스가 어떤 과정을 거쳐 우리 앞에 오는지, 왜 어떤 재화와 서비스의 가격은 높고, 어떤 재화와 서비스의 가격은 낮은지, 왜 경쟁이 일어나는지, 그리고 그 결과는 무엇인지, 왜 어떤 기업은 성장하고 어떤 기업은 망하거나 쇠퇴하는지, 실업은 왜 발생하는지, 물가는 왜 오르는지, 경제는 왜 쇠퇴하는지, 경제위기가 왜 발생하는지, 왜 어떤 국가는 부유하고 어떤 국가는 가난한지 등 이런 수많은 경제현상과 문제를 이해할 수 없다. 또 경제이론이 없으면 제기되는 주장들과 정책제안들이 옳은 것인지 그른 것인지 판별하지 못하고 오류를 저지를 수밖에 없다. 한마디로 경제이론이 없으면 깜깜한 밤중의 길을 불빛 하나 없이 걷는 것과 같다.

중요한 것은 어떤 경제이론이냐이다. 그것은 언제 어디서나 적용되는 보편타당한 것이어야 한다. 사람들이 보편적으로 원하는 것은 무엇일까? 그것은 아마도 경제의 안정적인 성장일 것이다. 사실 경제가 안정적으로 성장할 때 실업, 인플레이션, 소득불평등, 빈곤 등의 경제문제가 가장 적게 발생한다. 따라서 경제가 안정적으로 성장하는 데 필요한 경제이론을 배워야 한다. 지금까지 많은 경제학자들의 노력으로 이에 대한 많은 경제이론들이 나왔다. 문제는 경제학을 처음 접하는 사람들에게 그것들을 어떻게 체계화하고 일관성 있게 전달하느냐에 있다. 이 책은 그러한 점에 초점을 맞춰 서술했다.

사실 그러한 목적으로 2012년에 여러 교수님들과 함께 〈새경제학원론〉을 냈다. 그러나 의욕이 너무 과한 탓에 그 책에 너무 많은 내용을 담았다. 그러다 보니 한 학기 동안 강의를 통해 다루지 못하는 내용이 많았다. 특히 중요함에도 불구하고 거시경제의 상당부분과 국제경제, 그리고 경제사는 거의 다루지 못했다. 그래서 〈새경제학원론〉을 바탕으로 한 학기 동안 강의할 수 있는 주제와 내용으로 새롭게 구성하여 이 책을 썼다. 뿐만 아니라 지난 7년 동안 강의하면서 보충해야겠다고 생각한 내용도 이번에 포함했다.

굳이 이렇게 한 한기 강의용으로 만든 이유는 지도와 같은 경제학 전체에 대한 큰 그림이 필요하다고 생각했기 때문이다. 지도를 보는 것처럼 경제학 전체를 조망할 수 있는 그림을 가지고 있으면 많은 사회문제에 대해 일관성 있게 사고할 수 있고, 무엇이 옳고 무엇이 그른지, 미디어와 정치인들의 일상적인 주장들을 명료하게 평가할 수 있다. 경제학에 대한 일관된 체계는 경제학을 처음 배우는 사람들뿐만 아니라 경제학을 배운 사람이나 배우고 있는 사람에게도 매우 유용하다. 지금 경제학을 전공하는 학생들은 정말 많은 이론들을 배운다. 그럼에도 불구하고 그것을 왜 배우는지 모른 채 그저 공부하고 있는 경우가 많다. 마치 망망대해에 목적지 없이 떠다니는 배처럼 경제학이라는 거대한 바다에서 해매는 형국이다. 그러다 보니 현실 문제에 대한 자신의 생각과 의견을 내지 못 하고 있다. 이러한 점에서 본 책은 경제학을 처음 접하는 사람뿐만 아니라 경제학과 고학년 학생과 대학원생에게도 많은 도움이 될 것이다.

기존 교과서의 가장 큰 문제점 중의 하나는 현실과 동떨어진 개념과 모형을 이용해 경제현상을 설명하려고 하는 것이다. 그 대표적인 것이 완전경쟁 모형이다. 완전경쟁 모형에서는 사람들이 이익을 얻기 위해 어떻게 교환활동에 참여하고 생산 활동에 참여하는지에 대한 설명이 없다. 하지만 현실에서는 생산자든 소비자든 경쟁자보다 거래 당사자에게 더 나은 기회를 제공하기 위해 노력한다. 생산자는 경쟁자보다 소비자에게 더 나은 재화와 서비스를 제공해야 이익을 얻는다. 소비자는 경쟁자보다 더 높은 가격을 제시해야 재화와 서비스를 소비할 수 있다. 이러한 시장참여자들의 행동으로 자원이 효율적으로 사용되고 경제전체의 자원배분의 효율성이 높아진다. 이런 시장과정으로서의 경쟁이 자원 배분의 경제적 효율성을 향상시켜 경제 성장을 촉진한다. 그러나 확실성의 세계를 가정하는 완전경쟁 모형의 관점에서 보면 불확실성이 그 근본 속성인 현실은 항상 문제가 있는 세계일 뿐이다. 그리하여 시장은 항상 실패하는 것이고, 그러므로 정부 개입은 필수라는 식의 결론을 낸다. 사람들이 갈수록 경제학에 대한 흥미를 잃고 경제학을 멀리하는 이유는 바로 이렇게 현실과 동떨어진 경제이론 때문이다. 본 책은 보다 현실적인 개념과 이론을 이용해 경제현상을 설명하고자 했다.

기존 교과서의 또 다른 문제점은 미시경제학과 거시경제학의 분절이다. 물론 최근에는 미시경제학에 기초를 둔 거시경제학이 주류를 이루고 있어 어느 정도 통합되어 있으나 아직도 미시경제학과 거시경제학을 일관성 있게 설명하려는 노력이 결여되어 있다. 그러다 보니 많은 학생들이 미시경제학과 거시경제학을 다른 것으로 알고 그 둘을 연결을 시키지 못하고 있다.

본 책에서는 미시경제학과 거시경제학을 연결해 설명하려고 노력했다. 경제에서 중요한 것은 가격과 시장과정이다. 많은 교과서에서 미시경제학 쪽에서는 이러한 것들을 강조하다가 거시경제학 쪽에 가면 이러한 개념들은 살며시 사라지고 무슨 학파, 무슨 학파 등을 따지면서 배운다. 그러다 보니 미시경제학과 거시경제학은 전혀 다른 것으로 인식하는 경우가 많다. 그러나 가격과 시장과정을 이용해 미시경제학이나 거시경제학을 모두 일관성 있게 설명할 수 있다. 따라서 본 책의 거시경제 부분에서는 케인즈 경제학, 통화주의 경제학, 합리적 기대 경제학 등을 백화점식으로 나열하기보다는 시장경제원리, 즉 가격과 시장과정의 관점에서 거시경제를 종합적으로 서술했다. 다시 말하면 가격과 시장과정의 개념을 이용해 거시경제 정책을 평가하고 제안했다.

이 책의 내용을 간단히 소개하면 다음과 같다.

제1장에서는 경제학의 가장 근본적인 문제인 희소성, 그리고 그에 따른 경제문제와 함께 경제학적 사고방법을 소개한다.

제2장에서는 시장경제의 가장 기초가 되는 재산권의 개념과 역할을 소개한다. 그리고 교환, 분업과 비교우위, 거래비용을 다룬다. 이것들 외에 자본주의 시장경제체제와 사회주의 명령경제체제를 비교 분석한다.

제3장에서는 수요와 수요곡선을 이동시키는 요인, 수요의 법칙, 그리고 수요의 가격탄력성에 대해서 다룬다.

제4장에서는 마찬가지로 공급과 공급곡선을 이동시키는 요인, 공급의 법칙, 그리고 공급의 가격 탄력성에 대해 논의한다.

제5장에서는 수요와 공급이 만나 시장가격이 결정되는 동태적 과정에 대해 논의한다. 그리고 그것을 이용하여 수요와 공급이 변했을 때 시장가격이 어떻게 변하는지를 다루고, 몇 가지 사례들을 분석한다.

제6장에서는 5장에서 배운 내용을 바탕으로 정부 정책의 효과를 분석한다. 임대료통제와 같은 가격상한제와 최저임금제와 같은 가격하한제가 가져다주는 경제적 효

과를 자세히 분석한다. 또 정부가 부과하는 조세의 효과와 정부의 보조금이 경제에 어떠한 영향을 미치는지 자세히 논의한다.

제7장에서는 코즈의 이론에 따라 기업이론을 설명하고, 기업을 움직이는 가장 중요한 이윤과 손실의 시스템을 설명한다. 그리고 불확실성 하의 기업의 의사결정을 논의하며 기업가의 기능과 기업가 정신에 대해 다룬다. 이외에 기업의 사회적 책임에 대해 설명한다.

제8장에서는 기업이 가격을 어떻게 설정하는지 설명한다. 가격수용자, 가격설정자의 가격책정 방법에 대해서 다루고 기업의 가격차별 전략에 대해서 논의한다.

제9장에서는 경쟁과 독점에 대해서 다룬다. 여기에서 완전경쟁 모형의 비현실성을 논의한다. 시장점유율의 의미와 독점의 진정한 의미를 제시하며, 독과점 규제의 몇 가지 사례를 다룬다. 그리고 독점과 관련된 카르텔과 약탈적 가격에 대해 논의한다.

제10장에서는 시장의 불완전성 문제, 즉 공공재, 외부성, 정보의 비대칭 문제를 다루며, 스티글러의 포획이론을 이용해 정부의 시장개입이 어떻게 이루어지는지를 분석한다. 그리고 정부실패와 정부의 역할에 대해 논의한다.

제11장부터가 거시경제에 해당한다. 여기서는 GDP의 개념과 GDP 측정 방법, GDP디플레이터, 그리고 GDP의 한계를 다룬다. 그뿐만 아니라 국민소득을 나타내는 다른 개념들, 즉 GNI, 국민처분가능소득, 가계총처분가능소득 등을 논의한다.

제12장에서는 거시경제에서 가장 중요한 문제인 실업과 인플레이션을 다룬다. 실업률 측정, 실업의 종류, 인플레이션이 발생하는 원인과 종류, 인플레이션의 효과, 그리고 실업과 인플레이션의 관계인 필립스곡선에 대해 논의한다. 이외에 경기순환의 개념, 경기순환이 일어나는 원인에 대해 설명한다.

제13장에서는 거시경제의 안정성과 밀접한 관계가 있는 화폐에 대해서 다룬다. 화폐가 어떻게 생성되어 변천해 왔는지, 화폐가 경제에서 어떠한 기능을 하는지에 대해서 배운다. 또 화폐량의 측정, 화폐 창출 과정, 통화승수, 그리고 중앙은행 통화정책에 대해서 논의한다. 그리고 통화팽창이 경제에 어떠한 영향을 미치는지에 대해 다룬다.

제14장에서는 경제안정화 정책에 대해 논의한다. 1930년 대공황, 그에 따른 경제정책이 다뤄지고, 경제가 불안정해지는 붐과 버스트가 왜 발생하는지를 논의한다. 붐과 버스트에서 이자율이 매우 중요한 역할을 하는데, 여기서 시간선호와 이자와의 관계,

그리고 이자율이 경제에서 어떤 기능을 하는지에 대해 논의한다. 그것에 비춰 통화정책의 영향에 대해서도 논의한다. 그리고 경제안정화 정책으로 사용되는 재정정책과 그것의 문제점을 다룬다. 통화정책과 재정정책의 논의를 통해 바람직한 경제안정화 정책이 무엇인지에 대해 논의한다.

제15장은 2008년 글로벌 금융위기가 어떻게 발생했는지에 대해 자세히 논의한다. 글로벌 금융위기의 원인을 파악하고 금융위기에 대처하기 위해 수행했던 정부정책에 대해 평가한다.

제16장에서는 경제성장의 원천에 대해서 논의한다. 그리고 경제성장이 각국마다 다른 이유를 밝힌다. 경제적 자유를 보장하는 제도적 환경이 가장 중요한 이유임을 제시한다.

제17장에서는 국제무역에 대해서 다룬다. 국제무역의 원리와 국제무역으로부터 얻는 구체적인 이익이 무엇인지에 대해 논의한다. 그리고 자유무역이 각국에 대해 이익을 줌에도 불구하고 보호무역이 이뤄지는 원인에 대해 논의하고 보호무역의 수단으로 사용되고 있는 무역장벽에 대해 설명한다. 또 그동안 국제무역이 어떻게 변천되어 왔는지 논의한다.

마지막 제18장에서는 국제수지와 환율에 대해서 논의한다. 고정환율제도, 변동환율제도, 관리변동환율제도를 다루고, 변동환율제도에서 환율이 어떻게 결정되는지를 설명한다. 그리고 환율에 영향을 미치는 요인들이 무엇인지, 환율이 왜 그렇게 심하게 변동하는지에 대해 논의한다. 끝으로 환율과 국제수지 간에 어떤 관계가 있는지에 대해 논의한다.

이 책을 저술하는 데 있어서 가장 많이 참고한 문헌은 Mises의 *Human Action*과 Heyne의 *The Economic Way of Thinking*이다. 그 외에 시장의 동태적 과정을 강조하는 Hayek, Kirzner, Rothbard 등의 문헌을 참고했으며, 기업이론은 Coase와 Knight, 정부부문에 대해서는 Stigler와 Buchanan, 거시경제 및 붐-버스트는 Horwitz와 Garrison, 화폐는 McCulloch, 경제자유와 경제성장은 Gwartney et al. 등을 참고했다. 그 외의 문헌들은 일일이 다 언급할 수 없어 책 말미에 있는 참고문헌에 표기했다. 이런 문헌들이 없었다면 이 책이 나오기가 어려웠으며, 선행 연구자들의 업적에 경의와 감사를 표한다.

그리고 이 책의 출판을 적극 지지해주신 박영사의 안종만 회장님과 조성호 이사님께 깊은 감사의 말씀을 드린다. 끝으로 많은 원고 수정의 번거로움을 묵묵히 받아주시고 편집과 교정을 맡아 수고하신 박송이 대리님과 모든 제작진 여러분께 깊이 감사드린다.

2019년 2월
저자들을 대표하여
안재욱 씀

차례

제 3 장   수요 　　　　　　　　　　　　　　　　　　　55

경제학: 시장경제의 원리

제10장   시장의 불완전성과 정부의 시장개입   208

경제학: 시장경제의 원리

경제학: 시장경제의 원리

경제학: 시장경제의 원리

경제학: 시장경제의 원리

제 1 장

경제학적 사고방식

제 1 절
경제학이란 무엇인가

경제학은 경제를 연구하는 학문이다. 그러면 경제란 무엇일까? 일반적으로 경제는 우리가 매일 사용하는 재화와 서비스를 생산하고 분배하는 시스템을 말한다. 그러나 이것만으로 경제를 정의할 수 없다. 왜냐하면 성경에 나오는 에덴동산에도 재화와 서비스가 생산되고 분배되는 시스템이 존재하기 때문이다. 그렇지만 그곳은 원하는 것이면 무엇이든지 얻을 수 있을 만큼 자원이 풍부한 곳이다. 우리는 그러한 것을 경제라 부르지 않는다. 경제는 사람들이 원하는 것을 모두 성취할 만큼 충분한 자원이 존재하지 않는 환경, 즉 자원의 희소성이 존재하는 사회에서 재화와 서비스를 생산하고 분배하는 시스템을 말한다.

자원의 희소성(scarcity)이 존재하는 사회에서 선택은 필수불가결하다. 희소한 자원을 이용하여 우리가 원하는 모든 것을 다 생산할 수 없기 때문에 그중 몇 가지만 선택해서 생산해야 한다. 이것은 달리 표현하면 우리가 가지고 있는 자원은 여러 가지 대체용도로 사용할 수 있음을 의미한다. 여러 가지 대체용도 중 특정 용도로 사용하는 선택은 결국 사람의 의사결정이라는 행동의 결과다. 그래서 경제학은 사람들의 행동, 즉 선택을 탐구하는 학문이다.

일반적으로 사람들은 경제학을 돈 버는 일이나 기업 경영에 관한 것으로 이해한다. 물론 이러한 것들을 일부 다루지만, 그것들은 경제학의 궁극적인 목표가 아니다. 경제학의 목표는 사회 전체의 물질적 부에 관한 것이다. 경제학은 어떻게 하면 국가가 번영할 수 있는가를 보여 주었던 애덤 스미스의 〈국부론〉에서 출발했다는 것을 기억할 필요가 있다. 결론적으로 경제학은 사람들의 행동, 즉 사람들이 어떻게 의사 결정하는가를 탐구하면서 희소한 자원을 바탕으로 어떻게 재화와 서비스를 생산하고 분배해야 국가가 부강해지는가를 연구하는 학문이다.

경제학이 주로 물질적인 부에 관심을 갖는 것은 정신적인 것들을 경시해서가 아니다. 인간의 삶에서 먹고 마시는 것이 전부가 아니고 그보다 더 중요하고 고상한 욕구들이 분명히 있다. 행복은 의식주의 풍요로움에서 얻어지는 것이 아니라 오직 각자가 내면적으로 소중히 가꾸어 나가고 있는 것에 나온다는 사실을 충분히 인식하고 있으며, 다만 그러한 것들은 경제학이 다룰 수 있는 주제가 아닐 뿐이다. 그것은 철학이나 종교학 등에서 다뤄지는 주제들이다. 그러나 정신적인 욕구라는 것도 어느 정도 물질적인 토대가 있어야 쉽게 충족될 수 있는 것이 사실이다. 하루하루 끼니를 걱정하고 어떻게 하면 생계수단을 마련할 수 있을까 노심초사하는 사회에서는 정신적인 욕구를 충족시킬 여유도 없다. 그뿐만 아니라 산업혁명 이후 인류의 생활 형편이 나아지고 나서야 정신적인 문화가 발달했다는 사실은 물질적인 부의 중요성을 보여준다. 물질적인 부에 관심을 갖는 경제학이 어느 정도 정신적인 것들과 연계되어 있다고 할 수 있다.

우리는 앞으로 가격과 거래, 경쟁과 독점, 노동과 임금, 화폐, 이자, 국제수지, 환율 등을 배울 것이다. 이러한 것들을 배우는 이유는 이러한 요소들이 우리의 희소한 자원의 분배에 어떠한 영향을 미치고, 또 그 결과 전체 국민들의 물질적 생활수준에 어떻게 영향을 미치는가를 보기 위함이다. 그리고 앞에서 언급한 경제현상들은 인간 행동의 결과와 관련되어 있다. 그래서 인간이 어떻게 행동하는지를 알아야만 우리 주변에서 일어나는 여러 가지 경제현상들이 왜 일어나는지를 정확하게 파악할 수 있다.

경제행동

인간의 행동에는 두 가지가 있다. 하나는 의지와 관계없이 행해지는 행동이고, 다른 하나는 의도된 선택의 결과로 나타나는 행동이다. 경제학이 관심을 가지는 인간 행동은 의도된 행동이다. 재채기, 하품, 딸꾹질 등과 같이 자기도 모르게 계획 없이, 인간의 의지와는 관계없이 나타나는 인간의 행동은 경제학의 관심사가 아니다.

경제학이 관심을 갖는 의식적이고 의도적인 행동을 경제행동이라고 한다. 이 경제행동에는 돈을 벌기 위한 행동, 이윤을 추구하는 행동과 같은 물질적인 목표를 추구하는 행동뿐만 아니라 비물질적인 목표를 위한 행동도 포함된다. 다시 말하면 비물질적인 목표를 위해 의식적으로 의도적으로 하는 행동 역시 경제행동인 것이다. 기업가와 소비자의 행동은 물론 시인이 시를 쓰는 것, 음악가가 작곡을 하는 것, 목사나 스님이 행하는 비물질적인 종교적 행동 역시 경제행동이다. 이들 모두 목적이나 목표를 위해 의도적, 의식적으로 하는 행동이기 때문이다.

제 2 절
자원의 희소성과 인간 행동

자원의 희소성

앞에서 언급한 자원의 희소성(scarcity of resources)은 인간에게 주어진 근본적인 문제로서 피할 수 있는 것이 아니다. 자원의 희소성은 상대적인 개념으로서 인간의 욕망에 비하여 인간의 욕망을 충족시켜줄 자원이 한정되어 있는 것을 말한다. 인간의 모든 욕망을 만족시켜줄 만큼 자원이 무한하다면 언제든지 인간이 필요하고 원하는 만큼 사용할 수 있기 때문에 시간을 아낄 이유도 비용을 줄일 이유도 없다. 시간을 아끼고 비용을 줄이려고 하는 것은 경제행동이다. 자원의 희소성이 없는 세계는 현실에 존재하지 않는 천상의 세계이고 유토피아다. 따라서 이러한 세계에서는 사람들이 경제행동을

3
제 1 장 경제학적 사고방식

할 이유가 없다.

자원: 생산요소

자원은 사람들이 재화와 서비스를 생산하기 위해 사용하는 요소다. 자원이 제한되어 있기 때문에 재화와 서비스를 생산할 능력 역시 제한된다. 자원은 크게 3가지로 분류할 수 있다. 첫째, 자연자원(natural resources)이다. 이것은 토지, 광석, 석유, 산림, 바다, 강 등 자연이 제공하는 일체의 자연자원을 말한다. 자연자원을 단순히 토지로 총칭하여 사용하기도 한다. 둘째, 인적 자원(human resources)이다. 이것은 인간의 생산적인 지식, 기술, 숙련, 능력 등을 포함한다. 셋째, 물적 자원(physical resources)이다. 이것은 재화생산의 능력을 제고시키는 도구, 기계, 공장 등을 말하는 것으로서 사람에 의해 창출된 자원이다. 이것을 자본재(capital goods)라고도 한다.

희소성(scarcity)과 가난(Poverty)은 다르다.

희소성은 제한된 자원 때문에 인간의 욕망이 완벽하게 충족될 수 없다는 사실을 말하는 객관적인 개념이다. 반면에 가난은 소득 수준에 대한 주관적인 개념이다. 가난이 주관적 개념이라는 것은 한국과 아프리카 국가들과 비교해보면 알 수 있다. 한국의 저소득층의 사람들은 아프리카 사람들보다 대체로 잘 산다. 그리고 60년 전 한국과 지금의 한국을 비교해 봐도 알 수 있다. 지금의 저소득층은 60년 전 대부분의 사람들보다 소득이 높다.

대부분의 사람들은 생활에 필요한 기본적인 것이 갖춰져 있지 않으면 가난한 것이라고 말할지 모르겠다. 그러나 생활에 필요한 기본적인 것이 무엇인지에 대해서는 사람들마다 의견이 다를 수 있다. 지금 우리가 거의 필수품처럼 사용하고 있는 전기, 냉장고, 자동차를 보유하고 있는 가정이 1960년대에는 거의 없었다. 그러나 사람들은 생존하였고 지금은 부유해졌다. 일반적으로 사람들이 필요하다고 말하는 것들이 정말로 필요한 것인가? 의식주는 인간 생존에 필요한 것이다. 그러나 TV, 냉장고, 자동차 같은 것은 생존에 필요한 것들이 아니다.

우리는 *필요한 것*(needs)과 *원하는 것*(wants)을 구별해야만 한다. '필요한 것'이란 사람들이 가져야만 하는 것으로 그것 없이는 살아갈 수 없는 것을 말한다. 예를 들면 식량이다. 먹지 못하면 생존할 수 없다. '원하는 것'이란 사람들이 갖고 싶어 하는 것이다. 반드시 필요한 것은 아니지만 갖고 있으면 좋은 것이다. 좋은 예가 음악이다. 물론 어떤 사람이 음악 없이는 살 수 없기 때문에 음악은 '필요한 것'이라고 말할지 모르겠다. 그러나 생존하는 데 음악은 필요한 것이 아니다.

사람들은 의료서비스, 학교교육 등 항상 더 많이 더 나은 재화를 원한다. 희소성은 우리가 원하는 모든 재화의 많은 것을 가질 수 없게 만드는 제약이다. 모든 사람이 부자가 되어도 희소성은 여전히 존재할 것이다. 부자가 되면 더 많은 것을 누릴 수는 있겠지만 원하는 모든 것을 다 가질 수는 없기 때문이다.

희소성의 결과

선택

인간행동의 선택은 자원의 희소성 때문에 생긴다. 인간의 욕망에 비해서 자원이 항상 제한되어 있는 현실 세계에서 인간은 원하는 모든 것을 다 성취할 수는 없다. 그 중에서 선택을 해야만 한다. 이것은 다른 말로 항상 트레이드오프가 있다는 것을 의미한다. 즉 공짜가 없다는 것이다. 어떤 것을 원하면 하고 싶은 다른 것들을 포기해야 한다. 어떤 것을 더 하고 싶으면 하고 싶은 것들을 더 줄여야 한다. 예를 들면, 시험공부를 더 많이 하기 위해서는 친구들과 노는 시간을 줄여야 하고, 친구들과 많이 놀기 위해서는 시험공부 하는 시간을 줄여야 한다는 것을 의미한다. 또 한 국가가 복지에 보다 많은 자원을 투입하고 싶다면 SOC(사회간접자본)나 국방, 치안 등 다른 곳에 써야 할 자원을 줄여야 한다는 것을 의미한다.

공짜재(free good)와 희소재(scarce good)

공짜재는 희생 없이 얻어질 수 있는 재화이고, 희소재는 다른 어떤 재화를 희생함으로써만 얻어질 수 있는 재화다. 자원이 제한되어 있기 때문에 우리가 소비하는 모든 재화는 희소재다. 공짜재는 상상하기 어렵지만 실제로 존재하기도 한다. 이 방안에 있는 공기는 공짜재다. 그렇지만 모든 공기가 공짜재는 아니다. 스쿠버 다이버에게 공기는 희소재다. 맑은 공기와 햇볕은 제주도에 사는 사람들에게는 공짜지만 그것을 즐기러 가는 서울 사람들에게는 희소재다.

한 친구가 줄을 서서 방탄소년단 콘서트의 '공짜' 티켓을 얻었다면 그것은 공짜재일까 희소재일까? 그것 역시 희소재다. 그는 그것을 갖기 위해서 다른 활동을 할 수 있는 시간을 희생했기 때문이다.

경쟁

경쟁 역시 자원의 희소성 때문에 발생한다. 만일 모든 사람들의 욕망을 충족시킬 만큼 충분한 자원이 있다면 사람들은 자원을 차지하기 위한 경쟁을 하지 않을 것이다. 그러나 앞에서 언급한 것처럼 인간세계에서는 인간의 모든 욕망을 충족시킬 만큼 충분한 자원이 존재하지 않기 때문에 인간세계에서 경쟁 역시 피할 수 없고 제거할 수도 없다.

가구를 만들기 위해 나무를 원하는 사람은 종이를 만들려고 하는 사람과 집을 지으려고 하는 사람들과 경쟁해야만 한다. 자동차 타이어를 만들기 위해 고무를 원하는 사람은 고무장갑이나 고무신을 만들려고 하는 사람들과 경쟁해야 한다. 자동차를 만들기 위해 철을 원하는 사람들은 농기구나 배를 만들려고 하는 사람들과 경쟁해야 한다.

자원배분 장치(rationing device)의 필요성

자원의 희소성 문제로 인해 사람들이 경쟁을 해야 하므로 누가 얼마만큼의 자원과 재화를 가져야 하는가를 결정하는 장치, 즉 배분장치가 필요하다. 자원의 희소성이 없다면 배분장치가 필요 없을 것이다. 모든 사람들이 원하는 대로 다 가질 수 있기 때문이다.

중요한 자원배분 장치가 가격이다. 어떤 자원에 대해 가격을 지불하는 사람이 그 자원을 갖게 된다. 가격을 지불하지 않으면 자원을 가질 수 없다. 다시 말하면 자원은 가격을 지불한 사람에게 배분된다.

물론 가격이 아닌 방법으로 자원을 배분할 수 있다. 예를 들어 힘이 센 사람이 자원을 갖게 하는 방법이 있을 수 있고, 국가가 직접 사람들에게 자원을 배분하는 방법을 채택할 수도 있다. 만약 힘이 센 사람이 많은 자원을 갖는 방법을 택한다면 사람들은 많은 자원을 갖기 위해 힘을 기르려고 노력할 것이고, 힘을 기르는 경쟁을 할 것이다. 국가가 직접 자원을 배분하는 방법을 채택하면 자원은 정부 관료의 자의적인 판단에 따라 배분될 것이다. 국가가 직접 자원을 배분하는 시스템을 명령경제, 혹은 사회주의 경제라 한다. 그리고 가격에 의해 자원과 재화를 배분하는 시스템을 시장경제라 한다. 이들에 대한 비교 설명은 다음 장에서 하기로 한다.

제 3 절
경제학적 사고방식: 일반인이 경제학자처럼 될 수 있는 8가지 방법

세상에는 공짜가 없다.

자원의 희소성 때문에 우리는 선택할 수밖에 없다고 하였다. 하고 싶은 것들 중 어느 한 가지를 선택하면 반드시 다른 어떤 것을 포기해야만 한다. 집안일을 하기 위해 영화 보러 가는 것을 포기했을 수 있다. 대학에 가기 위해서 직장에 다니는 것을 포기했을 수 있다. 유능한 선수를 영입하기 위해 야구팀 구단주가 다른 두세 명의 선수를 포기했을 수 있다. 이렇게 우리가 어떤 하나를 선택함으로써 포기하지 않으면 안 되는 기회의 가치를 기회비용(opportunity cost)이라고 한다.

재화 생산을 위해 희소한 자원을 사용하는 것에는 항상 비용이 든다는 점을 인식하는 것이 중요하다. 국가가 학교교육을 학생들에게 공짜로 제공한다고 하자. 학생들에게는 공짜일지 모르지만 그것은 사회 전체적으로 보면 공짜가 아니다. 학교교육을 제공하는 데는 많은 자원이 사용된다. 건물을 지어야 하고, 교사를 고용해야 하며 교재도 구입해야 한다. 학교교육을 제공하는 데 사용된 자원은 더 많은 주택, 의료시설, 휴양 및 오락시설 등과 같은 다른 용도에 사용될 수 있었던 것이다.

또 다른 예로 모든 자동차에 에어백을 의무화하면 매년 500명의 생명을 구할 수 있고 에어백 설치에 1조원이 든다고 하자. 그러나 여기서 생각해 봐야할 점은 그 1조원이 더 나은 방법으로 사용될 수 있다는 것이다. 예를 들면 매년 500명 이상의 암환자를 구할 수 있는 암 연구에 사용될 수 있다. 대부분의 사람들은 에어백과 암 연구를 *트레이드오프(trade-off)* 관계로 생각하지 않는다. 물론 이러한 트레이드오프를 무시하는 것은 편리할 것이다. 그러나 우리의 자원을 가지고 가장 좋은 것을 얻고 싶다면 여러 가지 대안들을 고려해야만 한다. 이 경우 적절한 분석은 에어백으로 구하는 사람들의 생명과 거기에 투입된 비용뿐만 아니라 1조원이 다른 용도로 사용될 경우 구할 수 있는 생명의 수도 고려해야 한다. 이와 같은 트레이드오프를 고려하는 것이 우리의 자원을 현명하게 사용하는 방법이다.

기회비용

기회비용은 포기한 것들 중에서 우선순위가 높은 것의 가치로 측정된다. 시험 공부하는 것이 최우선이고, 야구경기 중계를 보는 것, 친구 만나는 것의 순서로 되어 있었다면 시험공부 하는 것을 선택했을 것이고 그로 인해 야구경기 보는 것과 친구 만나는 것을 포기해야만 한다. 이때 시험공부를 선택한 기회비용은 야구경기 보는 것의 가치가 된다.

야구 스타플레이어 류현진은 미국의 메이저리그에 진출할 것인지, 아니면 한국의 KBO에 남을 것인지를 선택해야 했다. 물론 류현진은 KBO를 포기하고 미국의 메이저리그에 진출했다. 만약 그가 미국의 메이저리그에 가지 않고 KBO를 선택했다면 류현진은 6년간 LA 다저스의 주전선수로 받을 수천만 달러의 수입을 포기한 것이 된다. 이때 그가 포기한 수입은 KBO에 남는 것에 따른 기회비용이다.

이렇듯 어떤 목표를 성취하는 우리의 행위에는 항상 비용이 수반된다. 그러나 돈으로만 비용을 생각하는 것은 잘못이다. 어떤 목표를 성취하는 데 드는 비용에는 육체적인 고생도 포함될 수 있고, 다른 재화를 얻을 수도 있었을 시간과 노력이 포함된다. 따라서 어떤 재화를 얻는 데 수반되는 비용은 돈, 시간, 그리고 노력을 들여서 얻을 수 있었을 다른 재화의 가치가 된다.

다시 말하면 어떤 행위의 실질비용은 그 행위를 하기 위해 포기해야 하는 다른 기회의 가치이다. 화폐는 실질비용이 아니다. 다만 화폐경제에서 화폐가 그 실질비용을 대표할 뿐이다. 다시 말하면 내가 영화를 보기 위해 5,000원을 지불했다면 그 화폐비용은 5,000원이다. 그러나 영화를 본 것의 실질비용은 5,000원으로 내가 먹고 싶어 했으나 영화를 보기 위해 기꺼이 포기한 식사인 것이다.

조금 더 구체적으로 말하면 모든 비용은 기회비용이다. 예를 들어 설명해보자. 서울에서 부산까지 고속버스를 타면 4시간이 걸린다. 고속버스요금이 20,000원이고 시간당 임금이 5,000원이라면 기회비용은 얼마일까? 고속버스를 이용하는 비용(기회비용)은 20,000원＋20,000원(4시간에 대한 기회비용)으로 40,000원이다. 왜 고속버스 요금이 기회비용인가? 그것은 다른 용도로 사용할 수 있는 20,000원을 고속버스요금으로 사용했기 때문이다.

개인은 제한된 자원으로부터 최상의 것을 얻으려고 노력한다.

사람들은 자신이 가지고 있는 자원을 낭비하려고 하지 않는다. 사람들은 가능한 한 가장 적은 비용을 들여 자신의 욕망과 목표를 가장 잘 성취할 수 있는 것을 하려고 한다. 사람들은 동일한 이익을 주는 것들 중에서 선택할 경우에는 가장 비용이 적게 드는 것을 선택할 것이다. 예를 들어 라면, 피자, 삼겹살이 철수에게 동일한 이익을 제공한다고 한다면 철수는 세 가지 대안 중 가장 비용이 적게 드는 것을 선택할 것이다. 아마도 라면일 것이다. 마찬가지로 동일한 비용이 드는 대안들 중에서 가장 큰 이익을 주는 것을 선택할 것이다. 예를 들어 스테이크, 스시, 갈비정식 등의 가격이 같다면 그중에서 가장 좋아하는 것을 선택할 것이다. 경제학에서 이러한 선택을 '합리적' 경제행위라고 한다. 이러한 경제행위로 인해 개인의 욕구나 선호는 그들의 선택으로 드러난다.

사람들이 합리적으로 행동한다는 생각은 사람들의 선택을 이해하는 데 도움이 된다. 그러나 합리적 선택은 '옳은' 선택인가와는 다르다. 영희가 1만원의 샐러드보다 1만원 초콜릿을 선호한다면 건강을 생각하며 다른 사람들이 영희의 선택이 '잘못된' 것이라고 할 수 있겠지만, 초콜릿을 사는 것은 영희에게는 합리적이다. 마찬가지로 안전모 없이 오토바이를 타는 즐거움이 안전모 없이 타는 비용(다칠 위험)보다 크다고 생각하면 안전모 없이 오토바이 타는 것을 선택한다. 물론 동일한 상황에서 나는 안전모 없이 오토바이 타는 것을 선택하지 않을 수 있다. 사람들은 행동으로부터 얻는 이익과 비용을 비교하여 합리적 선택을 한다.

가치는 주관적이다.

앞에서 사람들은 선택을 할 경우 자신의 선호체계에서 우선순위가 가장 높은 것부터 목표를 정하여 차례차례 선택한다고 하였다. 여기에서 선호는 주관적(subjective)인 것으로 개인마다 다르다. 주호는 초콜릿 아이스크림보다 바닐라 아이스크림을 더 좋아하지만, 지연은 바닐라 아이스크림보다 초콜릿 아이스크림을 더 좋아할 수 있다.

선호체계는 목표들의 순위만을 나타내는 것이지 특정 숫자로 낼 수 있는 것이 아니다. 주호가 초콜릿 아이스크림보다 바닐라 아이스크림을 선택할 때 이러한 행동은 주호가 바닐라 아이스크림을 선호한다는 것을 말해줄 뿐이다. 우리는 주호가 바닐라 아이스크림을 초콜릿 아이스크림보다 얼마나 좋아하는지 측정할 수 없다.

개인이 어떤 선택으로부터 얻을 것으로 기대되는 편익이나 만족감을 경제학자들은 효용(utility)이라고 한다. 예를 들면 바닐라 아이스크림이 초콜렛 아이스크림보다 많은 효용을 주기 때문에 주호가 바닐라 아이스크림을 선택한다고 표현한다. 그렇다고 해서 효용은 무게나 높이를 나타내는 단위인 kg나 m처럼 객관적인 단위로서 표시되는 것이 아니다. 그래서 경제학에서 수학적인 효용함수를 사용한다고 할지라도 그것은 선호의 순위를 묘사하기 위한 하나의 편리한 방법인 것이지 심리적 만족감을 측정하기 위함이 아니다.

개인의 선호를 측정할 수 없기 때문에 두 사람이 동일한 선택을 하였을 경우 우리는 개인의 선호를 비교하여 더 많이 좋아하는지 혹은 덜 좋아하는지를 말할 수 없다. 다시 말하면 주호의 친구 현준이 자신은 바닐라 아이스크림을 초콜릿 아이스크림보다 약간 더 좋아한다고 말하고 초콜릿 아이스크림을 선택했을 경우 우리는 단지 주호와 현준이 모두 초콜릿 아이스크림보다 바닐라 아이스크림을 더 좋아한다고 말할 수 있을 뿐, 주호가 현준이보다 바닐라 아이스크림을 더 좋아한다고 말할 수 없다.

선호가 주관적이기 때문에 재화와 서비스에 매기는 가치 역시 개인마다 다르다. 다시 말하면 재화와 서비스의 가치 역시 주관적이다. 이것을 쉽게 알 수 있는 방법은 경매장에 가보는 일이다. 경매에 내놓은 품목이 경매에 참여하는 사람들에게 얼마나 중요한가에 따라 각자가 부르는 가격이 다르다. 그래서 최종 낙찰가격은 원래의 가격보다 높을 수도 있고 낮을 수도 있다.

객관적 가치설(노동가치설)

칼 마르크스(Karl H. Marx)의 노동가치설은 상품가격(가치)이 생산에 투입한 노동량에 의해 결정된다는 이론이다. 즉 재화의 가치가 주관적인 것이 아니라는 것이다. 노동이 가치의 유일한 창출자이기 때문에 노동자들이 생산에 기여한 만큼 보수를 받아야 하고 그 보수는 가격과 일치해야 한다는 것이다. 그러나 기업주는 가격만큼 보수를 주지 않고 이윤으로 자기 몫을 챙기고 겨우 먹고살 정도의 임금만을 주며 착취한다는 것이다. 그래서 이러한 구조에서 해방되기 위해서는 노동자들이 혁명을 일으켜야 한다는 것이다.

그러나 이러한 노동가치설이 오류임은 쉽게 파악할 수 있다. 동일한 크기와 품질을 갖고 있는 두 개의 다이아몬드가 있다고 하자. 하나는 우연히 지면에서 발견된 것이고, 다른 하나는 많은 투자를 하여 다이아몬드 광산에서 캐낸 것이다. 전자는 발견하는 데 아무런 노력도 위험도 없어서 비용이 들지 않았고, 후자는 채굴하는 데 많은 노동력과 위험이 수반되어 많은 비용이 들었다. 이제 이 두 다이아몬드가 똑같이 경매에 나왔다고 하자. 노동가치설에 따르면 후자의 가격이 전자의 가격보다 더 비싸야 한다. 그런데 이 두 다이아몬드는 아마도 동일한 가격에 팔릴 것이다. 재화의 가격이 투입된 노동량과 아무런 관계가 없음을 보여주는 예다.

개인은 한계에서 결정한다.

일반적으로 개인들이 선택을 할 때 대안들의 이익과 비용의 차이를 고려한다. 경제학자들은 이러한 결정과정을 한계결정, 혹은 '한계에서 결정하는 것'이라고 한다. 아메리카노 커피 한 잔에 2,000원이고, 아메리카노 커피 한 잔과 같이 먹을 수 있는 쿠키 하나에 500원일 때 커피만 사서 마실지 아니면 커피와 함께 쿠키도 사서 먹을지 선택지를 두고 사람들은 자연히 대안들의 차이에 집중한다. 커피와 쿠키를 함께 먹는 것은 500원(한계비용)이 더 들지만 추가로 얻는 쿠키가 있다. 그 추가로 얻는 쿠키가 바로 한계편익(이익)이다. 한계결정이란 추가로 드는 500원과 쿠키를 먹음으로써 얻는 이익을 비교하는 것이다.

한계선택은 항상 현재의 조건으로부터 오는 변화, 더해지거나 줄거나 하는 것의 효과이다. 사실상 한계는 '추가적' 의미다. 예를 들면 기업이 재화 한 단위 더 생산하는 데 드는 추가적인 비용을 한계비용이라고 한다. 한계결정에서 고려되는 하나의 단위는 클 수도 있고 작을 수도 있다. 즉 새로운 공장 한 개나 새로운 볼펜 한 개일 수 있다. 현재의 상황에서 새로운 공장을 지어서 얻을 수 있는 한계이익, 즉 추가로 들어오는 판매수입과 그것을 건설하는 데 드는 한계비용을 비교하여 새로운 공장을 지을지 여부를 결정하고, 하나의 볼펜을 새로 사는 한계비용과 그것으로부터 얻는 한계편익을 비교하여 볼펜 구입을 결정한다.

한계편익과 총편익의 혼동으로 인한 오류가 많다. 우리가 하는 거의 모든 결정은 한계적 결정이지 '전부 아니면 전무(all or nothing)'식의 결정이 아니다. 우리는 '옷'인가 '식량'인가를 결정하는 것이 아니다. 다시 말하면 벌거벗고 먹을 것인가, 아니면 옷을 입고 굶을 것인가를 결정하지 않는다. 대신에 우리는 입을 옷을 줄이고 먹을 것을 더 먹을 것인가를 결정하는 것이다. 그래서 식량의 총가치와 옷의 총가치를 비교하는 것이 아니라 그들의 한계가치를 비교하는 것이다.

내일 있을 경제학 시험 때문에 열심히 공부하고 있는데 밤 9시에 연인에게서 전화가 와서 만나자고 한다. 경제학 시험 때문에 공부해야 해서 어렵다고 말하는데, 다시 "경제학이 나보다 더 중요해?"라고 묻는다면 주저하지 말고 "한계적 의미에서"라고 답하라. 이 문제는 연인 전체의 가치 대 경제학 전체의 가치에 대한 문제가 아니다. 문제는 그 시점에서 연인과 2시간 보내는 것이 경제학을 2시간 공부하는 것보다 더 가치 있는가 하는 것이다. 연인은 '전부 아니면 전무(all or nothing)'식의 생각을 하는 것이다. 우리 일상생활에서의 대부분의 문제는 '어느 것을 조금 늘리고 어느 것을 조금 줄일까' 하는 한계적 의사결정이다. 한계비용과 한계편익을 비교하여 결정하는 것이다.

다이아몬드와 물의 역설

1870년대 한계효용 이론이 나오기 전까지 경제학자들과 많은 사람들은 인간 생활에 있어서 물이 다이아몬드보다 훨씬 더 귀중함에도 불구하고 다이아몬드의 가격이 물의 가격보다 훨씬 높다는 것을 이해하지 못하였다. 오스트리아 경제학자 칼 멩거와 영국의 경제학자 윌리엄 제본스가 한계가치와 총가치 간의 차이를 설명하며 다이아몬드와 물의 역설을 풀었다. 재화의 가격은 그 재화의 모든 가치(총가치)가 아니라 사람들이 추가로 하나 더한 것에 놓는 가치(한계가치)를 반영한다고 하였다. 다이아몬드 없는 세상에서는 살아도 물 없는 세상에는 살 수 없을 것이다. 따라서 물의 총가치는 분명히 다이아몬드의 총가치보다 훨씬 더 크다. 그러나 물은 매우 풍부하기 때문에 사람들이 물한 컵 더 사용하는 것에 지불하고자 하는 금액은 0에 가까울 정도로 낮다. 즉 물의 한계가치가 낮은 것이다. 반면에 다이아몬드는 매우 희귀해서 사람들은 다이아몬드 1캐럿을 더 사용하는 것에 수천만 원을 지불하려고 한다. 가격이 결정되는 원리는 제3장에서 자세히 살펴볼 것이다.

한계효용체감의 법칙

한계효용체감의 법칙은 어떤 상품 한 단위를 더 소유하면 추가되는 만족은 감소한다는 것을 말한다. 자동차의 예를 들어 보자. 자동차를 소유하고 있지 않은 소비자는 자동차를 소유하고 싶은 욕구가 매우 강하다. 그러나 두 번째 자동차를 소유하고자 하는 욕구는 첫 번째보다 약하다. 세 번째, 네 번째로 갈수록 그 욕구는 작아지게 된다는 것을 말한다.

한계효용체감의 법칙은 앞에서 설명한 사람들의 가장 기본적인 선택행위, 즉 사람들은 선택을 할 때 가장 우선순위가 높은 것을 선택한다는 기본행위로부터 나온 법칙이다. 사람들은 자신에게 주어진 자원이 있을 때 그 자원을 가장 우선순위가 높은 것을 선택하여 성취하는 데 사용하고 그 다음 추가로 자원이 생기면 그 다음 우선순위의 것을 선택하여 성취하는 데 사용한다. 이것으로 우리는 첫 번째 선택으로부터 얻은 만족감이 그 다음에 선택한 것으로부터 얻은 만족감보다 더 크다는 것을 알 수 있다. 다시 말하면 추가로 얻는 것으로부터의 만족감은 그 이전의 것보다 적다는 것을 보여주는 것이다. 이것을 통해 우리는 한계효용이 체감한다는 사실을 알 수 있다.

한계효용체감의 법칙을 통해 우리는 재화가 많으면 많아질수록 우선순위가 낮은 것이 성취될 수 있음을 알 수 있다. 이것은 달리 표현하면 자신의 목표를 성취하는 데 필요한 재화가 여러 개가 있는데, 그중 하나를 포기해야만 한다면 사람들은 가장 우선순위가 낮은 것(한계재화, 혹은 한계단위)을 포기한다는 것이다. 이것은 곧 재화의 가치는 한계에서 결정된다는 것을 말한다. 또 이것은 어떤 재화를 계속 추가할 경우 상품가격이 하락해야만 사람들이 구입한다는 것을 말한다. 소보로 빵을 구입하려는 소비자가 소보로 빵 1개를 구입하여 먹는 만족감이 현재 1,000원이라고 하자. 그러면 그는 적어도 그 만족감에 해당하는 가격을 치를 용의가 있을 것이다. 그러나 한 개를 더 사먹는 것으로부터 추가로 얻는 만족감은 첫 번째보다는 낮기 때문에 1,000원을 주고는 더 이상 소보로 빵을 사지 않고, 더 큰 효용을 주는 다른 상품을 구입하려고 할 것이다. 그러므로 가격이 인하되지 않는 한 그는 추가적으로 빵을 소비하지 않을 것이다. 한계효용체감의 법칙은 나중에 수요의 법칙을 설명하는 데 사용되기도 한다.

정보는 더 나은 선택을 할 수 있도록 해주지만 비용이 든다.

정보를 많이 가지면 더 나은 선택을 할 수 있다. 그러나 정보를 모으는 데는 시간과 노력이 든다. 다시 말하면 비용이 든다. 그래서 사람들은 다른 어떤 것을 할 때와 마찬가지로 정보를 탐색하는 데 경제적인 선택을 한다. 예를 들면 청바지를 살 때 여러 상점을 돌아다니며 품질과 비용을 비교 평가한다. 어떤 시점에 이르러 추가로 쇼핑 비교를 할 가치가 없다고 결정할 것이다. 그러고는 이미 얻은 정보를 바탕으로 의사결정을 할 것이다.

마찬가지로 식당을 찾을 때, 차를 살 때, 주택을 구입할 때도 사람들은 정보를 얻으려고 한다. 어떤 시점에 더 많은 정보를 얻음으로써 얻는 기대편익이 비용만큼 가치가 없다고 결정할 것이다. 사안이 중요할수록 사람들은 정보를 더 얻으려고 시간과 노력을 들인다. 식기를 구입할 때보다 새로운 자동차를 구입하려고 할 때 사람들은 인터넷 서치를 통해 소비자의 의견을 더 많이 읽을 것이다. 정보는 얻는 데 비용이 들기 때문에 지식의 제한성과 불확실성은 의사결정과정에서 존재할 수밖에 없다.

인센티브가 중요하다.

인센티브는 사람들로 하여금 어떤 행위를 하도록 만드는 동기부여를 말한다. 인센티브는 사람들의 행위에 있어서 매우 중요하다. 다음의 예는 인센티브가 얼마나 중요한지를 보여준다.

1860년대 영국은 배를 이용하여 많은 죄수들을 호주로 이송하였다. 호주 항구에

도착했을 때 죄수들의 생존율은 40%도 안 되었다. 위생시설도 잘 갖추지 않고 형편없는 음식을 제공하며 정원의 2, 3배를 태웠기 때문이었다. 대부분이 병들어 죽었다. 인권단체와 정부가 선주와 선장들에게 죄수들의 생존율을 높여 달라고 아무리 호소를 해도 생존율은 40%를 넘지 못하였다. 한 경제학자가 죄수를 영국 항구에서 배에 태울 때 한 사람당 계산해 주는 방식 대신에 호주 항구에 도착했을 때 한 사람당 계산해 지급할 것을 제안하였다. 그렇게 인센티브 시스템이 바뀌자 생존율이 즉각적으로 98% 이상으로 급증하였다. 선주와 선장들이 정원만 태우고 죄수들에게 위생시설을 잘 갖추고 좋은 음식을 제공했기 때문이었다.

이처럼 인센티브는 인간 행동을 결정하는 아주 중요한 요인이다. 그러나 우리가 인센티브와 관련하여 주의해야 할 것은 인센티브를 어떻게 주어야 하는가 하는 점이다. 인센티브 제공은 최선의 것이 분명한지 그렇지 않은지에 따라 달라야 한다. 위의 죄수들의 수송문제와 같이 최선의 것이 분명한 경우에는 사람들이 그 최선의 일을 수행하게 하는 직접적인 인센티브를 제공하는 것이 바람직하다. 그러나 우리 사회에는 최선의 것이 분명하지 않은 것이 대부분이다. 최선의 것이 분명하지 않는 경우에 어떤 한 가지 일을 하도록 직접적인 인센티브를 제공하는 것은 그 부작용이 너무 크다. 왜냐하면 그러한 인센티브는 사람들로 하여금 그 일만을 하게 하고 다른 것들을 고려하지 않고 무시하도록 만들기 때문이다. 이러한 사회는 어느 한 가지에 자원이 집중되어 자원이 비효율적으로 사용되고 생산이 소비자와 욕구와 일치하지 않는 사회적 협동을 파괴하는 결과를 초래한다.

이 점은 계획경제를 실시했던 구소련의 사례를 보면 쉽게 이해할 수 있다. 정부가 유리 생산 목표량을 무게로 정하고 각 공장에 생산량을 할당했다. 대다수의 유리공장에서 유리를 통해서 밖을 내다볼 수 없을 정도로 무게가 많이 나가는 두꺼운 유리만을 생산했다. 유리로서 기능을 할 수 없었다. 공장 노동자들은 유리 소비자들을 만족시키기보다는 정부가 제공하는 기준에 맞춰 빨리 만들어 정부에게 납품하고 쉬는 것이 자신들에게 이익이 되었기 때문이다. 생산량 기준을 면적으로 바꾸자 유리공장들은 유리를 최대한 넓게만 만들었다. 유리가 너무 얇아져서 작은 충격에도 쉽게 깨져 사용하기 어려웠다.[1] 생산에 있어서 최선은 목표 생산량 자체가 아니고 소비자가 원하는 제품을

---

1 과트니, 스트라웁 (2004), 『7천만의 시장경제이야기』(김정호 역), 자유기업원, p. 16.

생산 공급하는 것이다. 소비자가 원하는 제품을 생산 공급하는 것은 소비자의 선택에 따라 달라지는 것이므로 최선이 무엇인지는 분명하지 않다. 이와 같이 무엇이 최선인지가 분명하지 않은 경우 직접적인 인센티브는 생산과 소비가 조화를 이루는 사회적 협동을 촉진하지 못한다.

이러한 일은 구소련에서만 아니라 우리나라에서도 발생하고 있다. 정부의 임대차 3법 시행의 여파로 전세매물이 감소함에 따라 서울 강북 아파트 전셋값이 폭등해 5억 원이 넘었다. 전셋값이 이렇게 폭등했음에도 불구하고 공공임대주택은 2020년 공급분의 16.6%인 1만2029가구가 공실 상태다. 이유는 서울 직장에서 멀리 떨어진 수도권 외곽에 수요자들이 원하는 것과는 전혀 다른 조그만 소형 아파트를 지어 놓았기 때문이다. "2025년에 공공임대 240만 가구를 달성하겠다"는 대통령의 말에 국토부와 LH가 수치 목표 달성을 위한 주택공급을 했기 때문이다. 전세시장은 과열되면서도 공공임대는 남아도는 현상이 발생하고 있는 것이다.

사람들이 서로 협동하도록 하는 것과 같은 분명치 않은 목표에는 직접적인 인센티브를 만들어 제공하기보다는 일반적인 규칙에 따른 간접적인 인센티브를 통해 이루어지도록 해야 한다. 예를 들면 가격, 이윤, 손실 등이 생산과 소비가 조화를 이뤄 사회적 협동이 일어나게 하는 간접적인 인센티브다. 이윤은 소비자들이 매우 높게 평가되는 품목을 생산하도록 자원을 사용하게 하고, 손실은 가치가 낮은 품목의 생산을 중단시키게 한다. 기업은 소비자가 원하는 제품을 생산해 공급해야 이윤을 얻는다. 기업은 이윤을 주는 제품을 만들려고 하지 손해를 보는 제품을 만들지 않는다. 이윤은 성공적인 생산자에게 계속된 생산과 보다 많은 자원을 사용하게 하는 한편, 손실은 기업의 자원 통제권과 생산을 계속할 능력을 빼앗아 간다. 이윤과 손실이라는 경제적 유인은 사람들이 원하는 재화와 서비스를 생산하는 곳으로 자원을 이동시키고, 사람들이 원하지 않는 것을 생산하는 곳에서는 자원을 빼간다. 이윤과 손실이라는 간접적인 인센티브를 통해 생산과 소비가 조화를 이루는 사회적 협동이 만들어진다.

보이지 않는(의도하지 않은) 효과를 생각하라.

앞에서 경제학은 인간의 의도적인 행동에 관심을 갖는다고 했다. 그러나 의도한 효과만 인간 행동의 결과로 나타나는 것이 아니라 의도하지 않은 효과도 나타난다. 예를 들어 땅콩 한 봉투에 5,000원이고 하루에 200봉투씩 팔려 하루 매상이 100만원인 땅콩 가게가 있다고 하자. 어느 날 그 가게 주인이 하루 매상을 120만원으로 올리려는 의도로 땅콩 한 봉투 가격을 6,000원으로 정했다. 그러나 하루 매상이 150봉투로 줄어 90만원밖에 되지 않았다. 그가 의도한 것은 땅콩 가격을 올려 수입을 올리려는 것이었지만 의도와는 달리 그는 손해를 봤다. 이것이 바로 그의 행동에 따른 의도하지 않은 효과다.

또 다른 예를 들어 보자. 한국인들이 중국 제품(예를 들어, 태양전지)을 사고 중국인들은 한국 제품(냉장고)을 산다고 하자. 어느 날 중국 정부가 중국 냉장고 산업의 이윤을 늘리고 고용을 증가시키기 위해 한국산 냉장고에 대하여 관세를 올렸다. 중국 정부가 의도한 대로 중국산 냉장고가 많이 팔렸고 한국산 냉장고가 적게 팔렸다. 중국 정부의 의도한 효과가 실현된 것이다. 그러나 한국산 냉장고에 대한 중국의 관세 인상에 맞서 한국 정부가 중국의 태양전지에 대해 관세를 높인다면 중국의 태양전지 기업은 손해를 본다. 중국이 한국산 냉장고에 관세를 올릴 때 한국이 중국산 태양전지에 대해 보복관세를 매기는 것은 중국이 의도하지 않은 것이다.

영국의 인도 식민지 총독부가 실시한 코브라 정책은 의도하지 않은 효과를 잘 보여준다. 코브라에 물려 목숨을 잃는 사람들이 많아지자 영국의 인도 식민지 총독부는 코브라를 잡아오면 마리당 돈으로 보상해주는 정책을 시행했다. 처음 얼마동안 사람들은 코브라를 잡아 왔다. 그러나 조금씩 시간이 지나자 전혀 의도하지 않은 일이 발생했다. 인도사람들이 보상금을 받기 위해 집집마다 우리를 만들어서 코브라를 키우기 시작한 것이다.

우리는 경제 문제를 접근함에 있어서 의도한 효과는 물론 의도하지 않은 효과를 모두 고려해야 한다. 특히 정부 정책을 실행할 때 더욱 그러하다. 아무리 정부 정책의 의도가 좋다고 하더라도 그 결과가 나쁘다면 실행하지 말아야 한다. 최저임금제도가 좋은 예다. 최저임금제는 사회에서 가장 취약한 노동자들을 보호하기 위해 그들이 너무 낮은 임금을 받지 않도록 법으로 만든 제도다. 그러나 그것의 실제 결과는 보호하려는 사람들의 처지를 더욱 어렵게 만든다. 실제로 최근 정부의 최저임금 인상으로 경비, 숙박, 음식점 종사자의 고용이 감소하는 등 우리 사회에서 가장 취약한 사람들을 어렵게 만들었다. 최저임금제에 대한 자세한 분석은 제6장에서 할 것이다.

좋은 의도로 시행했지만 의도하지 않은 효과로 보호하려고 하였던 사람들이 더욱 곤란해지는 사례는 대단히 많다. 프랑스 혁명을 주도했던 로베스피에르의 우윳값 통제가 대표적이다. 로베스피에르는 생필품 가격이 올라 시민들의 불만이 높아지자 우유가격을 올리는 상인은 단두대에 보내겠다고 선언했다. 우유가격이 급락하였고 우윳값을 통제하는 정책이 성공하는 듯 보였다. 그러나 우윳값이 떨어지자 농민들이 젖소 사육을 포기하였다. 그러자 우유 공급이 줄어 우윳값이 폭등했다. 로베스피에르의 의도와는 달리 서민이 아닌 귀족들만이 우유를 소비할 수 있게 되었다.

시간을 염두에 두라. 경제현상은 스냅사진이 아니다.

경제에서 시간은 매우 중요한 요소다. 이 세상에서 모든 사건들은 시간에 걸쳐 발생한다. 순간적으로 일어나는 사건이나 행동은 없다. 폭탄이 순간적으로 폭발하는 것처럼 보여도 그것조차도 시간이 걸린다. 인간 행동은 시간 없이는 상상할 수 없다. 그래서 경제현상은 시간에 따라 끊임없이 변하는 동태적인 것으로서 시간에 걸쳐 생각해야만 한다. 경제현상을 정지된 화면(스냅사진), 즉 정태적으로 보면 오류를 저지른다. 예를 들어 서울에서 부산으로 가는 KTX열차를 찍은 사진을 보고 부산에서 서울 가는 중이라고 한다면 이는 오류다.

시간을 고려할 때만 과거, 현재, 미래를 구분할 수 있다. 과거는 알려진 것이고 미래는 우리가 모른 것으로 불확실하다. 현재는 알려진 것과 불확실한 미래 사이에 존재하는 순간일 뿐이다. 생산, 투자 등 모든 인간의 결정은 시간을 통해 일어난다. 따라서 그것의 결과는 사전에 알 수 없다. 현실 세계에서는 완전하고 완벽한 지식과 정보를 가진 개인이나 조직은 없다. 누구나 미래의 불확실성 하에서 의사결정을 내린다. 불확실성을 고려하지 않고 완전한 정보, 완전한 지식을 가정한 경제이론은 오류를 낳을 수밖에 없다. 그래서 경제현상은 어느 한 시점의 정태적 관점이 아닌 시간에 걸쳐 일어나는 동태적 관점에서 봐야 한다.

제 4 절
요약: 잊지 말아야 할 사실

앞으로 경제학을 공부하고 경제현상을 분석하는 데에 있어서 결코 잊지 말아야 할 사실이 있다. 첫째, 우리가 살고 있는 인간세상은 천상의 세계가 아니라는 점이다. 우리 인간이 사는 세상은 우리가 원하는 것을 모두 만족시킬 수 있을 만큼 충분한 자원이 존재하지 않는, 즉 자원의 희소성이 존재하는 세계다.

둘째, 우리가 사는 세상은 확실성의 세계가 아닌 불확실성의 세계다. 우리는 미래에 어떤 일이 벌어질지 정확히 모른다. 그래서 우리가 예측하고 행한 행동이 우리의 예측대로 되지 않을 수 있다.

셋째, 우리가 사는 세상은 정태적인 세계가 아닌 시간을 두고 끊임없이 움직이는 동태적인 세계다. 그러기 때문에 경제현상을 정지된 시점에서 바라보면 오류를 저지르게 된다. 경제현상은 늘 시간에 걸쳐 생각해야 한다.

끝으로, 인간은 완벽한 존재가 아닌 불완전한 존재다. 우리가 아는 지식은 제한되어 있고, 완전하지도 않으며, 우리가 알고 있는 것이 다가 아니다. 그래서 인간으로서 우리는 종종 실수를 저지른다. 그러나 우리는 실수를 통해서 배우고 실수를 교정하려고 노력한다.

앞으로 이 책에서 전개할 경제원리는 바로 이러한 가장 근본적이고 기본적인 인간세계의 조건을 바탕으로 한 것이다.

경제학자처럼 사고하기: 가치 있는 것인가?

훌륭한 경제학자는 끊임없이 "가치 있는 것인가?", 또 "무엇과 비교해서?"를 질문한다. 이러한 태도는 "두 가지 질문 속의 경제학(Economics in Two Questions)"이라 불린다.

가치에 대한 질문은 '한계'분석의 핵심이다. 경제학자들은 항상 편익과 비용을 비교해 선택한다. 가령, 한 학생이 물리학 시험을 위해 한 시간을 더 공부할지 선택하는 상황을 상상해보자. "그것이 가치 있는가"라는 질문은 '한 시간'을 추가로 공부했을 때의 비용 대비 편익을 묻는 것이다. 주어진 조건 속 앞으로의 비용과 편익, 이를 "한계편익"과 "한계비용"이라 부른다.

가치에 관한 질문은 "무엇과 비교해서?"라는 물음으로 연결되고, 이는 비용과 관련된다. 앞선 물리학과 학생에게 있어, 한 시간 공부의 한계비용은 이를 위해 포기해야 하는 선택들이다. 화학 공부 한 시간이나, 친구들과 놀러가는 것 등일 테다. 특히 경제학자들은 선택으로 인해 포기되는 차선책을 비용이라 보며, 이를 "기회비용"이라 부른다. 이처럼 한계비용 개념은 '비교'를 내포하고, 가치에 대한 앞선 질문도 본질적으로 비교를 포함한다. 특정 선택이 "가치 있다"는 판단은 그것의 순한계편익이 차선책보다 큼을 의미한다.

이렇듯 경제학적 사고의 요체는 '비용'에 대한 고려이다. 모든 선택은 다른 선택의 자원을 희생시킨다. 그렇기에 "좋은 것"이라고 해서 그 이득이 0이 될 때까지 지속해야 하는 것은 아니다. 우리는 항상 선택의 비용을 고려한 순편익을 생각해야 한다. 만약 한계비용이 한계편익보다 크다면, 이는 비합리적인 선택이다. 즉, "최적"의 상태는 한계비용과 한계편익이 같아지는 때이다. 예컨대, 우리가 오염 수준을 0으로 줄이거나 모든 건물에 내진 설계를 한다면 막대한 손해와 인명 피해를 막을 수 있다. 그러나 그것이 가치 있는 선택인가? 무엇과 비교해서? 오염 감축이나 내진설계를 위한 자원투입은 다른 목표를 희생시킨다. 암 치료에 활용되거나 안전한 자동차를 개발하는 데 쓰일 수 있었던 자원 말이다. 어쩌면 후자의 선택은 전자보다 많은 생명을 살렸을지도 모른다.

그러므로 "오염의 최적 수준은 0이 아니다"라는 말은 앞선 두 질문의 맥락에서 이해되어야 한다. "최적"은 "이상"을 의미하지 않는다. 만약 비용이 들지 않는다면, 모두가 오염이 전혀 없고 지진에 완벽히 대비된 세상을 선호할 것이다. 그러나 모든 선택은 비용을 수반하기에, 우리는 "그것이 가치 있는지", "무엇과 비교해 그러한지"를 질문해야 한다.

출처: Horiwitz, Steven 저/조은지 역, 자유기업원 해외칼럼, 2020년 7월 6일.

연습문제

01. 산업혁명 이후 인류의 생활 형편이 나아지면서 정신적인 문화가 번성하였다. 새로운 예술형태가 출현하며 그 형태가 다양해졌고, 많은 사람들이 셰익스피어 작품과 고전 음악 등을 셰익스피어와 고전음악 작곡가들이 살았던 동시대의 사람들보다 더 쉽게 그들의 작품을 감상하고 있다. 그렇게 된 이유는 무엇인가?

*02. 오늘 오후에 수진은 공연시간이 2시간인 EXID 콘서트를 보는 데 30,000원을 쓰거나, 아르바이트를 해서 시간당 7,000원을 벌 수 있다. 수진은 고민 끝에 콘서트를 보기로 결정했다. 이때 수진의 기회비용은 얼마인가?

03. 가격이 동일하게 500만원인 L사의 TV와 S사의 TV 사이에서 고민하다가 결국 L사의 TV를 샀다. 이때 기회비용은?

04. "정부는 의료서비스, 교육, 고속도로와 같은 재화를 공짜로 제공할 수 있기 때문에 정부가 그와 같은 재화를 제공해야만 한다." 이 주장은 참인가 거짓인가?

*05. 경제원론 강의를 오전 10시 30분에서 오전 8시로 바꾸면 학생들의 수강 신청에 어떤 변화가 있을 것인가?

*06. 정부가 공기오염과 수질오염을 완전히 제거해야 하는가?

07. 자기 이익(self-interest)은 강력한 동기이다. 이것은 사람들이 이기적이고 탐욕적이라는 것을 의미하는가?

*표시 문제의 답은 책 뒷부분의 부록에 수록되어 있음.

제 2 장

시장경제의 기초

제 1 절
자발적 교환

사람들은 왜 교환하는가?

사람들이 서로 교환하는 이유는 각자의 선호가 주관적이고 다르기 때문이다. 사람들의 선호가 각각 다르기 때문에 동일한 재화라 할지라도 사람들마다 그것에 매기는 가치는 각각 다르다. 똑같은 재화에 대해 어떤 사람은 높게 가치를 매기고 어떤 사람은 낮게 매긴다. 그래서 사람들은 자신의 입장에서 가치가 적다고 판단되는 자기 재화를 가치가 더 크다고 여겨지는 다른 사람의 재화와 교환하려고 한다. 그리하여 교환이 이뤄지면 쌍방은 모두 이익을 본다.

서연은 토마토를 좋아하고 양파를 싫어한다. 반면 준서는 양파를 좋아하고 토마토를 싫어한다. 둘은 각각 레스토랑에서 샐러드를 시켰다. 그런데 거기에는 토마토와 양파가 들어 있었다. 그러자 서연이 자신의 양파와 준서의 토마토를 교환하자고 제안했고, 준서가 동의했다. 서연은 자신이 가지고 있는 양파보다 준서의 토마토를 더 가치 있게 평가했고, 준서는 자신이 가지고 있는 토마토보다 서연의 양파를 더 가치 있게 평가한 것이다. 그래서 서연과 준서는 서로 교환함으로써 모두 이익을 보았다.

교환은 사회의 부(wealth)를 창출한다.

앞에서 본 서연과 준서의 예처럼 수많은 거래들을 통하여 재화와 서비스는 그것들을 가장 가치 있게 평가하는 사람에게 이동된다. 그러므로 재화를 가치를 적게 평가하는 사람으로부터 가치를 높게 평가하는 사람으로 이동시키기 때문에 교환은 가치를 창출한다고 말할 수 있다. 만약 서연과 준서가 만나지 않고 각자 홀로 자신의 샐러드를 먹는다면 서로 교환해서 먹는 경우보다 만족감은 훨씬 덜 할 것이다. 동일한 두 샐러드가 그것이 교환되지 않을 때보다 교환이 이뤄질 때 더 많은 가치를 창출하게 된다. 그래서 재화들이 가치를 더 두는 사람들에게 이동하게 되면 사회의 제한된 자원으로 창출된 총가치는 증가하게 된다.

물질적인 것 그 자체는 부가 아니다. 그것에 가치를 두는 사람의 손에 들어가야 비로소 부가 된다. 예를 들어 매우 전문적인 기술공학 서적은 우표수집가에게는 아무런 가치를 가지지 않겠지만 기술자들에게는 수십만 원 어치의 가치를 지닌다. 마찬가지로 기술자가 아무런 가치를 두지 않는 우표는 우표수집가에게는 커다란 가치를 지닌다. 그러므로 기술공학 서적을 기술자에게 이동시키고 우표를 우표수집가에게 이동시키는 자발적 교환은 두 재화의 가치를 증가시킨다. 교환은 가장 가치를 부여하는 사람들에게 재화와 자원을 이동시키기 때문에 거래쌍방의 부와 사회의 부를 창출한다.

제 2 절
재산권의 중요성

재산권이란 특정 자원을 어떻게 사용할 것인지를 결정하고 그것으로 인해 초래되는 결과(이익이든 손해든)를 어떻게 배분하는가를 결정하는 권리를 말한다. 사람들이 자발적으로 교환하는 것은 기본적으로 재화와 서비스의 소유권(재산권)을 맞바꾸는 협약과 같다. 내가 식품점에서 사과를 구입하는 것은 나에게 내가 원하는 대로 사과를 소비할 기회를 제공하고 식품점 주인에게는 그가 원하는 대로 사용할 현금(사과 값 3,000원)을 제공한다. 그의 것이었던 것(사과)이 이제 나의 것이 되고 나의 것이었던 것(3,000원)이 그의 것이 된다. 일상생활에서 우리들이 하는 많은 거래에는 명시적인 거래 계약서라는 것이 없다. 그러나 주택을 구입하거나 아파트를 빌리는 거래에서는 명시적인 계약서가 있다. 누가 무엇을 소유하고 재산을 어떻게 사용할 것인가를 명시한다.

재산권과 시장

재산권이 약하거나 잘 보장되어 있지 않다면 교환할 것이 없다. 사람들이 서로 교환할 것이 없으므로 교환이 이뤄지지 않고 시장이 형성되지 못한다. 개인들이 자신들의 사유재산을 교환하는 과정에서 자연스럽게 시장이 생성·발전했다. 한마디로 시장은 사유재산이 교환되는 곳이다.

시장이 '곳'이라고 해서 반드시 특정 장소를 의미하는 것은 아니다. 생활에 필요한 물건들을 파는 상점들이 밀집한 동대문시장, 남대문시장과 같이 특정장소뿐만 아니라 특정 장소가 정해져 있지 않더라도 개인들의 사유재산이 거래되면 시장이라 표현한다. 대표적인 예가 노동시장이다. 기업들이 직원을 채용하고 사람들이 자신이 가지고 있는 노동력을 제공하며 형성된 시장이 노동시장이다. 여기엔 특정한 장소가 없다. 또 다른 예는 외환시장이다. 국가의 화폐들이 거래되는 외환시장 역시 장소가 정해져 있는 것이 아니다. 외환은 딜러들의 컴퓨터를 통해 이뤄진다.

재산권과 경제성장

재산권이 없으면 교환이 이뤄지지 않기 때문에 자연히 재화와 자원의 가격 또는 가치가 형성되지 않는다. 재화와 자원의 가격은 정확하게 측정되지 못하기 때문에 시장이 잘 작동하지 못하고 경제가 쇠퇴하게 된다. 경제성장에 있어서 재산권은 필수적이다.

또 재산권은 열심히 일하고 새로운 기술개발을 할 인센티브를 준다. 자기가 개발한 새로운 기술에 대해 사유재산권을 가질 수 없다면 기술개발에 대한 인센티브는 매우 낮거나 존재하지 않을 것이다. 또한 열심히 일해 보았자 자신에게 돌아오는 소득이나 이득이 없으면 사람들은 열심히 일을 하지 않는다. 그래서 사유재산권이 잘 보장될수록 경제가 발전한다.

사유재산권이 경제발전에 얼마나 중요한지는 소련의 경우를 보면 알 수 있다. 소련에서 모든 토지는 국가가 소유하였다. 단지 1.2에이커(1,500평 정도)의 토지를 개인이 소유할 수 있도록 허용하였다. 그래서 개인 소유의 총토지 면적은 소련 전체 토지의 3% 정도였다. 그런데 놀라운 것은 전체토지의 3%밖에 되지 않는 사유지에서 생산된 우유의 양은 소련 전체 우유 생산량의 1/3, 식육의 양은 소련 전체 식육 생산량의 1/5이나 되었다.

재산권과 자원의 효율적 관리

사적 소유자가 자신의 재산을 더 잘 관리하는 경향이 있다. 사적 소유자는 자신의 재산이 증가하면 이익이 생기고 감소하면 손해를 본다. 집을 잘못 관리하면 팔 때 좋은 값을 받지 못할 것이다. 그래서 사람들은 자기 집을 잘 관리할 강한 유인을 갖는다. 개인이 소유한 주택들이 공공주택보다 훨씬 더 관리가 잘 되는 것도 바로 이런 이유 때문이다. 공공주택은 누구의 소유도 아니다. 공공주택의 가치가 하락하더라도 투자가치를 잃을 개인이 아무도 없다. 따라서 각 개인이 공공주택을 관리할 유인을 갖지 못한다.

공동소유의 비극은 산림파괴, 불필요한 오염, 동물의 남획 등에서 찾아볼 수 있다. 산타 바바라 캘리포니아 주립대학의 Garett Hardin 교수는 1968년 Science지에 개인이 아닌 공공의 소유일 때 자원이 과잉 개발되는 경향이 있다는 논문을 실었다. 어느 누구도 목초지를 소유하지 않는다면 각 소 주인은 목초지가 다 뜯어먹혀질 때까지 소의 수를 늘이려는 유인을 갖는다. 결국 공유지에서의 자유는 모두에게 해가 되는 결과를 초래한다.

이런 예는 아프리카 대륙에서 찾아볼 수 있다. 아프리카 대륙의 모든 나라들이 식민지 시기와 1960~70년대의 독립기에 야생동물을 국유화했다. 명분은 밀렵꾼을 막기 위함이었다. 그러나 국유화 결과 농민들은 코끼리와 들소의 등살에 시달리게 되었으며 금전 수입원을 잃어버리게 되었다. 그들이 야생동물들을 보살필 아무런 인센티브도 없었다. 그러자 아프리카 코끼리와 코뿔소 등 야생 동물의 수가 극감하였다. 이 문제는 결국 야생동물의 소유권이 사유화됨으로써 해결되었다. 짐바브웨 정부는 야생동물의 소유권을 토지소유자에게 넘겼고, 마을 사람들은 부락위원회를 구성하여 야생동물을 관리하였다. 사냥꾼들은 부락위원회로부터 허가를 얻어 사냥할 수 있었다. 야생동물이 마을 사람들에게 다시 가치가 있게 되자 마을 사람들은 다시 야생동물들을 보살피기 시작하였다. 그러면서 야생동물의 수가 증가하기 시작하였다.

제 3 절
생산가능곡선

앞에서 설명한 것처럼 사람들은 의도적인 선택과 경제행위를 하면서 제한된 자원으로부터 최선을 것을 얻으려고 노력한다. 이것은 **생산가능곡선**(production possibilities curve)을 이용하여 설명할 수 있다. 생산가능곡선은 주어진 일정 자원으로부터 생산될 수 있는 두 재화의 최대생산량의 조합들을 나타내며, 두 재화의 생산에 있어서 가능한 트레이드오프를 보여주는 곡선이다. 물론 실제 경제에서는 두 개 이상의 재화가 생산되기 때문에 생산가능곡선은 현실을 아주 단순화한 곡선이다. 그렇지만 이 생산가능곡선은 중요한 경제문제를 이해하는 데 많은 도움이 된다.

개인의 생산가능곡선

〈그림 2-1〉은 농사를 짓는 현우의 생산가능곡선을 나타낸다. 현우는 자신이 가지고 있는 토지, 기계, 노동력, 비료 등의 자원을 이용하여 옥수수와 감자의 여러 조합을 생산할 수 있다. 많은 자원을 옥수수 생산에 투입하면 감자 생산은 적어지는 것은 당연할 것이다. 단지 옥수수만 생산하면 50톤을 생산할 수 있다. 〈그림 2-1〉에서 점A에 해당한다. 그러나 10톤의 감자를 생산하려면 옥수수 생산을 45톤으로 줄여야 한다. 이것

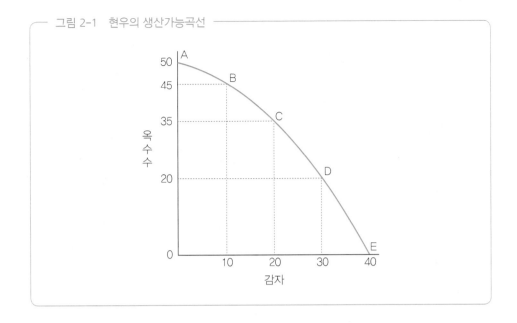

그림 2-1 현우의 생산가능곡선

옥수수

감자

은 점B에 해당한다. 그리하여 감자 10톤을 얻는 기회비용은 감소한 5톤의 옥수수 생산량이다. 점C는 옥수수 35톤과 감자 20톤, 점D는 옥수수 20톤과 감자 30톤의 생산조합을 나타내며, 점E는 단지 감자만을 생산할 때 감자 생산량이 40톤임을 나타낸다.

이러한 점들을 이은 곡선을 생산가능곡선이라고 한다. 생산가능곡선은 항상 우하향한다. 그 이유는 자원이 제한되어 있기 때문이다. 현우가 감자를 더 많이 생산하기 위해서는 토지와 노동력을 더 많이 감자 생산에 투입해야만 한다는 것을 의미하며, 이것은 동시에 옥수수 생산에 투입되는 토지와 노동력이 감소해야만 한다는 것을 의미한다. 이처럼 생산가능곡선은 제1장에서 설명한 트레이드오프를 나타낸다.

기회비용 증가의 원리

생산가능곡선이 우하향하는 특성 외에 바깥쪽으로 굽어진 활 모양을 띠는 특성을 갖는다. 이것은 기회비용이 증가함을 나타낸다. 현우가 처음에 점A에서 생산하다가 점B로 옮기면 옥수수의 생산량은 50톤에서 45톤으로 감소하면서 감자 생산이 0에서 10톤으로 증가한다. 10톤의 감자를 더 생산하기 위해서는 5톤의 옥수수 생산을 포기해야 하는 것이다. 이제 현우가 더 많은 감자를 생산하려고 한다고 하자. 점B와 점C 사이에서 옥수수 생산 감소는 10톤이다. 그리고 점C와 점D 사이에서 옥수수 생산 감소는 15

톤이고, 점D와 점E 사이에서 옥수수 생산 감소는 20톤이다. 따라서 감자 생산을 더 많이 할수록 옥수수 생산 감소는 더 커진다. 다시 말하면 점점 더 많은 감자를 생산함에 따라 옥수수의 생산량으로 표현된 감자 생산의 기회비용은 점점 커진다. 이것을 기회비용 증가의 원리(the principle of increasing opportunity cost)라고 한다.

기회비용이 증가하는 이유는 투입자원의 특화성 때문이다. 다시 말하면 어떤 토지는 옥수수 생산보다 감자 생산에 더 적합하고, 어떤 토지는 감자 생산보다는 옥수수 생산에 더 적합할 수 있기 때문이다. 점A에서 현우가 옥수수만 생산하려고 할 경우 그는 감자 생산에 더 적합한 토지까지 사용한다. 그러다가 옥수수 생산에서 감자 생산으로 전환할 때 그는 감자 생산에 적합한 토지 일부를 이용한다. 그래서 처음에는 옥수수 생산량 감소는 상대적으로 적다. 그러나 더 많은 감자를 생산하기 위해서는 현우는 이제 오히려 옥수수 생산에 더 적합한 토지를 사용해야만 한다. 그렇게 되면 옥수수 생산에 적합한 토지가 감자 생산에 더 많이 사용됨에 따라 옥수수 생산량이 크게 줄어든다.

기회비용 증가의 원리는 사용하는 자원이 두 재화에 동일하게 적합할 경우에는 성립하지 않는다. 예를 들어 동일한 노동과 자본을 투입해 노랑머플러와 빨강머플러를 생산한다고 하자. 이때 사용되는 노동과 자본은 특별히 노랑머플러나 빨강머플러에만 적합한 것이 아닐 것이다. 사용되는 노동과 자본이 적합하기는 노랑머플러 생산이나 빨강머플러 생산에도 마찬가지다. 이러한 경우에 생산가능곡선은 바깥쪽으로 굽어진 활 모양을 띠는 것이 아니라 직선이 된다. 노랑머플러 100개를 더 생산하기 위해서는 항상 빨강머플러 생산을 100개 줄이면 된다. 자원이 어느 특정색의 머플러에 특화되지 않기 때문이다.

경제전체의 경우

개인과 마찬가지로 사회전체 역시 제한된 자원과 기술의 제약을 받는다. 사회가 더 많은 자동차와 TV를 생산하기 위해서는 얼마간의 컴퓨터와 스마트폰을 포기해야 한다. 더 많은 주택과 아파트를 짓기 위해서는 얼마간의 공장과 상점들을 포기해야만 한다.

〈그림 2-2〉는 단지 두 개의 재화(컴퓨터와 자동차)만을 생산하는 가설 경제의 생산가능곡선을 나타낸다. 생산가능곡선상의 점들은 모든 자원이 효율적으로 사용된다는

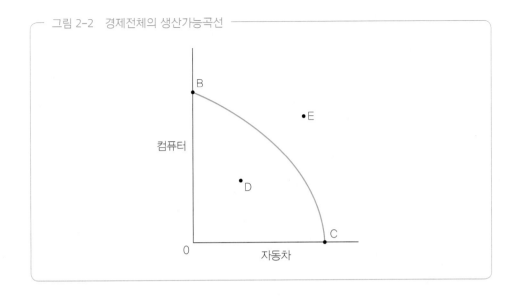

그림 2-2 경제전체의 생산가능곡선

B

컴퓨터

·E

·D

0   자동차

C

가정 하에 한 경제에 존재하는 현재 수준의 자원과 기술로 생산될 수 있는 컴퓨터와 자동차의 가능한 모든 조합을 나타낸다. 생산가능곡선의 위와 안쪽의 점(예를 들어 점D)은 생산가능하지만, 자원이 최대한 사용되지 않는 것을 나타낸다. 그리하여 점D는 비효율적이다. 그리고 생산가능곡선의 바깥쪽에 있는 점(예를 들어 점E)은 현재 가지고 있는 자원과 기술로는 얻을 수 없는 불가능한 생산이다.

생산가능곡선의 이동과 경제성장

생산가능곡선은 주어진 자원과 일정한 기술수준 하에서 모든 자원이 효율적 사용된다는 조건 하에서 한 경제가 생산할 수 있는 두 재화의 최대생산량의 모든 조합을 나타내는 것이다. 그래서 이러한 조건들이 변하면 생산가능곡선은 이동할 수 있다. 즉 자원이 증가하거나 노동시간이 증가하고, 기술이 발전하면 모든 재화가 더 많이 생산되어 생산가능곡선은 밖으로 이동한다. 생산가능곡선이 밖으로 이동하는 것은 더 많은 재화와 서비스가 생산되는 것을 나타내므로 생산가능곡선이 밖으로 이동하는 것은 경제성장을 나타낸다. 따라서 자원의 증가, 노동시간의 증가, 기술발전은 경제성장의 요인이 된다. 이뿐만 아니라 기업가의 혁신활동과 법제도화의 선진화 역시 경제성장의 중요한 요인이다. 이러한 것들도 기업가의 혁신활동이 증가하거나 법제도가 선진화되면 생산성이 증가하여 생산가능곡선이 밖으로 이동하기 때문이다.

자원의 증가

자원을 더 많이 갖게 되면 우리는 모든 재화를 더 많이 생산할 수 있다. 그뿐만 아니라 기계, 장비, 도구와 같은 자본재는 자원의 생산성을 증가시키므로 이에 대한 투자로 우리는 더 재화를 생산할 수 있다. 그러나 자본재를 생산하는 데는 시간을 요한다. 따라서 자본재를 생산하는 데 노력을 기울이고 거기에 자원을 사용하려면 다른 재화, 즉 현재의 소비를 위한 재화 생산에 자원을 덜 사용해야 한다. 따라서 자본재 생산과 소비재 생산 간에 트레이드오프가 발생한다. 이 관계는 〈그림 2-3〉과 같이 생산가능곡선으로 표현될 수 있다.

〈그림 2-3〉에서 처음에 A국가와 B국가 모두 K, L로 표시되는 동일한 생산가능곡선을 갖고 있다고 하자. A국가는 B국가보다 더 많은 소비재를 생산하는 반면, B국가는 A국가보다 투자재를 더 많이 생산하고 있다. 이것은 〈그림 2-3〉에서 각각 I_A와 I_B로 표시되어 있다. 시간이 흐르면서 B국가가 더 많은 자원을 투자에 사용하고 덜 소비하기 때문에 B국가의 생산가능곡선은 A국가의 것보다 더 많이 밖으로 이동한다. 이것은 B국가의 경제성장이 A국가의 경제성장보다 높다는 것을 보여준다. 그러나 B국가는 이러한 경제성장을 위해서는 A국가에 비해 현재 소비를 덜하는 어려움을 감수해야만 한다.

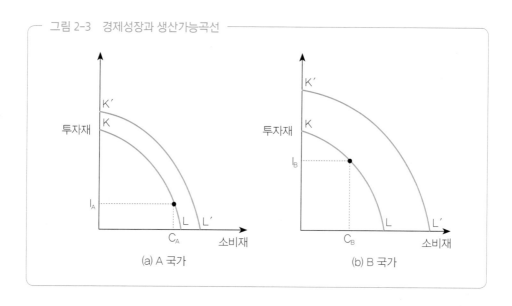

그림 2-3 경제성장과 생산가능곡선

노동시간 증가

모든 사람들이 여가를 줄이며 일을 더 많이 하면 생산가능곡선은 밖으로 이동한다.[1] 노동시간의 증가는 자원의 증가와 마찬가지 효과를 갖는다. 사람들이 얼마나 일을 할지는 개인의 선호뿐만 아니라 정부정책에도 영향을 받는다. 예를 들면 정부가 소득세를 올릴 경우 일을 더 많이 해도 실질적으로 소득이 늘어나지 않으면 사람들은 세금이 매겨지지 않는 활동, 즉 여가에 더 많은 시간을 보내며 일을 덜하려고 할 것이다. 이렇게 되면 생산가능곡선은 축소되어 안쪽으로 이동하게 된다. 즉 경제성장이 둔화된다.

기술발전

기술의 발전은 우리가 현재 가지고 있는 자원으로부터 더 많은 재화를 생산할 수 있게 만든다. 최근 컴퓨터와 IT, 인공지능의 발전으로 데이터 처리 속도가 빨라지고, 로봇의 발달로 작업 속도가 향상되며, 새로운 유전기술의 개발로 기존의 유전에서 더 많은 석유를 시추할 수 있게 되었다. 이러한 기술의 발전은 우리의 생산가능을 증가시키고 생산가능곡선을 밖으로 이동시킨다.

기업가의 혁신활동

기업가는 새로운 기술을 효과적이고 실용적으로 적용하여 낮은 비용으로 소비자를 만족시키는 새로운 제품을 생산해낸다. 기업가는 가치를 증가시키는 쪽으로 자원을 사용하거나 재배치해 이윤을 얻는다. 이러한 기업가의 혁신활동은 생산을 증가시켜 생산가능곡선을 밖으로 이동시킨다.

대표적인 사례가 헨리 포드의 컨베이어 벨트를 활용한 연속 조립생산 방식이다. 그는 이 방식을 통해 자동차 1대 만드는 데 12시간 걸리던 것을 93분으로 줄이며 자동차를 값싸게 대량 생산하였다. 애플컴퓨터의 스티브 잡스와 마이크로소프트의 빌 게이츠의 개인컴퓨터와 소프트웨어 개발 역시 기업과 개인의 생산성을 증대시켰다.

---

[1] 여가 역시 재화이고 다른 재화를 더 많이 얻기 위해서는 여가를 줄여야만 한다. 이러한 트레이드오프 관계를 여가와 다른 재화 간의 생산가능곡선으로 표현할 수 있다. 여가와 다른 재화 간의 생산가능곡선에서는 여가를 줄이면, 생산가능곡선이 이동하는 것이 아니라 생산가능곡선상의 움직임으로 나타난다.

새로운 제품과 생산방법을 만들어내는 기업가의 발견과 혁신 활동은 낡은 것을 사라지게 한다. 디지털 카메라는 현상 필름을 사라지게 만들었고, 자동차는 마차 산업을 붕괴시켰다. 이것은 슘페터가 말하는 창조적 파괴(creative destruction)로서 비록 어떤 기업과 산업이 파괴되더라도 새로운 것을 통하여 경제가 성장한다.

법제도의 선진화

법제도의 선진화는 시장경제체제 구축을 위한 법적 제도를 마련하는 것을 말한다. 시장경제체제의 기초는 사유재산, 자유경쟁, 그리고 자발적 교환이 있다. 역사적으로 시장경제체제를 도입한 국가는 경제성장을 통해 번영과 풍요를 누린 반면, 그렇지 않은 국가들은 몰락하거나 곤경을 겪었다. 따라서 사유재산권 보장, 자유경쟁과 자발적 교환들을 보장하는 법적 제도의 변화가 이뤄지면 그 국가의 생산가능곡선은 밖으로 이동하고, 반대로 이러한 것들을 제한하는 법적 제도가 마련되면 생산가능곡선은 수축하여 안쪽으로 이동한다. 시장경제의 작동원리와 시장경제에 필요한 제도적 장치에 대해서는 제3장에서 자세히 다룰 것이다.

반복하면 생산가능곡선을 이동시키는 요인이 곧 경제성장의 요인이 된다. 그리고 생산가능곡선이 급격하게 이동할수록 경제성장 속도가 빠르다. 경제성장을 설명하는 모형들이 매우 많지만, 모든 경제성장모형은 생산가능곡선을 기본으로 한다. 경제성장에 관한 이론들은 제16장에서 보다 자세히 다룬다.

제 4 절
생산가능곡선과 교환

앞에서 논의한 바와 같이 교환은 가치를 창출한다. 재화가 가치를 적게 평가하는 사람으로부터 가치를 높게 평가하는 사람으로 이동하기 때문이다. 이뿐만 아니라 교환은 특화와 분업을 통해 생산을 확대시킨다.

분업과 특화

우리는 우유를 마시기 위해서 직접 젖소를 기르지 않는다. 또 밥을 먹기 위해 직접 논농사를 짓지 않는다. 구두를 직접 수선하지도 않고, 옷을 직접 만들어 입지도 않는다. 우리는 단지 자신의 특성과 능력을 고려해서 가장 관심 있는 일을 선택하여 그로부터 얻는 돈으로 자신이 필요로 하는 우유, 쌀, 구두수선, 의복 등을 구입한다. 우리는 개인이 관심을 가진 일에 특화하여 생산한 재화와 서비스를 다른 사람이 제공하는 재화와 서비스와 교환하며 생활한다. 즉 분업을 통해 다른 사람들과 협동하며 산다.

인간 사회에서 분업이 일어나는 이유는 사람들의 능력은 각각 다르고 좋아하는 것도 각각 다르기 때문이다. 사람들의 능력과 선호가 각기 다를 경우 우리 모두가 동일한 일을 하기보다는 서로 다른 일을 하면 보다 더 많은 것을 생산할 수 있다. 어떤 사람은 전적으로 농사일에 전념하고 어떤 사람들은 옷 만드는 일에 전념하면 분업이 없을 경우보다 매년 식량이 더 많이 생산되고 옷이 더 많이 만들어진다. 보다 많은 식량과 옷이 만들어지기 때문에 모든 사람들이 분업에서 보다 더 많이 먹고 더 잘 입게 된다. 만약 분업을 하지 않고 자급자족하면 생산성이 급락해 사람들이 향유할 수 있는 재화와 서비스가 줄어 고통을 겪는다. 따라서 인간사회에서 특화를 통한 분업은 매우 중요하다.

특화가 노동 생산성을 증가시키는 이유

작업 전환에 수반되는 시간낭비를 줄인다.

배추를 재배한 세 사람이 수확한 배추를 시장에 내다팔기 위해 트럭에 싣는다고 하자. 이때 각자가 배추를 몇 포기씩 가져다가 트럭에 싣기보다는 배추 싣는 과정의 일부를 각자 맡아 하면 배추를 트럭에 싣는 일을 훨씬 빨리 끝낼 수 있다. 한 사람은 캐낸 배추를 들어올리는 일을 맡고 두 번째 사람은 그것을 받아다가 트럭 위에 있는 사람에게 전달하고, 세 번째 사람은 트럭에 차곡차곡 쌓는 일을 맡는다. 이렇게 하면 트럭에 배추 싣는 일의 시간이 대폭 줄어 일이 훨씬 빨리 끝난다.

동일한 원리가 생산과정에도 적용된다. 애덤 스미스는 핀 만드는 공장에서 분업이 노동의 생산성을 증가시킨다는 점을 발견하였다. 노동자 한 사람이 모든 공정을 맡아 핀을 만들면 하루에 20개도 채 만들기 어려운데, 약 18개의 생산 공정을 노동자들이 나누어 각 공정에 특화해 일하는 공장에서는 노동자 1인당 1일 생산량이 4,800개라는 사실을 발견하였다.

자동화를 촉진한다.

여러 단계로 구성되어 있는 복잡한 생산과정 전체를 자동화하기는 불가능하지만 각 단계로 분리하여 동일한 작업을 반복할 경우 자동화하기가 쉽다. 자동화가 이뤄지면 생산성이 증가함은 물론이다. 자동차 생산의 경우를 보자. 한 사람이 자동차의 모든 부품을 만들고 그것들을 조립하려고 하면 모든 공정을 한꺼번에 처리할 수 있는 기계를 발명하기는 어렵다. 그러나 자동차 만드는 공정을 엔진, 핸들, 변속기, 바퀴, 차체 등으로 분리한다면 각 부품을 한꺼번에 많이 만들 수 있는 기계발명이 쉬워진다. 게다가 모든 사람들이 자신들이 가지고 있는 조그만 땅을 이용해 식량을 자급자족한다면 대량 생산을 위한 농기구를 개발하는 것은 무의미하다.

숙련도 향상

분업이 가져다주는 최고 장점은 사람들이 훈련과 연습을 통해 자신의 능력을 더욱 발전시킬 수 있다는 점이다. 한 분야에 몇 년 동안 일을 하게 되면 그 일의 숙련도가 높아져 생산성이 크게 증가한다. 우리는 수십 년간 주방 일을 하는 주방장, 옷감을 다루는 재봉기술자, 철을 다루는 대장장이의 엄청나게 빠른 손놀림과 일처리 등에서 이 점을 쉽게 발견할 수 있다.

분업의 원리: 비교우위

그렇다면 분업이 일어나는 원리는 무엇일까? 그것은 바로 비교우위다. 비교우위는 한 개인이나 집단이 어떤 분야에서 다른 개인이나 집단보다 상대적으로 잘할 수 있는 능력을 말한다. 예를 들면, 류현진과 같이 빠른 볼을 던질 수 있는 사람은 다른 사람에 비해 프로 야구선수의 직업을 갖는 것에 비교우위를 갖는다.

비교우위는 사람들의 능력과 특성이 동일하지 않거나 지역적인 차이 때문에 생긴다. 태어날 때부터 신체적으로 건장한 사람이 있고 신체적으로는 건장하지 않지만 음악적인 소질을 갖고 태어난 사람도 있다. 신체적으로 건장한 사람은 그렇지 않은 사람보다 야구나 축구와 같은 스포츠 선수가 될 수 있다. 신체적으로 건장하지 않지만 음악적인 재능이 뛰어난 사람은 작곡가나 피아니스트가 될 수 있다. 지역적인 차이에 따른 특화가 있을 수 있다. 예를 들면 신체가 건장하여 스포츠 선수인 사람들 중에서 바닷가에 사는 사람은 산악지대에 사는 사람보다 수영을 더 잘할 수 있고, 산악지대 사람은 바닷가 사람보다 달리기를 더 잘할 수 있다.

비교우위 개념을 발견한 사람은 리카도(Ricardo)다. 그는 비교우위 개념을 국가 간 분업에 적용하여 국제무역을 설명하였다. 국가 간의 거래에 관한 것은 제18장에서 자세히 논의하기로 하고 여기서는 개인 간의 거래에 적용하여 설명하기로 한다.

기회비용과 비교우위

비교우위의 원리는 제1장에서 배운 기회비용(opportunity cost)의 개념을 이용해 설명할 수 있다. 생산하는 데에 있어 다른 사람들보다 상대적으로 낮은 기회비용이 드는 상품이나 서비스가 있으면 그 개인이나 기업은 그 상품이나 서비스 생산에 비교우위가 있다고 말한다. 즉, 한 개인이나 기업이 다른 개인이나 기업이 어떤 재화나 서비스를 생산할 수 있는 것보다 상대적으로 적은 시간, 노력, 그리고 자원으로 그 재화나 서비스를 생산할 수 있다면, 그 개인이나 기업은 그 재화나 서비스를 생산하는 데에 있어서 비교우위를 갖는다. 예를 들어 비록 의사자신이 환자의 병력관리와 주사를 놓는 일을 그 누구보다도 더 잘할 능력이 있다 하더라도 병력관리 등과 같은 일반사무를 보는 사람과 주사를 놓을 간호사를 고용해 맡기고 자신은 진료에 특화하는 것이 비교우위 원리다. 왜냐하면 의사가 환자를 진료하는 일이 병력을 관리하는 일과 주사를 놓는 일보다 기회비용이 적기 때문이다. 교수가 조교를 고용하는 것, 기업의 사장이 직접 잡다한 사무적인 일을 할 수 있음에도 불구하고 비서를 고용하는 것 등 모두가 비교우위 원리에 따른 것이다.

어떤 사람이 특정 재화를 생산하는 데에 비교우위를 갖는다는 것은 그가 다른 사람에 비해 그 재화를 더 낮은 생산비용으로 생산한다는 의미가 아니다. 특정 재화를 더 낮은 생산비용으로 생산하는 경우는 절대우위(absolute advantage)라 한다. 특정 재화 생산에 절대우위를 갖고 있는 생산자가 그 재화를 생산하는 데에 비교우위가 있다고 단

표 2-1　지민과 유진의 생산능력, 기회비용, 비교우위

생산물	최대 생산량		기회비용		비교우위	특화 후 소비량
	지민	유진	지민	유진		
치즈	600	300	200/600 1/3요구르트	150/300 1/2요구르트	지민	치즈 300kg 요구르트 130kg (특화하지 않을 경우보다 30kg 요구르트 소비 증가)
요구르트	200	150	600/200 3치즈	300/150 2치즈	유진	치즈 300kg 요구르트 20kg (특화하지 않을 경우보다 20kg 요구르트 소비 증가)

정적으로 말할 수 없다. 비교우위는 상대적인 개념이기 때문이다. 다음의 예를 보면 비교우위와 절대우위가 다름을 알 수 있다.

예를 들어 우리 경제에는 지민과 유진 두 사람이 살고 있고 이들은 치즈와 요구르트를 생산한다고 하자. 이제 지민과 유진이 각각 자신이 가진 모든 자원을 다 사용하여 현재의 기술 상태에서 생산할 수 있는 생산가능이 〈표 2-1〉과 같다고 하자. 이것을 그래프로 그린 것이 〈그림 2-4〉이다.

〈표 2-1〉에 제시된 정보에 의하면 지민이 자신의 모든 자원을 다 동원하여 치즈만 생산한다면 600kg을 생산할 수 있고, 요구르트만 생산한다면 200kg을 생산할 수 있다. 또 유진은 치즈만 생산한다면 300kg, 요구르트만 생산한다면 150kg을 생산할 수 있다. 물론 치즈와 요구르트를 적절히 조합하여 생산할 가능성이 높다. 이제 지민과 유진의 치즈와 요구르트에 대한 기회비용을 계산해보자. 지민이 치즈 600kg을 생산하려면 요구르트 200kg의 생산을 포기해야 한다. 즉 치즈 1kg을 생산하기 위해서는 요구르트 1/3(=200/600)kg의 생산을 포기해야 한다. 그래서 치즈의 기회비용은 1/3kg의 요구르트가 된다. 반대로 요구르트를 1kg을 더 생산하려면 치즈 3(=600/200)kg을 포기해야 하므로 요구르트의 기회비용은 치즈 3kg이 된다.

한편 같은 방법으로 계산하면 유진의 치즈 생산을 위한 기회비용은 요구르트 0.5(=150/300)kg이고, 요구르트의 기회비용은 치즈 2(300/150)kg이 된다. 표의 생산량 수치를 보면 지민은 분명히 유진보다 치즈와 요구르트를 더 많이 생산할 수 있다. 이를 두고 지민은 유진에 비해 치즈와 요구르트의 생산에서 절대우위(absolute advantage)에 있

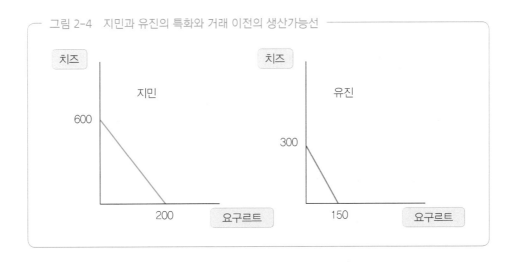

그림 2-4 지민과 유진의 특화와 거래 이전의 생산가능선

다고 한다. 그러나 지민은 요구르트 1kg을 생산하기 위해서 치즈 3kg을 희생해야 하지만 유진은 2kg만 희생하면 된다. 즉 유진이 요구르트 1kg을 생산하기 위해 희생하는 치즈의 양이 지민보다 더 적다. 이를 두고 지민에 비해 유진은 요구르트 생산에 있어 비교우위(comparative advantage)에 있다고 말한다. 반대로 지민은 치즈 1kg을 생산하기 위해 요구르트 1/3kg만 희생하면 되지만 유진은 1/2kg을 희생해야 한다. 따라서 지민은 치즈 생산에 있어 유진에 비해 비교우위에 있다. 이런 경우 지민과 유진은 자신이 더 낮은 비용으로 생산할 수 있는 재화 생산에 특화(specialization)하여 서로 교환하면 자신들의 이익이 증가함은 물론, 경제 전체적으로도 더 많은 치즈와 요구르트가 생산된다.

예를 들어 보자. 〈그림 2-5〉처럼 지민과 유진이 각각 치즈와 요구르트 생산에 특화하여 생산할 경우, 지민은 치즈 600kg, 유진은 요구르트를 150kg을 생산할 수 있다. 지민은 치즈 600kg 중 300kg은 자신이 소비하고 나머지 300kg을 유진이 생산한 요구르트 130kg과 교환한다면 지민 자신이 치즈와 요구르트를 모두 생산할 때보다 30kg 요구르트를 더 많이 소비할 수 있다. 왜냐하면 지민이 치즈와 요구르트를 모두 생산할 경우 치즈를 300kg 생산할 때 요구르트를 생산하여 소비할 수 있는 양은 100kg밖에 되지 않기 때문이다. 유진 역시 자신이 생산한 150kg 요구르트 중 130kg을 지민의 300kg 치즈와 교환함으로써 이익을 얻는다. 왜냐하면 유진 자신이 두 가지를 모두 생산하여 소비한다고 할 때 치즈를 300kg 생산하게 되면 요구르트 생산량은 0kg이어서 요구르트를 전혀 소비할 수 없지만, 지민과 교환함으로써 치즈 300kg을 소비하면서 요구르트

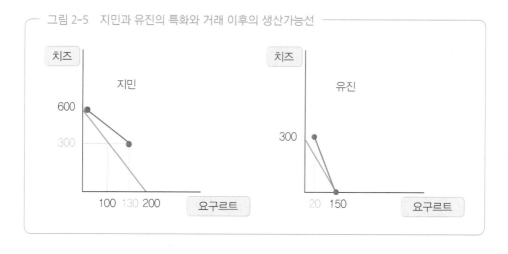

그림 2-5 지민과 유진의 특화와 거래 이후의 생산가능선

20kg을 소비할 수 있기 때문이다. 이렇게 비교우위가 있는 품목에 특화하여 생산하고 거래하게 되면 생산과 소비가 늘어나게 되어 거래 참가자 모두에게 이익이 된다.

제 5 절
거래비용

앞에서 본 것처럼 비교우위가 개인적인 부를 창출하기 때문에 사람들에게는 특화할 강한 인센티브가 있다. 우리는 지금까지 생산의 기회비용을 논의하고 비교했다. 그러나 다른 거래자를 찾는 비용은 없는 것일까? 우리는 지금까지 지민과 유진이 같은 동네에 살고 있다고 상정하면서 거래자를 찾는 비용이 매우 낮다는 것을 가정했다. 만약 지민과 유진이 서로 멀리 떨어진 곳에 살고 있다면 어떻게 될까? 둘 사이에 교환기회를 발견하는 것이 그렇게 쉬워 보이지 않는다. 물리적 거리가 거래에 대한 장애가 될 것이다. 그래서 거래기회를 서로 알지 못할 수 있다. 우리는 이것을 거래비용이라고 부른다. 거래비용은 교환이 이뤄지기까지 거래상대를 찾고 협상하는 데 들어가는 시간, 노력, 자원 등의 비용을 말한다.

거래비용이 높을수록 생산적인 교환이 이뤄지기 어렵다. 자동차와 주택을 팔려고 하는 사람은 가장 많은 돈을 지불하려고 하는 사람에게 팔고자 할 것이다. 그러나 그런 사람을 끝까지 찾는 데는 많은 노력과 시간이 들고 또 금전적 비용도 든다. 그래서 그러한 사람을 끝까지 찾는 것이 의미가 없다는 것을 안다. 이것이 완전한 교환이 거의 성취되지 못하는 이유다.

인터넷은 거래비용을 상당히 줄여준다. 옥션이나 이베이(eBay)와 같은 온라인 쇼핑몰은 판매자가 수많은 잠재적 구매자들을 적은 노력과 비용으로 쉽게 접근할 수 있게 해준다. 구매자들은 사고 싶은 품목을 쉽게 탐색할 수 있다.

중개인(중간상인)은 정보를 창출한다.

중개인은 거래비용을 줄여주는 중요한 역할을 한다. 그럼에도 불구하고 중개인은 아무것도 하지 않고 큰 이익만을 남기는 뻔뻔스럽고 나쁜 사람으로 보는 경향이 있다. "농사는 농민이 짓고 이득은 중간상인이 다 보고 있다.", "중간상인이 생산자로부터 싸게 사서 소비자에게 비싸게 팔아 이윤을 챙기는 농간을 부린다.", "중간상인의 횡포를 막는 길은 생산자와 소비자 간에 직거래하는 것이다.", "식료품비를 절약할 수 있는 확실한 방법은 중간상인을 거치지 않고 소비자가 직접 농부나 생산자로부터 농산물이나 기타 식료품을 구입하는 것이다."

이렇게 중개인에 대한 부정적인 생각은 농업과 제조업은 무엇인가를 창출하여 생산적이므로 농민과 기술자들은 소득을 얻을 자격이 있지만, 교환은 아무것도 창출하지 않아 생산적이지 못하기 때문에 상인은 소득을 얻을 자격이 없다는 믿음에서 나오는 것 같다. 그러나 이러한 믿음은 잘못된 것이다. 농업과 제조업이 생산적인 것과 마찬가지로 교환 역시 생산적이다.

앞에서 설명한 바와 같이 사람들이 교환하는 것은 서로 이익을 볼 것으로 기대하기 때문이다. 사람들은 자신이 생각할 때 가치가 적다고 생각하는 물건과 보다 더 가치있다고 생각하는 것과 교환한다. 내가 지금 가지고 있는 1만원보다는 빵에 더 가치를 두고 있을 때, 다른 사람이 빵보다는 1만원 더 가치를 둔다면 그 사람의 빵과 나의 1만원은 교환될 것이다. 그러면 우리는 둘 다 이익을 본다. 이러한 수많은 거래들을 통하여 재화와 서비스는 그것들을 가장 가치 있게 평가하는 사람에게 이동된다.

생산자와 직거래를 함으로써 소비자들이 식료품비를 정말로 절약할 수 있다면 왜 대부분의 사람들이 그렇게 하지 않고 단지 소수의 사람들만이 그렇게 하는 것일까? 정보가 희소한 자원이기 때문이다. 식료품비를 절약하기 위해서 농부나 다른 생산자로부터 직접 구입하고 싶으면 자신이 원하는 농산물을 파는 농부나 다른 생산자들을 찾아야만 한다. 그들을 찾기 위해서는 농부와 생산자들에 대한 정보를 수집해야 하고 그들을 방문해야 한다. 이 일은 많은 시간과 노력이 든다. 즉 자신이 원하는 농산물을 파는 농부와 생산자를 찾는 일에는 많은 비용이 든다. 그래서 직거래를 하기 위해서는 농부나 다른 생산자들과 직거래하는 것으로부터 절약되는 식료품비와 농부와 생산자를 찾는 거래비용을 비교해보아야 한다. 절약되는 식료품비가 탐색비용보다 크면 직거래를 하는 것이고, 그렇지 않으면 중간상인이나, 소매상을 이용하는 것이다. 결국 중간상인은 소비자의 거래비용을 절감시켜주는 역할을 한다.

생산물이 최종적으로 소비자의 손으로 들어가게 되는 유통구조는 생산물의 특성, 생산자와 소비자의 특성 및 분포 등에 따라 다르다. 생산물의 공급이 불안정할수록, 생산자와 소비자가 널리 분포되어 있을수록 유통구조가 복잡하다. 농산물은 종류가 다양하고 계절마다 다르며 작황에 따라 공급량의 변동이 심하다. 또한 농산물의 생산자와 소비자들은 널리 분포되어 있다. 따라서 농산물의 수급을 일치시키는 일은 매우 복잡하며 손실의 위험이 크다. 게다가 농산물 생산자들은 큰 위험을 감수할 만큼 많은 자본을 소유하고 있지 못하다. 그리하여 여러 사람들이 위험을 조금씩 나누어 지는 방향으로 유통구조가 조직되어 다른 생산물에 비해 농산물은 많은 중간단계를 거쳐 소비자의 손에 들어가게 된다. 이처럼 중간상인은 많은 위험을 떠맡는 역할도 한다.

중개인에 대한 부정적 인식은 정보가 희소한 재화라는 사실을 인식하지 못하거나 무시하는 데에 기인한다. 그러나 정보는 희소한 재화이고 생산에 비용이 드는 재화이다. 따라서 시장에서 유용한 정보의 창출은 가치 있는 부를 생산하는 행위이고 중개인은 실질적으로 부를 생산하는 사람이다.

투기자의 역할

중개인보다 부정적인 인식이 더 많은 것이 투기자다. 그러나 투기자 역시 경제에서 매우 중요한 역할을 한다. 투기는 시장가격 차이를 이용해 이윤을 얻으려는 행위다. 투기로 이윤을 얻는 것은 미래의 시장가격 변화에 대한 예측에 달려 있다. 시장가격을 잘 예측하면 이윤을 얻고 그렇지 못하면 손실을 본다. 위험이 영(0)인 완벽하게 안전한 투자 같은 것은 있을 수 없다.

예를 들어 소금 가격 변화를 이용해 이윤을 얻으려는 전문 투기자를 보자. 그는 기후조건이나 시장상황 변화 등에 대해 다른 어느 소비자보다 더 주의를 기울일 것이다. 일반 소비자의 생활에서 소금은 아주 사소한 부분을 차지하지만 그에게는 자신의 생활이 달려 있기 때문이다. 소금 가격이 kg당 500원일 때 투기자가 미래에 소금 공급 부족이 있으리라고 판단한다면 그는 소금을 사기 시작할 것이다. 그의 투기적 수요로 인해 소금 가격은 상승한다. 예를 들어 1,000원으로 오른다고 하자. 그러다가 시간이 흘러 투기자가 예상한 대로 실제로 소금 공급이 감소한 때에 이르러 사 뒀던 소금을 더 높은 가격, 예를 들어 2,000원에 내다 팔아 막대한 이윤을 얻는다.

이것이 투기자가 비난받는 이유다. 쌀 때 사서 비싸게 팔아 이윤을 많이 챙겼다는 것이다. 그러나 여기서 투기자가 이윤을 얻을 수 있었던 것은 그의 예측대로 시장상황이 변했기 때문이다. 만약 예측이 빗나갔다면 그가 커다란 손실을 보는 것은 물론이다. 이 경우도 투기자는 다른 사람에게 피해를 준 것이 아니라 오히려 도움을 준다.

만약 이런 투기자가 없다면 예상치 못한 갑작스러운 공급 감소로 소금 가격은 2,000원보다 더 높은 가격(예를 들어 3,000원)으로 상승했을 것이다. 이것은 소비자에게 더 좋지 않은 상황임은 물론이다. 그러나 투기자가 사 뒀던 소금을 시장에 판매함으로써 3,000원이 될 소금 가격이 2,000원이 된다. 투기자는 소비자가 미래의 높은 가치를 모르고 있을 때 사 뒀던 소금을 시장에 내놓으면서 공급 감소를 완화해 보이지 않게 소비자에게 도움을 준 것이다.

어떤 의미에서 투기자는 미래의 재화 부족을 예견하는 선각자다. 앞으로 닥칠 재화의 부족을 아무도 예측하지 못할 때 미래를 위해 많은 양을 확보해 저장하고, 재화 부족이 확실해질 때 비축해 놓았던 재화를 시장에 내놓으면서 공급 부족을 줄여준다.

그리하여 수요와 공급 간의 격차를 줄이고 가격의 극단적인 등락을 완화한다. 다시 말하면 극단적으로 낮아질 가격을 올리기도 하고, 높아질 가격을 내리는 역할을 하는 것이다. 투기자는 이런 역할을 통해 자신의 이익을 추구하면서 다른 사람에게 도움을 주는 일을 하는 것이다.

투기자들이 이윤을 얻기 위해서는 미래의 사건에 대해 잘 예측해야 한다. 잘못 예측하면 커다란 손해를 입는다. 예를 들어 아무런 유동성이나 지급불능 문제를 갖고 있지 않는 국가가 디폴트할 것이라고 믿어 그 국가의 채권을 투매를 한다면 투기자들은 커다란 손해를 보게 된다. 이러한 이윤동기 때문에 투기자들은 가능한 많은 정보를 획득하려고 노력한다. 이렇게 획득된 정보로 형성된 미래에 대한 예측에 근거하여 투기자들은 구매와 판매 의사를 표시하고 거래한다. 투기자들의 구매와 판매에 대한 의사표시로 인해 자본시장에서 정보가 다른 사람들에게 알려지게 되고 거래가 활성화된다. 요컨대 투기자는 자본시장에서 정보를 생산하고 생산된 정보를 전파하는 역할을 한다.

이뿐만 아니라 투기자는 다른 사람의 위험을 떠맡는 일도 한다. 마늘 농사를 짓는 농부를 생각해보자. 농부는 9월에 파종한다. 파종 시 마늘 가격이 한 접에 5만원이었지만, 수확할 시점인 이듬해 6월에는 시장 상황에 따라 변할 것이다. 수확기에 인도할 수 있는 마늘에 대해 한 접에 6만원에 한 투기자와 계약했다고 하자. 그런데 수확기인 이듬해 마늘가격이 8만원이 됐다면 그 투기자는 막대한 이윤을 얻는다. 이 경우 농부에게 돌아갈 이윤을 투기자가 가로챘다고 비난하는 경우가 많다.

그러나 만약 마늘 가격이 3만원이 됐다면 어떻게 될까. 커다란 손해를 보는 쪽은 투기자이고 이익을 보는 쪽은 농부다. 이 투기자와의 거래로 인해 농부는 커다란 손실을 피할 수 있기 때문이다. 이런 경우 투기자의 개입 덕분에 생긴 농부의 이익, 혹은 투기자의 손실에 대해 일반적으로 어떻게 평가하고 있나. 대개 투기자의 손실에 대해서는 언급조차 하지 않는다.

투기자와의 계약으로 인해 농부가 져야 할 가격 변동 위험을 투기자가 진다. 농부는 미래 가격에 노심초사할 필요 없이 편안한 잠을 자며 농사에 전념할 수 있다. 미래 가격 변화 부담을 투기자가 지기 때문이다. 달리 표현하면 투기자는 다른 사람의 위험을 부담하는 보험가의 역할을 하는 것이다. 이것은 또 농부는 마늘 농사에, 투기자는 위험 부담에 특화해 농부와 투기자 간 분업하며 서로 협동하는 것이라고 볼 수 있다.

물론 어느 직업에서나 거짓말을 하고 사기를 치는 사람이 있듯이 나쁜 투기자가 있다. 예를 들어 친구인 국회의원으로부터 새로운 도시계획의 위치 정보를 입수하여 토지를 구입해 많은 이익을 취한 경우다. 이러한 투기는 부정한 방법으로 얻은 정보를 바탕으로 거래한 것이고, 그 지역 납세자가 부담해야 하는 도시계획 사업비용을 증가시켜 다른 사람들에게 피해를 입히는 것이므로 비난받아 마땅하다. 그러나 그렇지 않은 일반 투기자는 정보를 생산 공급하며 가격 변화폭을 줄이고, 다른 사람의 위험을 떠맡는 중요한 역할을 한다.

제 6 절
3가지 경제 과제와 경제체제

3가지 경제 과제

앞장에서 자원의 희소성 때문에 사람들은 선택을 할 수밖에 없다고 하였다. 개인으로서 우리는 대학원에 진학해야 하는가, 아니면 바로 취직을 할 것인가, 차를 살 것인가, 주택을 구입할 것인가 등과 같은 문제를 결정해야 한다. 국가 역시 마찬가지다. 모든 국가는 제한된 자원을 가지고 있으며 그것으로 무엇을 해야 할지 결정해야 한다. 국가의 크기와 관계없이 모든 국가는 다음과 같은 세 가지 문제에 답을 해야 한다. 첫째, 무엇을 얼마나 생산할 것인가? 둘째, 어떻게 생산할 것인가? 셋째, 생산된 재화와 서비스를 소비자에게 어떻게 분배할 것인가?

무엇을 얼마나 생산할 것인가?

우리는 우리 사회가 가지고 있는 자원으로 교육, 자동차, 공장, 컴퓨터, 스마트폰, 의료서비스, 탱크, 비행기 등 다양한 재화와 서비스를 생산할 수 있다. 많은 재화와 서비스들 중 어떤 것을 생산해야 할 것인가를 결정해야 한다. 또한 얼마나 많은 양의 대학교육, 자동차, 공장, 컴퓨터, 스마트폰, 의료서비스가 생산되어야 하는가를 결정해야 한다. 어떤 재화와 서비스가 얼마나 많이 생산되어야 하는가는 매우 대답하기 어려운 과제이다.

어떤 방법으로 생산할 것인가?

자동차를 생산하기로 하였다면 사람들이 직접 망치로 두들겨서 생산할 수도 있고, 로봇을 이용해 생산할 수도 있다. 농사를 짓는 데 소와 쟁기를 이용할 수도 있고, 트랙터와 콤바인을 사용할 수도 있다. 어떤 재화와 서비스를 생산하는 데에 많은 다양한 방법이 있으며 그 다양한 방법 중에서 어떤 것을 선택할지가 정해져야 한다.

재화와 서비스를 어떻게 분배할 것인가?

이것은 생산된 재화와 서비스를 누가 얼마나 가져야 하는가하는 문제다. 모든 사람이 모든 재화와 서비스에 대해서 동일한 몫을 가져야 하는가, 혹은 어떤 사람들은 다른 사람들보다 더 많이 가져야 하는가? 이 역시 한 사회가 주어진 자원을 가지고 해결해야 할 중요한 과제다.

경제체제

이 세 가지 경제 과제를 다루는 것은 결국 경제체제의 문제다. 경제체제는 크게 두 가지로 나눌 수 있다. 하나는 시장경제이고, 다른 하나는 명령경제이다.

시장경제

시장경제는 자본주의 경제체제를 말한다. 자본주의는 자유주의 이념이 실행되는 사회다. 한편 자유주의는 개인의 자유를 옹호하는 정치 철학으로서 다른 사람의 자유를 침해하지 않는 범위 내에서 개인이 자신의 방법대로 자신의 목표를 추구하는 것을 말한다. 구체적으로 자유주의는 법치와 사유재산, 재화 및 사상의 자유로운 교환을 주창한다. 결국 시장경제는 사유재산을 바탕으로 한 자유로운 교환이 이뤄지는 시스템으로서 개인의 자유를 중요시하는 경제체제다.

시장경제의 본질은 자발적 교환을 통한 사회적 협동이다.

우리는 앞에서 개인들이 자신들의 사유재산을 교환하며 협동하는 과정에서 자연스럽게 시장이 생성·발전했다고 하였다. 따라서 자발적 교환을 통한 사회적 협동이 시장경제의 본질이다. 이것은 아주 간단한 소비재인 연필이 생산되어 우리 손에 들어오기까지의 과정을 보면 쉽게 이해할 수 있다.[2]

연필은 나무, 아연, 구리, 흑연 등의 복합체다. 산에서 잘 자란 삼나무가 베어져 통나무로 만들어져서 철로를 통해 제재소로 운반된다. 제재소로 운반될 때까지 톱과 트럭, 밧줄 등 수도 없이 많은 도구들이 사용된다. 또 그 도구를 만드는 데 수많은 사람들이 참여하고, 수많은 기술들이 사용된다. 금속광산과 제철, 이를 제련하여 톱, 도끼, 모터들이 만들어지고, 대마를 심고 가꾸어 무겁고 튼튼한 밧줄이 만들어지며, 벌목 인부들의 노동의 과정이 포함되어 있다. 벌목 인부들이 먹는 한 끼의 식사에도 수천 명의 노고가 포함되어 있다. 또한 화차, 철도선로, 기차엔진을 만든 사람들, 통신 시스템을 만들고 설치한 사람들의 작업들이 포함되어 있다.

제재작업 또한 마찬가지다. 운반되어 온 나무를 연필 길이로 자르고 연필 두께의 막대로 만든다. 이것을 가마에 넣고 건조하고 엷게 색을 입힌다. 그 과정에 색감과 가마를 만드는 데 수많은 기술이 사용되고, 열과 빛, 동력, 벨트와 발전기 등 제재소에서 필요한 모든 것이 포함되어 있다.

연필공장에서 각각의 막대에 연필심인 흑연을 끼워 넣는다. 흑연 역시 복잡하다. 흑연은 실론 섬에서 채굴된다. 흑연광산의 광부들과 그들이 사용하는 많은 도구를 만드는 사람들, 흑연이 선적될 때 사용하는 마대를 만드는 사람들, 흑연을 배에 싣는 사람들, 그 배를 만든 사람들의 작업이 들어 있다.

이렇듯 연필은 수백만 명 사람들의 협동의 산물이다. 벌목인부, 실론 섬의 흑연 광부, 공장의 화학자나 유정 인부 등 어느 하나 필요치 않은 사람이 없다. 놀라운 것은 유정인부, 화학자, 흑연을 캐는 사람, 배와 기차와 트럭을 만드는 사람, 연필회사 사장까지 연필이 필요해서 그 일을 한 것이 아니라는 사실이다. 그들의 행동 동기는 연필이 아니라 자신들이 원하는 필요한 물건이나 서비스고, 그들은 자신들이 원하는 것과 자신들이 가지고 있는 작은 기술을 교환할 수 있다는 것을 알고 있었기 때문이다. 더욱 놀

---

2 Read, L. (1996), "I, Pencil," The Freeman: Ideas on Liberty, Vol. 46, No. 5.

라운 것은 이러한 것들이 누구의 지시에 이루어진 것이 아니라는 점이다. 다시 말하면 분업과 교환을 통해 사회적 협동이 이루어지는 시장경제는 인간이 디자인한 것이 아닌 인간 행위의 결과로서 자생적으로 형성된다.

시장경제는 가격시스템으로 작동된다.

시장경제의 본질인 자율적 교환과 협동은 가격에 의해서 이루어진다. 보다 구체적으로 말하면 다음과 같은 가격의 세 가지 기능에 의해 자발적 교환과 협동이 이루어진다.

첫째, 정보제공 기능이다. 오렌지 주스 캔을 백금으로 만들까? 그렇지 않을 것이다. 소비자 가격이 한 캔에 1,000원 하는 오렌지 주스 캔를 만들기 위해 백금을 사용하지는 않을 것이다. 그러면 그것을 어떻게 알까? 가격이 있기 때문이다. 그래서 가격은 어떤 물건 값을 나타내는 숫자 이상의 것이다. 가격들은 개개인이 무엇을 원하는지, 얼마의 가치를 매기는지, 어떻게 생산하는 것이 최선의 방법인가 하는 정보를 제공한다. 예를 들어 티셔츠를 만든다고 하자. 티셔츠를 만드는 데 노동을 얼마나 할지, 어떤 재료, 어떤 염색, 어떤 무늬를 넣어야 할지를 결정하기 위해서 원자재와 노동에 대한 가격들을 알아야 할 것이다. 원자재와 노동의 가격들은 이러한 결정을 하는 데 도움을 준다. 또한 투입재를 결정한 후에 티셔츠에 어떤 가격을 붙여 시장에 내놓을 것이다. 그러면 티셔츠가 그 가격에 팔릴 수도 있고 팔리지 않을 수도 있을 것이다. 그 결과를 놓고 책정한 티셔츠 가격과 투입재에 들어간 가격과의 차이를 비교하여 티셔츠를 만든 일이 잘한 것인지, 아니면 잘못한 것인지를 평가할 수 있다.

둘째, 유인기능이다. 가격 상승은 기업들이 티셔츠를 더 많이 생산하는 것이 이익이 된다는 정보를 제공하여 기업들로 하여금 티셔츠를 더 많이 생산하도록 한다. 티셔츠 한 벌당 더 높은 가격을 받기 때문에 기업들은 생산을 늘린다. 만일 이 가격상승이 일시적이 아닌 지속적인 것이라면 새로운 기업들이 티셔츠 생산에 진입할 것이다. 한편 티셔츠 가격 상승은 소비자들에게는 티셔츠의 소비를 줄이는 유인을 준다.

셋째, 자원배분기능이다. 티셔츠 가격이 상승함에 따라 티셔츠를 더 생산하기 위해서는 옷감과 염색과 노동이 더 필요하다. 자연히 더 많은 옷감과 염료, 그리고 노동이 티셔츠 생산에 더 투입되게 된다. 다른 곳에 쓰일 수 있는 자원이 티셔츠 생산으로 이동된다. 그 과정에서 소득분배가 자연스럽게 이루어진다. 티셔츠 가격이 상승하고 생산이 증가함에 따라 티셔츠를 생산하는 기업과 그에 종사하는 근로자들은 전보다 더 많이 벌 것이다. 또한 티셔츠를 만드는 데 필요한 옷감, 염료 등과 같은 원자재의 가격도 상승할 것이다. 옷감과 염료 가격의 상승은 옷감과 염료의 생산이 증가해야 한다는 신호를 주고, 그에 따라 옷감과 염료를 제조하는 기업의 수입과 그 노동자들의 임금은 상승하게 된다.

이렇게 가격은 사람들에게 정보를 전달하고, 유인을 제공하며, 소득분배 기능을 수행함으로써 자원이 최적으로 사용될 수 있도록 조정, 통제하는 것이다. 이런 과정을 통해 시장이 움직이고, 그 과정에서 자발적 교환이 이뤄지고 사회적 협동이 이뤄진다. 그리고 자본주의 사회에서는 가격이 앞에서 말한 바로 3가지 경제과제, 즉 "무엇을 얼마나 생산할 것인가?", "어떤 방법으로 생산할 것인가?", 그리고 "재화와 서비스를 어떻게 분배할 것인가?" 등을 해결한다.

한 가지 꼭 명심해야 할 사실은 가격의 세 기능은 함께 작동하는 것이지 분리 가능한 것이 아니라는 점이다. 소득을 평등하게 만들기 위해 시장의 소득분배, 즉 가격의 소득분배기능을 정부의 분배로 대체하려고 하는 경우가 많다. 다시 말하면 가격의 세 가지 기능 중 정보전달 기능과 유인제공 기능은 시장에 맡기고 소득분배 기능은 정부가 담당하는 것이다. 소득분배를 위한 가격통제가 그것이다. 그러나 가격을 통제하여 가격의 소득분배 기능을 봉쇄해 버리면 나머지 다른 두 기능도 하지 못하게 된다. 그래서 시장경제의 본질인 자발적 교환과 사회적 협동이 이루어지지 않게 된다.

사회주의 명령경제

사회주의 명령경제는 정부가 중앙계획에 따라 어떤 재화와 서비스를 얼마나 생산할지, 어떤 생산방법을 사용할지, 그리고 그것들을 어떻게 분배할지를 결정하는 체제다. 국가가 공장, 토지, 설비 등을 포함한 거의 모든 생산요소를 소유하고 각 부문의 정해진 목표와 계획에 따라 생산을 한다. 또한 중앙계획당국은 여러 가지 생산목표를 생산하는 데 필요한 자재, 노동, 에너지 등을 결정한다. 중앙에서 결정된 소득정책에 따라 노동자와 관리자들이 그들의 노동에 대해 얼마를 보상할지를 결정한다.

사회주의는 실패할 수밖에 없다.

사회주의가 실패할 수밖에 없는 이유는 사유재산의 부재에 따른 경제계산의 불가능성에 있다. 사회주의는 생산요소를 국가가 소유하므로 생산요소에 대한 사유재산권이 없어 생산요소가 교환되지 않는다. 생산요소가 교환되지 않기 때문에 그 가치가 알려질 수 있는 방법이 없다. 즉 시장 정보인 가격이 형성될 수 있는 방법이 없다. 각종 생산요소의 가격이 없기 때문에 생산요소를 사용하여 제품을 만드는 사람은 여러 가지 제작 방법 중에서 어떤 방법이 상대적으로 더 저렴한지에 대한 판단을 할 수가 없다. 다시 말하면 경제계산이 불가능하다. 미제스는 사유재산 부재에 따른 가격 부재로 인해 경제계산이 불가능하기 때문에 사회주의가 실패할 수밖에 없다고 하였다.[3]

가격시스템 부재로 인한 경제계산이 불가능하기 때문에 자원이 비효율적으로 사용될 수밖에 없다. 앞에서 본 것처럼 시장가격들은 희소한 자원에 대한 정보를 전달하고 경제활동을 효율적으로 조정한다. 가격에는 경제적 효율성을 향상시킬 인센티브가 있는 경제정보가 내포되어 있다. 그러나 사회주의에서 정부가 가격을 책정한다. 정부가 책정한 가격은 소비자의 욕구와 선호가 전혀 반영되지 않은 것으로서 자원 공급의 변화에 대한 잘못된 정보를 제공하게 된다.

그래서 기업이 자원을 효율적으로 사용하는지, 소비자를 잘 만족시키는지에 대한 성과를 정확하게 측정할 장치가 없다. 기업의 성과는 중앙계획당국이 내린 명령을 잘 이행했는지 여부에 의해 평가된다. 그러다 보니 쓸모없는 재화의 생산으로 인해 귀중하고 희소한 자원이 끊임없이 낭비된다. 예를 들어 정부가 신발생산 목표량을 정하고 각 공장에 생산량을 할당하면 공장장은 디자인은 고사하고 소비자에게 가장 잘 맞는 사이즈가 어떤 것인지를 고려하지 않은 채 수량만 채워서 만든다. 이러한 제품에서 소비자는 전혀 만족을 얻을 수 없다. 공장에서 만든 신발이 발에 맞는 발의 크기를 갖고 있는 사람은 다행이지만, 대부분의 경우는 그렇지 않다. 신발이 어떤 사람에게는 너무 크고 어떤 사람에게는 너무 작은 문제가 발생한다. 신발의 경우처럼 경제 전반에 걸쳐 많은 귀중한 자원들이 쓸모없는 재화를 만들어지는 데 허투루 사용되면서 경제가 쇠퇴한다.

---

3 Ludwig von Mises는 1920년 "Economic Calculation in the Socialist Commonwealth"에서 사회주의는 사유재산의 부재에 따른 가격시스템이 없어 경제적 계산이 불가능해 사회주의는 실패할 수밖에 없음을 주장했음.

사회주의는 빈곤과 불평등을 양산한다.

자원이 끊임없이 낭비되고 소비자가 원하는 제품을 만들어내지 못하니 경제가 성장할 수 없었고 결과는 빈곤과 비참함이다. 결국 1991년 사회주의 국가인 소련이 붕괴하였으며 그 뒤를 이어 동유럽 국가들이 사회주의 체제에서 시장경제로 체제전환을 하였다. 사회주의는 번영, 평등, 안전을 약속하였다. 그러나 실제로 나타난 결과는 빈곤, 불평등, 비참함, 그리고 폭정이었다. 〈공산주의 흑서〉에 따르면 20세기에 걸쳐 공산주의 실험으로 목숨을 잃은 사람이 8,500만~1억 명에 달했다.[4]

사회주의와 같이 통제되어 있는 사회에서는 통제자나 그 주변사람들, 그리고 그들에게 가까이 접근할 수 있는 사람 등 소수의 사람들에게 부를 쉽게 축적할 수 있는 기회가 주어진다. 그러한 사회에서는 자원과 부의 배분이 능력과 노력에 따르기보다는 혈연, 학연, 지연에 의해서 이루어진다. 열심히 일하기보다는 통제자나 기득권을 쥐고 있는 사람들에게 잘 보이거나 눈에 드는 것이 사회에서 신분을 높이고 부를 축적하는 길이다. 그러다 보니 오히려 한번 낮은 계층이면 아무리 열심히 일해도 그 계층에서 벗어나기 어렵다. 사회주의 사회에서 훨씬 소득불평등과 부익부빈익빈이 심하다.

현실 경제체제

현실에서 순수자본주의와 순수사회주의 체제는 없다. 〈그림 2-6〉처럼 이 둘 사이의 어느 선상에 있다. E국처럼 순수자본주의 체제에 가까운 나라가 있고, A국처럼 사회주의에 가까운 나라가 있다. 미국은 중국보다 훨씬 더 시장경제에 가깝고 중국은 미국보다 사회주의에 더 가깝다. 두 국가의 경제체제는 아주 다르다. 미국은 기본적으로 시장경제체제이고 사회주의 요소를 일부 갖고 있는 경제체제이며, 중국은 기본적으로 사회주의체제이고 시장경제 요소를 일부 갖고 있는 경제체제이다.

인류 역사에서 두 가지 부인할 수 없는 사실이 있다. 첫째는 산업혁명 이후 자본주의 시장경제가 본격적으로 도입되면서 인류가 빈곤에서 해방되었다는 사실이다. 둘째는 지금까지 각국의 경우를 보면 시장경제체제에 가까운 국가일수록 번영과 풍요를 누렸고 시장경제에서 멀어지고 사회주의체제에 가까운 국가일수록 빈곤하거나 몰락했다는 사실이다.

---

4 Stephane Courtois et al. (1999), *The Black Book of Communism*, Cambridge, MA; Harvard University Press, p. 4.

그림 2-6   경제체제의 스펙트럼

A 국가   B 국가   C 국가   D 국가   E 국가

사회주의   시장경제

경제자유지수와 경제발전

경제자유지수는 국가가 얼마나 경제적으로 자유로운 국가인지를 보여주는 척도다. 그것을 이용하여 한 나라의 시장경제의 정도를 가늠할 수 있다. 경제자유지수는 10점 만점을 기준으로 평가되며 지수가 높을수록 경제자유의 정도가 높음을 의미한다. 경제자유지수는 정부 규모, 재산권 보호, 무역자유, 통화 건전성, 시장규제 등 5개 분야로도 측정된다.[5] 경제자유지수가 높을수록 시장경제에 가깝고, 경제자유지수가 낮을수록 시장경제체제보다는 사회주의체제에 가깝다고 평가할 수 있다.

2020년 프레이저연구소가 발표한 〈세계 경제자유(Economic Freedom of the World)〉에 따르면 경제자유지수가 가장 높은 국가는 홍콩이다. 홍콩은 1980년 이후 계속 1위를 차지하고 있으며 다음으로 싱가포르가 1990년 이후 2위를 유지하고 있다. 뉴질랜드, 스위스, 호주, 캐나다, 영국, 미국은 꾸준히 상위권을 유지하고 있다. 한국의 경제자유지수 종합 순위는 162개국 중 36위다. 분야별로 살펴보면 정부규모는 70위, 재산권 보호 30위, 무역자유 51위, 시장시장 규제는 59위로 전체 순위보다 낮았다. 특히 시장규제 분야에서 노동규제는 145위로 최하위권에 위치에 있다.

〈그림 2-7〉이 보여주듯이 경제자유가 높은 나라일수록 1인당 국민소득이 높다. 경제자유지수가 가장 높은(most free) 국가들의 경우 1인당 국민소득이 평균 44,198달러, 다소 높은(second quartile) 국가들의 경우 23,596달러, 다소 낮은(third quartile) 국가들의 경우 13,034달러, 아주 낮은(least free) 국가들의 경우 5,754달러에 불과하다. 그리고 소득 순위 하위 10%가 얻는 소득 역시 경제자유가 높은 국가일수록 높다. 경제자유가 가장 높은 국가의 경우 소득 순위 하위 10%가 얻는 소득이 평균 12,293달러, 다소 높은 국가의 경우 4,930달러, 다소 낮은 국가의 경우 2,596달러, 그리고 가장 낮은 국가의 경우 1,558달러밖에 되지 않는다.

---

5 헤리티지재단(Heritage Foundation)에서 발표하는 경제자유지수도 있다.

그림 2-7 경제자유지수와 1인당 국민소득 및 소득 순위 하위 10%의 소득

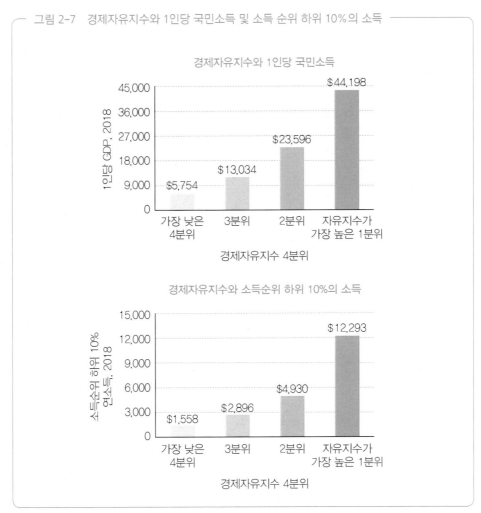

출처: *Economic Freedom of the World: 2020 Annual Report*, Fraser Institute, p. 18, p. 20

청교도들이 사유재산권을 찾아 떠난 이유

2020년 11월 25일, 미국인들은 1620년 영국을 떠난 메이플라워호가 아메리카 신대륙에 상륙한 지 400주년이 되는 해를 맞이한다. 추수감사절인 11월 25일은, 영국에서 분리를 꿈꾸던 청교도들이 미국에 도착해 첫 식민지인 플리머스를 세운 날이다. 그들은 미국 첫 추수감사절의 아버지와 어머니가 되었다.

그들은 정착한 지 처음 몇 년간 고난과 굶주림에 시달렸다. 이들의 시행착오는 4세기가 지난 오늘, 우리에게 사유재산의 중요성에 대해 역설한다. 처음 플리머스 식민지가 공동체 및 사회주의적 정책에 따라 종말을 향해 가다, 완전히 새로운 개념을 받아들였을 때 식민지의 운명을 바꿀 수 있었다는 것을 우리는 잊어서는 안 될 것이다.

이 식민지의 첫 주지사 윌리엄 브래드포드의 일기에서 초기 실패에 대해 알 수 있다. 처음 토지는 공유지로 운영되었고, 수확물은 공동 창고로 가져와서 균등하게 분배되었다. 2년 동안, 모든 사람은 개인이나 가족으로서가 아니라 타인(공동체)을 위해 일해야 했다. 그들은 이 사회주의적 유토피아에서 행복하게 살았을까?

결과부터 보자면 '공동재산'의 접근방식은 개척민들의 약 절반을 굶어 죽게 만들었다. 브래드포드 주지사는 일기에 모든 사람들이 동등한 생산량을 받았기에 기뻐했지만 결과적으로 생산량은 줄어들었을 뿐이라고 기록했다. 경작지에 몇몇 사람들이 늦게 나타나자, 먼저 나와 열심히 일하는 노동자들이 분개했다. 우리는 이를 '인간 본성'이라 부른다. 그리고 이러한 인간 본성을 고려하지 못한 수많은 사회주의 체제들이 추구했던 '공동재산'의 개념은 모두 실패했다.

결국 공동재산에 기반한 공동체 운영방식으로 브래드포드는 개척지가 기아와 멸종 상태에 직면할 때까지 극심한 빈곤과 갈등을 야기시켰다. 결국 그는 공동재산 대신 사유재산권을 도입하여 각자 일한 만큼 몫을 받아가도록 하였고, 새로운 체제하에서 사람들은 그들이 원하는 것을 생산한 다음 생산물을 자유롭게 타인과 거래할 수 있었다.

추수감사절을 기념할 때를 생각해보자. 칠면조를 기른 사람들은 당신을 돕고 싶어서 그렇게 하지 않았다. 크랜베리와 얌을 재배한 다른 사람들은 어떤 이타적인 충동 때문에 그러한 노력을 하지 않았다. 결국 무언가를 생산하고 노동을 투입하기 위해서는 이익, 인센티브, 사유재산이 필요하다.

북한과 베네수엘라와 같은 사회주의 국가에서는 아무도 이익을 내려 하거나 개인 사업을 하려고 적극적으로 나서지 않는다. 이러한 국가들에는 추수감사절 만찬 같은 것은 존재하지 않는다. 사유재산권에 의한 사회 구성원의 노력으로 특정 명절에 국민 대다수가 좋은 음식을 즐길 수 있는 것이다. 그렇기에 우리는 풍요를 가능케 한 동기부여의 요인, 사유재산권에 감사해야 할 것이다.

출처: Reed, Lawrence W. 저/이재기 역, 자유기업원, 해외칼럼, 2019년 12월 16일

연습문제

*01. "철수는 자기가 쓰던 중고차를 1,000만원에 팔았다. 중고차는 새로운 것이 창조된 것이 아니기 때문에 그 거래로 사람들의 복리가 증가할 수 없다." 이 주장은 참인가, 거짓인가?

02. "기업은 소비자의 필요를 이용하여 이익을 얻는다. 그래서 기업의 이익은 소비자들을 희생시켜서 얻어진 것이다." 이 주장은 참인가, 거짓인가?

*03. "식품비를 줄이는 확실한 방법은 농가와 직거래를 통해 중간 상인을 배제하는 것이다."라는 주장을 평가해보시오. 농가와 직거래함으로써 식품비를 줄이는 것이 정말로 가능하다면 왜 많은 사람들이 그렇게 하지 않는가?

04. 기업이나 국가에 대한 정보를 획득하여 그 정보에 근거해 투자를 선제적으로 하는 사람들은 종종 투기꾼으로 몰리고 그들의 행위는 투기행위로 비난받는다. 정보는 획득하는데 비용이 드는 희소한 재화라는 점을 고려하여 투기꾼이나 투기의 역할에 대해 설명하시오.

05. 아프리카에서 코끼리가 멸종 위기에 처해 있다고 한다. 한편 전 세계적으로 쇠고기 때문에 매년 수천만 마리의 소가 도살된다. 왜 코끼리의 수는 감소하는 반면 소의 수는 매년 증가하는 것일까?

*06. 다음은 A 국가와 B 국가의 자동차와 TV의 생산능력이다. 어떤 국가가 자동차 생산에 비교우위를 갖고 있는가?

생산물	최대 생산량	
	A 국가	B 국가
자동차	10	3
TV	5	4

07. "야구와 풋볼 천재로 알려진 한국계 카일러 머레이(21. 오클라호마대)가 결국 풋볼을 선택할 것으로 보인다. 머레이는 야구선수로 작년 시즌 타율 2할9푼6리, 출루율 3할 9푼8리, 장타율 5할5푼6리, 10홈런, 47타점, 10도루를 기록했다. 오클랜드 유망주 순위 4위에 오르는 등 호타준족의 외야수로 인정을 받고 있다. 그러나 오클라흐마의 주전 쿼터백으로 맹활약하며 대학 최고의 풋볼선수들이 받는 헤이스만 상을 받기도 했다. 대학에서 야구 주전외야수와 미식축구 쿼터백으로 활약하고 있는 머레이는 이미 작년 6월 오클랜드 어슬레틱스의 1차 지명을 받고 계약금도 받았다. 그러나 쿼터백으로도 출중한 기량을 갖춰 진로를 놓고 고민하다 풋볼로 진로를 선택한 것이다." (조선일보 2019. 1. 15.)

카일러 머레이는 최고의 야구선수일 뿐만 아니라 최고의 풋볼선수다. 그런데 그는 풋볼선수가 되기로 결정했다. 이것을 경제학적으로 어떻게 설명할 수 있을까?

*표시 문제의 답은 책 뒷부분의 부록에 수록되어 있음.

제 3 장

수요

앞장에서 우리는 시장은 사람들이 자신의 노동력과 생산물을 서로 교환하는 곳이라고 배웠다. 그리고 독립적으로 일하는 수많은 사람들이 교환을 통해 서로 사회적 협동을 한다는 것을 알았다. 또한 그러한 사회적 협동이 시장가격을 통해 이뤄진다는 것도 알았다. 수많은 사람들의 행동을 조정해 협동하도록 하는 시장에는 그것을 명령하는 어떤 개인도, 정치권력도, 중앙계획 당국도 없다. 지금부터 이러한 것들이 어떻게 일어나는지를 구체적으로 살펴보도록 한다. 그것을 위해 먼저 수요와 공급을 배우고, 그 다음 수요 공급에 의해서 시장가격이 어떻게 결정되는지를 배울 것이다. 지금부터 우리는 판매자와 구매자가 자유롭게 진입하고 진출하는 경쟁적 시장을 분석할 것이다. 물론 재산권이 잘 정의된다고 가정한다. 나중에 이러한 조건들이 방해받을 때 어떤 일이 발생하는지를 공부할 것이다.

제 1 절
소비자 선택과 수요의 법칙

수요의 법칙

가격은 사람들의 의사결정에 영향을 미친다. 토마토를 예로 들어 보자. 토마토 1 개를 1,000원 주고 사먹었다면 그것은 다른 재화, 예를 들어 참외 1개를 사먹을 것을 포기한 것이나 마찬가지다. 그래서 가격은 소비자의 기회비용을 반영한다. 그리고 토마토의 가격이 오를 경우 토마토를 계속 사먹고 싶으면 더 많은 다른 재화를 포기해야만 한다. 그래서 어떤 재화의 가격이 오르면 그것의 기회비용은 증가하게 된다.

어떤 것을 구입하는 데 더 많은 비용이 들면 사람들은 그것을 덜 사려고 하는 것이 경제학의 기본원리다. 이 원리가 수요의 법칙(law of demand)이다. 수요의 법칙은 어떤 재화를 구입하고자 하는 양과 이를 위해 지불하고자 하는 가격(비용) 간에 음(−)의 관계를 말한다. 즉 사람들은 가격이 오를수록 적게 구입하기를 원하고, 가격이 낮을수록 많이 구입하기를 원한다. 좀 더 구체적으로 표현하면 수요의 법칙이란 어떤 상품(X상품)의 다른 상품(Y상품)에 대한 상대 가격이 떨어지면(올라가면) X상품의 수요량이 늘어나는(줄어드는) 현상을 말한다.

수요의 법칙이 작용하는 근본적인 원리는 자원의 희소성에서 찾을 수 있다. 사람들이 원하는 재화는 한두 가지가 아니고, 성취하고자 하는 목표도 하나 둘이 아니다. 즉 인간의 욕망은 무한하다. 그러나 자원과 재화는 유한하다. 따라서 어떤 욕망을 얻기 위해서는 다른 욕망의 충족을 포기해야 하는 비용을 치러야 한다. 그 비용이 커진다면 우리는 욕망을 줄이고 소유하려고 했던 것보다 적은 것을 수용하게 된다. 이러한 현상이 경제학에서 수요의 법칙으로 표현된다.

어떤 재화나 서비스이든 그것을 대체할 수 있는 대체재가 존재한다. 그래서 인간 생활에 필수불가결한 재화라는 것은 거의 없다. 석유를 보자. 석유에 대한 대체재로는 석탄, 땔감용 나무, 태양 에너지, 그리고 핵에너지 등을 들 수 있을 것이다. 교통수단에서는 휘발유를 사용하는 자동차에 대한 대체재로 자전거, 달리기, 걷기 등이 있다. 큰 차를 작은 차로 대체할 수 있다. 극단적으로는 '가지 않는 것'도 대체재가 된다. 의류로서는 화학섬유제품을 대신할 수 있는 면화 옷이나 모직 옷 등이 있다. 화학섬유제품 가격이 올라가면 사람들은 그것에 대한 구매를 줄이고 다른 대체재, 면화나 모직 옷을 구매하려고 한다.

수요곡선

이런 수요의 법칙, 즉 가격과 수요량 간의 음의 관계를 그래프로 나타낸 것이 수요곡선이다. 사람들은 일정기간 동안 여러 가지 가능한 가격들 중 각각의 가격에서 구입하고자 하는 수량을 가지고 있다. 우리는 그런 관계를 수요(demand), 혹은 수요표(demand schedule)라고 하며, 그것을 그래프로 그린 것이 수요곡선(Demand curve)이다. 우리는 수요가 특정한 수량이 아닌 *가격과 수량 간의 관계*라는 점을 주의할 필요가 있다.

〈표 3-1〉은 1주일의 아메리카노 커피에 대한 수요표다. 첫 번째 열은 가격을 나타내고 두 번째에서 다섯 번째 열은 각각 갑수, 을식, 병호, 정민의 수요량을 나타낸다. 여섯 번째 열은 그 외 수많은 소비자들의 수요량을 나타내고 마지막 열은 시장의 총수요량을 나타낸다. 아메리카노 커피 1잔의 가격이 7,000원일 때 갑수는 3잔을 구입할 의사가 있다. 그러나 을식은 2잔, 병호는 1잔, 정민은 구입할 의사가 없다. 한편 그 외 수많은 사람들의 수요를 모두 합한 시장에서의 총수요량은 50,000잔이다.

이제 가격이 6,000원이면 갑수는 4잔을 구입하려 하고, 이제 을식은 3잔을 구입하려고 한다. 병호는 2잔, 정민은 1잔을 구입하려고 한다. 그리고 시장에서의 총수요량은

표 3-1 수요표 (단위: 잔)

가격(원)	수요량					
	갑수	을식	병호	정민	……	총
1,000	12	10	9	6		250,000
2,000	10	8	7	5		180,000
3,000	8	7	5	4		140,000
4,000	6	6	4	3	……	100,000
5,000	5	4	3	2		80,000
6,000	4	3	2	1		60,000
7,000	3	2	1	0		50,000

60,000잔이다. 가격이 5,000원이면 갑수는 5잔, 을식은 4잔, 병호가 3잔, 정민이 2잔을 구입하려고 한다. 시장에서의 총수요량은 80,000잔이다. 그리고 가격이 4,000원이면 갑수와 을식 각각 6잔, 병호 4잔, 그리고 정민이 3잔을 구입하려고 한다. 총수요량은 100,000잔이다. 가격이 3,000원이면 갑수 8잔, 을식 7잔, 병호 5잔, 정민이 4잔을 구입하려고 한다. 총수요량은 140,000잔이다. 가격이 2,000원이면 갑수 10잔, 을식 8잔, 병호 7잔, 정민이 5잔을 구입하려고 한다. 총수요량은 180,000잔이다. 가격이 1,000원이면 갑수 12잔, 을식 10잔, 병호 9잔, 정민이 6잔을 구입하려고 한다. 총수요량은 250,000잔이다.

이처럼 커피 가격이 하락함에 따라 커피를 마시려는 사람이 늘어서 수요량이 증가한다. 그래서 시장에서의 총수요량은 증가한다. 한편 가격이 상승하면 수요량은 감소한다. 가격이 7,000원에서 5,000원으로 하락하면 커피의 총수요량은 50,000잔에서 80,000잔으로 증가하고, 2,000원에서 3,000원으로 상승하면 총수요량은 180,000잔에서 140,000잔으로 감소한다. 이처럼 수요표는 가격변화가 사람들이 원하는 커피의 총수요량에 어떻게 영향을 미치는가를 보여준다. 이러한 정보를 보여주는 또 다른 방법이 그래프다. 커피의 수요량이 가격에 따라 어떻게 변하는가를 보이기 위해서 횡축에 수요량, 종축에 가격을 놓고 〈표 3-1〉의 데이터를 사용하여 가격과 수요량 간의 관계를 그리면 〈그림 3-1〉과 같은 우하향하는 곡선이 그려진다. 수요곡선이 우하향하는 것은 가격과 수요량 간에 음의 관계가 있다는 수요의 법칙을 반영하고 있다.

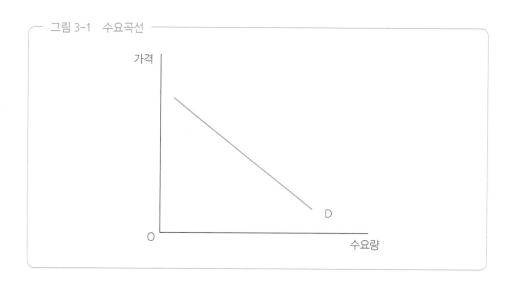

그림 3-1 수요곡선

소비자 잉여

우리는 앞에서 자발적 교환을 통해 소비자와 공급자 모두 이익을 본다고 배웠다. 먼저 소비자의 이익이 어떻게 생기는지에 대해서 살펴보기로 하자. 갑수처럼 아메리카노 한 잔에 대하여 7,000원을 지불할 용의가 있는데 4,000원을 주고 샀다면 3,000원의 이익을 본다. 이와 같이 소비자가 지불할 용의가 있는 가격에서 실제로 지불하는 가격을 뺀 3,000원의 이익을 소비자 잉여(consumer surplus)라고 한다.

이제 이를 수요곡선을 이용하여 설명해보자. 재화의 특정 단위에 대해 소비자가 부여하는 가치는 지불할 용의가 있는 가격으로 한계가치를 나타내고 이는 그 단위에서의 수요곡선의 높이로 표시된다. 〈그림 3-2〉에서 소비자가 가격 P_1에서 Q_1을 구매한다면 소비자가 실제로 지불한 금액은 □OP_1BQ_1이다. 그러나 소비자가 부여하는 재화의 총가치는 구매한 모든 단위의 가치의 총합이다. 다시 말하면 Q_1까지 각 단위에 대하여 수요곡선의 높이로 표시되는 소비자가 부여한 가치의 합인 총가치는 수요곡선 아래에 있는 전체 면적인 □$OABQ_1$이다. 따라서 소비자 잉여는 Q_1까지의 수요곡선 아래에 있는 전체 면적에서 실제로 지불한 금액이 사각형 부분을 뺀 △ABP_1이 된다. 여기서 우리는 가격이 낮아질수록 소비자 잉여는 커짐을 알 수 있다. 소비자 잉여는 소비자가 시장에 참여함으로써 얻는 이익을 나타낸다.

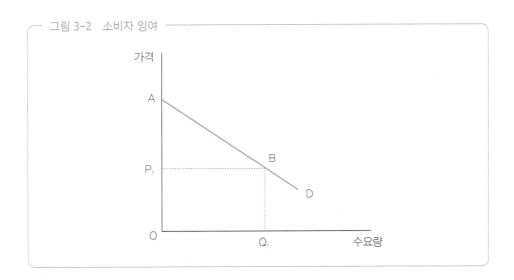

그림 3-2 소비자 잉여

우리는 수요곡선을 이용하면 제1장에서 배운 한계가치와 총가치의 차이를 분명하게 이해할 수 있다. 앞에서 한계가치는 각각의 수량에서의 수요곡선의 높이이고, 총가치는 수요곡선 아래에 있는 전체면적이라고 했다. 소비자가 현재 Q_1을 구매한다면 그 재화의 한계가치는 Q_1(소비한 최종 단위)에서의 수요곡선 높이, 즉 P_1이다. 한편 총가치는 앞에서 설명한 것처럼 수요곡선 아래에 있는 전체 면적인 □$OABQ_1$이다. 여기서 우리는 총가치가 한계가치보다 훨씬 크다는 것을 알 수 있다. 소비자에게 주는 재화의 총가치가 매우 크다고 할지라도 매우 낮은 가격에서 추가로 재화를 얻을 때 그것의 한계가치는 매우 낮을 수 있는 것이다.

이것으로 우리가 제1장에서 배운 물과 다이아몬드의 역설을 설명할 수 있다. 우리는 매일 물을 소비하는데, 처음 소비하는 물이 주는 가치는 매우 높을 것이다. 그 소비량으로부터 얻는 소비자 잉여는 낮은 가격일 때 매우 클 것이다. 더욱더 많은 양을 소비함에 따라 물의 한계효용은 하락할 것이다. 물의 가격이 낮은 때 사람들은 마시고, 청소하고, 요리하는 데 물을 사용할 뿐만 아니라 세차하고, 잔디에 물 주고, 수세식 화장실에 사용할 것이다. 그리하여 물의 한계가치는 매우 낮아지더라도 물의 총가치는 매우 크다.

소비자들은 재화의 가격과 한계가치가 일치할 때까지 그 재화를 소비하는 경향이 있다. 따라서 재화의 가격은 소비로부터 얻어지는 총가치를 나타내는 것이 아니라 한계가치를 나타낸다. 그래서 다이아몬드의 한계가치는 높고 물의 한계가치가 낮기 때문에 다이아몬드의 시장가치가 물의 시장가치보다 큰 것이다. 만약 지금 여러분에게 다이아몬드 한 개와 물 1리터 중 선택하라고 한다면 여러분은 다이아몬드를 선택할 것이다. 그것은 다이아몬드 한 개를 얻는 한계가치가 물 1리터를 얻는 한계가치보다 크기 때문이다. 그러나 여러분이 사용하고 있는 모든 물과 모든 다이아몬드 중에서 선택하라고 한다면 여러분은 다이아몬드가 아닌 물을 선택할 것이다. 그것은 물의 총가치가 다이아몬드 총가치가 더 크기 때문이다. 그러나 우리가 일상생활에서 하는 선택은 제1장에서 설명한 바와 같이 총가치를 비교한 선택('모 아니면 도'식의 선택)이 아니라 한계가치를 비교한 선택이다.

수요에 영향을 미치는 요인

소비자들의 선호

일반적으로 다른 재화들과 비교하여 한 재화에 대한 사람들의 기호나 선호가 변화하면 그 재화의 수요는 변하게 된다. 커피가 건강에 좋다는 보고서가 발표되면 사람들의 커피에 대한 수요가 증가할 것이다. 콜레스테롤과 비만이 건강에 해롭다고 인식하면 쇠고기, 계란 등에 대한 수요가 감소하고 대신 브로콜리, 과일에 대한 수요가 증가한다. 닌텐도 게임의 유행으로 닌텐도 스위치에 대한 수요가 증가하는 것이나 중동호흡기증후군(MERS)이나 코로나19 공포로 인하여 해외여행에 대한 수요가 감소하는 것, 그리고 비 오는 날에 택시 이용에 대한 수요가 증가하는 것은 소비자들의 선호 변화에 따른 것이다.

소비자들의 소득

대부분의 재화와 서비스에 대한 수요는 소득의 영향을 받는다. 예를 들어, 소득이 증가하면 자동차, 전자기기, 영화관람 등에 대한 수요가 증가하고, 소득이 감소하면 이 재화들에 대한 수요가 감소한다. 소득과 수요 간에 정(+)의 관계를 갖는 재화와 서비스를 정상재(normal goods)라고 한다. 정상재의 경우 소득이 증가할 때 수요가 증가하고, 소득이 감소할 때 수요가 감소하는 것이다. 그러나 소득과 수요 간에 음(−)의 관계를 갖는 재화가 있다. 그런 재화는 열등재(inferior goods)라고 한다. 열등재의 경우 소득이 증가할 때 수요가 감소하고 소득이 감소할 때 수요가 증가한다. 정크 푸드, 중고차, 헌옷 등이 열등재에 해당한다.

미래가격에 대한 소비자들의 기대

어떤 재화의 가격이 오를 것으로 예상한다면 사람들은 가격이 오르기 전에 그 재화를 사려고 하고, 반대로 가격이 하락할 것으로 예상한다면 가격이 하락할 때까지 기다릴 것이다. 그래서 미래에 어떤 재화의 가격이 오를 것으로 예상하면 지금 재화를 구입하려고 하기 때문에 그에 대한 수요가 증가하고, 가격이 하락할 것으로 예상하면 가격이 하락했을 때 구입하려고 하기 때문에 지금 수요가 감소한다. 예를 들어, 정부가 내

일부터 휘발유 가격을 올리겠다고 발표하면 사람들은 휘발유 가격이 오르기 전에 사는 것이 낫다고 생각하여 주유소에 길게 줄을 늘어서서 휘발유를 살 것이다. 또 백화점 세일 기간에 물건을 사기 위해서 지금 구매하는 것을 자제할 것이다. 아파트 가격이 계속해서 오를 것이라고 예상하면 아파트 구매를 서두를 것이다.

다른 재화의 가격

오렌지주스는 망고주스와 대체재이다. 오렌지주스의 가격이 상승하면 망고주스에 대한 수요가 증가할 것이다. 왜냐하면 아침식사를 위해 마시던 오렌지주스 대신 망고주스를 마시는 것을 선택할 것이기 때문이다. 망고주스는 오렌지주스의 대체재이다. 대체재란 해당 재화와 어느 정도 동일한 용도나 즐거움을 제공해주는 다른 재화이다. 나이키와 프로스펙스, 하이트 맥주와 카스 맥주, 현대자동차와 혼다자동차, 자전거와 모터스쿠터, 휘발유 자동차와 하이브리드 자동차 등은 대체재들이다. 두 재화가 서로 대체재일 경우 한 재화의 가격이 상승하면 다른 재화의 수요는 증가한다. 반대로 한 재화의 가격이 하락하면 다른 재화의 수요는 감소한다.

테니스볼과 밀접하게 관련되어 있는 테니스 라켓의 가격이 오르면 테니스볼에 대한 수요는 감소할 것이다. 테니스볼과 테니스 라켓은 보완재의 한 예이다. 일반적으로 보완재는 다른 재화와 함께 소비되는 경향이 있는 재화이다. 컴퓨터와 소프트웨어, 게임기와 게임, 휴대폰과 폰서비스, 스키와 리프트 티켓, 인스케이트와 헬멧, 바늘과 실, 연필과 지우개, 핫도그 빵과 소시지 등은 보완재이다. 보완재의 경우 한 재화의 가격이 하락하면 해당 재화의 수요량은 증가하고 그 보완재에 대한 수요가 증가한다. 반대로 한 재화의 가격이 오르면 해당 재화의 수요량은 감소하고 그 보완재에 대한 수요는 감소한다.

한 가지 주의할 점은 대체재와 보완재는 소비자의 주관에 따라 달라질 수 있다는 것이다. 예를 들어 소주와 맥주는 대체재인가 보완재인가? 소주와 맥주를 대체재로 보는 사람도 있고 소주와 맥주를 섞어서 만들어 마시는 사람은 소주와 맥주를 보완재로 볼 것이다.

한편 서로 아무런 관계가 없는 재화를 독립재(independent goods)라고 한다. 예를 들면 사과와 손목시계, 고구마와 자동차, 버터와 컴퓨터 등이다. 이것들은 한 재화의 가격이 다른 재화에 대한 수요에 아무런 영향을 주지 않는 재화들이다.

수요 변화와 수요량 변화의 차이

수요량(quantity demanded)과 수요(demand)는 다른 개념이다. 수요량은 점의 개념이고 수요는 집합의 개념이다. 수요량은 수요곡선상에서 특정 가격에 상응하는 수량을 뜻한다. 가격이 변하면 수요량이 변한다. 그래서 수요량은 가격의 변화에 따라 수요곡선상에서 움직인다.

반면에 수요는 다른 것들이 일정하다는 조건 하에서(ceteris paribus) 구매자가 가격에 따라 자유롭게 구입하려고 하는 재화와 서비스의 양 사이의 관계다. 그러므로 수요는 수요곡선 전체를 의미한다. 앞에서 배운 것처럼 수요에 영향을 미치는 요인은 소비자의 선호와 취향, 대체재나 보완재의 가격, 소득, 미래의 예상 가격 등이다. 따라서 이러한 요인이 변하면 수요가 변하는데, 이때는 수요곡선 전체가 이동한다.

예를 들어 커피에 대한 선호가 증가하였다고 하자. 커피에 대한 선호가 증가하면 커피가격이 7,000원이라 하더라도 더 많이 커피를 소비하려고 하기 때문에 이제 수요량은 50,000잔이 아니라 예를 들어 55,000잔이 될 것이다. 6,000원에서도 마찬가지로 이제 수요량은 60,000잔에서 65,000잔으로 늘어나게 될 것이다. 이렇게 수요가 증가하면 모든 가격에서 수요량이 기존의 수요량보다 많게 된다. 그렇게 되면 수요곡선 전체가 우로 이동한다. 즉 〈그림 3–3〉에서 수요곡선이 D_1에서 D_2로 우로 이동하게 된다. 수요가 감소하면 이와는 반대 현상이 나타나므로 수요가 감소하면 수요곡선은 전체가 좌로

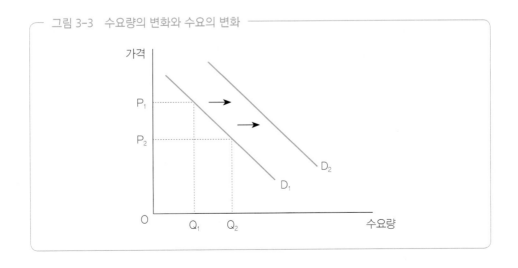

그림 3-3 수요량의 변화와 수요의 변화

이동한다. 이와는 달리 〈그림 3-3〉에서 가격이 P_1에서 P_2로 하락하면 수요량은 Q_1에서 Q_2로 증가한다. 수요량의 변화는 수요곡선 D_1 상에서의 움직임이라는 것을 알 수 있다. 수요량의 변화와 수요의 변화 간의 차이를 이해하는 것이 중요하다.

수요의 법칙에 예외가 있는가?

과시적 소비는 수요의 법칙의 예외 현상이다?

수요의 법칙의 대표적인 예로 과시적 소비를 든다. 즉 밍크코트, 명품백과 같은 재화는 가격이 싸면 잘 안 팔리고 비싸야 잘 팔린다는 것이다. 이것은 명품 재화의 수요곡선은 우하향하는 것이 아니라 우상향한다고 말하는 것과 같다.

이른바 명품(?)에 대한 소비행태는 다른 사람과 차별화하기 위한 과시적인 것이며, 비싼 가격은 차별화를 위한 상징성에 지불하는 것이므로 이런 상품의 경우에는 고가일수록 더욱 잘 팔리는 경향이 생길 수 있다. 그러나 명품을 소지하는 것이 소지자의 '명성'이나 '사회적 위상'을 과시하기 위한 것이라고 하더라도, 그러한 명성이나 위상에 대한 욕망이 증가하면 명품에 대한 수요가 증가하여 수요곡선이 우측으로 이동하는 것이지, 수요곡선의 기울기가 양(陽)이 되는 것은 아니다. 만일 명품에 대한 가격이 오를 때 수요량도 증가하여 수요곡선의 기울기가 양이 된다면, 명품에 대한 수요 증가로 끝없이 오를 수 있는 가격을 멈추게 할 방법이 없다. 따라서 비록 명품에 대한 수요가 과시적 욕구에 기인하여 높은 가격에서 더 많이 팔린다고 하더라도, 이는 수요곡선의 이동에 따른 것이지 수요곡선의 기울기가 음이라는 수요의 법칙을 부정하는 현상은 아니다. 백화점에서 명품 재화를 세일한다고 하면 그 명품을 사기 위해 사람들이 백화점 앞에 길게 줄을 서는 광경을 목격할 수 있다. 이것은 명품 재화에 대한 수요가 수요의 법칙의 예외가 아니라는 것을 보여주는 실례.

"가격을 낮게 매겼을 때는 잘 안 팔리던 상품이 가격을 높게 매겼더니 불티나게 잘 팔리더라."

시장 가격보다 낮은 가격으로 팔려고 하면 구매자들이 상품의 품질을 의심하여 팔기 어렵고, 구매자들로 하여금 특정 상품의 품질이 좋다는 것을 믿게 하기 위하여 가격을 높게 매기면 더 많이 팔릴 수 있다. 그것은 소비자가 물리적 특성이 동일한 상품이

더라도 가격이 낮게 매겨졌을 때의 상품과 높게 매겨졌을 때의 상품을 다른 상품으로 인식하기 때문이다. 따라서 상품이 다른 만큼 수요도 다르다. 즉, 후자의 경우에는 수요 곡선이 전자의 경우보다 원점에서 더 멀리 떨어진 곳에 위치하는 것이다. 그러나 이들 수요곡선은 모두 우하향(右下向)하여 수요의 법칙이 적용되는 것은 마찬가지다. 따라서 가격을 높게 매겼을 때 더 많이 팔리는 현상을 발견할 수 있는 것은 사실이지만, 이런 현상이 수요의 법칙에 어긋나는 것은 아니다.

"이전에 비해 가격이 떨어졌는데도 수요량이 더 떨어졌다."

가격이 하락했음에도 불구하고 오히려 수요량이 증가하지 않고 하락한 현상을 가끔 목격할 수 있다. 그러나 이 또한 수요의 법칙의 예외적인 것이 아니다. 상대가격은 특정 상품과 다른 상품 간의 가격 비율을 의미하기도 하지만, 동일한 상품의 다른 시점 간의 가격 비율을 의미하기도 한다. 상품가격이 이전에 비해 떨어졌을 때 구매자들이 미래에 가격이 더 떨어질 것으로 예상한다면 오늘의 가격은 미래의 기대 가격에 비해 상대적으로 더 높은 것이다. 따라서 오늘의 수요량이 떨어지게 된다. 이는 수요의 법칙을 확인하는 현상이지 부정하는 현상이 아니다.

기펜재(Giffen good)

1840년대 아일랜드의 기근으로 감자의 가격이 상승함과 동시에 감자의 수요량이 감소하기보다는 오히려 증가한 현상이 나타났다. 이 현상을 기펜이 처음 발견하여 그후 가격이 오를 경우 소비량이 감소하지 않고 오히려 증가하는 재화를 기펜재라 부르고 이것을 수요의 법칙의 예외로 많은 교과서에서 기술되어 있다.

그 후 기펜재가 발생할 수 있는 경우를 이론적으로 연구한 결과 열등재 중에서 가격이 변동했을 때 그에 따른 소득효과가 대체효과를 능가할 경우 나타날 수 있음을 보였다. 가격이 변하면 두 가지 효과가 나타난다. 하나는 대체효과이고 또 다른 하나는 소득효과이다. 대체효과는 특정 재화의 다른 재화에 대한 (상대)가격의 상승으로 특정 재화로부터 다른 재화로 수요가 이동함으로써 특정 재화에 대한 수요량이 감소하는 효과를 나타낸다. 반면에 소득효과는 특정 재화의 가격이 상승(하락)함으로써 소비자의 실질구매력(소득)이 하락(증가)하여 특정 재화의 수요량이 감소(증가)하는 효과를 말한다. 정상재의 경우 가격이 상승하여 수요량이 감소하는 것은 대체효과에 따라 수요량이 감소하고 또 소득효과에 따라 소비량이 감소하여 수요량이 감소한 두 효과가 합쳐져서 나타난 결과이다. 열등재의 경우에는 가격이 상승했을 때 그 수요량이 감소할 수도 있고 증가할 수도 있다. 열등재의 경우 가격이 상승하면 대체효과에 따라 수요량이 감소하고, 소득효과에 따라 소비량이 증가한다. 그래서 열등재의 경우 가격이 상승할 때 대체효과가 소득효과보다 크면 정상재와 마찬가지로 수요량이 감소하고, 반대로 소득효과가 대체효과보다 크면 오히려 수요량이 증가할 수 있다. 기펜재가 수요의 법칙의 예외가 될 수 있는 것은 바로 기펜재가 열등재이고 가격이 상승할 때 소득효과가 대체효과보다 클 경우다. 기펜재가 수요의 법칙의 예외라고 주장하는 사람들은 1840년대 아일랜드 기근 때 이러한 경우가 나타난 것이라고 하는 것이다.

그러나 이러한 현상은 이론적으로는 가능하지만 현실에서는 발생하기 어렵다. 왜냐하면 단 하나의 재화의 가격 상승이 소비자의 실질소득에 미치는 영향은 아주 미미하기 때문이다. 따라서 기펜재와 같은 경우는 현실에서는 발생하지 않는다고 할 수 있다.

그뿐만 아니라 기펜재를 보다 더 잘 평가하기 위해서는 당시 상황을 살펴볼 필요가 있다. 1840년대 아일랜드는 기근으로 사람들의 실질소득이 크게 하락했다. 따라서 열등재였던 감자에 대한 수요가 증가했던 것이다. 다시 말하면 감자의 수요곡선이 우상향한 것이 아니라 실질소득 하락에 따라 열등재인 감자의 수요곡선이 우로 이동하여 가격도 상승하고 소비량도 증가한 것으로 봐야 한다. 따라서 기펜재를 수요의 법칙의 예외적인 것으로 간주하는 것은 타당하지 않다.

제 2 절
수요의 가격탄력성

모든 수요곡선이 우하향이라는 형태를 띠고 있다고 하더라도 동일한 것은 아니다. 어떤 수요곡선은 완만한 기울기를 보이고 어떤 수요곡선은 가파른 기울기를 보인다. 수요곡선의 기울기는 각 재화의 가격 변화에 사람들이 얼마나 민감하게 반응하여 수요량을 변화시키는가에 따라 달라진다.

예를 들면, 사과, 스테이크, 비행기 표 등과 같은 재화는 가격 변화에 대해 그 수요량은 민감하게 반응한다. 가격이 상승하면 이 재화들을 훨씬 덜 구입하고, 가격이 하락하면 훨씬 더 많이 구입하는 경향이 있는 것이다. 가격이 변하면 이러한 재화의 수요량은 영향을 크게 받는다. 그러나 소금, 치약, 담배와 같은 재화는 가격 변화에 대해 수요량의 변화가 상당히 둔감하다. 가격이 변해도 이러한 재화의 수요량은 영향을 크게 받지 않는다.

가격이 변화할 때 구매량이 어느 정도 변화될 것인가를 측정하는 데에 경제학자들은 수요의 가격탄력성이라는 개념을 사용한다. 탄력성은 한 변수가 다른 변수에 대해 얼마나 민감하게 반응하는가를 나타내는 개념이다. 작은 가격 변화에 대해 재화의 구매량이 크게 변화하면 수요가 가격에 대해 탄력적이라고 한다. 그리고 매우 큰 가격 변화에도 구매량의 변화가 작다면 수요가 가격에 대해 비탄력적이라고 한다. 수요의 가격탄력성은 아래와 같이 수요량의 %변화율을 가격의 %변화율로 나눈 값으로 측정된다.

$$수요의\ 가격탄력성 = \frac{수요량의\ \%변화율}{가격의\ \%변화율}$$

담배 가격의 10% 상승으로 담배 구매량이 5% 감소하였다면, 수요의 가격탄력성은 0.5이다. 더 정확하게는 가격과 구매량은 반대 방향으로 움직이므로 −0.5이다. 수요의 가격탄력성이 음(−)의 값으로 나타나는 것은 수요의 법칙이 반영되기 때문이다. 그러나 우리는 일반적으로 음의 부호는 무시하고 탄력성의 절대 값인 양수만 보고 판단한다. 부호를 무시하고 탄력성의 계수가 1보다 클 때는 수요가 탄력적이라고 하고, 탄력성의 계수가 1보다 작을 때는 수요가 비탄력적이라고 한다. 탄력성이 1보다 클 경우 구매량의 변화율이 가격의 변화율보다 크고, 탄력성이 1보다 작을 경우에는 구매량의 변화율이 가격의 변화율보다 작다. 수요의 가격탄력성을 변화율로 계산하는 이유는 계산에 사용되는 단위, 예를 들어 그램, 킬로그램, 톤, 센티미터, 미터, 킬로미터, 100원, 1,000원 등의 단위에 상관없이 일정한 값을 얻기 위함이다.

한편 수요가 완전 비탄력적인 경우가 있는데 이는 가격이 변했을 때 수요량이 전혀 변하지 않는 경우를 말한다. 이 경우에는 수요곡선이 수직이다. 그러나 현실세계에서 그러한 경우는 없다. 대부분의 구매자는 비용 변화에 조금이나마 반응하기 때문이다.

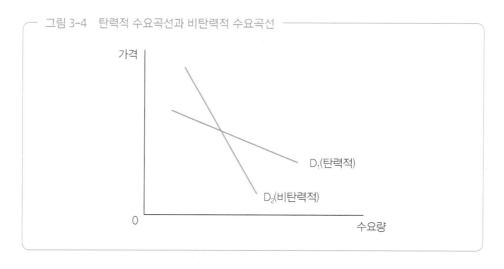

그림 3-4   탄력적 수요곡선과 비탄력적 수요곡선

가격

D₁(탄력적)

D₂(비탄력적)

0   수요량

반대로 수요가 완전 탄력적인 경우가 있다. 이는 가격이 조금만 변해도 수요량이 무한대로 변하는 경우다. 이 경우 수요곡선은 수평이 된다. 현실세계에서는 이러한 경우는 거의 없다. 그래서 현실세계에서는 모든 재화의 수요곡선은 우하향하는 형태를 띤다. 다만 그 기울기가 완만하느냐 가파르냐의 차이가 있을 뿐이다. 〈그림 3-4〉에서 보는 것처럼 수요가 탄력적이면 수요곡선(D_1)의 기울기가 완만하고, 비탄력적이면 수요곡선(D_2)의 기울기가 가파르다.

탄력성 크기의 결정 요인

대체성의 정도

수요의 가격탄력성에 영향을 미치는 가장 중요한 요인은 대체재다. 일반적으로 이용가능한 대체재가 많을수록 탄력성이 크고, 적을수록 탄력성이 작다. 예를 들어, 계란은 대체재가 적은 재화이다. 따라서 계란에 대한 수요는 비탄력적이다. 계란의 가격이 급격하게 상승하더라도 사람들은 계란의 소비량을 급격하게 줄이지 않는다. 또한 계란의 가격이 급락하더라도 사람들은 급격하게 계란의 소비량을 늘리지 않는다.

반면 사과는 대체재가 많은 재화다. 그래서 사과에 대한 수요는 탄력적이다. 사과의 가격이 오르면 사람들은 사과 대신 오렌지, 바나나, 복숭아, 배 등 다른 과일로 대체할 것이기 때문에 사과 소비량이 크게 준다. 사과의 가격이 하락할 경우에는 다른 과일을 소비하기보다는 사과를 많이 소비할 것이므로 사과의 소비량이 크게 증가한다.

지출 비중

지출하는 금액이 사람들의 소득에서 상대적으로 많은 부분을 차지하는 재화의 탄력성은 상대적으로 높다. 반면 지출이 사람들의 소득에서 상대적으로 적은 부분을 차지하는 재화의 탄력성은 낮다. 예를 들어, 계란의 가격이 두 배로 오르더라도, 대부분의 사람들은 가격이 오르기 전과 같은 양의 계란을 여전히 구입할 수 있다. 반대로 비행기 표는 소득에서 차지하는 비중이 크다. 따라서 비행기 표의 가격이 상승하면 사람들은 해외여행을 잘 가지 않을 것이다. 따라서 비행기 표의 탄력성은 크다. 한편 물, 소금, 치약과 같이 이른바 생필품이라고 부르는 것들의 수요는 가격 비탄력적이며 사치품이라고 부르는 것들의 수요는 가격 탄력적이다.

시간

수요의 가격탄력성은 시간에 따라 다르다. 시간이 지날수록 수요의 가격탄력성은 커진다. 시간이 지날수록 대체재가 더 많이 생기기 때문이다. 예를 들어 휘발유 가격이 오를 때 처음 얼마간의 기간 동안에는 휘발유 소비량이 큰 폭으로 감소하지 않는다. 그러나 시간이 지남에 따라 사람들은 대체재를 이용하게 된다. 자전거와 대중교통을 이용한다든지, 연료 효율성이 더 좋은 자동차를 살 수도 있다. 따라서 휘발유 소비량은 시간이 지남에 따라 더 감소한다. 그래서 재화의 장기 가격탄력성은 단기 가격탄력성보다 크다.

탄력성과 총수입

기업의 총수입은 가격에 판매량을 곱한 것이다. 따라서 가격의 상승이나 하락은 기업의 총수입에 영향을 준다. 그러나 가격변화가 있을 시 두 개의 상반된 효과가 작용한다. 가격이 상승하면 단위당 수입액은 증가하지만 판매량은 감소한다. 따라서 가격이 상승할 때 판매수입이 증가할 수도 있고 감소할 수도 있다. 가격 상승에 따라 기업의 수입이 증가할지 감소할지는 수요의 가격탄력성에 달려 있다. 〈그림 3-5〉에서 보는 바와

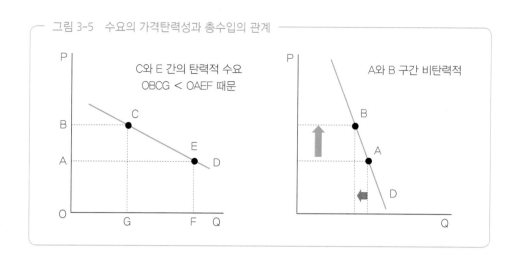

그림 3-5 수요의 가격탄력성과 총수입의 관계

C와 E 간의 탄력적 수요
OBCG < OAEF 때문

A와 B 구간 비탄력적

같이 탄력성이 1보다 크면 가격이 상승함에 따라 수입이 감소한다. 가격 상승으로 수입이 증가한 효과보다 수요량 감소에 따른 수입 감소가 더 크기 때문이다. 반대로 탄력성이 1보다 작으면 가격이 상승할 때 수입은 증가한다. 가격 상승으로 늘어난 수입이 수요량 감소에 따른 수입 감소보다 크기 때문이다. 가격이 하락할 때는 그 반대로 가격탄력성이 1보다 크면 수입이 증가하고, 1보다 작으면 수입이 감소한다.

우리는 실제로 수요의 가격탄력성과 총수입의 관계를 활용하여 가격을 매기는 사례를 심심치 않게 관찰할 수 있다. 밤에 자정을 넘어서면 택시요금이 20% 할증되는 것이 한 실례다. 낮에는 버스, 전철 등 택시를 대체할 수 있는 수단이 많다. 그러나 자정을 지나면서 이들의 운행은 크게 줄어 택시에 대한 수요는 낮에 비해 비탄력적이 된다. 그래서 가격을 20% 할증하여 높게 매기면 택시 운전자의 총수입이 늘어난다.

탄력성과 총수입의 관계와 관련해 흥미로운 사례가 있다. 1980년대 미국의 워싱턴DC는 휘발유에 대한 세금을 올렸다. 그 이유는 휘발유에 대한 수요의 가격탄력성이 1보다 작아 비탄력적으로 생각해 세금을 올리면 세수입이 증가할 것으로 판단했기 때문이다. 그러나 세수입이 증가하기는커녕 오히려 감소했다. 워싱턴DC에서 휘발유에 대한 세금을 올리자 많은 사람들이 워싱턴DC에서 휘발유를 구입하지 않고 10~15분만 드라이브하면 갈 수 있는 버지니아나 메릴랜드로 가서 휘발유를 구입하는 것이었다. 세금을 올린 비율보다 워싱턴DC에서의 휘발유 소비량의 감소비율이 훨씬 커서 세수입이 감소했다. 휘발유는 가격에 대해 비탄력적이지만, '워싱턴DC'의 휘발유는 탄력적이라는 사실을 워싱턴DC의 관리들은 인식하지 못해 저지른 잘못이었다.

동일한 수요곡선상에서도 가격변화의 범위에 따라 탄력성이 다르다.

전체 수요곡선의 중점에서는 가격탄력성이 1인 단위 탄력적이다. 그리고 중점의 윗부분에서는 가격탄력성이 1보다 크고 탄력적이고, 중점의 아랫부분에서는 가격탄력성이 1보다 작고 비탄력적이다.[1] 따라서 〈그림 3-6〉에서 보는 바와 같이 가격이 하락

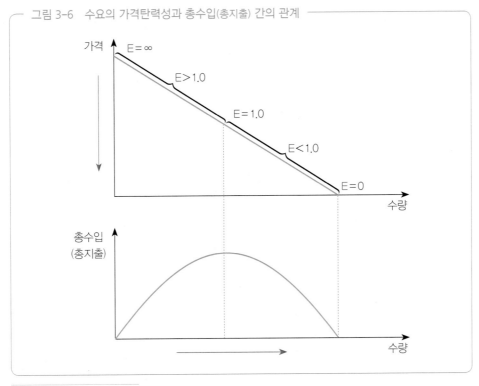

그림 3-6 수요의 가격탄력성과 총수입(총지출) 간의 관계

---

1 수요곡선이 선형, 즉 직선일 때만 성립하는 성질이다. 한편, 선형인 수요곡선을 수요직선으로 표현해야 하지만, 편의상 수요곡선으로 표현한다. 이것은 간단한 수식을 통해 증명할 수 있다. 수요곡선을 $P=a-bQ$라고 하자. 총수입 $TR=Q(a-bQ)=aQ-bQ^2$. 경제학에서 한계의 개념은 수학에서 미분을 이용해 표현할 수 있다. 그래서 한계수입 $MR=\dfrac{dTR}{dQ}=a-2bQ$. 한계수입이 0일 때 총수입이 최대가 되므로 $MR=0$인 점은 $Q=\dfrac{1}{2}\dfrac{a}{b}$이다. P가 0일 때(수요곡선이 횡축과 만나는 점) $Q=\dfrac{a}{b}$이므로 $MR=0$인 점은 횡축의 중간점이다.
여기에서 탄력성을 구하면 $E=\dfrac{dQ/Q}{dP/P}=\dfrac{dQ}{dP}\dfrac{P}{Q}=-\dfrac{1}{b}\left(\dfrac{1/2\times a}{1/2\times a/b}\right)=-\dfrac{1}{b}\times b=-1$. 중점에서 탄력성은 1이다. 수요곡선이 횡축과 만나는 점에서 P=0이므로 탄력성은 0이다. 그리고 수요곡선이 종축과 만나는 점에서 Q=0이므로 탄력성은 ∞이다. 이것으로부터 수요곡선의 중점 윗부분에서는 탄력성이 1보다 크고 중점의 아랫부분에서는 1보다 작다는 것을 유추할 수 있다.

함에 따라 수요량이 증가하면서 탄력적인 구간(E>1)에서는 총수입이 증가하고, 탄력성이 1인 지점에서 총수입이 극대화되며, 비탄력적인 구간(E<1)에서는 총수입이 하락한다. 반대로 가격이 상승함에 따라 수요량이 감소하면서 비탄력적인 구간(E<1)에서는 총수입이 증가하고, 탄력성이 1인 지점에서 총수입이 극대화되며, 탄력적인 구간(E>1)에서는 총수입이 하락한다.

탄력성과 농촌문제

왜 농부들이 농작물의 밭을 갈아 엎는가?

우리는 종종 무나 배추 경작 농가가 생산비도 건질 수 없다는 이유로 무밭을 갈아 엎는 경우를 종종 본다. 특히 농산물 생산량이 증가할 때 그러한 일이 많이 발생한다. 어리석은 일처럼 보이지만 거기에는 경제문제가 있다.

농산물은 일반적으로 가격 변화율에 비해 수요량 변화율이 크지 않은 특성을 가지고 있다. 다시 말해 농산물에 대한 수요는 가격 비탄력적인 특성을 가지고 있다. 수요가 가격 비탄력적이므로 농산물 생산량이 증가해 가격이 떨어져도 농산물 소비량은 크게 늘어나지 않아 농가 수입이 감소한다. 무나 배추 경작자들이 밭을 갈아엎는 것은 무나 배추 공급을 감소시켜 가격 하락 폭을 줄이고 그에 따라 수입 감소 폭을 줄이려는 것이라고 할 수 있다.

농가소득을 올리는 방법

농산물의 또 다른 특성은 사람들의 소득 변화율에 비해 수요량 변화율이 크지 않다는 것이다. 즉 농산물에 대한 수요가 소득 비탄력적인 특성을 가지고 있다. 수요의 소득탄력성은 다음과 같이 계산한다.

$$\text{수요의 소득탄력성} = \frac{\text{수요량의 \%변화율}}{\text{소득의 \%변화율}}$$

사람들이 가난할 때 소득이 증가하면 농산물에 대한 수요가 탄력적으로 증가하지만, 소득이 높아지면 소득이 증가할 경우 농산물에 대한 수요가 크게 증가하지 않는다.

하루 세 끼 먹던 밥을 네 끼나 다섯 끼 먹지는 않기 때문이다. 그러나 소득이 증가할 수록 고급 식품에 대한 수요가 늘어나는 것을 알 수 있다. 따라서 농가소득을 올리기 위해서는 해외수출 길을 열어 새롭게 수요를 창출하거나 고급 식품을 생산해야 한다. 고품질·친환경·무공해 과일과 채소, 그리고 양질의 축산물을 생산해 공급하는 것이다.

교차가격탄력성

교차가격탄력성이란 한 재화(X재)의 가격이 변화했을 때 다른 재화(Y재)에 대한 수요가 얼마나 민감하게 변화하는지를 측정하는 개념이다. Y재 수요량의 변화율을 X재 가격의 변화율로 나눈 값으로 계산한다. 수요의 교차탄력의 개념은 대체재와 보완재를 이해하는 데 도움이 된다. 그 값이 양(陽, +)이면 두 재화를 대체재라고 하고 음(陰, −)이면 보완재라고 한다.

$$수요의\ 교차가격탄력성 = \frac{Y재\ 수요량의\ \%변화율}{X재\ 가격의\ \%변화율}$$

이 교차가격탄력성은 기업과 정부에서 유용하게 쓰일 수 있다. 오렌지주스와 애플주스를 생산 판매하는 기업은 오렌지주스 가격을 올렸을 때 총수입이 증가할지 감소할 것인지를 알고 싶어 할 것이다. 그뿐만 아니라 오렌지주스 가격 상승에 따른 오렌지주스의 수요량 감소가 애플주스의 판매량에 어떻게 영향을 줄지 알고 싶어 할 것이다. 이것을 파악할 수 있는 것이 교차가격탄력성이다. 만약 교차가격탄력성이 양(+)이면서 약하게 나오면 오렌지주스와 애플주스가 서로 약한 대체관계에 있으며 오렌지주스 가격을 올려도 애플주스의 판매량이 크게 증가하지 않을 것이라고 판단할 수 있다.

한편 정부는 어떤 기업이 시장에서 독점적 위치에 있는지 그렇지 않은지를 파악하기 위해서 교차가격탄력성을 사용할 수 있다. 예를 들어 보자. 미국 법무성은 1956년 듀폰(DuPont)을 셀로판 시장에서의 독점 혐의로 고소했는데, 듀폰의 당시 미국 셀로판 시장의 점유율은 75%였다. 그러나 대법원은 독점 여부의 판단에 있어 셀로판뿐만 아니라 왁스를 먹인 종이나 알루미늄 호일 등과 같은 대체포장재를 모두 포함시켜 독점적인지 아니면 경쟁적인지를 고려했다. 이때 사용한 개념이 바로 교차가격탄력성이다. 미국 대법원은 만일 셀로판 가격의 변화에 대해 다른 포장용 제품의 수요량의 변화가 매우 큰 것, 즉 교차가격탄력성이 크다는 것을 발견하면 시장이 경쟁적임을 의미한다고 판단했다. 그리하여 대법원은 교차가격탄력성이 크다는 증거를 얻어 듀폰에 무혐의 판결을 내렸다. 실제로 듀폰은 '셀로판 시장'에서 시장점유율이 매우 높았지만 다른 대체 포장재를 포함시킬 경우 시장점유율은 20%에 불과했다.

사치품 구매는 불우이웃에게 도움이 된다

끊임없이 생산되는 자본주의에 대한 신화 중 하나는 사치품은 낭비라는 것이다. 이 신화의 핵심은, 예를 들어, 5,000달러짜리 75인치 LED 텔레비전을 구매할 때, 그 텔레비전에 소비되는 돈은 결국 텔레비전 소유자의 삶을 향상시키는 데만 쓰인다는 것이다. "저기 저 부자들과 비싼 텔레비전 좀 봐! 텔레비전 자체가 없는 사람들이 있다는 걸 모르나?"

이것은 오래된 이야기다. 사치품을 기피하는 기본적 전제는 다음과 같다. "세상에 먹을 것이 충분하지 않거나, 적절한 집이 없거나, 교육이 부족한 사람들이 존재하는 한, 사치품에 돈을 낭비하면 안 된다."

진정한 가치는 가난한 사람들에게 자선적으로 베푸는 것이라는 믿음은 의심할 여지가 없다. 주는 사람과 받는 사람 모두 이익을 얻는다. 물론 국가의 강압 없이 자유롭게 이런 식으로 부를 분배하는 것은 좋은 일이다.

하지만 사치품에 대한 지출에 반대하는 수많은 주장들은 상대적으로 부유한 사람들에게 사치품과 서비스를 만들어 판매함으로써 이득을 보는 또 다른 평범한 사람들을 완전히 배제하고 있다. 다시 말하면, 많은 사람들은 부자들이 지출을 할 때 이득을 본다. 그리고 부자들이 지출하게 만드는 방법은 사치품을 구매하도록 유도하는 것이다.

결국, 고급 텔레비전을, 혹은 그 어떤 텔레비전이더라도, 구매함으로써 누가 이득을 보는가? 바로 부자가 아닌 많은 사람들이다.

예를 들어, 만약 텔레비전을 전자제품 가게에서 구입한다면, 판매자는 수수료를 받는다. 수수료 기반이 아니라면, 그의 연봉은 텔레비전의 판매 수익에서 나오게 된다. 매니저부터 점원까지, 그 가게의 모든 근로자에게 해당된다.

텔레비전을 전자제품 가게까지 운송한 트럭 기사는 누군가 그 배달된 텔레비전을 원했기 때문에 노동자로서의 가치가 있다. 그리고 실제로 텔레비전을 조립한 사람들이 있고, 부품을 제작했던 사람들이 있다. 이 사람들이 어느 나라에서, 그리고 얼마나 멀리 떨어져 살고 있는지는 중요하지 않다.

이게 다가 아니다. 많은 다른 사람들은 사치품이 판매되기 때문에 돈을 번다. 이러한 사치품의 존재를 사람들에게 홍보하는 광고주와 마케팅 담당자들은 상품이 판매되기 때문에 존재한다. 사치품 판매자와 제조자에게 상해 및 책임 정책을 판매하는 보험 판매원도 일부 사람들이 비싼 텔레비전을 사는 것을 좋아하기 때문에 생계를 유지할 수 있다.

누군가가 온라인으로 텔레비전을 구입하더라도 상황은 근본적으로 다르지 않다. 누군가는 여전히 텔레비전을 배달해야 하고 누군가는 배달할 트럭을 제조해야 한다. 이와 유사한 상황이 모든 제품과 서비스에 적용된다.

그 돈의 일부가 CEO들에게 돌아가는 것은 사실이다. 그리고 그중 일부 또한 주주들에게 돌아간다. 그러나 일부 부유한 사람들이 일부 산업 제품과 서비스에서 부분적으로 이익을 얻는다는 사실은 그것들을 제한하거나 폐지할 충분한 이유가 되지 않는다.

일부는 이런 현상에 대해 "만약 우리가 사치품에 소비된 모든 돈을 강제로 재분배한다면 텔레비전 배달 기사는 그녀의 아이들을 먹이거나 병든 어머니를 돕기 위해 열심히 일하지 않아도 될 것이다."라고 주장할지도 모른다.

즉, 이 논쟁의 핵심에는 정부기관이 돈을 배분하는 일을 더 잘할 수 있다는 가정이 숨어 있다. 그러나 돈을 더 나은 방법으로 '재분배'하기 위해 무엇이 필요한지 살펴보자.

우선, 공무원들은 어떤 사람들이 사치품에 지나친 돈을 쓰고 있는지를 결정해야 하고, 그들의 수입 중 재분배 목적으로 몰수해야 할 금액을 정해야 한다. 또한, 어떤 사람들이 그 돈을 수령할지도 정해야 한다.

이 모든 것들은 규칙과 규정에 의해 이행될 것이고, 물론 공무원들은 재분배 과정에서 그들 스스로에게만 예외적 힘을 행사할 것이다. 결국 어떤 사람들은 이전보다 더 많은 돈을 갖게 될 것이고 어떤 이들은 더 적게 갖게 될 것이다. 그리고 한 가지 확실한 것은, 공무원들은 더 많이 가질 것이라는 점이다.

하지만 텔레비전 판매 수익으로 가족을 부양하는 배달 기사가 실제로 더 부유해질 것이라고 확신할 수 있을까? 아니다. 확신할 수 없다. 부유한 사람들이 사치품을 살 수 없기 때문에 운전기사는 근무 시간이 줄어들 것이고, 그는 자신이 덜 선호하는 분야에서 또 다른 직업을 구해야 할 수도 있을 것이다.

결국 모두 이렇게 시작되는 것이다. 사치성 지출이 강제적으로 삭감됨에 따라, 사치품 판매로 생계를 유지하는 모든 사람들의 수입은 감소하게 될 것이다.

그리고 마지막으로, 텔레비전을 조립한 가난한 나라의 해외 근로자들에 대한 수요가 줄어들 것이고, 따라서 수입도 줄어들 것이다. 사치품에 과소비하는 사람들을 처벌하려는 시도로 인해 가장 큰 고통을 받을 사람들은 아마도 이 사람들일 것이다.

누적 효과는 상당할 것이며, 공무원이 이 모든 결과를 예상할 수 있는 방법은 없다.

그리고 물론, 사치품에 대한 기준 또한 제멋대로다. 텔레비전은 과연 사치품인가? 아니면 필수품인가? 그리고 필수품이어야 한다면 어느 가격부터 사치품으로 분류되는가?

사치스럽고 재력 밖의 것처럼 보였던 것들도 오늘날의 필수품으로 여겨진다. 전화기, 전자레인지, 에어컨, 냉장고는 한때 소수의 특권층 소비자들에게 사치품으로 여겨졌다.

말할 필요도 없이, 공무원들이 일부 품목을 필수품으로 분류할 수 있는 객관적인 기준은 없고, 그들은 단지 불필요한 일들을 하는 것일 뿐이다.

그러므로 우리가 보기에는 필요 없는 사치품에 돈을 쓰고 있는 사람을 목격할 때면, 그것이 고급 자동차가 됐든, 쓸데없는 장난감이 됐든, 혹은 누구도 필요하지 않는 서비스가 됐든 간에, 그러한 물건을 구매하고 판매하는 사람들은 지극히 정상적인 사람들이라는 것을 명심해야 한다.

출처: McMaken, Ryan 저/이희망 역, 자유기업원, 해외칼럼, 2019년 8월 1일.

연습문제

01. 물에 대한 대체재가 있는가? 누군가 그것은 '죽음이다'라고 대답했다. 그는 경제학에서 말하는 대체재를 잘못 이해하고 있다. 왜 그러한가?

02. "수요의 법칙에 따르면 식사에 지불하는 가격이 낮을수록 식사를 더 많이 하게 된다. 그러나 나는 항상 세끼밖에 먹지 않는다. 그러니 수요의 법칙은 나에게 적용되지 않는다."라고 주장하는 사람이 있다. 과연 이 사람은 수요의 법칙의 예외를 발견한 것인가?

03. 소줏값이 오르고 소주 소비량이 증가했다는 연구결과를 얻었다. 이것은 수요의 법칙의 예외인가?

04. "'모나리자'의 그림은 가격을 매길 수 없는 것이다." 이 주장에 대해 경제학적으로 어떻게 설명할 수 있을까?

05. 수요의 법칙에 따르면 가격이 높으면 소비자는 적게 구매한다. 그런데 판매자가 "'로얄 몰트'는 매우 비싼 고급 위스키입니다."라고 광고하는 것을 볼 수 있다. 이렇게 광고하는 판매자는 바보인가? 사람들이 생각하기에 이 위스키가 다른 위스키보다 더 비싸다고 생각한다면 더 많이 살 것인가? 그렇다면 이것은 수요의 법칙에 맞지 않는 것인가?

06. 담배의 가격이 한 갑에 2,000원이라 하자. 담배의 가격탄력성이 0.5라고 하면 담배 한 갑이 2,500원으로 인상되었을 때 수요량은 몇 % 감소할 것인가?

07. 배춧값이 폭락하여 한 포기에 3,000원 하던 배추가 1,000원이 되었다. 이때, 소비량이 100% 상승하였다면, 배추에 대한 수요의 가격탄력성은 얼마인가?

*08. 담배에 대한 수요의 가격탄력성을 추정한 결과 0.4였다. 이것은 담배가격이 10% 상승하면 담배의 수요량은 4% 감소할 것임을 의미한다.

　　1) 이것은 담뱃세 인상이 흡연을 감소시키는 효과적인 방법임을 시사하는가?

　　2) 이것은 담뱃세 인상이 정부의 재정수입을 증가시키는 효과적인 방법임을 시사하는가?

　　3) 정부가 담뱃세를 올려서 흡연을 감소시키고 정부의 재정수입을 올리고 싶다면 담배에 대한 수요가 탄력적이기를 원하는가, 비탄력적이기를 원하는가?

09. K시가 버스 요금을 인상했다. 사람들의 버스 이용에 어떤 영향을 미칠 것인가? 그리고 시내의 주차장에 대한 수요와 주차요금이 어떻게 될 것인가? 장기적으로 사람들의 버스 이용에 어떤 변화가 있을 것인가?

*10. 아스피린에 대한 수요는 현재의 가격에서 매우 비탄력적인 것으로 보인다. 다른 모든 것들에 비해 상대적으로 아스피린의 가격이 5배가 올랐다면 수요의 가격탄력성은 어떻게 될 것인가? 만일 50배가 된다면?

11. 이탈리아는 가죽 제품으로 명성이 높은 나라이다. 그러나 정작 이탈리아산 고가 제품은 이탈리아보다 뉴욕이나 서울의 명품점에서 더 발견하기 쉽다. 왜 그러한지 수요의 법칙을 이용하여 설명하시오.

12. 일반적으로 '정신 이상'으로 인한 범행이나 '우발적 범행'에 대한 형량은 계획적이고 의도적인 범행에 대한 형량이 비해 낮다. 왜 그러한가?

*표시 문제의 답은 책 뒷부분의 부록에 수록되어 있음.

제 4 장

공급

경제논리는 소비자와 생산자 모두에게 동일하다. 둘 다 여러 가지 대안들 중 선택하고 그 선택은 기대 편익과 비용을 비교하여 이뤄진다. 우리는 이 장에서 재화를 생산하여 공급하려는 인센티브가 기회비용과 시장가격으로 어떻게 형성되는지를 공부할 것이다.

제 1 절
생산자 선택과 공급의 법칙

공급의 법칙

생산자−기업가는 생산물 가격의 변화에 어떻게 대응할 것인가? 가격이 오르면 기업가가 제품을 팔아 얻는 이윤이 증가한다. 생산하려는 제품의 이윤이 증가할수록 기업가는 기꺼이 더 많은 재화를 생산 판매하려고 할 것이다. 다른 것이 일정하다면 가격이 오를 경우 생산자는 재화를 더 많이 공급하려는 인센티브를 갖는다. 기존의 생산자들은 생산규모를 늘리려 할 것이고 시간이 흐르면서 새로운 기업들이 시장에 진입하여 재화를 공급하게 되어 시장에서 그 제품의 공급량이 증가할 것이다. 반대로 가격이 하락하면 이윤 가능성이 하락할 것이고 그것을 공급하려는 인센티브도 줄어들면서 시장에서의 공급량이 감소할 것이다. 여기서 우리는 가격과 공급량 간에 양(+)의 관계가 있음을 알 수 있다. 이와 같은 가격과 공급량 간의 양의 관계가 공급의 법칙(law of supply)이다.

수요의 법칙과 마찬가지로 공급의 법칙 역시 기회비용의 개념으로 설명된다. 공급은 기회비용에 의해 결정된다. 스마트폰을 한 개 더 생산하기 위한 의미 있는 비용은 그 스마트폰을 생산하기 위해 포기되어야 하는 것의 가치이다. 따라서 스마트폰 제조업자는 적어도 포기된 기회의 가치에 상응하는 가격을 지불받아야만 스마트폰을 제조하여 공급한다. 스마트폰의 가격이 높아지면 자원 소유주가 기꺼이 다른 용도로 사용할 것을 포기하고 가격이 상승된 스마트폰 생산으로 자원을 전환시키도록 하기 때문에 스마트폰 공급량이 증가한다.

생산비용과 기회비용

스마트폰을 만드는 비용을 생각할 때 그 생산에 소요되는 것, 즉 원자재, 노동소요시간, 사용해야 하는 기계나 공구 등을 생각한다. 그리고 이 투입요소들의 가치를 화폐단위로 표현하고 스마트폰의 생산비용을 그 가치들의 합으로 생각한다. 이것이 틀린 것은 아니지만, 우리는 여기에서 왜 그 투입요소들이 어떤 특정한 가치를 갖는가에 대해서 생각해 볼 필요가 있다. 기회비용의 개념은 이에 대한 해답을 제시한다.

투입요소들의 화폐가치는 투입요소들이 차선의 용도에 사용되었을 때의 가치이다. 즉 스마트폰의 생산비용은 스마트폰을 생산할 때 사용된 투입요소들의 포기된 기회의 가치이다. 스마트폰 생산비용의 일부는 반도체의 가격이다. 최근 로봇에 대한 수요가 증가해서 로봇 제조업자들이 반도체 구입을 대폭 증가시켰다고 가정하자. 이것이 반도체 가격의 상승을 초래하였다면, 스마트폰 제조비용이 상승할 것이다. 스마트폰을 만드는 데 들어가는 물리적 투입요소에 영향을 미치는 어떤 일도 없었지만 스마트폰의 생산비용이 상승한 것이다. 반도체를 사용하여 생산되는 로봇에 대한 수요가 증가하고 로봇의 가치가 더 높아짐에 따라 스마트폰 제조업자들은 스마트폰을 만드는 데 이용되는 반도체에 대해 더 높은 기회비용을 지불해야 한다.

노동이 생산비용에 포함되는 방법 역시 기회비용의 개념으로 설명된다. 노동자들은 고용주로부터 다른 모든 기회를 거절할 만한 임금을 받아야 한다. 예를 들어, 많은 사람을 고용하는 대기업이 중소도시로 이주하였다면 이 도시의 기존 식품가게, 주유소, 사무실 등의 인건비는 상승한다. 왜냐하면 그들이 고용할 사람들은 이제 새 기업에 고용될 더 좋은 기회를 찾을 수 있으므로 그들은 자신들이 고용하는 사람들의 더 높은 기회비용을 지불해야 하기 때문이다.

공급곡선

공급의 법칙 역시 수요의 법칙처럼 수치로 표시된 표나 그래프로 표현될 수 있다. 아메리카노 커피의 공급을 살펴보자. 커피 공급의 예가 〈표 4-1〉에 나타나 있다. 첫 번째 열은 가격을 나타내고 두 번째, 세 번째, 네 번째, 다섯 번째 열은 각각 A, B, C, D의 공급량을 나타낸다. 그리고 마지막 열은 이것들의 총합인 시장의 총공급량을 나타낸다. 아메리카노 한 잔당 1,000원일 때 A는 30,000, B는 20,000, C는 10,000잔을 생산 공급할 의사가 있고, D는 너무 가격이 낮기 때문에 1,000원 가격으로는 채산성이 없다고 판단해 공급할 의사가 없다. 그러나 가격이 서서히 올라 가격이 2,000원이면 A가 공급량을 늘리는 것은 물론 다른 공급자인 B, C, D도 커피 생산과 공급에 뛰어들어 공급한다. 그래서 가격이 3,000원일 때 A, B, C, D는 각각 50,000, 40,000, 30,000, 20,000잔을 공급한다. 이때 시장의 총공급량은 140,000잔이 된다. 가격이 7,000원에서 5,000원으로 하락하면 커피 공급량은 300,000잔에서 220,000잔으로 감소한다. 〈표 4-1〉처럼 가격과 공

표 4-1 공급표 (단위: 잔)

가격(원)	공급량				
	A	B	C	D	총
1,000	30,000	20,000	10,000	0	60,000
2,000	40,000	30,000	20,000	10,000	100,000
3,000	50,000	40,000	30,000	20,000	140,000
4,000	60,000	50,000	40,000	30,000	180,000
5,000	70,000	60,000	50,000	40,000	220,000
6,000	80,000	70,000	60,000	50,000	260,000
7,000	90,000	80,000	70,000	60,000	300,000

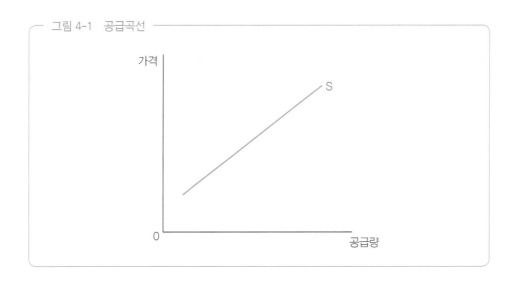

그림 4-1 공급곡선

가격

S

0   공급량

급량 간의 관계를 보여주는 것을 공급표(supply schedule)라고 부른다.

공급표는 가격변화가 생산자들이 판매하고자 하는 커피의 총량에 어떻게 영향을 미치는가를 보여준다. 이러한 정보를 보여주는 또 다른 방법은 그래프이다. 커피의 공급량이 가격에 따라 어떻게 변하는가를 보이기 위해서 횡축에 공급량, 종축에 가격을 놓고, 〈표 4-1〉의 데이터를 사용하여 가격과 공급량 간의 관계를 그리면 〈그림 4-1〉과 같은 우상향하는 곡선이 그려진다.

생산자 잉여

소비자 잉여를 설명하기 위해 수요곡선을 사용한 것처럼 공급자 잉여를 설명하는 데 공급곡선을 이용할 수 있다. A가 아메리카노 1잔을 1,000원에 공급할 용의가 있다고 하자. 그런데 시장에서 아메리카노 한 잔 값이 3,000원이라면 2,000원의 이익을 얻는다. 이와 같이 공급자가 실제로 받는 가격에서 공급할 용의가 있는 가격을 뺀 2,000원을 생산자 잉여(producer surplus), 혹은 판매자 잉여라고 한다.

이제 이것을 공급곡선을 이용하여 설명해보자. 우리는 앞에서 공급자가 재화의 특정 단위를 공급할 용의가 있는 가격은 공급자의 기회비용을 반영한다고 하였다. 이것은 그 단위에서의 한계비용으로서 공급곡선의 높이로 표시된다. 〈그림 4-2〉에서 공급

경제학: 시장경제 원리

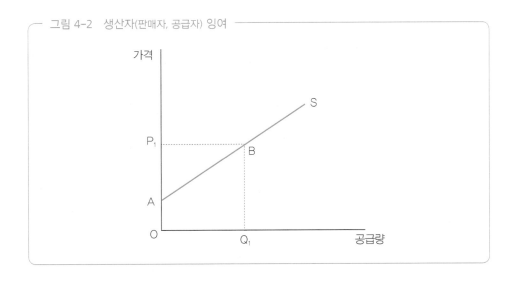
그림 4-2 생산자(판매자, 공급자) 잉여

가격

S

P₁······B

A

O   Q₁   공급량

자가 Q_1을 공급한다면 그 단위 재화의 한계비용은 Q_1에서의 공급곡선의 높이인 P_1이다. 따라서 Q_1 단위까지 공급하는 총비용은 공급곡선 아래의 총면적인 □$OABQ_1$이다. 그러나 공급자가 얻는 총수입은 이보다 크다. 〈그림 4-2〉에서 공급자가 실제로 얻은 금액은 □$OP1BQ_1$이다. 따라서 공급자 잉여는 Q_1까지 판매하고 얻은 수입에서 공급곡선 아래에 있는 전체 면적을 뺀 △ABP_1이 된다. 여기서 우리는 가격이 높아질수록 생산자 잉여가 커짐을 알 수 있다. 생산자 잉여는 생산자가 시장에 참여함으로써 얻는 이익을 나타낸다.

공급에 영향을 미치는 요인

생산요소의 가격

생산요소들 — 원자재, 노동, 자본 — 의 가격이 상승하면 재화를 생산하는 데 더 많은 비용이 들기 때문에 기업들은 주어진 공급 가격에서 이전보다 덜 생산한다. 예를 들어 반도체 가격이 오르면, 노트북의 생산비용이 올라 노트북의 공급은 감소할 것이다. 한편 반도체와 같은 생산요소의 가격이 하락하면 공급은 증가할 것이다. 공급이 증가하면 공급곡선은 우로 이동하고, 공급이 감소하면 공급곡선은 좌로 이동한다.

기술

기술이란 자원 사용과 관련된 지식과 기량의 실체를 말한다. 기술의 발전, 즉 생산비용을 감소시킬 수 있는 새로운 기술의 발견은 생산비용을 절감시켜 공급을 증가시킨다. 일반적으로 기술은 시간이 지남에 따라 발전한다. 농기계, 비료, 농약 등의 발달로 과거에 비해 농업 생산물이 크게 증가하였다. 로봇의 발달로 자동차, 비행기 등의 생산비용이 절감되었고, 반도체 발달로 전자제품의 생산비용이 절감되었다.

자연재해

가뭄, 지진과 같은 것들도 일정한 생산요소의 투입량으로 생산될 수 있는 재화의 공급에 영향을 준다. 냉해로 제주도의 귤 생산이 감소하고, 가뭄으로 호남평야에서 재배되는 쌀 생산량이 감소한다.

세금과 보조금

정부가 생산자에게 부과되는 세금을 올리면 결과는 생산비용의 상승과 같은 효과를 갖는다. 그리하여 생산과 공급이 감소한다. 반대로 보조금을 주면 생산비용 절감과 같은 효과가 있어 생산과 공급이 증가한다.

시장에서의 기업의 수

시장에서 기업의 수가 증가한다면 각 가격에서 더 많은 양의 재화가 생산된다. 어떤 산업에서 이윤이 증가하면 더 많은 기업들이 진입하게 된다. 많은 기업들이 진입하게 되면 그 산업에서 생산 공급되는 양이 증가하게 된다. 예를 들어 최근 애완동물을 키우는 사람들이 많아지면서 동물병원의 수가 급증하였다. 반면 기업의 수가 감소하면 재화와 서비스의 공급량이 감소한다. 인터넷에서 영화를 다운받아 보는 서비스가 증가하면서 비디오 대여점이 사라져 비디오 대여 서비스 공급이 크게 감소하였다.

미래가격에 대한 기대

만일 기업들이 생산하는 재화의 가격이 앞으로 상승할 것으로 예상한다면 기업들은 가격이 상승할 때까지 적어도 자신들의 생산물의 판매를 연기할 것이다. 예를 들어 OPEC이 석유가격을 인상할 것으로 예상한다면 정유업자들은 더 많은 이익을 얻기 위해 석유를 저장해두었다가 나중에 가격이 오를 때 팔려고 할 것이다. 그러면 현재에 석유공급은 감소하게 된다. 이와 같이 미래에 가격이 오를 것이라고 예상하면 현재의 공급은 감소할 것이고, 반대로 미래에 가격이 하락할 것이라고 예상하면 현재의 공급은 증가할 것이다.

공급 변화와 공급량 변화의 차이

수요와 수요량을 구별하는 것처럼 공급과 공급량의 개념을 구별하는 것이 중요하다. 공급량은 점의 개념이고 공급은 집합의 개념이다. 공급량은 공급곡선상에서 특정 가격에 상응하는 수량을 뜻한다. 가격이 변하면 공급량이 변한다. 그래서 공급량은 가격의 변화에 따라 공급곡선상에서 움직인다.

반면에 공급은 다른 것들이 일정하다는 조건 하에서(ceteris paribus) 판매자가 가격에 따라 자유롭게 판매하려고 하는 재화와 서비스의 양 사이의 관계다. 그러므로 공급은 공급곡선 전체를 의미한다. 앞에서 배운 공급에 영향을 미치는 요인이 변하면 공급이 변하는데, 이때는 공급곡선 전체가 이동한다.

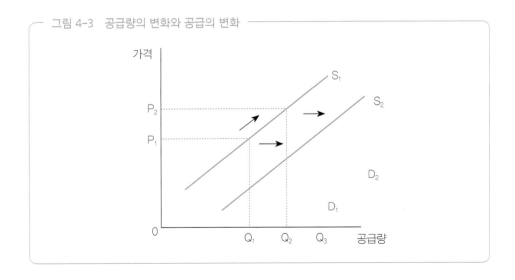

그림 4-3 공급량의 변화와 공급의 변화

이것을 〈그림 4-3〉을 이용해 설명할 수 있다. 가격이 P_1에서 P_2로 오르면 공급량은 곡선 상에서 움직여 Q_1에서 Q_2로 증가한다. 공급량의 변화는 공급곡선 S_1 상에서의 움직임이라는 것을 알 수 있다. 반면 공급 변화는 공급곡선 전체의 움직임으로 나타난다. 기후가 좋아 풍년이 들어 공급이 증가하면 공급곡선은 S_1에서 S_2로 우측 이동한다. 반대로 기후가 나빠 흉년이 들어 공급이 감소하면 공급곡선이 좌측으로 이동한다. 공급의 변화는 공급곡선 전체의 이동이라는 것을 알 수 있다.

제 2 절
공급의 가격탄력성

공급의 경우에도 탄력성의 개념은 중요하다. 수요의 경우와 유사하게 공급의 탄력성은 아래와 같이 공급량의 %변화율을 가격의 %변화율로 나눈 값으로 측정된다.

$$\text{공급의 가격탄력성} = \frac{\text{공급량의 \%변화율}}{\text{가격의 \%변화율}}$$

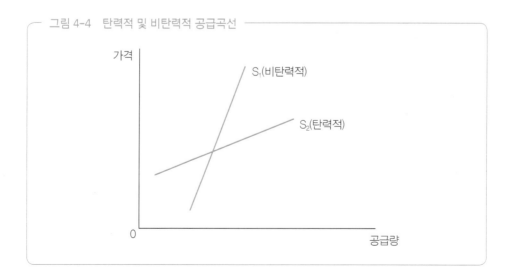

그림 4-4　탄력적 및 비탄력적 공급곡선

공급의 가격탄력성의 값은 양(+)로 나타난다. 그것은 공급의 경우에는 가격과 수량이 같은 방향으로 변화하기 때문이다. 공급량의 변화율이 가격 변화율보다 크면 공급은 탄력적이고 공급량의 변화율이 가격 변화율보다 작으면 공급은 비탄력적이다. 〈그림 4-4〉처럼 공급탄력성이 크면 공급곡선(S_2)은 완만한 기울기를 갖고, 공급탄력성이 작으면 공급곡선(S_1)은 가파른 기울기를 갖는다.

완전 비탄력적 공급과 완전 탄력적 공급

가격이 오를 때 수요량은 빠른 시간 안에 줄어드는 반면, 공급량은 증가하는 데 시간이 소요되는 경우가 많다. 그래서 단기적으로 공급곡선이 수직으로 완전 비탄력적일 수 있다. 그러나 일반적으로는 시간이 지나면 잠재적 공급자들이 자신에게 이용 가능한 자원을 재조정하여 가격이 상승한 재화에 투입함으로써 그 공급량이 증가할 수 있다. 물론 토지와 같이 가격이 변해도 그 절대적 공급량이 변하지 않는 특성을 가진 재화는 완전 비탄력적인 공급곡선을 갖는다.

완전 탄력적인 공급곡선은 수평인 공급곡선을 말한다. 가격이 아주 조금만 증가해도 공급자가 그에 반응하여 공급량을 매우 많이 증가시킬 수 있는 경우다. 이것은 생산규모를 변경할 필요없이 필요한 자원을 기존의 비용으로 추가적으로 구입할 수 있는 경우에 가능할 것이다.

공급의 가격탄력성 크기의 결정 요인

생산능력

공급의 가격탄력성은 기업들이 생산량을 얼마나 신축적으로 조절할 수 있느냐에 달려 있다. 즉 생산을 증대할 수 있는 용이성이 가장 중요한 요인이다. 기업들이 생산량을 즉각적으로 늘릴 수 있으면 공급이 탄력적이고, 그렇지 않으면 비탄력적이 된다. 예를 들어 바닷가에 위치한 택지는 추가 공급이 거의 불가능하기 때문에 비탄력적이다. 반면에 TV, 냉장고, 컴퓨터와 같은 공산품은 가격이 오르면 조업시간을 연장하는 등 생산요소 투입량을 늘려 생산량을 늘릴 수 있기 때문에 공급이 탄력적이다.

시간

수요의 가격탄력성과 마찬가지로 공급의 가격탄력성 역시 시간에 따라 다르다. 시간이 지날수록 공급의 가격탄력성은 커진다. 단기적으로는 기업이 생산을 늘리거나 줄이기 위해 공장규모를 변경하기 어렵다. 그래서 가격 변화에 공급량이 그다지 민감하지 않다. 그러나 장기적으로는 기업이 공장을 새로 지어 규모를 늘리거나 기존의 공장을 폐쇄할 수 있다. 그뿐만 아니라 신규로 기업이 진입하거나 기존 기업이 퇴출할 수도 있다. 따라서 시간이 지남에 따라 가격변화에 공급량이 민감하게 반응한다. 그러므로 수요곡선과 마찬가지로 단기 공급곡선은 비탄력적이고 장기 공급곡선은 탄력적이다.

공급의 가격탄력성은 왜 중요한가?

공급의 가격탄력성의 중요성은 수요의 변동에 따른 가격의 변화의 크기를 알아낼 수 있다는 점에 있다. 공급의 탄력성이 높을수록 수요가 변했을 때 가격의 변화가 크지 않다. 노트북과 주택을 비교해 설명해보자.

수요가 증가했을 때 이에 반응하여 주택을 증축하거나 새로 주택을 짓는 경우 공사의 계획, 택지의 매입, 설계, 시공, 입주 시까지 상당히 긴 시간이 필요하다. 거기에 비하면 노트북의 생산을 늘리기 위해서는 단기적으로는 생산라인의 가동률을 높일 수 있다. 따라서 노트북의 공급은 주택의 공급보다 시간이 짧게 걸릴 것이고, 그만큼 가격 변화에 더 민감하게 반응할 것이다. 주택 공급은 노트북에 비하여 가격에 훨씬 덜 민감할 것이므로 주택의 공급은 상대적으로 가격 비탄력적이고 노트북 공급은 상대적으로 가격 탄력적이다. 이러한 상황에서 노트북과 주택에 대한 수요가 동일하게 증가한다면 상대적으로 노트북 시장에서는 노트북 공급량이 대폭 증가할 것이고 가격은 소폭 상승할 것이다. 반면 주택 시장에서는 주택 공급량은 소폭 증가할 것이고 가격은 대폭 상승할 것이다.

BofA "원유 공급, 수요 못 따라가… 유가 100달러 간다"

국제유가가 배럴당 100달러까지 올라갈 것이라는 분석이 제기되고 있다. 경기 회복으로 수요는 살아나는데, 공급 확대가 ESG(환경·사회·지배구조)와 탈탄소화 움직임으로 인해 제한되고 있어서다. 21일(현지시간) CNBC에 따르면 뱅크오브아메리카(BofA)는 석유 수요가 공급을 초과하면서 2022년까지 국제유가가 배럴당 100달러 선을 회복할 것이라고 전망했다. BofA는 수요 쪽에서 유가를 끌어올릴 세 가지 요인이 있다고 분석했다.

첫 번째는 억눌렸던 여행 수요 증가다. BofA의 프란치스코 블랜치 애널리스트는 코로나19 팬데믹 1년여 동안 억눌렸던 여행 욕구가 폭발하면서 원유 수요가 급증할 것으로 내다봤다. 두 번째는 코로나 감염을 우려해 대중교통을 피하고 자가용을 선호하는 이가 증가한 점이다. 이는 석유 수요를 팬데믹 이전보다 더 키우는 요인이다. 세 번째로 팬데믹 기간 동안 도시 근교로 이주가 증가하면서 원거리 출퇴근이 늘어난 점도 수요를 증가시킬 것으로 분석됐다.

공급 요인도 여러 가지가 지목된다.

BofA는 파리기후협약에 따라 탄소배출을 줄이려는 각국의 노력이 원유 공급을 줄이는 요인으로 작용하고 있다고 지적했다. 이 협약에 가입한 국가들은 온실가스 배출량을 감축하는 정책을 채택하고 있다. 또 ESG(환경·사회·지배구조)를 추구하는 투자자들은 기업들에게 친환경 에너지 전환을 요구하고 있다. 지난 5월 네덜란드 법원이 대형 석유회사인 셸에 대해 2030년까지 탄소 배출량을 45% 줄여야 한다고 판결하는 등 사법적 압력마저 커지고 있다.

BofA는 "석유 수요가 다시 회복될 것이며 공급은 이를 따라가지 못할 것이다. 석유수출기구(OPEC)는 2022년 원유시장을 완전히 장악하게 될 것"이라고 지적했다. OPEC과 산유국들은 지난해 코로나 대유행으로 원유에 대한 세계 수요가 줄어들자 하루 1,000만 배럴의 감산을 단행하면서 석유 시장의 주도권을 놓지 않았다.

석유 가격은 최근 급등하고 있다. 서부텍사스산원유(WTI) 선물가격은 지난 1년 동안 80% 반등해 21일(현지시간) 배럴당 71.30달러 선에 거래됐다. 브렌트유의 선물가격은 73.50달러까지 올랐다. BofA는 브렌트유 가격이 내년에 100달러까지 오를 것으로 내다봤다.

블랜치 애널리스트는 올 2분기 석유 수요가 전년동기에 비해 하루 1170만 배럴 증가할 것으로 예상했다. 이후 세 개 분기 동안에도 수요는 하루 560만 배럴 늘어나 2022년 말까지 세계 수요가 하루 1억100만 배럴에 달할 것으로 전망했다. 그는 "수요 급증으로 원유가 부족할 것으로 보인다"며 "원유 시장에선 향후 6분기 동안 하루 평균 90만 배럴의 부족이 이어질 것으로 예상한다"고 분석했다.

다만 BofA는 2023년에는 유가가 진정될 것으로 내다봤다. 브렌트유와 WTI 가격은 올해 배럴당 각각 평균 68달러와 65달러 선에서 형성된 뒤 내년엔 75달러, 71달러로 오를 것으로 진단했다. 하지만 유가가 그 수준까지 높아지면 수요가 감소하고 미국 내 셰일석유 공급도 회복될 것으로 관측했다. 이에 따라 2023년엔 브렌트유가 평균 65달러 선에 그칠 것으로 내다봤다. BofA는 원유 가격 상승과 관련해 엑슨모빌, 옥시덴탈 페트롤리엄, 헤스, 데본에너지 등을 추천했다.

출처: 이서영 인턴 · 김현석 기자, 한국경제신문, 2021년 6월 22일.

연습문제

01. 태국의 대홍수로 인하여 반도체 가격이 상승하자, 조립PC업체인 B사는 PC생산량을 대폭 감축하기로 결정하였다. 이를 공급곡선을 이용하여 설명하시오.

*02. 제약회사인 D사는 지속적인 연구개발의 성과로 생산비용이 획기적으로 감소하였다. D사의 공급곡선엔 어떤 영향이 있겠는가?

03. "공급의 법칙에 따르면 가격이 하락하면 공급량이 준다. 그런데 1970년대에 아주 간단한 계산기가 10만원이었다. 그런데 최근에 그러한 계산기가 5,000원 정도 한다. 그럼에도 불구하고 더 많은 계산기가 생산되어 팔렸다. 가격이 하락하였는데도 계산기 공급량이 증가하였다." 이러한 주장이 맞는 것인가, 틀린 것인가? 맞으면 왜, 틀리면 왜 그런지 설명하시오.

*04. 국민소득이 증가함에 따라 전반적인 수요가 증가할 때 다른 재화에 비해 주택 가격이 대폭 상승하는 이유는 무엇인가?

*표시 문제의 답은 책 뒷부분의 부록에 수록되어 있음.

제 5 장

수요와 공급의 만남

제 1 절
시장가격의 결정

시장과정과 시장균형

소비자−구매자와 생산자−판매자는 각자 독립적으로 의사결정을 하지만 시장가격이 그들의 선택을 조정하고 그들의 행동에 영향을 미친다. 균형은 수요와 공급이라는 서로 상반된 힘이 조화를 이룬 상태를 말한다. 시장이 균형에 있을 때 소비자와 생산자의 의사결정이 서로 조화를 이뤄 수요량과 공급량이 같아진다.

시장에 참여하는 소비자들은 선호, 관심, 소득 등 여러 가지 면에서 모두 다르다. 생산자도 마찬가지로 생산규모, 생산조건, 기업경영 능력 등에서 모두 다르다. 지금부터 이렇게 다양한 소비자와 공급자의 이해관계가 어떻게 조화를 이루는지 보기로 하자.

우리가 앞에서 배운 것처럼 가격이 오르면 소비자의 수요량은 감소한다. 반대로 가격이 오르면 생산자의 공급량이 증가한다. 시장가격은 소비자들이 구입하기를 원하는 양과 생산자들이 공급하기를 원하는 양이 균형이 이뤄지는 방향으로 변하는 경향이 있다. 가격이 너무 높으면 생산자의 공급량이 소비자의 수요량을 초과할 것이다. 그래서 생산자들은 가격을 내리지 않으면 자신이 원하는 양을 팔 수 없다. 반대로 가격이 너무 낮으면 소비자의 수요량이 생산자의 공급량을 초과한다. 다른 사람들보다 더 높은 가격을 제시하지 않으면 자신이 원하는 것만큼 재화를 구입하지 못하는 소비자가 생긴다. 그리하여 시장가격은 수요량과 공급량이 균형을 이루게 하는 가격으로 향해 움직이는 경향이 있다.

이것을 제3장과 제4장에서 배운 수요곡선과 공급곡선을 이용하여 설명해보자. 아메리카노 1잔의 가격이 2,000원일 때는 수요자들의 의사결정들이 서로 조정되지 않는다. 2,000원의 가격에서 공급자들은 100,000잔을 공급하고자 하지만 소비자들은 180,000잔을 사고자 하여 공급량보다 수요량이 많다. 달리 말하면 그 가격에서는 초과수요(excess demand)가 존재한다. 현재의 가격에서 원하는 커피를 구입할 수 없는 소비자들은 실망할 것이다. 실망한 소비자들은 커피를 마시기 위해 가격을 높여 부르기 시작할 것이다. 커피 가격이 상승함에 따라 현재의 자원을 이용하여 다른 것을 생산하는 것보다 커피를 생산하는 것이 더 가치가 있게 된다. 따라서 소비자들은 가격을 높여 부름으로써 공급자들에게 더 많은 자원을 투입하여 더 많은 커피를 생산하도록 자신들의 의사를 전달한다. 공급자들은 커피의 수량을 증가시키면서 공급곡선을 따라 움직임으로써 이 정보에 반응한다.

그러나 가격의 상승은 소비자로부터 공급자에게로 정보를 전달하는 것뿐만 아니라 소비자들에게 역시 가치 있는 정보를 전달하는 기능을 한다. 소비자들은 커피의 가격을 높여 부르면서 서로에게 이 커피가 공급부족 상태에 있다는 것을 알리며, 커피 구입을 줄여간다. 이 과정은 커피 가격이 3,000원이 되어 수요량과 공급량이 각각 140,000잔으로 일치될 때까지 계속된다.

반대로 커피 가격이 한 잔당 6,000원일 때 사람들이 사고자 하는 구매량은 60,000잔이고 시장에 내놓은 수량은 260,000잔으로 공급량이 수요량보다 많다. 이 경우에는 초과공급(excess supply)이 존재한다. 이렇게 초과공급이 존재하는 상황에서는 판매자들은 재고로 창고에 쌓아 두느니 값을 내려 처분하는 것이 낫다고 판단할 것이다. 그러면 커피 가격은 낮아지게 되고 낮아진 가격이면 커피를 구매할 의사가 있는 소비자가 생길 것이다. 녹차를 마시느니 커피를 마시는 편이 낫다고 생각하는 소비자가 있을 것이다. 낮아진 가격에서 친구에게 커피를 사주려는 소비자들이 생길 것이다. 그래서 가

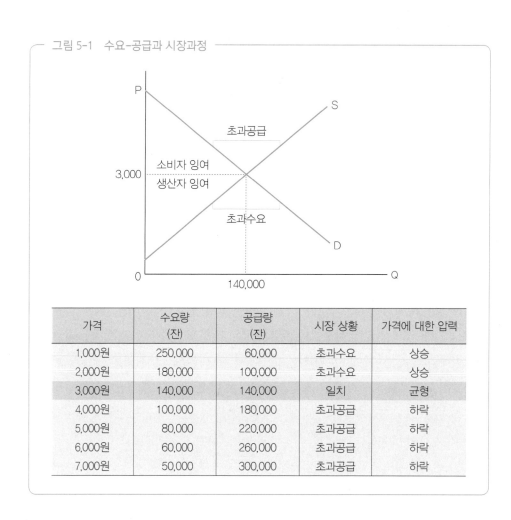

그림 5-1 수요-공급과 시장과정

가격	수요량 (잔)	공급량 (잔)	시장 상황	가격에 대한 압력
1,000원	250,000	60,000	초과수요	상승
2,000원	180,000	100,000	초과수요	상승
3,000원	140,000	140,000	일치	균형
4,000원	100,000	180,000	초과공급	하락
5,000원	80,000	220,000	초과공급	하락
6,000원	60,000	260,000	초과공급	하락
7,000원	50,000	300,000	초과공급	하락

격이 낮아짐에 따라서 구매량이 증가하게 된다. 그러나 낮아진 가격에서 여전히 팔리지 않는 커피가 있다면 가격은 더 하락할 것이고 그에 따라 구매량은 증가할 것이다. 그 과정은 수요량과 공급량이 일치할 때까지 계속될 것이다. 그래서 가격은 3,000원이 될 때까지 계속 하락할 것이다. 이러한 과정을 시장과정이라고 한다.

이런 시장과정은 커피 시장에서만 발생하는 것이 아니다. 커피를 생산·판매하는데 필요한 바리스타 시장과 아르바이트 시장, 그리고 커피 원두시장에서도 동일한 과정이 일어난다. 이렇게 수많은 소비자와 생산자의 의사결정이 조정되고 교환을 통해 협동하게 하는 것이 가격이다. 각 시장에서 소비자와 생산자로서 자신들의 사적 이익을 추구하는 수많은 사람들은 다른 사람들의 관심사와 형편에 대해 알지 못할 뿐만 아니라 관심도 없다. 그들은 다만 시장가격에 내포되어 있는 정보에 반응할 뿐이다. 그렇게 함으로써 소비자와 공급자들의 의사결정이 완전히 조정된 상태가 된다.

시장: 학습과 발견의 동태적 과정

앞에서 설명한 최종 균형가격은 일종의 개념적인 것에 불과하다. 실제 시장에서는 균형인 경우가 거의 없다. 세상이 지속적으로 변하여 수요와 공급이 끊임없이 변동하기 때문이다. 따라서 실제 시장에서 형성된 가격은 균형가격을 향해 계속 진행되는 불균형 가격이라는 것을 인지할 필요가 있다.[1] 이러한 점에서 시장은 사전에(ex ante) 설명될 수 없는 학습과 발견의 동태적 과정(dynamic process)이라 할 수 있다. 시장은 정체되어 있는 것이 아니라 시장을 구성하고 있는 사람들이 배우고, 성장하고, 변함에 따라 진화하고 발전하는 그런 시스템이다. 수요와 공급의 분석이 시사하는 것은 시장이 균형이라는 조정을 향해 지속적으로 사람들을 움직이게 한다는 점이다.

시장과정과 효율성

어떤 경제적 행동이 효율적인지 그렇지 않은지를 판단하는 기준은 비용과 편익을 비교하는 것이다. 만약 어떤 경제적 행동이 비용보다 편익을 더 많이 내면 그것은 효율적이고, 반대로 편익보다 비용이 더 들면 비효율적이다. 따라서 시장이 효율적이 되기 위해서는 비용보다 편익이 더 많은 거래는 모두 이뤄질 필요가 있고, 그렇지 않은 거래는 이뤄질 필요가 없다.

수요곡선과 공급곡선을 이용하면 이것을 쉽게 이해할 수 있다. 우리는 제3장에서 수요곡선상의 모든 점들은 소비자들이 재화 한 단위를 추가로 구매하는 데 대해 기꺼이 지불하고자 하는 최고가격을 나타낼 뿐만 아니라 소비자들이 재화의 특정 단위에 대해 부여하는 한계가치를 나타낸다고 하였다. 이것은 결국 수요곡선의 높이는 사회의 편익을 반영한다는 것을 시사한다.

한편 우리는 제4장에서 공급곡선상의 모든 점은 판매자가 손실을 보지 않고 재화

---

1 Hayek, F. A. (1937), "Economics and Knowledge," in F. A. Hayek, *Individualism and Economic Order,* Chicago: University of Chicago Press, p. 36.

한 단위가 생산될 수 있는 최저 가격을 나타내며, 공급곡선은 재화의 특정 단위를 생산하는 데 들어가는 한계비용을 나타낸다고 하였다. 이것은 결국 공급곡선의 높이는 한 사회에서 재화를 생산하는 데 들어가는 비용을 반영하는 것을 시사한다.

한 단위에 대한 소비자의 가치가 생산자의 최저 공급 가격을 초과하면 그 단위를 생산 판매하는 것은 효율적이며 이때 이뤄지는 거래는 소비자와 생산자 모두에게 이익을 준다. 그래서 커피 공급자들은 시장가격(3,000원)이 생산의 기회비용을 초과하는 한 커피를 추가로 생산할 것이다. 마찬가지로 소비자들은 자신들의 이익이 시장가격(3,000원)을 초과하는 한 커피를 추가로 구입할 것이다. 이러한 과정을 통해 시장은 균형에 도달하게 되며, 균형에서는 생산자의 비용을 초과하는 소비자 편익을 제공하는 모든 커피가 생산된다.

만약 균형량인 140,000잔보다 적게 커피가 생산 공급되는 경우 커피를 생산하는 기회비용보다 소비자에 의해 더 많은 가치가 부여되는 커피가 아직 생산 공급되고 있지 않음을 의미한다. 이것은 효율적이지 않다. 반면 140,000잔 이상으로 생산이 이뤄지고 있는 경우는 소비자가 지불할 용의가 있는 것보다 더 많은 비용이 들기 때문에 비효율성이 나타난다. 시장이 경쟁적이라면 이런 상태는 경쟁의 힘에 의해서 조정되면서 균형에 이르게 된다.

시장균형에서 소비자 잉여와 생산자 잉여를 합한 총잉여가 최대가 되며, 이때 자원의 효율적 배분이 이뤄진다고 한다. 즉 시장이 균형을 이룰 때 거래에 따르는 모든 이익이 완전히 실현되고, 재화의 생산과 소비에 자원이 과대 배분되거나 과소 배분되지 않고 효율적으로 배분된다. 결국 이러한 효율성은 모든 잠재적 소비자와 생산자가 교환으로부터 얻는 이익이 발생하기 때문에 이뤄진다.

경쟁과 재산권의 중요성

시장의 효율성이 달성되기 위해서는 경쟁과 재산권이 존재해야 한다. 생산과 교환이 원활하게 이루어지기 위해서는 구매자와 판매자의 협상력이 동등해야 한다. 경쟁은 구매자와 판매자 간의 협상력을 동등하게 만드는 힘이다. 만약 경쟁을 제한하는 장애물이 존재한다면 자원배분의 효율성이 낮아지고, 그에 따라 총잉여도 감소한다. 예를 들어 중요한 생산자원을 움켜쥐고 있는 판매자가 지나치게 많은 돈을 벌기 위해 생산비용보다 매우 높은 가격을 부과한다면 구매자의 한계가치와 판매자의 한계비용이 일치하지 않기 때문에 자원배분의 효율성이 낮아지고 총잉여도 감소한다. 이러한 판매자의 행위를 제어하는 것이 경쟁이다. 다른 판매자가 존재하여 낮은 가격을 제시하면 앞의 판매자는 그러한 행동을 할 수 없다. 경쟁이 구매자의 협상력을 높이고 구매자를 보호하며 시장의 효율성을 달성하게 한다.

사실 경쟁은 구매자와 판매자 모두를 보호한다. 경쟁이 생산비용보다 매우 높은 가격을 부과하고 지나치게 많은 돈을 벌기 위해 중요한 생산자원을 움켜쥐고 있는 판매자로부터 소비자를 보호하는 것처럼 하나의 고용자(노동에 대한 구매자)의 힘으로부터 피고용자(노동의 판매자)를 보호한다. 수많은 기업과 고용자들 간의 경쟁으로 노동자들이 이익을 본다.

더 근본적으로 시장의 효율성은 재산권의 존재에 달려 있다. 재화와 서비스의 공급자들은 자원소유자에게 자원을 사용한 대가를 지불해야만 한다. 그런데 그러한 것이 원만하게 이루어지는 경우는 재산권이 잘 보호될 때다. 재산권이 잘 보호되는 사회에서는 자원소유자에게 지불하지 않고 자원을 탈취하거나 사용하는 것이 허용되지 않는다. 무엇보다도 재산권이 없는 재화는 교환할 수 없을 뿐만 아니라 그 재화를 갖기 위해 경쟁할 수도 없다. 그래서 재산권 보호 없이는 시장은 효율적으로 작동될 수 없다. 재산권을 제한하면 시장의 효율성이 떨어진다.

시장의 도덕성

시장의 도덕성은 시장 자체가 도덕적인가라는 의미가 아니라 시장이 사람들을 도덕적으로 행동하도록 유도하는지에 관한 문제다. 시장 자체는 하나의 제도로서 도덕적이지도 비도덕적이지도 않다. 그렇지만 시장은 상대적으로 훨씬 도덕적인 결과를 낳는다.

시장은 자유롭고 자발적인 교환의 결과로 발생하는 경제활동의 진행과정이다. 애덤 스미스는 〈국부론〉에서 "각 개인이 자기 이익을 추구하면 상호 이익에 기반을 둔 사람 간의 교환을 통해 사회이익을 증대시킬 수 있다"고 했다. 시장에서 개인의 이익, 바로 그 점이 다른 사람에게 봉사하도록 만든다. 사람들은 정직한 사람들과 거래하고 싶어 한다. 정직하지 못한 사람과의 거래는 손해를 볼 수 있기 때문이다. 따라서 정직한 사람이 정직하지 못한 사람보다 더 많은 거래를 하게 되며, 그로 인해 돈을 더 많이 벌 수 있다. 시장은 이렇게 정직함에 대해 보상을 한다. 그리고 사람들은 예의 바른 동업자나 공급자와 거래하는 것을 선호한다. 시장은 정직한 사람에게 보상하듯이 예의 바름에 대해서도 보상한다.

시장 참여자들 간의 교환과 관계는 한 번만 하고 그치는 것이 아니라 반복 지속적이다. 교환과 관계가 반복 지속되기 위해서는 적어도 상대에게 해가 되는 행동을 하지 않아야 한다. 그래서 소비자를 만족시키지 못하는 기업, 엉터리 제품을 만드는 기업은 퇴출된다. 또 투자자를 속이는 기업들은 투자를 받지 못한다. 그리고 노동자를 착취하는 기업은 퇴출된다. 고용주는 생산성이 높은 종업원이 자기를 위해 일을 해야 계속 이윤을 얻게 된다. 만약 낮은 임금을 주고 열악한 근로조건을 제공하여 종업원을 착취한다면 그는 다른 고용주를 찾아갈 것이다. 그러면 그는 생산성이 높은 종업원을 잃어버림으로써 이윤을 상실하고 최악의 경우 망할 수도 있다. 그러므로 경쟁이 있는 자유로운 시장에서는 고용주가 종업원을 착취하지 못한다. 이렇게 자유로운 시장에서는 남에게 피해를 주는 행위가 덜 발생하는 도덕적인 결과를 낳는다. 오히려 정부가 개입하고 통제하는 사회에서 남에게 피해를 주는 행위가 더 많이 발생한다. 교환과 관계에서 타인에게 해가 되는 결과가 초래되더라도 정부나 정치권력에 의해서 그것이 감춰지거나 보호되기 때문이다. 간섭받는 시장과 통제된 시장에서 훨씬 더 많은 부도덕한 결과가 초래된다.

시장은 기본적으로 사유재산을 바탕으로 형성되고 움직인다. 사유재산이 있어야 자유로운 생산과 교환이 가능하기 때문이다. 사유재산을 부정하거나 제한하면 사람들이 열심히 일할 인센티브가 줄고 자원이 효율적으로 사용되지 않아 생산이 줄고 사람들에게 돌아가는 몫이 적게 된다. 몫이 줄어듦에 따라 다툼이 심해지고 대부분의 사람들이 궁핍하게 살아간다. 다툼이 심해지는 만큼 사기, 약탈, 폭력, 음모 등의 부도덕한 행위가 만연해진다. 그래서 재산권이 보호되는 자유로운 시장이 훨씬 더 도덕적인 결과를 낳는다.

제 2 절
수요와 공급 변화의 효과

제3장과 4장에서 배운 수요와 공급에 영향을 미치는 요인들에 따라 수요와 공급이 변하면 그에 따라 시장의 균형 가격과 균형 거래량이 변화한다.

수요의 변화

먼저 수요가 변했을 때 시장이 어떻게 반응하는지를 보도록 하자. 〈그림 5-2〉처럼 소득이 증가하면서 쇠고기에 대한 수요가 증가했다고 하자. 수요곡선은 D_1에서 D_2로 우로 이동하게 된다. 그렇게 되면 기존의 가격 P_1에서 초과수요가 발생한다. 앞에서 우리는 초과수요가 발생할 경우 가격이 상승압력을 받는다고 했다. 그리하여 가격은 P_2가 될 때까지 가격이 상승한다. 한편 거래량도 증가하여 Q_2가 된다. 수요가 감소할 때는 이와는 반대로 수요곡선이 좌로 이동하여 가격과 거래량이 감소한다.

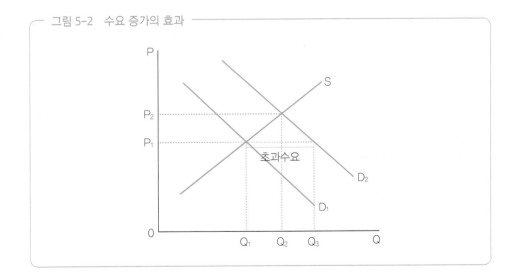

그림 5-2 수요 증가의 효과

공급의 변화

이제 공급이 변했을 때 시장이 어떻게 반응하는지를 보자. 〈그림 5-3〉처럼 소를 기를 수 있는 환경이 개선되어 쇠고기 공급이 증가했다고 하자. 그러면 공급곡선은 S_1에서 S_2로 우로 이동한다. 그렇게 되면 과거 가격 P_1에서 초과공급이 발생한다. 초과공급이 발생하면 가격이 하방압력을 받기 때문에 가격은 P_2가 될 때까지 하락하고 거래량은 Q_2로 증가한다.

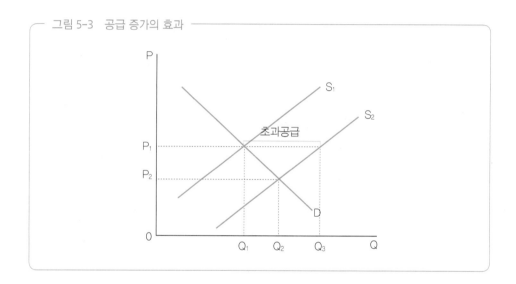

— 그림 5-3 공급 증가의 효과 —

수요와 공급의 동시 변화

수요와 공급이 동시에 변화하게 될 경우에는 수요와 공급의 변화 폭의 차이에 따라 가격과 거래량의 변화가 달라진다. 수요의 증가 폭이 공급의 증가 폭보다 크면 가격은 올라가고 반대로 공급의 증가 폭이 수요의 증가 폭보다 크면 가격은 떨어진다. 물론 수요는 증가하는데 공급이 감소하면 가격은 당연히 올라가고 공급은 증가하는데 수요가 감소하면 가격은 떨어진다. 나머지 경우에 대해서도 학생들이 스스로 깨닫는 데 어려움이 없을 것이다. 수요곡선과 공급곡선을 좌우로 이동시켜보면 쉽게 알 수 있을 것이다.

경제학: 시장경제 원리

제 3 절
몇 가지 사례

다이애나 왕세자비의 죽음

1997년 다이애나 영국 왕세자비가 비극적인 죽음을 맞았을 때 다이애나 비가 살던 켄싱턴 궁전 외곽에 애도의 꽃을 바치며 애도하는 군중들의 행렬이 줄을 이었다. 버킹검 궁전 외곽과 그 근처에 있는 다이애나 비의 비공식 거처도 예외는 아니었다. 수천 명이 넘는 사람들이 꽃을 들고 애도의 마음을 표시하였다. 전혀 예상하지 못했던 런던의 꽃집들에서 꽃이란 꽃은 동이 났다. 꽃을 갖다놓기가 무섭게 팔렸다. 꽃값이 천정부지로 올랐지만 다이애나 비를 애도하려는 사람들은 기꺼이 높은 가격을 지불했다.

런던 시내의 꽃가게들에게만 영향을 미친 것은 아니었다. 교외에 자리 잡고 있던 도매상들에 전화 주문이 쇄도했다. 가격을 올렸지만 도매상들은 밀려드는 주문을 감당할 수 없었다. 세계에서 가장 큰 네덜란드 알스메르 꽃시장조차 감당키 어려웠다. 꽃값이 급등하자 영국에서 멀리 떨어진 케냐의 재배업자들이 이익을 얻고자 더 많은 꽃을 런던에 보내기 위해 화물칸을 예약하기 시작했다.

위의 사례는 수요가 변했을 때 시장이 어떻게 반응하는지를 잘 보여준다. 실제로 시장은 〈그림 5-4〉처럼 생산자와 소비자 간에 재화와 정보의 흐름이 있다. 소비자의 수요의 변화를 제일 먼저 인지하는 곳은 판매업체다. 왜냐하면 거의 모든 대부분의 소비자들은 재화를 소매상이나 도매상을 통해서 구입하기 때문이다.

소비자의 수요가 증가해 물건이 많이 팔려나가기 시작하면 판매업체들은 자신들의 재고를 이용하여 고객의 요구에 대응한다. 그리고 재고가 바닥이 나면 그들은 제조업체들에게 연락하여 추가 주문을 한다. 제조업체들은 추가 주문에 맞춰 제품을 더 많이 생산하기 위해서는 근로자들의 추가 노동과 추가 생산 요소가 필요하다. 직원들이야 시간 외 근무를 통해 근로시간을 늘릴 수 있지만 제품 생산에 필요한 부품들은 외부로부터 공급을 받아야 한다. 그래서 제조업체들은 부품제조업체들에게 연락을 한다. 그

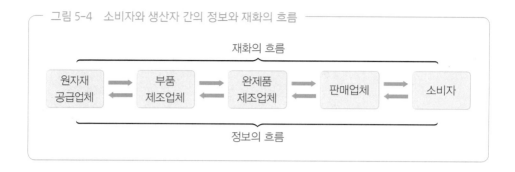

그림 5-4 소비자와 생산자 간의 정보와 재화의 흐름

재화의 흐름

| 원자재
공급업체 | ➡⬅ | 부품
제조업체 | ➡⬅ | 완제품
제조업체 | ➡⬅ | 판매업체 | ➡⬅ | 소비자 |

정보의 흐름

러면 부품제조업체들 역시 똑같은 문제에 부딪친다. 더 많은 부품을 생산하기 위해서는 원자재가 필요하므로 원자재 공급업체들에게 원자재를 추가 주문한다. 그 과정에서 제조업체들 간에 부품을 확보하려는 경쟁이 있고, 부품제조업체들 간에는 원자재를 확보하려는 경쟁이 있다. 그로 인해 원자재 가격이 오르고 부품 가격이 오른다. 이러한 사실을 제조업체들은 부품가격이 올랐기 때문에 더 높은 가격을 지불하고 제품을 가져가라고 판매업체에게 통보한다. 더 많은 제품을 갖기를 원하는 판매업체는 더 높은 가격을 지불할 수밖에 없다. 그리고 판매업체는 소비자들에게 높은 가격을 부과하게 된다.

판매업체들이 소비자들에게 높은 가격을 부과할 때 보통 이렇게 말한다. "비용이 올라서 가격을 올릴 수밖에 없다." 일반적으로 제조업체가 높은 비용에 책임이 있다고 생각하지만, 궁극적으로 책임이 있는 주체는 소비자다. 다이애나 왕세자비가 사망하였을 때 꽃값이 폭등했던 것은 바로 이러한 과정을 통해서이다.

원자재 가격이 상승하면 완제품 가격이 상승하는 이유

완제품에 대한 수요가 증가하지는 않았지만 원재료의 공급이 전반적으로 감소해 원자재의 가격이 올랐을 때 완제품 가격에는 어떠한 영향이 미칠까? 설명을 위해 삼겹살을 예로 들어 보자. 구제역 발생으로 인해 돼지의 공급이 줄게 되면 삼겹살의 원재료인 돼지 가격이 오른다. 다른 사항이 일정하다고 전제할 때 돼지의 가격이 오르면 중간상인은 도축업자에게 돼지고기(삼겹살) 주문을 덜할 것이다. 따라서 정육점에 돼지고기(삼겹살) 공급이 줄게 된다. 이것은 수요와 공급곡선 분석에서 공급곡선이 좌측으로 이동한다는 것을 의미한다. 그렇게 되면 시간을 두고 돼지고기(삼겹살)의 가격이 오른다. 과거의 가격에서는 돼지고기(삼겹살)에 대한 초과수요가 발생한다. 다시 말하면 돼지고

기(삼겹살)를 구하지 못해 실망하는 사람들이 생긴다. 이들이 돼지고기(삼겹살)를 얻기 위해 가격을 더 높이 부르게 된다. 결국 더 높은 가격을 지불할 용의가 있는 소비자로 인해 돼지고기(삼겹살) 가격이 오르게 된다. 즉 원자재 가격이 오른 경우에도 결국 완제품에 대한 가격은 수요에 의해 결정된다. 그래서 비용이 가격을 '결정'하는 것이 아니고 수요가 가격을 '결정'하는 것이다.

피서지에서 생긴 일

> 밤늦은 고속버스 터미널, 여행객을 상대로 호객꾼이 몰려듭니다. 이들을 따라 도착한 민박집. 두세 평 남짓 좁은 방에 공동 화장실, 그런데도 하룻밤에 15만원이 넘습니다. 밤이 깊어갈수록 여관 객실료도 올라갑니다. 평소 5만원 선이던 요금이 13만원까지. 날이 밝은 해수욕장, 또다시 터무니없는 요구에 마주칩니다. 그늘 천막을 빌리는 데는 2만원, 고무 튜브는 만원을 받습니다. 인근 가게에서도 정상요금을 찾아보기는 힘듭니다. 5백원짜리 생수는 천원. 2, 3천원인 필름은 4, 5천원까지 올랐습니다. 피서철마다 기승을 떠는 바가지 상혼에 모처럼의 여행 기분을 잡치고 맙니다.

위 글은 모 지상파 방송의 8시 뉴스에 나온 것으로 피서지에서 '바가지요금'이 기승을 부린다는 내용이다. 이러한 내용의 기사는 매년 여름마다 반복된다. 그리고 이 '바가지요금'은 상인들이 터무니없이 가격을 올려 받기 때문이라고 한다. 그러나 피서지에서 재화의 가격이 평소보다 몇 배씩 뛰는 이유는 상인들의 탐욕 때문이 아니라 피서지에 사람들이 많이 몰려 숙박시설과 음료수 등에 수요가 폭발적으로 증가하기 때문이다.

자연재해와 바가지요금

2004년 여름, 멕시코 만에서 세력을 일으킨 허리케인 찰리가 플로리다를 휩쓸고 빠져나갔다. 그 결과 스물 두 명이 목숨을 잃고 110억 달러에 이르는 손실이 발생했다. 뒤이어 가격폭리 논쟁이 불붙었다. 올란도에 있는 어느 주유소는 평소 2달러에 팔던 얼음주머니를 10달러에 팔았다. 가정용 소형발전기를 취급하는 상점에서는 평소 250달러 하던 발전기를 2,000달러에 팔았다. 일흔일곱의 할머니는 나이 든 남편과 장애가 있는 딸을 데리고 허리케인을 피해 모텔에서 묵었다가 하루 방값으로 160달러를 지불해야 했다. 평소 요금은 40달러였다. 재화와 서비스를 판매하는 사람이 자연재해를 이용해, 시장이 견디기만 한다면 어떤 가격을 불러도 상관없는가? (마이클 샌델, "정의란 무엇인가")

피서지에서의 바가지요금과 비슷한 사례가 자연재해가 발생했을 때 재화와 서비스 가격이 폭등하는 것이다. 이러한 경우 보통 상인들이 남의 불행을 이용하여 돈을 번다고 비난받는다. 왜 상인들이 재고를 재해 이전의 가격으로 팔지 않고 높여 받느냐고 불만을 표출하며, 가격폭등으로 상인들만이 이익을 볼 뿐이라고 비난한다.

그러나 자연재해 이후 재화와 서비스의 가격이 상승하는 것 역시 수요와 공급의 법칙 때문이다. 자연재해가 발생하면 도로와 공장과 같은 인프라는 물론 자동차, 주택이 파괴된다. 전기 공급이 끊기고, 깨끗한 식수, 생활용품, 식품 등도 감소한다. 한편 사람들이 재난에 대비하려 하기 때문에 식수, 생활용품, 식품에 대한 수요가 급증한다. 즉 재화의 공급은 감소하고 수요는 증가하는 현상이 나타난다. 그리하여 재화와 서비스들의 가격이 폭등하게 된다.

재해 후 가격이 폭등하게 되면 대부분 정부는 가격을 통제하거나 가격을 높이 받는 가게들과 상인들에게 벌금을 부과한다. 그러나 재화와 서비스의 가격이 오른 것은 기본적으로 현실을 반영하는 것이다. 즉 재화와 서비스들이 재해가 일어나기 이전보다 더 귀해졌다는 것을 반영하는 것이다. 이것은 현실이고 이 현실은 선택할 수 있는 것이 아니므로 가능한 한 최선을 다해 다뤄야 한다.

불행한 현실을 가장 잘 다룰 수 있는 방법의 시작은 현실을 냉정하게 직면하는 것이다. 가격을 올리지 못하도록 가격을 통제하는 것은 현실을 감추는 것이다. 재화와 서비스의 가격을 재해 이전의 가격으로 받으라고 하는 것은 소비자와 공급자들에게 재화와 서비스들이 재해 이전보다 훨씬 더 귀해졌다는 사실을 감추는 것이다. 이것은 자연재해로 야기된 문제를 해결하는 것이 아니라 더욱 어렵게 만들 뿐이다. 가격을 인위적으로 낮추면 소비자들은 재화와 서비스를 예전에 사용했던 것처럼 사용하려고 한다. 그러나 그것은 노력일 뿐, 실제로는 재화와 서비스들을 재해 이전처럼 사용할 수 없다. 왜냐하면 재화와 서비스를 구입하기 위해 길게 줄을 서야 하고 암시장을 이용해야 하며, 멀리 떨어진 다른 도시로 가서 재화를 구입하러 가야 하기 때문이다.

높은 가격은 소비자들로 하여금 자발적으로 재화와 서비스를 아껴 쓰게 할 뿐만 아니라 공급자들로 하여금 이 지역으로 더 많은 재화와 서비스를 공급하도록 한다. 그런데 가격을 통제하면 길게 줄을 서야 하고 텅 빈 진열대를 보고 소비자들은 재화를 아껴 쓰게 되겠지만, 공급자들은 이곳에 더 많은 재화를 가져오지 않는다. 가격을 통제할 경우 일찍 줄을 서지 못한 사람이나 상인과 아무런 연줄이 없는 사람들은 필요한 재화를 구하지 못하는 어려움에 직면한다. 우리는 암시장 가격이 규제되지 않은 시장 가격보다 높다는 사실을 알아야만 한다. 통제하지 않은 시장가격은 암시장 가격보다 훨씬 많은 재화와 서비스를 유입하도록 한다. 가능한 한 모든 사람에게 현실을 정확하게 드러낼 경우에만 신속하게 정상으로 되돌아간다.

물론 상인들이 자발적으로 시장가격보다 낮은 재해 이전의 가격을 받을 수 있다. 그러나 그렇게 하는 것은 해가 될 뿐만 아니라 공정하지 못하다. 식품가게가 가격을 올리지 않으면 그 가게는 소비자들로 인산인해를 이룰 것이다. 그러면 다행히 앞줄에 선 사람은 재화를 구입할 수 있고, 뒷줄에 서있던 사람은 빈손으로 돌아간다. 줄을 서는 것이 재화를 누가 갖는 것을 결정하는 공정한 수단인지 생각해 볼 문제다. 게다가 가격을 올리지 않으면 그 가게는 이 지역에 재화가 특별히 필요하다는 가격신호를 글로벌 시장에 보내지 않는다. 가격신호를 보내지 않으면 이 지역에서 재화가 얼마나 필요한지를 알 수 없어 재화가 다른 곳으로부터 이곳으로 수송되어 오는 속도를 감소시킨다. 그리하여 복구가 훨씬 느려지고 이재민들이 더 많은 고통을 겪게 된다.

가장 좋은 방법은 상인이 시장가격을 받는 것이다. 그리고 그가 얻는 이윤을 이재민들을 위해 재해의연금으로 내는 것이다. 그러한 의연금으로 이재민들이 시장에서 자신들이 필요한 것들을 구입하도록 한다. 그러면 모든 소비자가 희소해진 재화를 아껴 쓸 유인을 사라지지 않게 하는 한편, 공급자들이 가장 긴급하게 필요한 곳으로 공급하게 할 인센티브를 사라지지 않게 하면서 이재민들이 자신들의 생활을 복구하는 데 도움이 되는 것들이 얼마나 긴급하게 필요한지를 전 세계 공급자들에게 효과적으로 전달할 수 있다. 시장 힘을 방해하는 것은 사태를 더욱 악화시킬 뿐이다.

'마스크 5부제' 부른 정부개입

마스크를 사려고 시민들이 약국 앞에서 줄을 서는 것이 일상이 됐다. '줄서기'는 옛 소련과 같은 사회주의 경제에서는 일상이었다. 텅 빈 국영상점 앞에 줄을 서 있다가 자기 차례가 오기 전에 물건이 떨어지면 되돌아가야 했다. 시장경제를 채택하고 있는 대한민국에서 그런 일이 벌어지고 있다.

사람들이 마스크를 사기 위해 줄을 서는 이유는 마스크가 필요한 만큼 공급되지 않기 때문이다. 재화의 부족은 가격과 관련이 있다. 재화의 부족은 재화 가격이 수요와 공급 간에 조화가 이뤄지면서 시장이 청산되는 가격보다 낮을 때 발생한다. 정부가 개입하지 않는 자유로운 시장에서는 이런 부족 현상은 일시적이다. 가격이 오르면서 사람들이 원하는 양과 기업들이 공급하는 양이 조화를 이뤄 부족 현상이 사라지기 때문이다.

신종 코로나바이러스 감염증(코로나19) 확산으로 인해 마스크 수요가 급증했다. 당연히 마스크 가격은 올라간다. 가격 상승은 기업들이 마스크를 더 많이 생산하도록 만든다. 기업들은 마스크 생산을 늘리기 위해 더 많은 원자재와 노동력을 투입한다. 마스크의 핵심 원자재는 MB(melt blown)필터다. 국산과 중국산 필터의 공급이 충분하지 않다면 기업들은 러시아, 인도, 터키 등으로부터 수입해 마스크 생산을 늘릴 것이다. 공기청정기, 자동차 에어필터, 냉난방기 등에 쓰이는 MB필터도 마스크 생산 쪽으로 이동할 것이다. 일본 샤프는 TV공장 하나를 마스크 생산 쪽으로 돌렸다고 한다.

가격은 생산자뿐만 아니라 소비자에게도 정보를 제공한다. 마스크 가격 상승은 소비자들에게 '마스크를 아껴서 사용할 것', '다른 대체재를 사용할 것' 등과 같은 정보를 제공한다. 소비자들은 그런 정보에 반응하며 마스크의 소비를 줄인다. 이렇게 가격은 물건 값을 나타내는 숫자에 불과한 것이 아니다. 가격은 생산자와 소비자에게 생산 및 소비 결정에 대한 정보를 제공하며 수요와 공급의 조화를 이끌어낸다.

이런 시장 과정을 무시하고 정부는 마스크 가격을 통제하며 마스크 생산과 공급에 직접 개입했다. '공적 마스크'라는 이름을 붙여 정부가 지정한 농협하나로마트, 우체국, 약국 등의 소위 '공적 판매처'에서 판매하도록 했다. 마스크 생산업체에는 식품의약품

안전처, 경찰, 국세청 직원이 상주하며 입고된 원자재와 공적 판매처에 보내는 물량은 물론 자체 판매하는 마스크의 공급처까지 점검한다. 이런 정부의 가격·생산 통제로 인해 수지타산이 맞지 않아 생산을 포기하는 업체도 생겼다. 정부 개입으로 가격 기능이 마비돼 마스크 부족 현상이 사라지지 않고 시민들이 불편을 겪고 있는 이유다.

정부가 기업에 무엇을 얼마에 얼마만큼 생산할지, 누구에게 얼마만큼 팔지를 지시하는 경제는 사회주의 경제다. 마스크에 대한 정부의 대응은 사회주의를 빼닮았다. 정부가 공적 마스크 가격을 통제하는 것뿐만 아니라 유통도 지오영, 백제약품 두 업체만 '독점적으로' 담당할 수 있도록 하고, 그들에게 매일 군 장병을 보내 포장 작업 등을 시킨 사실에서 그런 색채가 더욱 드러난다. 민간 기업이 정부부처로 전락하고, 국민은 정부의 명령에 복종하는 위치로 전락했다. 경제활동의 주권이 점점 정부에 귀속돼 가고 있는 것 같다.

가격에 의해서 수요와 공급이 조절되며, 가격을 시장가격 이하로 통제하면 줄서기가 발생한다는 것은 어려운 경제이론도 아니다. 현 정부와 정부 주변의 싱크탱크에는 경제전문가들이 포진해 있다. 그런데도 이에 대해 제대로 이야기하는 사람이 없다는 것은 정말 이해하기 힘들다.

1976년 노벨경제학상을 받은 밀턴 프리드먼이 한 말이다. "경제학자들이 아주 잘 아는 것이 한 가지 있다. 과잉생산에 시달리게 하거나 부족하게 만드는 일이다. 어떤 재화가 부족하도록 하고 싶다면 시장 가격보다 낮은 수준으로 정부가 가격을 통제하면 된다." 지금이라도 정부가 마스크 생산을 시장에 맡긴다면 마스크 부족 문제는 쉽게 해결할 수 있다. 석유파동이 있었던 1970년대 미국에서 정부가 휘발유 가격을 통제했을 때 주유소 앞에 길게 늘어선 자동차 행렬이 가격통제를 해제하자 사라졌고, 사회주의를 버린 러시아에서 그토록 오랫동안 일상이었던 줄서기가 사라진 사실을 상기해보라.

출처: 안재욱 저, 한국경제신문, 다산칼럼, 2020년 3월 24일.

연습문제

*01. 콩이 암과 심장질환을 예방할 수 있다는 연구결과가 나왔다고 하자. 콩의 가격이 어떻게 되겠는가? 한편 옥수수 가격은 어떻게 되겠는가?

02. "구리에 대한 부족, 즉 초과수요가 있다면 가격은 오를 것이다. 가격이 오르면 수요를 감소시키고 공급을 증가시키기 때문에 이 초과수요는 결국 사라질 것이다." 이 말이 옳은 것인지 잘못된 것인지 평가하시오.

*03. 과거에 유명 가수의 콘서트 티켓을 선착순으로 팔았다. 당시에 많은 중고등학교 학생들이 티켓을 사려고 학교를 빼먹고 밤새 줄을 서서 기다렸다.
 (1) 학생들은 티켓을 사기 위해 누구와 경쟁하는가? 가수, 매니저, 프로모터, 스폰서, 티켓 판매자, 콘서트 홀 등 그들과는 어떤 관계인가?
 (2) 오늘날은 과거와는 달리 사람들은 '인터파크'와 같은 인터넷 티켓판매 사이트를 통해 티켓을 구매한다. 거기에서는 누가 티켓을 갖게 되는지가 어떻게 결정되는가?

04. 추석과 같은 명절에 사과의 공급이 유례없이 매우 적었다면 사과의 부족이 일어날 것이라고 생각하는가?

*05. 금 1온스와 플라스틱 1온스 중 어느 것 더 희소한가? 그것을 알 수 있는 정보는 무엇인가?

06. "라니냐(La Nina)가 2018년 세계 농산물 시장을 뒤흔들 가능성이 커지고 있다. 적도 부근 태평양의 해수 온도가 평년보다 낮은 현상이 지속되면서 세계 농산물의 절반을 생산하는 남미와 미국에 가뭄이 예상되고 있어서다." (한국경제신문 2018. 1. 2. A12면)

콩, 옥수수 등 곡물 값이 어떻게 될 것인가?

*07. 다음과 같은 데이터를 가지고 있다고 하자.

	교과서 가격	교과서 판매량
2019	20,000원	90,000
2020	25,000원	100,000

교과서의 가격이 2019년에 20,000원이었던 것이 2020년에 25,000원으로 올랐음에도 불구하고 교과서 판매량이 90,000권에서 100,000권으로 증가했다. 이것은 가격이 올랐음에도 불구하고 판매량이 오히려 증가한 것으로 수요의 법칙에 어긋난다. 이에 대해 설명하시오.

08. 인기드라마 "미스터 션샤인" 중 글로리 호텔에서 종종 등장했던 달콤커피의 가배당(커피가루를 굳혀 만든 고형 커피)의 주문이 밀려들어오고, 불란셔 제빵소로 등장한 파리바게뜨도 드라마 맞춤으로 제작한 '무지개 카스텔라', '치즈빵' 등이 200만 개 이상 팔렸다고 한다. 이 현상을 그래프를 이용하여 설명하시오.

09. 우리는 상품 제조에 들어가는 생산 요소의 비용이 올랐기 때문에 가격 인상이 불가피하다는 제조업자의 설명을 자주 듣는다. 이 말이 사실인가?

*10. 프로야구 선수는 수억의 연봉을 받는다. 그 반면에 우리가 생각할 때 훨씬 더 가치 있다고 생각하는 간호원의 연봉은 그에 비해 매우 적다. 프로야구 선수와 간호원 간의 연봉차이가 나는 이유는 무엇인가?

*11. 의과대학의 등록금은 다른 전공에 비해 높아서 의사가 되는 데 많은 비용이 든다. 그래서 많은 사람들은 의사들의 진료비가 비싼 이유는 의대의 비싼 등록금 때문이라고 믿는다. 그렇다면 한 사람은 자비로 의대를 다니고, 다른 한 사람은 정부의 장학금을 받아서 다녔다고 하자. 이 두 사람이 졸업 후 개업을 할 경우 진료비가 어떻게 다를 것으로 생각하는가?

12. 대공황 시기 농산물가격의 급락으로 많은 미국 농가들이 파산하였다. 미국 정부는 이런 사태를 방지하고 농가소득 안정을 위해 농산물가격지지 및 농업 보조금 정책을 시행하였다. 그런데 농가소득 안정을 위한 정책들의 가장 큰 수혜자는 농지소유주들이었다. 왜 이런 현상이 발생하였는지 설명하시오.

13. 중국경제의 급성장으로 전 세계 철강 수요가 크게 늘어 철강 가격이 급등하였다. 철강은 자동차부품의 원료가 되므로 자동차부품 업계는 철강 가격 급등에 따라 완세품을 만드는 자동차회사가 자동차부품 납품가격을 인상시켜줘야 한다고 주장한다. 이 주장의 문제점에 대해 설명하시오.

06

제 6 장

수요와 공급의 응용: 정부 정책의 효과

제 1 절

가격통제

구매자는 낮은 가격을 좋아하고 판매자들은 높은 가격을 좋아한다. 그래서 종종 시장에서 결정된 가격에 불만을 터뜨리며 가격을 통제하도록 정부를 설득한다. 소비자나 공급자의 압력에 반응하여 가격을 통제하고, 정부가 소비자나 공급자를 보호하기 위해 가격을 통제하기도 한다. 예를 들어 가난한 사람들을 위해 임대료나 식품가격을 낮게 유지하도록 통제하고, 노동공급자인 노동자들을 위해 임금을 높게 유지하도록 통제하는 것이다.

가격통제에는 두 가지가 있다. 하나는 가격상한제(price ceiling)로 법정최고가격을 시장가격 이하로 통제하는 것이고, 다른 하나는 가격하한제(price floor)로 법정최저가격을 시장가격 이상으로 정하는 것이다. 가격통제는 소비자나 공급자를 보호하는 가장 쉬운 방법처럼 보인다. 그러나 이러한 가격통제는 시간이 흐르면서 의도하지 않는 효과를 나타내 구매자와 판매자 모두에게 해가 되는 결과를 초래한다. 지금부터 구체적으로 가격상한제와 가격하한제의 효과를 살펴보기로 하자. 밀턴 프리드먼은 "경제학자들이 아주 잘 아는 것이 한 가지 있다. 과잉생산에 시달리게 하거나, 부족하게 만드는 일이다. 어떤 재화가 부족하도록 하고 싶다면 시장가격보다 낮은 수준으로 정부가 최고가격을 설정하면 된다."고 했다.

가격상한제

가격상한제는 〈그림 6-1〉에서 보는 바와 같이 법정최고가격 P_c를 시장가격 P*보다 낮게 정하는 것을 말한다. 이 법정최고가격에서 소비자는 Q_d만큼 구매하기를 원하지만 판매자들은 Q_s만큼밖에 공급하지 않는다. 그리하여 재화의 부족(shortage), 즉 초과수요(Q_d-Q_s)가 발생한다. 가격상한제가 실시되면 재화의 교환량이 Q*에서 Q_s로 감소하기 때문에 거래로부터 얻는 이익, 즉 소비자 잉여와 공급자(생산자) 잉여 또한 감소한다.

앞에서 보았듯이 가격이 자원배분 기능을 한다. 다시 말하면 특정가격을 지불할 의향이 가장 많은 구매자에게 재화가 배분되는 것이다. 법정최고가격은 이러한 배분방식을 방해한다. 따라서 Q_d만큼을 원하는 소비자들에게 Q_s만큼을 배분하기 위해서는 가격이 아닌 다른 수단이 사용되어야만 한다. 예를 들면, 친구나 자신들에게 호의를 베푸는 사람에게, 또는 몰래 웃돈을 얹어주는 사람에게 판매할 것이다. 시장에서 이뤄지는 재화배분에는 차별이 없다. 인종, 국적, 남녀, 유명인사 등을 따지지 않는다. 그러나 가

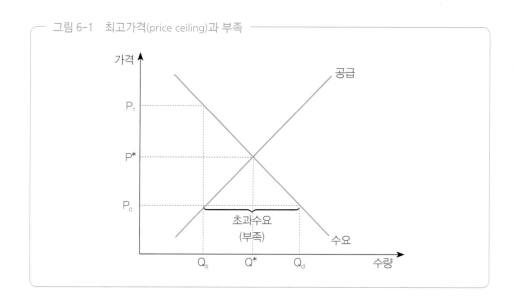

그림 6-1 최고가격(price ceiling)과 부족

격이 통제되면 이와 같이 차별적인 재화배분이 일어난다.

또 다른 비가격 배분방법이 선착순이다. 일찍부터 줄을 서서 기다린 사람에게 재화를 판매하는 것이다. 그래서 이것을 시간에 따른 배분방법이라고도 한다. 그러면 가격이 통제된 재화를 한 단위 더 얻는 데 얼마나 오랫동안 줄을 서야 하는가? 줄을 서는 비용이 기꺼이 지불하고자 하는 가격 P_1과 상한가격 P_c간의 차이와 같아질 때까지 사람들은 줄을 선다. 그래서 화폐비용과 시간비용을 합한 총비용이 가격상한제가 없을 때 소비자가 지불하고자 하는 가격보다 더 높은 가격인 P_1이 된다. 소비자는 더 많은 비용을 지불하지만 그것을 인식하지 못하고, 공급자들은 더 받지를 못한다. 소비자가 지불하는 높은 금액이 보다 많은 것을 만들어내도록 공급자에게 의사전달을 하지 못하는 것이다.

그리하여 시장가격보다 낮게 가격을 통제하는 것은 판매자로 하여금 미래에 재화의 공급을 늘리려는 인센티브를 줄인다. 가격을 낮게 통제하면 공급자들은 자원을 그 재화의 생산에 쓰지 않고 이윤이 더 나는 다른 용도로 전환한다. 결과적으로 재화의 부족은 시간이 흐를수록 더욱 악화된다. 그뿐만 아니라 재화의 품질이 악화된다.

공급자가 실제로 재화의 가격을 올리는 방법에는 두 가지가 있다. 하나는 일정한 품질을 유지하면서 가격을 올리는 것이고, 다른 하나는 가격을 올리지 않고 품질을 낮추는 것이다. 가격상한제를 실시하면 공급자들이 선택하는 방법은 품질을 떨어뜨리는 것이다. 예를 들어 포장만 크게 하고 내용물을 적게 한다거나 서비스를 줄인다. 소비자들은 정부조치로 야기된 재화의 부족으로 인해 낮은 품질의 재화를 구매하게 되는 것이다.

희소성과 부족의 차이

우리는 부족과 희소성이 다른 현상이라는 것을 이해해야 한다. 희소성은 제1장에서 말한 대로 인간의 욕망은 끝이 없고 이를 충족시킬 수 있는 자원은 한정되어 있는 것을 말하는 것으로 인간세계에서 피할 수 없는 조건이다. 그러나 부족은 특정가격에서의 초과수요 현상으로서 시장에서 가격기구가 자유롭게 작동하면 곧 사라지는 일시적 현상이다. 그러나 정부가 균형가격 이하로 가격상한제를 실시하면 그 부족 현상은 오래 지속된다. 가격상한제가 제거될 경우에 그 부족 현상은 사라지게 된다.

임대료 통제

임대료 통제는 세입자를 보호하기 위해 취해진 법정최고가격제이다. 실제로 미국에서 인플레이션이 매우 높았던 2차 세계대전과 1970년대에 뉴욕을 비롯한 많은 도시에서 입법화된 정책이다. 임대료가 시장수준보다 낮게 책정되자 법이 시행되기 이전보다 많은 사람들이 더 많은 집을 원하게 되면서 초과수요가 발생했다. 부모와 함께 살고 있던 젊은이나 친척과 함께 살고 있는 혼자된 노인처럼 일반적으로 자신의 집을 따로 구입하지 않아도 될 사람들이 임대료 가격이 인위적으로 낮아지자 따로 나가 살 수 있게 되었다. 또 집을 가지고 있는 사람들은 더 넓은 집으로 이사할 수 있게 되었다. 더 많은 사람들이 집을 원하고 또 더 넓은 집을 원하게 되면서 공급부족 현상이 발생하였다. 이러한 현상은 초기에는 심하지 않았지만 시간이 흐르면서 사태가 악화되어 갔다. 임대료 통제는 세입자를 보호하기 위해 취한 것이지만 다음과 같은 의도하지 않은 결과가 나타난다.

공급부족과 암시장 발달

초과수요가 발생하면서 집이나 아파트를 구할 수 없는 사람이 생긴다. 그러면 공급부족으로 집구하는 데 어려움을 겪는 사람들이 집을 구하기 위해 많은 보증금을 내거나 일부 임대료를 미리 지불하거나, 대기자 명단에서 앞 번호를 받기 위해 웃돈을 얹어주는 경우가 발생한다.

임대주택 공급 감소[1]

법에 의해 임대료가 인위적으로 낮게 유지되면 새로 건물을 짓는 것이 수익성이 떨어져 신축건물이 감소하고, 점점 세를 놓으려고 하는 사람이 줄어든다. 실제로 1979년 캘리포니아에서 임대료 규제법이 도입된 이후 건축허가 건수가 5년 전에 비해 10분의 1로 줄었다. 캘리포니아 버클리에서 임대료 규제법이 도입된 이후, 이곳 대학에 다니는 학생들이 임대할 수 있는 일반주택의 수는 5년 동안 31%나 감소했다. 1970년대

---

1 여기에 나오는 사례들은 Sowell, T. (2000), *Basic Economics*, Basic Books(New York, N.Y.), pp. 22–32에서 인용한 것임.

워싱턴에서 임대료 규제법을 시행했던 8년 동안 시장에 나온 매물이 19만 9,000가구에서 17만 6,000가구로 크게 감소하였다. 임대료 통제로 인한 공급 감소는 미국에서만 발생한 것이 아니었다. 제1차 세계대전 발발 이후 제2차 세계대전까지 임대료 규제법을 시행했던 프랑스 파리의 경우 새로 지은 아파트 수가 아주 적었다. 도시 건물 중 90%가 제1차 세계대전 전에, 50%가 1880년 전에, 25%가 1850년 전에 지어진 것이었다. 실제로 우리나라에서도 최근 임대료 통제로 인한 임대주택 공급 감소로 임대료가 올랐을 뿐만 아니라 임대주택을 구하는 데 어려움을 겪는 사람들이 늘고 있다.

임대주택의 질적 저하

집주인이 법적으로 더 높은 임대료를 부과할 수 없을 때 아파트를 유지보수하지 않음으로써 비용을 줄인다. 뉴욕 시는 한때 아파트가 손상되면 입주자가 임대료 지불을 하지 않아도 되는 임대료 규제법에 의해 아파트의 질적 저하 문제를 해결하려고 했다. 그러나 결과는 정반대였다. 입주자들은 창을 부수기 시작했고 임대료를 지불하지 않기 위해서 카펫을 훼손하는 일이 빈번했다.

차별적 배분[2]

앞에서 보는 바와 같이 통제된 가격에 사려고 하는 사람들이 많을 경우 공급자들이 사람들을 쉽게 차별할 수 있다. 임대료가 통제되었을 경우에도 마찬가지였다. 공급자가 선호하는 사람들은 오래 기다리지 않고도 낮은 가격에서 제품을 쉽게 입수할 수 있다. 보통 이렇게 이익을 보는 사람들은 친지, 영향력이 있는 사람, 집주인과 생활습관이 유사한 사람 등이다. 뉴욕에서 임대료 통제가 실시되었을 때 맨해튼에서 한 달에 단 700달러를 내고 임대료 규제를 받는 호화스러운 센트럴 파크 사우스 아파트에 살았던 뉴욕증권거래소 회장, 맨해튼에서 두 개의 침실이 있는 아파트를 월 900달러에 빌려서 사용했던 할리우드 스타 셰리 윈터스 등이 잘 알려진 예다. 반면 아이가 많은 사람이나 외국인들은 임대할 아파트를 구하기가 어려웠고, 부족한 주택공급으로 다 허물어져 가는 비좁은 아파트에 오히려 더 많은 임대료를 지불했다.

---

2 여기에 나오는 사례 역시 앞의 책 Sowell, T. (2000)에서 인용한 것임.

비효율적인 사용

임대료 통제로 인해 아파트 구하기가 어려워져 자기가 원하는 곳이나 직장에 가까운 곳으로 이사 가기가 어려워진다. 그로 인해 아파트나 집의 회전율이 낮아진다. 1974년 노벨경제학상을 받은 스웨덴 경제학자 군나르 뮈르달은 "주택임대료 통제는 선진국에서 나타나는 부정적인 정책 중의 하나다."라고 했으며, 스웨덴 경제학자 아사르 린드벡은 "폭격 이외의 수단으로 도시를 파괴하는 가장 효과적인 방법은 주택임대료통제다."라고 했다.

역사적으로 임대료통제 외에도 많은 재화에 대해 가격상한제가 실시되었다. 대표적인 것이 식료품 가격 통제다. 정부가 가난한 사람들을 위한다는 좋은 의도로 식료품 가격을 통제했지만 실제로 일어난 결과는 임대료와 똑같은 현상이 식료품 시장에서도 발생했다.

아파트분양가상한제

아파트분양가상한제 역시 마찬가지다. 정부가 국민들에게 아파트를 싸게 공급하겠다는 의도 하에 아파트분양가를 시장균형가격 P*보다 낮은 P_c로 설정하면 아파트 공급량이 Q_s밖에 되지 않는다. Q_s의 공급량에서 사람들이 기꺼이 지불하고자 하는 아파트 가격은 P_1이다. 다시 말하면 P_1의 가격을 지불해야 아파트를 구입할 수 있다. 신규 아파트 분양가를 낮게 규제하면 아파트 가격이 떨어지는 것이 아니라 오히려 올라가는 것이다. 그리고 누군가가 낮은 분양가에서 아파트를 분양받게 되면 그 아파트 가격은 P_1이 되므로 최초 분양자는 $(P_1 - P_c)$만큼의 분양 차익을 얻는다. 이렇기 때문에 아파트 분양을 받기 위해 많은 사람들이 몰려 청약과열과 소위 '로또청약' 문제가 발생하고 있다. 실제 데이터도 이를 보여준다. 2021년 상반기 서울 지역 분양가구수가 2020년 상반기보다 40% 가까이 줄었던 반면, 청약 건수는 13만3327건으로 2020년보다 2만 건 가까이 늘었고 청약 경쟁률은 124.25대 1로 2배 가까이 늘었다. 이러한 아파트 초과수요를 해결하기 위해 정부는 비가격배분 배분방법인 '청약순위 방법'을 사용하고 있다.[3]

---

3 민영주택의 1순위 조건은 청약통장 가입기간 2년 이상, 지역과 면적에 따른 예치금 충족, 청약 지역 1년 이상 거주(수도권2년), 무주택 또는 1주택 세대 등이다.

경제학: 시장경제 원리

가격하한제

가격하한제는 〈그림 6-2〉에서 보는 바와 같이 법정최저가격 P_f를 시장가격 P^*보다 높게 정하는 것을 말한다. 이 법정최저가격에서 소비자는 Q_d만큼 구매하기를 원하지만 판매자들은 Q_s만큼 공급한다. 그리하여 재화의 잉여(surplus), 즉 초과공급($Q_s - Q_d$)이 발생한다. 가격상한제와 마찬가지로 가격하한제로 교환량이 Q^*에서 Q_d로 감소하기 때문에 거래로부터 얻는 이익, 즉 소비자 잉여와 공급자(생산자) 잉여 또한 감소한다.

가격하한제가 실시되면 가격상한제의 경우와 같이 자원배분 과정에서 비가격수단이 사용된다. 이 경우에는 부족이 아닌 잉여가 있으므로 구매자들이 선택할 수 있는 더 좋은 위치에 있다. 그래서 더 나은 서비스를 제공하거나 다른 제품을 할인을 해주거나, 용이한 사용조건을 제공하는 공급자로부터 제품을 구매하려고 한다. 제품을 더 매력적으로 보이도록 품질을 개선하기 어려운 판매자는 자신의 제품을 팔지 못할 수도 있다.

희소성과 잉여

여기서 우리는 잉여 현상이 있다고 해서 더 이상 재화의 희소성 문제가 없다고 이해하면 안 된다. 여전히 재화의 희소성 문제는 존재하는 것이고, 다만 판매자들이 시장에 내놓고 싶은 가격보다 통제된 가격에서 소비자들이 덜 원할 뿐이다. 가격하한제가 폐지되면 그 잉여 현상은 사라지게 된다.

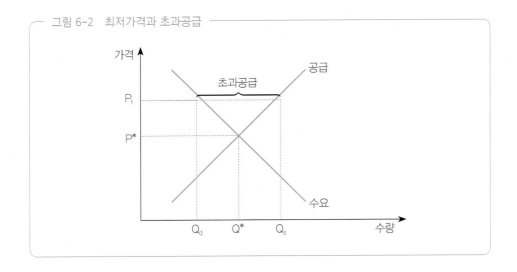

┌─ 그림 6-2 최저가격과 초과공급 ─

최저임금제

최저임금제는 대표적인 가격하한제다. 최저임금제는 노동자들이 너무 낮은 임금을 받지 않도록 법으로 최소한으로 받을 임금을 정하는 것으로서 저임금노동자들을 보호하기 위해 만들어진 제도다. 최초의 최저임금제도는 1894년 뉴질랜드에서 시행되었고, 미국이 1938년, 프랑스가 1950년, 영국이 1999년, 그리고 한국은 1986년에 도입하였다.

2021. 8. 5. 고용노동부 장관이 2022년 적용 최저임금을 9,160원으로 고시하였다. 이것은 2021년 8,720원보다 5%, 2017년 6,470원보다 35.9% 오른 금액이다. 대부분의 근로자들, 특히 대기업 근로자들은 최저임금 이상을 받고 있기 때문에 그들은 크게 영향을 받지 않는다. 그러나 최저임금 이하의 임금을 받고 있는 비숙련노동자들이나 경력이 부족한 노동자들은 영향을 받게 된다.

〈그림 6-2〉는 P_f, 즉 시급 9,160원의 최저임금이 고용에 어떤 영향을 미치는지를 보여준다. 최저임금이 없으면 비숙련노동자들은 수요와 공급이 균형을 이루는 최저임금보다 낮은 P*(예를 들어 시급 5,000원)을 받을 것이다. 최저임금 때문에 비숙련노동에 대한 임금이 오르면 고용자들은 비숙련노동자들을 기계나 숙련도가 높은 노동자로 대체하려고 한다. 그래서 최저임금이 인상되면 비숙련노동자들의 고용이 감소한다. 〈그림 6-2〉에서 보면 그 고용 감소는 Q*에서 Q_d로 나타난다. 실제로 최저임금 인상으로 경비, 빌딩관리 청소, 콜센터, 숙박, 음식점업 종사자의 고용이 감소했으며, 학생들이 아르바이트 구하기가 어려워졌다.

실업 증가

공급측면에서 보면 최저임금이 균형 임금 이상으로 인상됨에 따라 더 많은 비숙련노동자들이 일자리를 찾게 된다. 〈그림 6-2〉에서 보면 그것은 공급곡선을 따라 최저임금과 상응하는 지점으로 이동하는 것으로 나타난다. 그리하여 최저임금에서 일자리를 찾는 사람들이 시장에 나와 있는 일자리를 초과하게 된다. 이 초과공급($Q_s - Q_d$)이 바로 실업이다. 따라서 최저임금제는 비숙련노동자들의 실업을 증가시킨다.

비임금 혜택의 감소

그뿐만 아니라 최저임금제로 인해 고용자들은 비숙련노동자들을 쉽게 고용할 수 있기 때문에 피고용자들에게 제공하는 비임금 혜택을 줄일 수 있음을 인식할 필요가 있다. 그래서 최저임금 인상은 저임금 일자리의 질을 떨어뜨리며, 비숙련노동자들의 일자리의 연속성을 감소시킨다.

취약계층의 어려움 증가

더 큰 영향은 노동시장에 신규로 진입하는 젊은 노동자들이 받는 피해다. 저소득층이나 기술이 없고 나이가 어린 사람으로서 그들이 경제적 상황을 개선시킬 수 있는 최상의 기회는 직업경험과 현장실습이다. 젊은이들이 직업경험과 현장실습을 통해 자신들의 생산성을 증가시키는 기술을 습득하여 장래의 경제 상태를 개선시킬 수 있는데, 최저임금제는 이러한 기회를 박탈한다. 최저임금제는 가난한 사람들을 보호하기 위해 만든 제도이지만 실질적으로는 우리 사회에서 가장 취약한 사람들을 더욱 어렵게 만드는 제도다.

차별적 효과

최저임금제는 임대료통제와 마찬가지로 차별적 효과를 갖는다. 최저임금제로 인해 일자리를 찾는 사람들이 많은 공급과잉 현상이 발생하기 때문에 고용자가 특정 지원자를 고용 대상에서 쉽게 제외할 수 있다. 이러한 과정에서 성, 인종, 학연, 지연, 혈연에 따른 차별적 고용이 쉽게 일어난다. 만약 고용자가 연줄이 있는 사람의 자녀와 더 낮은 임금으로도 기꺼이 일하려고 하는 아무런 연줄이 없는 자녀 간에 선택한다면 연줄이 있는 사람의 자녀가 보다 쉽게 일자리를 잡게 될 것이다.

최저임금제의 정치적 수요는 저임금 노동자로부터 나오는 것이 아니다. 오늘날 노동조합은 최저임금을 올리는 가장 적극적인 지지자들이다. 비숙련 비노조 노동자들이 숙련된 노조 노동자들과 경쟁할 수 있는 방법은 그들의 서비스를 낮은 임금으로 제공하는 것이다. 최저임금을 인상하는 것은 이 경쟁을 제한하여 노조 노동자들이 더 높은 임금을 요구할 수 있게 한다.

농산물 가격지지 정책

가격하한제의 또 다른 실례가 농산물 가격지지 정책이다. 이것은 최저임금제의 도입 취지와 같은 것으로서 농산물의 시장 균형가격이 낮으면 농가소득이 낮아져 농민들의 생활이 어려우므로 농가소득을 보전해주기 위한 것이다. 이럴 경우에 〈그림 6-2〉에서 보는 바와 같이 최저가격인 P_f에서 공급량은 Q_s이고 수요량은 Q_d이므로 초과공급(잉여)이 발생한다. 이와 관련하여 농산물 지지정책은 다음과 같은 효과를 초래한다.

재화의 처분문제

서비스가 아닌 재화의 경우 가격하한제에 의한 공급과잉은 재화의 처분 문제를 야기한다. 한 실례가 1930년대 미국에서 발생한 농산물 폐기 사태다. 1930년대 대공황 당시 농산물 가격이 급락하자 농가를 보호하기 위해 미국의 연방정부는 정부가 정한 가격 이하로 내려가지 않도록 하는 정책을 폈다. 이런 최저가격 제도로 초과공급이 발생했다. 수년 동안 미국의 연방정부는 정해진 수준의 가격을 유지하기 위해 미국 내에서 생산되는 밀 전체 생산량의 4분의 1 이상을 수매해 창고에 저장해 놓았다. 그뿐만 아니라 농산물 가격지지 제도의 폐단으로 발생한 엄청난 양의 식량이 의도적으로 폐기되었다. 1933년 미국의 연방정부가 사들여 도축한 돼지가 600만 마리에 달했으며 엄청난 양의 농산물이 시장에 나가지 못하고 밭에서 썩도록 방치되었다.[4]

납세자와 소비자의 손해

소비자가 농산물 구매에 지불하는 총비용은 $P_f \times Q_d$이며, 정부가 구매에 지불하는 총비용은 $P_f \times (Q_s - Q_d)$로서 이는 정부 재정의 적자 요인이 된다. 통계청이 발표한 자료에 따르면 국내에서 1인당 쌀 소비량이 1985년 144kg에서 2020년 57.7kg으로 감소했다. 공급된 쌀 중에서 팔리지 않는 쌀은 정부가 사들여 보관해야만 한다. 국회예산정책처의 〈2020년 회계연도 결산 농림축산식품해양수산위원회〉 분석에 따르면 농림축산식품부는 지난해 양곡관리비 사업에 3,438억7,200만원을 지출했다. 이것은 결국 납세자들의 부담이다. 그뿐만 아니라 소비자들은 균형가격보다 높은 가격에 쌀을 구매함으

---

4 앞의 책 Sowell, T. (2000), p. 34.

로써 피해를 본다.

농부들의 피해

모든 공급자들이 최저 가격에서 원하는 만큼 팔 수 있다면 균형가격보다 더 높은 가격을 받기 때문에 그들의 형편이 더 나아질 수 있다. 그러나 그것은 잠정적일 뿐이다. 시장가격 이상에서 팔 수 없는 공급을 정부가 수매하는 입장을 취할 경우 농부들은 농작물의 가격보조로 이익을 볼 수 있다. 그러나 이 경우에도 농부들 간의 경쟁으로 인해 농사짓는 비용이 증가하기 때문에 공급자들의 이익은 일시적이다. 예를 들면 농산물 가격이 시장가격 이상으로 책정되면 농부들이 농지를 더 확보하려고 함에 따라 농지가격이 상승한다. 그 프로그램이 시작하기 전에 좋은 농지를 소유한 사람들은 뜻하지 않은 이익을 얻지만, 그 후에 농업에 뛰어들어 인상된 농지가격을 지불한 사람들은 그렇지 않다.

재화의 비효율적 배분

농산물 가격지지 제도는 재화의 비효율적 배분도 야기한다. 정부가 인위적으로 정한 높은 가격 때문에 농산물이 소비자가 소비할 용의가 있는 양보다 더 많이 생산됨으로써 토지, 노동, 비료, 기계와 같은 많은 희소한 자원이 불필요하게 사용되는 문제가 발생한다. 그뿐만 아니라 가난한 사람들의 생활이 더욱 어렵게 되는 문제가 발생한다. 가난한 사람들은 대개 소득의 많은 부분을 식료품에 지출한다. 정부가 인위적으로 정한 높은 가격 때문에 식료품을 비싼 가격에 구입해야 하므로 자연히 다른 재화와 서비스에 대한 소비를 줄일 수밖에 없기 때문이다.

제 2 절
조세의 효과

　조세가 어떻게 시장 교환에 영향을 미치는지를 보자. 세금이 부과될 때 정부는 세금납부의 법적 책임을 구매자나 판매자에게 지울 수 있다. 그 법적 책임을 '법령에 의한 조세귀착(租稅歸着)'이라고 한다. 그러나 법적으로 조세를 책임지는 사람이 반드시 조세를 모두 부담하는 것은 아니다. '실제적인 조세귀착'은 다를 수 있다. 예를 들어 법령으로 판매자가 세금납부의 책임을 지도록 하였다 하더라도 실제로는 판매자뿐만 아니라 구매자도 조세를 부담한다. 그 이유는 판매자가 세금 부담만큼 가격을 올리기 때문이다.

공급자에게 세금을 부과하는 경우

　〈그림 6-3〉은 정부가 휘발유에 대해 1리터당 100원의 판매세를 부과한 경우 그것이 시장에 어떻게 영향을 미치는지를 보여준다. 이 경우 판매자가 법적으로 납세를 책임진다. 세금이 판매자에게 부과되면 판매자의 한계비용을 세금의 크기만큼 증가시키기 때문에 정확히 세금만큼 공급곡선이 좌로 이동한다. 그러면 균형가격이 P_0에서 P_1으로 상승하고 거래량은 Q_0에서 Q_1으로 하락한다. 그리고 정부의 조세수입은 $P_1 P_2 CB$가 된다. 그리고 정부의 조세수입 중 파란색 부분은 소비자가 부담한 부분이고, 회색 부분은 판매자가 부담한 부분이다.

　여기서 알 수 있는 것은 법적으로 납세가 판매자에게 책임져 있다 하더라도 실제로 세금은 소비자와 판매자가 나누어서 부담하게 된다는 것이다. 그뿐만 아니라 거래량의 감소로 인해 소비자 잉여와 생산자 잉여의 손실이 발생한다. 소비자와 판매자가 거래로부터 얻는 이익의 손실을 사중손실(deadweight loss)이라고 한다. 세금이 부과되기 이전에 소비자 잉여는 AEP_0였고, 공급자(생산자) 잉여는 AFP_0였다. 그런데 세금이 부과된 이후 소비자 잉여는 BEP_1으로 감소하고, 공급자(생산자) 잉여는 BGP_1으로 감소한다. 소비자 잉여의 감소분 중 파란색 부분은 정부로 갔고, 공급자(생산자) 잉여의 감소분 중 회색 부분이 정부로 갔다. 그렇지만 소비자 잉여와 공급자(생산자) 잉여의 감소분 중

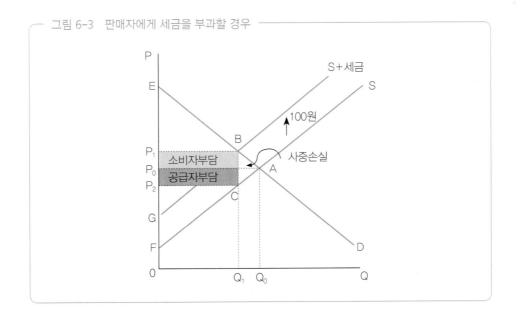

그림 6-3　판매자에게 세금을 부과할 경우

삼각형 부분인 ABC는 누구에게도 가지 않았다. 이렇게 중간에 사라져 버리는 소비자 잉여와 공급자(생산자) 잉여를 사중손실이라 하며 이것을 조세의 초과부담(excess burden)이라고도 한다.

　　공급자의 사중손실은 그 산업에 자원을 공급하는 사람들에게 부과되는 간접비용이다. 예를 들어 휘발유세 부과로 휘발유산업에 종사하는 사람들의 고용이 감소되거나 원재료 공급자에게 비용이 가중될 경우 그것이 사중손실의 일부라 할 수 있다.

소비자에게 세금을 부과하는 경우

　　이제 똑같은 세금을 소비자가 부담하게 하는 경우 어떻게 되는지를 보자. 법적으로 소비자가 납세의 책임을 지도록 하면 이제는 소비자의 한계효용이 세금의 크기만큼 감소하기 때문에 정확히 세금만큼 수요곡선이 좌로 이동한다. 그러면 균형가격이 P_0에서 P_2로 하락하고 거래량은 Q_0에서 Q_1으로 하락한다. 그리고 정부의 조세수입은 P_1P_2CB가 된다. 그러나 소비자가 실제로 지불하는 가격은 낮아진 가격 P_2에다 세금 100원을 더한 P_1이 된다. 판매자는 가격이 P_0에서 P_2로 낮아졌기 때문에 판매자의 단위당 세금부담은 (P_0-P_2)만큼이 되고 전체 세금부담은 회색 부분이다. 그리고 소비자의 단위당

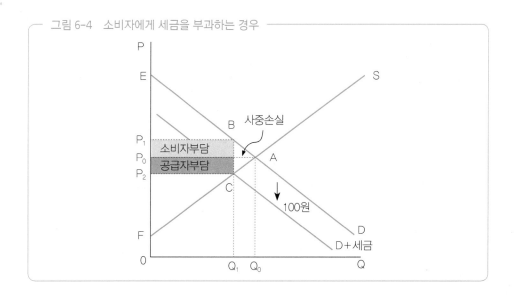

그림 6-4 소비자에게 세금을 부과하는 경우

세금부담은 (P_1-P_0)만큼이 되고 전체 세금부담은 파란색 부분이다. 이 경우에도 똑같이 삼각형 ABC만큼의 사중손실이 발생한다.

　　여기서 우리는 세금을 법적으로 누구에게 부과하든 그 결과는 같다는 것을 알 수 있다. 다시 말하면 실제로 세금을 부담하는 것은 법적으로 세금을 부담하게 하는 것과는 무관하다는 것이다.

탄력성과 세금 부담

　　소비자와 공급자의 실제 세금부담은 법적으로 누구에게 세금을 부과하는 것이 무관하다면 무엇이 세금의 귀착을 결정하는가? 그것은 소비자와 공급자의 가격 변화에 대한 반응, 즉 탄력성에 달려 있다. 소비자가 시장을 떠나거나 다른 재화를 구매하면서 가격의 작은 변화에 민감하게 반응한다면, 즉 수요의 가격탄력성이 크다면 상대적으로 소비자의 세금 부담이 낮다. 마찬가지로 공급자가 그 시장에서 재화의 공급을 접고 다른 시장으로 진입하면서 자신들이 실제로 받는 가격의 작은 변화에도 민감하게 반응한다면, 즉 공급의 가격탄력성이 크다면, 상대적으로 공급자의 세금부담이 낮다. 결론적으로 수요가 상대적으로 비탄력적이거나 공급이 상대적으로 탄력적일 경우 소비자가 부담하는 세금은 더 많고, 수요가 상대적으로 탄력적이거나 공급이 비탄력적이면 공급자가 부담하는 세금이 더 많다.

탄력성과 사중손실

〈그림 6-5〉에서 보는 바와 같이 수요의 가격탄력성이 매우 낮을 경우에는 가격 탄력성이 높은 경우에 비해 거래량의 감소가 작아 사중손실이 상대적으로 작다. 이는 공급의 가격탄력성이 낮은 경우에도 마찬가지이다. 공급의 가격탄력성이 낮은 경우 세금 부과로 인한 공급곡선의 상향 이동으로 나타나는 가격 상승과 거래량 감소가 상대적으로 작아 사중손실도 상대적으로 작다.

반면 수요와 공급의 가격탄력성이 높은 경우 사중손실이 상대적으로 크다. 수요의 가격탄력성이 높은 경우 세금 부과로 인한 가격 상승은 크지 않은 반면 거래량은 상대적으로 크게 감소한다. 따라서 사중손실도 가격탄력성이 낮은 경우에 비해 상대적으로 크다. 공급의 가격탄력성이 높은 경우에는 세금 부과에 따른 공급곡선의 상향 이동으로 인한 가격의 상승도 크고 거래량도 크게 감소하여 공급탄력성이 낮은 경우에 비

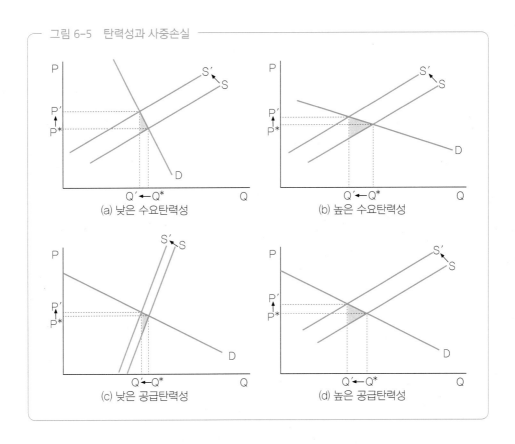

그림 6-5 탄력성과 사중손실

(a) 낮은 수요탄력성

(b) 높은 수요탄력성

(c) 낮은 공급탄력성

(d) 높은 공급탄력성

해 사중손실이 크다.

수요나 공급에 대한 가격탄력성이 높을 경우 효율성의 손실이 큰 이유는 가격 변화에 대해 거래량이 크게 변하기 때문이다. 대체재가 많은 재화의 경우 가격 변화에 대해 수요량이 민감하게 반응한다. 이 경우 수요의 가격탄력성이 높다. 공급의 가격탄력성이 높다는 것은 가격이 변할 때 공급량의 변화가 크다는 것을 의미한다. 따라서 수요의 가격탄력성과 공급의 가격탄력성이 높을수록 세금 부과에 따른 거래량과 정부의 간섭이 없는 경우의 효율적 거래량과의 차이가 커져 효율성의 손실도 커진다고 할 수 있다.

제 3 절
조세제도, 조세수입과 래퍼곡선

조세제도

국민에게 부과되는 세금의 종류와 형태는 매우 다양하다. 조세제도는 국가별, 시대별로 다양한 형태를 나타내고 있다. 우리나라의 경우를 보면 개인의 총소득에 부과하는 개인소득세(personal income tax), 기업의 이윤에 부과하는 법인세(corporate tax), 재화의 거래나 서비스의 제공과정에서 얻어지는 부가가치에 대하여 과세하는 부가가치세(value added tax), 유산이나 증여에 대한 상속세와 증여세, 소유하고 있는 재산의 가치에 부과되는 재산세(property tax), 그리고 수입품에 부과되는 관세(tariff) 등이 있다.

정부의 세금수입 중 가장 큰 부분을 차지하는 세금은 개인과 기업에 부과되는 개인소득세와 법인세이다. 개인소득세는 개인이나 가정이 얻는 모든 소득, 즉 임금, 이자소득, 배당소득, 임대소득, 자본이득 등을 모두 합한 소득을 대상으로 부과되는 세금이다. 법인세는 기업의 소득을 발생원천에 따라 구분하지 않고 순자산을 증가시킨 거래로 인하여 발생하는 수익 모두를 종합하여 과세한다.

소득세와 법인세처럼 개인 혹은 법인 등 세금을 부담할 대상이 명확한 경우를 직접세라고 한다. 반면 부가가치세와 같이 궁극적으로 세금을 부담하는 주체가 명확하지 않은 경우의 세금을 간접세라고 한다. 간접세의 경우는 상품 혹은 경제활동을 대상으로 세금이 부과되기 때문에 조세를 부과하는 단계에서 세금 부담의 주체를 알기 어렵다. 따라서 세금을 부담하는 사람의 소득, 재산 등에 따라 세율을 결정하는 것이 거의 불가능하다. 반면에 직접세의 경우에는 조세부담의 주체에게 직접 부과되는 성격을 갖기 때문에 납세자의 소득, 재산 등 경제적 능력을 감안하여 세금의 크기를 결정할 수 있다.

소득세율을 계산하는 방법에는 두 가지가 있다. 하나는 평균세율(average tax rate)이고, 다른 하나는 한계세율(marginal tax rate)이다. 평균세율은 서로 다른 소득계층이 조세부담을 얼마나 하는지를 검토하는 데 사용되고, 한계조세율은 조세의 효과를 이해할 수 있는 개념이다. 평균세율은 아래와 같이 납부할 세액이 소득금액에서 차지하는 비율이다.

$$평균세율 = \frac{납부할\ 세액}{과세소득금액}$$

예를 들어 소득금액 2,000만원 중 납부할 세액이 300만원이면 이 사람의 평균조세율은 15%(=3,000,000/20,000,000)이다.

평균세율이 소득이 높을수록 증가하면 이러한 소득세는 누진세(progressive tax)가 된다. 반면에 평균세율이 소득 증가에 따라 낮아지거나 고소득자들이 저소득자들에 비해 세금감면 등을 통해 소득의 더 낮은 비율을 세금으로 내는 경우 이러한 소득세는 역진세(regressive tax)가 된다. 소득 증가와 더불어 평균세율이 일정한 경우 이러한 세금은 비례세(proportional tax)가 된다.

평균세율이 소득세가 누진세인지, 역진세인지, 비례세인지를 파악하는 데 도움이 되지만 개인이 의사결정을 할 때 고려하는 것은 한계세율이다. 한계세율은 다음과 같이 계산된다.

$$한계세율 = \frac{납부할\ 세액\ 증가분}{과세소득금액\ 증가분}$$

한계세율은 추가로 얻은 소득 중 얼마를 세금으로 내야 하는지를 보여준다. 예를

표 6-1 종합소득세율

과세표준	세율	누진공제
12,000,000원 이하	6%	–
12,000,000원 초과 46,000,000원 이하	15%	1,080,000원
46,000,000원 초과 88,000,000원 이하	24%	5,220,000원
88,000,000원 초과 150,000,000원 이하	35%	14,900,000원
150,000,000원 초과 300,000,000원 이하	38%	19,400,000원
300,000,000원 초과 500,000,000원 이하	40%	25,400,000원
500,000,000원 초과	42%	35,400,000원

출처: 국세청 홈페이지

들어 한계세율이 25%라고 하면 추가로 얻는 소득의 25%를 세금으로 내야 한다. 이것은 추가로 얻는 소득 중 75%만 개인이 보유할 수 있음을 의미한다. 한계세율은 매우 중요하다. 왜냐하면 한계세율은 추가로 소득을 더 올릴 인센티브에 영향을 미친다. 한계세율이 높을수록 개인들은 추가로 소득을 더 얻을 인센티브가 줄어든다.

현재 한국의 개인소득세 한계세율은 〈표 6-1〉에서 볼 수 있듯이 과세표준구간에 따라 다르다. 과세대상소득 1,200만원 이하 6%, 1,200만원~4,600만원 구간 15%, 4,600만원~8,800만원 구간 24%, 8,800만원~1억5,000만원 구간 35%, 1억5,000만원~3억원 구간 38%, 3억원~5억원 구간 40%, 5억원 초과 구간 42%이다. 예를 들어 연간 소득이 6,000만원이라면 1,200만원에 대해서는 6%, 1,200만원 초과 4,600만원 이하 금액인 3,400만원에 대해서는 15%, 4,600만원을 초과하는 1,400만원에 대해서는 24%의 세금을 낸다.

조세수입과 래퍼곡선

정부가 개인과 기업에게 세금을 부과하는 것은 정부가 여러 가지 역할을 하는 데 필요한 재원을 조달하기 위한 것이다. 정부가 그 역할의 범위를 넓힐수록 지출이 증대하고 재원확보의 필요성이 커지며 이에 따라 과세의 필요성도 커진다. 그러나 앞에서 본 것처럼 세금의 증대는 개인·기업 등 경제주체들의 행동에 변화를 일으켜 경제적 비효율성을 증가시킨다. 이와 같은 경제적 비효율성의 증대는 국민총소득 혹은 국민총생산의 정체 혹은 감소로 이어져 결과적으로 정부지출을 위한 조세수입이 증대하지 않는 결과를 초래할 수 있다. 일반적으로 정부가 조세수입을 늘리기 위해 취하는 방법은 세율을 인상하는 것이다. 그러나 세율이 인상됨에 따라 세금부과의 대상이 되는 재화나 서비스의 거래, 근로자의 노동공급, 그리고 투자 등 경제활동이 감소하여 조세수입은 실제로 감소할 가능성도 배제할 수 없다.

예를 들어 근로소득에 대한 세율이 15%이고 시간당 근로소득이 5,000원인 경우 총근로시간은 3,500시간이라고 하자. 이 경우 조세수입은 262만5천원이다. 세율이 30%로 인상되어 세율 인상에 따른 노동공급의 감소로 총근로시간이 2,000시간으로 감소하는 경우를 상정해보자. 이 경우 조세수입은 3백만원으로 37만5천원 증가한다. 다시 세율이 50%로 인상되는 경우를 생각해보면 노동공급의 감소가 더욱 커 총근로시간이 1,000시간으로 감소하게 된다. 이 경우 조세수입은 250만원으로 세율이 10%인 경우보다도 감소하게 된다.

〈그림 6-6〉처럼 세율과 조세수입의 일반적 관계는 세율이 인상됨에 따라 조세수입이 증가하지만 어느 지점(t_2) 이상으로 세율이 인상되면 조세수입은 줄어든다. 이와 같은 현상이 나타나는 이유는 세율 인상에 따라 세금이 부과되는 대상, 즉 세원이 줄어들기 때문이다. 세율이 높아질수록 노동공급, 투자, 생산의 감소로 인해 사회 전체의 소득이 정체 또는 감소함에 따라 세원이 감소한다. 그리고 세율이 높아질수록 합법적인 방법을 통해 세금을 줄이려는 절세(tax avoidance)와 불법적인 방법을 사용하여 세금을 줄이려는 탈세(tax evasion)의 유인이 증가해 세원이 준다. 이와 같은 관계를 발견한 사

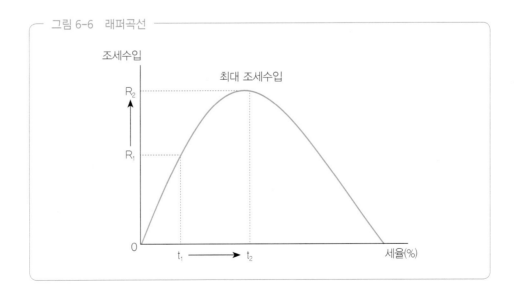

그림 6-6   래퍼곡선

람이 아서 래퍼(Arthur Laffer) 교수다. 그리하여 이러한 관계를 나타내는 곡선을 래퍼곡선(Laffer curve)이라고 한다.

제 4 절
보조금의 효과

세금이 인센티브에 변화를 일으켜 사람들의 행동에 영향을 미치는 것과 마찬가지로 정부의 보조금 역시 사람들의 행동에 영향을 미친다. 보조금은 음의 세금(negative tax)이라고 할 수 있다. 그래서 세금과 마찬가지로 후생의 손실을 야기한다. 공급자에게 특정 재화를 생산 공급하는 데에 정부가 보조금을 주는 경우를 생각해보자.

예를 들어 공급자들에게 휘발유 1리터에 대해 정부가 100원의 보조금을 준다고 하자. 정부가 보조금을 주면 휘발유에 대한 공급이 증가할 것이다. 그러면 〈그림 6-7〉처럼 공급곡선은 우측으로 이동하고, 가격은 P_1에서 P_2로 하락한다. 이 경우 소비자 잉여는 $\triangle EP_1A$에서 $\triangle EP_2C$로 증가한다. 따라서 $\square P_1ACP_2$만큼 소비자 잉여가 증가한다.

그림 6-7 공급자에게 주는 보조금 효과

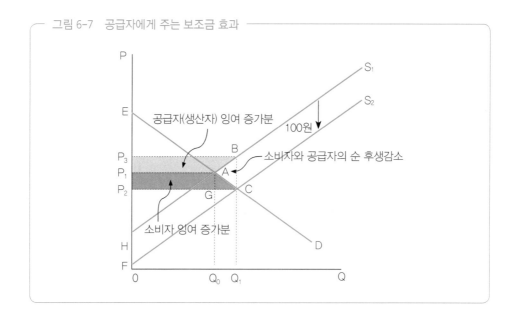

경제학: 시장경제 원리

그리고 공급자(생산자) 잉여는 $\triangle HP_1A$에서 $\triangle HP_3B(=\triangle FP_2C)$로 증가한다.[5] $\Box P_1ABP_3$만큼 공급자(생산자) 잉여가 증가한다. 여기까지 보면 보조금을 주면 소비자와 공급자(생산자)의 잉여가 증가하기 때문에 정부의 보조금 정책은 좋은 것이라고 생각할 수 있다. 그러나 공급자들에게 주는 보조금은 세금으로부터 나온다. 공급자들에게 보조금을 주기 위해 정부가 걷어야 할 세금의 양은 $\Box P_2CBP_3$이다. 보조금을 주기 위해 걷어야 할 세금과 소비자와 공급자(생산자) 잉여 증가분과 비교해보면 세금의 양이 소비자와 공급자(생산자) 잉여 증가분보다 $\triangle ABC$만큼 더 크다. 따라서 공급자에게 정부가 휘발유 생산에 보조금을 주면 소비자와 공급자가 이익을 보는 것처럼 보이지만 세금을 납부해야 하기 때문에 사실상 소비자와 공급자의 후생은 감소한다.

한편 휘발유 공급자들에게 보조금을 주기 위해 걷는 세금에는 휘발유를 소비하고 공급하는 사람들과 관계없는 사람들이 낸 세금도 포함되어 있다. 이것은 휘발유의 소비와 공급과 관계없는 사람들의 소득의 일부가 휘발유 소비자와 공급자에게 이전된다는 것을 의미한다. 개별적으로 보면 휘발유 소비자와 공급자 중 이익을 보는 사람이 있을 수 있지만 사회 전체적으로는 편익보다는 비용이 많이 들기 때문에 사회 전체적인 후생은 감소한다. 소비자에 보조금을 주는 경우도 마찬가지다.

---

5 $\triangle HP_3B$와 $\triangle FP_2C$가 합동으로 같기 때문이다.

4,000년에 걸친 가격 통제

바빌론의 함무라비 법전보다 200년 더 오래된 것으로 이야기되는 서판(書版)들이 번역되었는데, 그것들은 고대 에슈눈나(Eshnunna) 왕국이 임금 통제와 가격 통제를 시행했다는 것을 보여준다. 그 뉴스는 놀라움으로 다가오지는 않았을 것이다. 왜냐하면 기원전 2000년보다 더 일찍 반포되었던 (1902년에 발굴된) 함무라비 법전 그 자체가 가격, 임금, 이자율, 그리고 수수료를 고정시켰기 때문이다. 이것은 가격통제가 적어도 약 4,000년의 연륜을 가지고 있음을 말해준다.

문명의 진정한 경제적 발견은 자유 시장이었다. 애덤 스미스야말로 1776년에 출간된 〈국부론〉에서 그 당시 다른 어떤 사람보다도 더 명백하게 시장경제의 경이로움을 깨달은 사람이었다. 그는 그곳에서 처음으로 자유로운 가격과 자유로운 이윤·손실의 체계를 "보이지 않는 손(an invisible hand)"에 비유하였다. "보이지 않는 손"으로 사람들로 하여금 자신의 이익만을 추구하게 하는 것이 인위적으로 나라 전체의 복지를 증진하려 하는 것보다 그것을 더욱 효율적으로 증진시킨다는 것이다.

기번(Gibbon)이 〈로마 제국의 쇠망(The Decline and Fall of the Roman Empire)〉에서 다음과 같이 쓴 것도 역시 1776년이었다. "안티오크(Antioch)의 사치스러운 시민들이 가금류와 생선의 높은 가격에 대해 불평했을 때 … 황제 율리아누스는 법적 권한으로 곡물의 가치를 고정시키는 매우 위험스럽고 의심스러운 조치를 위험을 무릅쓰고 시행했다. 그는 결핍의 시기에는 곡물이 가장 풍부한 시대에 좀처럼 알려져 있지 않았던 가격으로 팔려야 한다고 법령화했다. … 그 결과는 예견되었을 수 있었고 곧 감지되었다. … 토지나 곡물의 소유자들은 도시에 평소의 물량을 공급하지 않았고, 시장에 등장하는 소량은 비싸고 불법적인 가격에 은밀하게 팔렸다."

율리아누스의 모험적인 시도 60년 전인 서기 301년에, 황제 디오클레티아누스는 가격과 임금을 고정시키는 유명한 칙령을 반포했다. 고정된 가격을 초과하는 것에 대한 처벌은 사형이나 국외추방이었다. "칙령은 좋은 의도를 가지고 있었지만 수포로 돌아갔으며 실제 효과는 비참했다,"라고 〈브리태니커 백과사전〉은 평하고 있다.

이제 우리의 역사를 1793으로 건너뛰어 보자. 1793년 프랑스 혁명의 지도자들이 자기들 자신의 무분별한 지폐 남발의 결과를 상쇄해 보려는 필사적인 노력으로 가격 최고한도를 부과하는 법률을 통과시켰다. 그것은 몇몇 측면에서는 우리의 물가 관리국(Office of Price Administration; OPA)보다 더 합리적이었다. 그 법률은 가격을 1790년보다 3분의 1 더 높게 허용하였다. 그것은 도매업자에게 5퍼센트의 이윤과 소매업자에게 10퍼센트의 이윤을 보태도록 허락하였다. 그러나 앤드류 D. 화이트(Andrew D. White)가

1876년에 썼듯이, 최고가격 법률의 첫 번째 결과는 부과된 고정 가격을 회피하기 위한 모든 수단이 취해졌고, 농부들은 될 수 있는 한 적은 농산물을 가지고 들어온 것이었다. 이것은 희소성을 증가시켰고, 대도시 사람들에게는 일정한 할당량을 받게 하였는데, 그들에게 공식가격에 즉시 필요한 생필품을 충당하도록 일정한 양의 빵이나 설탕이나 비누나 땔나무나 석탄을 얻을 권한을 주는 표(tickets)가 발행되었다."

그러나 심지어 이러한 초기의 배급 제도에서도 법은 "시행될 수 없었다." 가게 주인들은 "파산하지 않고는 그러한 재화를 팔 수 없었기 때문이다. 그 결과 아주 많은 사람들이 사업을 그만 두었고 나머지 사람들은 거래에서 자신의 목숨을 건다는 자연스러운 핑계를 대면서 구매자들에게 막대한 요금을 지불하도록 강요했다. 이 핑계가 핑계만이 아니었다는 것이 단두대 형이 선고된 사람들의 일일 목록에 의해 쉽게 볼 수 있다. 이 목록에는 드물지 않게 최고 가격 법률들을 위반한 혐의로 고발된 사람들의 이름들을 볼 수 있다." 일 년 조금 더 지나서 그 법은 폐지되어야 했다.

이 작은 역사의 교훈은 낯익은 것이다. 그것은 "과거를 기억할 수 없는 사람은 그것을 반복할 운명에 처해 있다,"는 것이다. 왜냐하면 이것은 "현대(modern)" 정부들이 오늘날 세계 도처에서 하는 일이기 때문이다. 역설적으로 스스로를 "진보주의자(progressives)"라고 부르기를 아주 좋아하는 사람들은 지금 이 고대 전체주의 장치로 돌아가기를 원하는 사람들이다. 이들은 또한 경제적 자유를 신봉하는 사람들은 "19세기에 살고 있다"라고 말하기를 좋아한다. 그러나 이 통제주의자들은 자신이, 바빌로니아의 발견이 증명하듯이, 여전히 기원전 19세기에 살고 있음을 알아야 한다.

출처: Hazlitt, Henry 저/이상현 역, 미제스와이어, 미제스에세이, 2018년 5월 17일
주) 이 칼럼은 1949년 3월 21일의 뉴스위크 칼럼임.

연습문제

01. 정부가 부자들로부터 더 많은 세금을 거둬들이기 위해 1억원 이상의 고급 승용차에 20%의 특수소비세를 부과한다고 발표했다고 하자. 이 세금 부담을 전적으로 부자들이 질 것인가?

*02. 최저임금을 현재 수준에서 시급 10,000원으로 올리면 다음의 경우들이 어떻게 되는지 설명하시오.
   1) 이전에 10,000원 이하의 시급을 받았던 사람들의 고용
   2) 학생들의 아르바이트
   3) 비숙련노동자들의 현장 실습 및 교육의 기회
   4) 비숙련노동자들을 대체할 수 있는 고숙련노동자들에 대한 수요

03. 정부가 최근 노인들의 처방약 구입에 대해 보조금을 주는 새로운 프로그램을 발표했다. 이 프로그램이 처방약의 수요에 미치는 영향은? 이 프로그램은 노인이 아닌 사람들에게 어떻게 영향을 미칠 것인가?

*04. 정부가 학생들의 요구를 받아들여 대학가에서 월세를 20만원 이상 받지 못하도록 법으로 정했다고 하자. 이것이 월세를 얻으려는 대학생들에게 도움이 될 것인가, 피해를 줄 것인가?

05. 최경영 군은 우수한 성적으로 유수 대학을 졸업하고 '누구나 다니고 싶어' 기업에 입사했다. 그런데 신입사원 초봉이 2천만원이다. 학자금 대출을 갚고 나면, 생활비가 거의 나오지 않는다. 이에, 정부에서는 모든 신입사원 초봉이 3천만원 이하로 내려가지 못하도록 가격 하한선을 그었다. 이럴 경우, 어떤 현상이 일어나겠는지, 최경영군의 입장에서, '누구나 다니고 싶어' 기업의 입장에서, 그리고 이외의 사회 전반의 입장에서

서술하시오.

06. 세계에서 경제적 자유도가 가장 높은 홍콩에서 2010년 최저임금제를 도입하였다. 홍콩은 소득수준이 높은 다른 선진국들에 비해 저임금 미숙련 노동에 대한 수요가 높아 매년 중국 본토, 필리핀, 인도네시아로부터 많은 사람들이 일자리를 찾아 입국한다. 최저임금제의 도입이 홍콩의 노동시장 및 일자리에 어떤 영향을 미칠지 예측해보시오.

*표시 문제의 답은 책 뒷부분의 부록에 수록되어 있음.

제 7 장

기업과 기업가 정신

우리는 앞장에서 수요와 공급의 상호작용에 의해 시장가격이 결정되고, 재화와 서비스에 대한 수요는 소비자의 욕구를 반영하며, 공급은 기업의 비용과 밀접하게 관련되어 있음을 배웠다. 이 장에서는 시장과정에서 중요한 역할을 하는 기업과 기업가에 대해 논의하며, 기업의 생산과 관련된 비용, 이윤에 대해 상세히 논의한다.

제 1 절
기업이란 무엇인가?

기업의 본질

기업은 생산의 주체다. 기업은 원자재, 노동, 기계와 장비 등을 고용하고 조직화하여 재화와 서비스를 생산한다. 그러나 재화와 서비스를 생산할 수 있는 방법은 기업이라는 조직을 통하지 않고도 시장거래를 통해 할 수 있다. 그럼에도 불구하고 왜 기업이라는 조직이 존재하는가? 이것에 대한 의문을 가지고 기업이 존재하는 이유를 밝혀 낸 경제학자가 바로 로날드 코즈(Ronald H. Coase)다. 기업이 왜 존재하는지를 보기 위해서

그림 7-1　시장거래와 기업조직을 통한 주택 건설

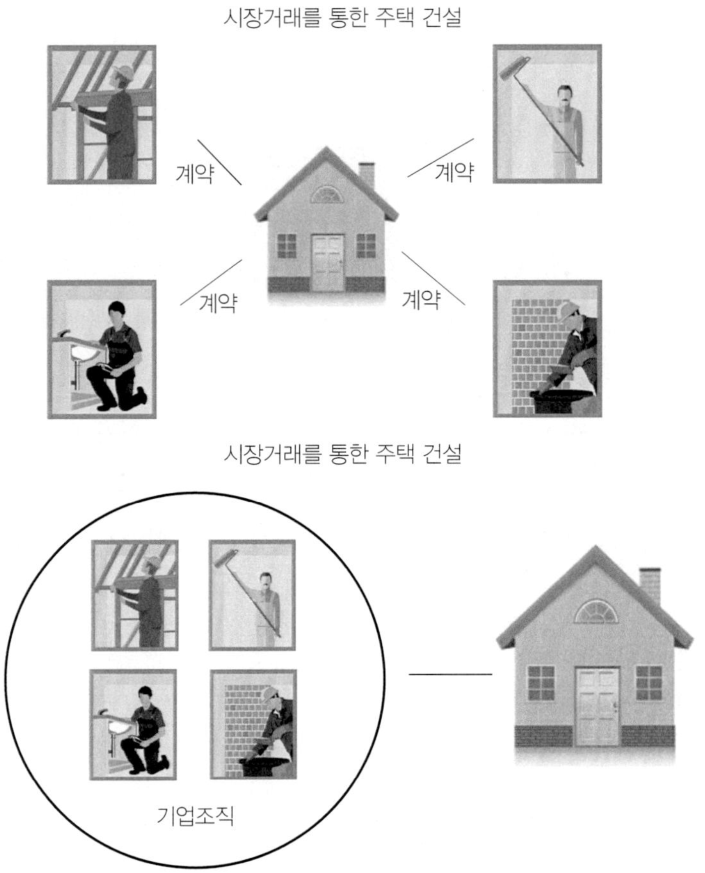

시장거래를 통한 주택 건설

계약　계약

계약　계약

시장거래를 통한 주택 건설

기업조직

먼저 시장거래를 통한 생산방법부터 논의해보자.

시장거래를 통한 생산방법은 재화를 생산하는 데 필요한 생산요소를 구입하여 그 것을 변형시켜 다른 재화로 만드는 과정마다 필요한 것들을 시장거래(계약)를 통해 이 루는 것을 말한다. 예를 들어 주택건설업자가 있다고 하자. 〈그림 7-1〉처럼 그는 집을 짓기 위해 시멘트 작업을 하는 사람, 목공 작업을 하는 사람, 배관설비 작업을 하는 사 람, 도배 공사를 하는 사람 등등과 각각 계약을 맺어 집을 지을 수 있을 것이다.

그러나 이런 시장거래는 생산비용이 많이 든다. 왜냐하면 생산과정의 매 단계 필 요한 사람과 계약을 체결하는 데 많은 거래비용(transaction cost)이 수반되기 때문이다.

새로운 집을 지을 때마다 매번 시장거래를 통해서 한다고 해보자. 그때마다 사람들과 다시 계약을 맺어야 하는데, 시멘트 작업하는 사람, 목공일 하는 사람, 배관설비 작업을 하는 사람, 도배 공사하는 사람을 어디에서 구할 것이며, 임금에 대해 매번 협상해야 하고, 계약이 잘 이루어지는지를 확인해야 한다. 이것은 대단히 많은 비용을 수반한다. 다시 말하면 계약을 체결할 사람을 찾는 탐색 및 정보비용, 각 일에 대한 조건에 합의하는 데 드는 시간과 노력의 협상 및 의사결정 비용, 그리고 계약이 잘 이루어지는지를 확인해야 하는 감시 및 집행비용 등의 비용이 대단히 많이 든다.

그러나 생산과정에 필요한 원자재, 장비, 그리고 인력을 한 곳에 모아 생산하면 이러한 거래비용이 절감된다. 이와 같은 방법이 기업조직을 통한 생산방법이다. 그리고 기업 내에서 어떤 사람이 임금 얼마에 어떤 일을 하도록 할 것인가는 계약에 의해 결정되는데, 이러한 거래가 바로 내부거래다. 따라서 기업은 기본적으로 내부거래를 통해 생산에 소요되는 거래비용을 감소시키기 위해 조직되는 생산주체라 할 수 있다.[1]

왜 현실에서 기업과 시장거래가 동시에 존재하는가?

그렇다면 기업을 설립하는 것이 시장거래, 즉 기업 외부와의 거래를 이용하는 것보다 비용을 줄이는 방법이라면 우리 경제에 왜 시장거래가 존재하는가? 다시 주택건설의 예로 돌아가 보자. 기업이 주택을 건설하는 데 필요한 일을 모두 내부거래로 하지는 않는다. 어떤 거래를 시장거래로 하는 것이 기업 내에서 내부거래로 하는 것보다 비용이 더 적게 든다면 내부거래 대신 시장거래를 선택하게 된다. 시멘트나 벽지 등을 자체 제작해서 사용하는 것보다 시장에서 사다 쓰는 것이 비용이 더 적게 든다. 즉 기업이 추가적인 거래를 시장거래로 할 것인가 아니면 내부거래로 할 것인가를 그에 따른 한계비용을 비교하여 결정한다. 시장거래의 한계비용이 내부거래의 한계비용보다 더 낮다면 시장에서 사오는 방법으로 해결하고 후자의 비용이 전자의 비용보다 더 낮다면 내부거래를 통해 자체 제작한다. 거래를 시장거래로 할 것인가, 아니면 내부거래로 할 것인가는 추가적으로 들어가는 비용, 즉 한계비용을 비교하여 결정하므로 시장과 기업이 동시에 존재하게 된다.

---

1 Coase, Ronald (1937), "The Nature of the Firm," *Economica*. Blackwell Publishing. 4 (16), pp. 386–405.

경제학: 시장경제 원리

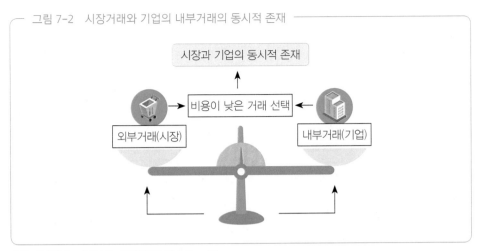

┌─ 그림 7-2   시장거래와 기업의 내부거래의 동시적 존재 ─

출처: 김영용 (2014), 『기업』, 프리이코노미스쿨, p. 18.

이 과정에서 기업의 크기가 결정된다. 다른 모든 것이 일정하다면 완제품을 생산하는 데에 있어서 기업 내에서 자체 생산할 부품이 많아질수록 기업의 크기는 커지고, 시장거래를 통해 조달할 수 있는 부품이 증가할수록 기업의 크기는 줄어들게 된다. 자동차의 경우를 보면 이를 쉽게 이해할 수 있다. 자동차 생산에는 엔진, 변속기, 브레이크, 타이어, 휠, 자동차 바디, 배터리, 전기부속품, 와이퍼, 에어백, 볼트 너트 등 2만 개가 넘는 부품이 들어간다. 만일 부품시장이 잘 발달되어 있지 않아 자체 내에서 제작해야 할 부품 수가 많아지면 자연히 기업의 크기도 커진다. 그러나 부품시장이 발달하여 시장거래를 통해 부품을 구입할 수 있으면 자체 내에서 제작할 부품 수가 줄기 때문에 기업의 크기도 자연히 줄어든다. 이때 기업이 내부거래를 할지 외부거래를 할지는 내부거래를 증가시키는 데 드는 한계비용과 외부거래를 하는 한계비용을 비교해 결정한다. 따라서 추가적인 내부거래를 함으로써 들어가는 한계비용이 그 거래를 시장에서 하는 데 추가적으로 들어가는 한계비용과 일치할 때까지 기업은 커진다고 할 수 있다.

기업과 시장의 차이

앞장들에서 본 것처럼 시장에서는 자원배분이 가격에 의해 배분된다. 예를 들어 시장에서 어떤 생산요소의 가격이 자동차 산업보다 반도체 산업에서 더 높은 가격에 판매될 수 있다면 그 생산요소는 자동차 산업과 반도체 산업에 가격차이가 사라질 때까지 자동차 산업에서 반도체 산업으로 이동할 것이다. 이것은 시장에서는 가격이 자원의 이동을 명령하고 유도하는 것이라는 것을 보여준다.

그러나 기업 내에서 생산요소를 이동하도록 명령하는 것은 기업가다. 기업가는 보유하고 있는 생산요소를 A부서에서 B부서로 이동하는 것이 기업의 이윤을 높이는 것이라고 판단하면 그렇게 하도록 지시하고 명령한다. 다시 말하면 시장에서의 자원배분은 가격의 인도 아래 각 경제주체들이 의사결정을 하는 분권적으로 이루어지는 반면에 기업 내에서의 자원배분은 기업가의 명령과 통제에 의해 이루어진다. 따라서 기업은 시장과는 달리 명령과 통제 체제이고 의사결정은 중앙집권적이다. 그리고 자원배분은 기업가의 명령과 통제에 따르게 된다. 시장과 기업조직은 그 구성 원리와 운행 원리가 다르다는 점을 인식하는 것이 중요하다.

기업의 구조적 문제

기업은 거래비용과 기타비용을 절감시키는 생산방법으로 생성된 조직이다. 그러나 비용절감이라는 기업의 본질적인 목적에 부합하기 위해서는 피해야 할 문제가 있다. 그것은 바로 기업 내에서 일하는 사람들의 직무태만(shirking)이다. 예를 들면 장시간의 휴식시간을 갖는 것, 작업결과보다는 자신의 편의에 더 관심을 갖는 것, 헛되이 시간을 보내는 것 등이 이에 해당한다. 이러한 직무태만 행위가 많아지면 기업의 생산성이 떨어진다. 그래서 직원에 대한 모니터링이 필요하며 직무태만이 안 일어나도록 인센티브가 주어질 필요가 있다.

이 문제를 해결하기 위해서는 직원을 채용하고 관리할 능력을 갖춘 사람을 관리자로 앉히고, 그 관리자가 태만하지 않도록 인센티브를 주는 것이다. 관리자의 태만은 일종의 주인-대리인 문제(principal-agent problem)다. 주인-대리인 문제는 주인을 대신해 일 하기 위해 고용된 대리인이 주인의 이익을 위해 일을 하는 것이 아니라 대리인 자신의 이익을 위해 행동하는 것을 말한다. 이러한 도덕적 해이 문제는 시장에서 주주와 경영자 간에는 경영자의 보수의 일부로서 그 회사의 주식을 주는 스톡옵션과 같은 제도로 완화될 수 있다. 불완전한 모니터링과 인센티브 체계는 기업 내에서 항상 문제를 일으키므로 직원들의 관리시스템과 인센티브 제도를 잘 갖추어야 한다.

기업의 유형

기업은 개인기업과 공동기업의 형태를 띤다. 개인기업은 한 개인이 소유하여 경영하는 단순한 형태의 기업 유형을 말한다. 개인기업의 경우 모든 의사결정을 소유자가 하며 모든 이윤을 차지하고, 모든 손실을 떠맡는다. 그리고 부채에 대한 무한책임을 지며, 자본조달 면에서 많은 제약이 따르고, 기업의 수명이 대체로 소유자의 수명과 동행하는 특징을 가지고 있다.

공동기업은 합명회사, 합자회사, 주식회사 등으로 나뉜다. 합명회사는 '합명(合名)'이라는 말에서 알 수 있듯이 이 기업은 투자자들의 이름을 합쳐서 만든 회사다. 합명회사는 초창기 회사의 형태로서 무한책임을 지는 사람들로만 구성되어 있다. 이들은 회사가 망할 경우 자신들의 전 재산을 처분하여 회사의 부채를 갚아야 했다. 이러한 위험성 때문에 합명회사는 자본 조달이 매우 어려웠고, 그에 따라 회사의 규모도 대체로 작았다.

합자회사는 무한책임자와 유한책임자로 구성되는 기업이다. 주로 경영을 책임지는 사람이 무한책임을 지고 출자한 한도 내에서만 책임을 지는 사람들로 구성되어 있다. 합자회사는 합명회사의 자본조달의 한계를 극복하여 기업의 성장성을 증대시키고자 생겨난 기업의 형태이다. 그러나 여전히 무한책임으로 인해 대규모 자본을 조달하는 데는 애로가 많았다.

주식회사는 합명회사와 합자회사가 진화하여 생긴 회사다. 주식회사는 많은 사람들로부터 자본을 조달하고 회사에 투자한 사람들은 모두 주주가 된다. 회사가 도산했을 때 각 주주의 손실은 보유하고 있는 주식에 국한되는 유한책임 제도를 채택하고 있다. 그리고 가장 많은 지분을 가진 사람이 통제주주가 되어 경영을 책임진다. 이러한 특징 때문에 많은 대규모의 자본조달이 가능하게 되었고 오늘날 대부분의 회사가 주식회사의 형태를 띠고 있다.

주식회사 작동원리

사실상의 주인(de facto owner, effective owner)에 의한 의사결정

넓은 의미에서 주식을 소유한 모든 주주들이 주식회사의 주인이다. 그러나 주주의 수가 아주 많은 경우 수많은 주주가 모두 주식회사의 주인이라고 하는 것은 의미가 없다. 수많은 주주가 주인이라고 하는 것은 누구도 주인이 아니라는 말과 같다. 따라서 주식회사에서 중요한 것은 매일매일 회사 내의 자원배분을 명령하고 조정하고 통제하는 *사실상의 주인(de facto owner, effective owner)*이다.

소액주주 등 많은 주주들이 의사결정에 참여할 경우 쉽게 의사결정을 할 수 없게 될 뿐만 아니라 다양한 의사를 결정하는 조정비용이 매우 높다. 이러한 문제점을 줄이기 위해 통제주주를 중심으로 한 소수의 대표단이 주식회사의 자원배분에 관한 대부분의 의사결정을 하게 되며, 이들이 *사실상의 주인*이 된다. 보통은 이사회가 이런 일을 맡게 된다. 그리고 나머지 주주들은 이사회에 경영을 위임한 사람들로서 이들이 사실상 소유하는 것은 회사가 아니라 그들이 소유하고 있는 주식이다. 만일 통제주주에게 이러한 사실상의 주인의 권한이 주어지지 않는다면 기업가-자본가가 주식회사를 설립할 유인을 갖지 않는다.

주식시장을 통한 경영자 견제

소수의 경영진이 하는 의사결정 방법은 의사결정에 참여하지 않는 주주에게는 외부비용이 발생할 수 있다. 다시 말하면 경영진이 특정 주주의 의사에 반하는 의사결정을 함으로써 주주가 손해를 입을 수 있는 것이다. 그런데 이 외부비용은 주식시장을 통해 회피할 수 있다. 사실 의사결정에 참여하지 않는 주주들은 배당을 받고 주식가격 상승에 따른 이득을 얻는 사람들이다. 그래서 그들은 대규모 자금 충당으로 가능해진 상업 활동으로부터의 편익을 나누어 가진다. 그러나 통제주주와는 달리 의사결정 과정에 참여하지 않으므로 통제주주를 비롯한 소수의 경영자 집단의 의사결정에 따른 외부비용을 감수해야 한다. 물론 외부비용이 주식 보유에 따른 편익보다 크다면 주식회사에 투자하려 하지 않을 것이다.

한편 경영자가 주주에게 손해를 입히게 될 것으로 판단되면, 각 주주는 어느 누구의 동의를 받을 필요도 없이 자신이 소유하는 주식을 주식시장에서 팔고 떠날 수 있도록 되어 있다. 즉, 주식시장은 주주가 입게 될지도 모를 손실을 줄일 수 있을 뿐만 아니라, 경영자를 견제할 수 있는 탈출구 역할을 한다. 따라서 소액주주들은 주식시장을 통해서 의사결정 과정에서 배제된 데에 따른 외부비용을 줄일 수 있다. 그리고 주가는 경영에 대한 평가를 포함하고 있기 때문에 통제주주는 시장에서 자신에 대한 좋은 평가를 얻기 위하여 기업의 주식 가치를 높이려는 노력을 경주하게 된다. 이러한 점들 때문에 주식시장은 통제주주가 주주들을 착취하려는 유인을 없애거나 감소시키는 역할을 한다. 주식회사 제도가 원활하게 운행되고 있는 것은 바로 이러한 주식시장의 역할 때문이다.

요컨대 주식회사 제도는 설립자인 기업가-자본가가 통제주주가 되어 경영하는 형태로서 의사결정 권한은 통제주주를 중심으로 한 소수의 경영진에 집중되는 한편, 의사결정 과정에 참여하지 않는 주주는 주식시장에서 주식매매를 통해 외부비용을 처리하는 방법으로 운행된다.

기업의 기타 유형

유한회사

유한회사는 주식회사이면서 폐쇄적인 경영형태를 유지하는 회사형태다. 주식회사와 유한회사의 차이점에 관해 간단히 비교해보면 우선 명칭 면에서 주식회사는 반드시 주식회사라는 말을 회사명에 넣어야 하고 유한회사는 유한회사란 명칭을 넣어야 한다. 영어로는 주식회사는 대개 Limited(혹은 Ltd.), Corp. Co. Inc., 혹은 Incorporated라고 표시한다. 반면 유한회사는 LLC라는 표시를 하는데, 이는 Limited Liability Company의 약어다. 둘째, 주식회사의 출자자는 주주라고 하고, 유한회사의 출자자는 사원이라 한다. 셋째, 주식회사의 경우 최소자본금은 5,000만원이고, 주식 1주의 액면은 100원 이상이면 된다. 반면, 유한회사의 최소자본금은 1,000만원 이상이며 유한회사의 1출자 지분 가액은 5,000원 이상이어야 한다. 따라서 최소 자본금 1,000만원의 유한회사인 경우 계산상 5,000명의 사원이 있을 수 있다. 그러나 유한회사는 사원 총수가 50인을 초과할 수 없다. 넷째, 주식회사의 주식은 원칙적으로 양도가 자유롭다. 유한회사의 출자지분은 원칙적으로 양도가 자유롭지 못하다. 다섯째, 주식회사는 자본금 규모에 따라 일정 수 이상의 이사를 두어야 한다. 그러나 유한회사의 경우 이사의 수는 1인 이상이면 되고 그 수에는 제한이 없다. 여섯째, 주식회사는 최소 1인 이상의 감사를 두어야 한다. 하지만 유한회사는 감사를 반드시 두어야 할 필요가 없고, 사원총회에서 각자가 보유한 지분만큼 감사선임에 필요한 의결권을 행사할 수 있다.

협동조합

협동조합은 생산자나 소비자가 상호복리를 도모할 목적으로 공동출자하여 형성된 기업이다. 협동조합의 직접적인 목적은 영리보다는 조합원의 경제활동에 있어서의 상호부조에 있다.

프랜차이즈

프랜차이즈는 프랜차이저라고 불리는 모회사가 프랜차이지(가맹점)라고 불리는 다른 개인이나 조직체에게 일정기간 일정 장소에서 정해진 방법에 따라 사업을 할 수 있는 권리를 부여하여 형성되는 연쇄기업 형태다. 프랜차이저는 가맹점에 대해 일정지역 내에서의 독점적 영업권을 부여하는 대신 가맹점으로부터 로열티(특약료)를 받고 상품구성이나 점포·광고 등에 관하여 직영점과 똑같이 관리하며 경영지도·판매촉진 등을 담당한다. 투자의 대부분은 가맹점이 부담하기 때문에 프랜차이저는 자기자본의 많은 투하 없이 연쇄조직을 늘려나가며 시장점유율을 확대할 수 있다. 잘 알려진 프랜차이즈로는 맥도날드, 버거킹, 스타벅스, 피자헛 등이 있다.

2020년 12월에 통계청이 발표한 '2019년 프랜차이즈(가맹점)조사 결과(잠정)'에 따르면 2019년 12월 기준 국내 프랜차이즈 산업의 전체 매출액이 74조2,130억원에 달하고, 프랜차이즈 가맹점은 21만5,587개다. 주요 업종별로는 편의점 41,400개, 한식 31,000개, 치킨점 25,700개, 커피전문점 17,600개 등이 있다.

제 2 절
이윤과 손실의 시스템

자유시장경제에서는 효율적으로 운영하고 소비자를 만족시키는 데 성공한 기업은 이윤으로 보상을 받는다. 반면 비효율적으로 운영하고 소비자를 만족시키지 못하는 기업은 손실을 본다. 이러한 이윤과 손실의 시스템은 모든 기업들의 경제적 성과를 계속 평가하는 효과적인 모니터링 장치다. 성공한 기업에게는 이윤이라는 보상을 주고 실패한 기업에게는 손실이라는 처벌을 가함으로써 이윤과 소실의 시스템은 우리의 귀중한 자원을 비효율적이고 소비자를 잘 만족시키지 못하는 기업으로부터 효율적이고 소비자를 잘 만족시키는 기업으로 넘기는 장치다. 그래서 지속적으로 손실을 보는 기업은 결국 퇴출된다. 그렇다면 이윤은 무엇이고 그것이 왜 생기는지를 보기로 하자.

불확실성과 이윤

이윤은 개인이나 기업이 위험한 사업에 투자한 대가다. 그런 의미에서 이윤은 위험에 대한 가격이라고 할 수 있다. 이런 이윤은 생산요소의 대가로 지급하는 임금, 지대, 그리고 이자와는 그 성격이 다르다. 임금, 지대, 그리고 이자는 사전에 계약에 의해 정해지는 것으로서 기업에게는 비용이고 각 생산요소의 소유자에게 돌아가는 소득이다. 그러나 이윤은 모든 비용을 치르고 남는 잔여분(residual)이다. 그래서 임금, 지대, 그리고 이자는 개인이 계약과 약속을 지키는 한 결코 음(陰)이 될 수 없지만, 이윤은 결과에 따라서 음이 될 수도 있다. 음의 이윤이 바로 손실(loss)이다.

그렇다면 이러한 결과는 왜 발생하는가? 그것은 바로 불확실성 때문이다. 기업의 성과에 따라 자신의 몫이 정해지는 사람은 그 기업의 소유주밖에 없다. 그래서 소유주는 기업에서 일어나는 모든 일과 그 기업이 생산하는 제품의 시장에서 일어나는 모든 일들은 세밀하게 관찰하는 노력을 게을리하지 않는다.

만약 비용보다 더 많은 수입을 내는 확실한 사업이 있다면 사람들이 그 사업에 몰려들 것이다. 그리하여 경쟁에 의해 수입과 비용의 차이가 줄어들 것이다. 그리고 수입이 비용보다 크다는 것이 확실하다면 새로운 기업들이 계속 진입할 것이다. 아마 총수입과 총비용의 차이가 사라지게 되고, 이윤이 영(零)이 될 때까지 그리할 것이다. 이윤이 영이 되면 더 이상 새로운 기업이 진입하지 않을 것이다.

그러나 끊임없이 변하고 미래가 불확실한 실제 현실세계에서는 이러한 방식으로 작동하지 않는다. 현실세계에서는 어떤 특정 사업에 이윤이 있을 것이라고 확실히 알 수 있는 사람은 아무도 없다. 그뿐만 아니라 불확실한 현실세계에서는 이윤의 존재가 널리 알려지지도 않는다. 따라서 현실에서는 이윤이 존재하게 되고 경쟁으로 인해 이윤이 영으로까지 줄어들지 않는다. 그러한 이윤기회를 포착하는 사람이 기업가다.

손실의 경우도 마찬가지다. 만약 손실을 입는다는 것을 안다면 사업을 시작할 사람은 아무도 없다. 그것을 사전에 모르기 때문에 이윤을 바라고 기대하며 사업을 시작한다. 그리하고 나서 세상이 자신이 생각한 대로 돌아가지 않으면 사후에서야 의사결정과 취해진 행동이 잘못되었음이 드러나고 손실이 발생한다. 물론 세상이 자신이 예측한 대로 돌아가면 그는 이윤을 얻는다.

따라서 이윤이란 불확실성의 세계에서 다른 사람들보다 미래를 더 정확히 예측하여 그 예측에 따라 행동한 결과이고, 불확실성을 성공적으로 떠맡는 데 대한 보상이다. 다시 말하면 이윤은 미래의 시장 조건들을 옳게 통찰하여 소비자들을 만족시킨 것에 대한 보상이다. 소비자들을 만족시키는 데 성공하면 이윤을 얻고 실패하면 손실을 본다.

경제에서 이윤이 중요한 이유는 위험을 무릅쓴 기업가-자본가의 행위에 대한 보상이 없으면 경제가 성장하지 않고, 사람들에게 필요한 것들이 제공되지 않으며, 웰빙에 필요한 부가 창출되지 않기 때문이다. 이윤은 기업가-자본가들을 위험사업에 끌어들이고 혁신을 이루게 하는 유인이다. 이윤이 없다면 기업가-자본가가 새로운 제품, 새로운 시장, 새로운 일자리를 창출하려고 하지 않는다. 이윤은 투자와 고용을 창출하는 중요한 요인인 것이다.

경제적 계산과 가격

기업의 활동은 경제적 계산(economic calculation)을 기반으로 한다. 경제적 계산은 비용과 비교해서 얻는 수익이 어떠할 것인지를 추정하는 것을 말한다. 기업은 구입하는 투입재의 가격, 미래 산출물의 가격, 생산기간 동안에 포기되는 이자 등을 추정한다.

추정된 비용에 비해 생산으로부터 얻는 수익이 더 커서 이윤을 얻을 것으로 예상되면 생산을 하게 된다. 그러나 이러한 요인들이 예상치 못하게 변화하여 예측된 이윤이 손실로 바뀔 수 있다. 기업의 모든 활동은 이러한 위험에 직면해 있다.

예를 들어 커피를 생산하는 데 인력을 얼마나 쓸지, 어떤 재료를 쓸지, 포장은 어떻게 해야 할지를 결정하기 위해서 원자재와 노동에 대한 가격들을 알아야 할 것이다. 원자재와 노동의 가격들은 이러한 결정을 하는 데 도움을 준다. 또한 투입재를 결정하여 생산한 후에 커피에 어떤 가격을 붙여 시장에 내놓을 것이다. 그러면 커피가 그 가격에 팔릴 수도 있고 팔리지 않을 수도 있을 것이다. 그 결과를 놓고 책정한 커피가격과 투입재에 들어간 가격과의 차이를 비교하여 커피를 생산하는 일이 잘한 것인지, 아니면 잘못한 것인지를 평가할 수 있다.

기업의 경제적 계산과정에서 중요한 것이 바로 가격이다. 가격은 더 정확하게 예측하는 데 필요한 지식을 전달하는 중심역할을 한다. 또한 가격은 이윤이 나는지 손실이 나는지를 결정하여 기업의 활동을 평가하는 가장 중요한 요인이다. 따라서 가격이 없으면 기업이 계획을 세우고 그 결과를 평가할 기초가 없게 된다. 또한 경제 전체적으로 자원이 어떤 용도로 사용되는 것이 더 나은지를 평가할 방법이 없게 된다. 그뿐만 아니라 수많은 개인의 의사결정이 조정되지 않는다. 여기서 가격이 얼마나 중요한 역할을 하는지 다시 기억할 필요가 있다.

이윤의 측정

명시적 비용과 암묵적 비용

이윤은 기업의 총수입에서 총비용을 뺀 것으로 측정된다. 이윤을 정확히 측정하기 위해서는 비용을 정확하게 측정해야 한다. 대부분의 사람들은 원자재, 노동, 기계 및 장비 등을 구입하는 데 들어간 금액만을 비용으로 생각한다. 경제학에서는 이러한 비용을 명시적 비용(explicit cost)이라고 한다. 기업이 노동과 자본재를 고용하기 위해 현금으로 지급하는 임금, 이자, 지대 등이 여기에 해당한다.

그러나 경제학에서는 이러한 명시적 비용 외에 암묵적 비용(implicit cost)도 비용에 포함시킨다. 암묵적 비용은 기업이 소유한 자원을 직접 사용함으로써 다른 용도로 사용할 경우 얻을 수 있는 소득을 잃어버리게 되는 기회비용을 말한다. 예를 들어 자영업자가 자신의 노동서비스에 대해 임금을 지불하지 않고 가게를 운영하는 경우에 발생한다. 만약 가게 주인이 다른 기업에 취직을 하면 한 달에 300만원씩 벌 수 있다고 하자. 이 경우 가게 주인은 자기 가게에서 일함으로써 월 300만원의 수입을 포기하는 셈이므로 포기한 소득도 비용에 포함되어야 한다. 이 300만원이 이 자영업자의 암묵적 비용이다.

우리는 앞에서 기업의 생산비용은 기회비용이라고 하였다. 명시적 비용도 기회비용이고 암묵적 비용도 기회비용이다. 따라서 기업의 생산비용에는 명시적 비용과 암묵적 비용 모두가 포함되어야 한다. 그에 따라 기업의 총비용은 명시적 비용과 암묵적 비용의 총합이다.

경제이윤과 회계이윤

총비용이 명시적 비용과 암묵적 비용의 합이므로 경제이윤(economic profit)은 기업의 총수입에서 명시적 비용과 암묵적 비용을 포함한 총비용을 뺀 금액이다. 반면에 단순히 기업의 총수입에서 명시적 비용만 뺀 금액을 우리는 회계이윤(accounting profit)이라고 한다. 회계이윤은 경제이윤보다 항상 크다. 암묵적 비용을 무시하기 때문이다. 경제적 관점에서 이윤이 발생하려면 총수입이 명시적 비용과 암묵적 비용을 포함한 모든 기회비용보다 커야 한다.

제 3 절
생산과 비용

단기와 장기

기업은 시장상황이 변하거나 미래의 예측에 따라 생산을 조정한다. 생산을 조정하는 데에는 시간이 걸린다. 시간이 적게 걸릴 수도 있고 오래 걸릴 수도 있다. 그러나 경제학에서 시간이 적게 걸리는 단기와 시간이 오래 걸리는 장기를 물리적인 시간으로

경제학: 시장경제 원리

구분하지 않는다. 경제학에서 단기(short run)는 기업이 현재의 시설 규모를 변경할 수 없을 만큼 짧은 시간을 말한다. 특수 장비 혹은 중장비는 확장하거나 축소하는 데 시간이 많이 걸리고 매우 비용이 많이 든다. 그래서 기업은 기존의 생산 설비에 묶여 있을 수밖에 없다. 이렇게 기존의 생산설비를 변경하여 생산을 조정할 수 없을 만큼의 기간을 단기라고 한다.

그러나 기업은 단기에도 노동과 원자재와 같은 자원을 늘리거나 줄임으로써 생산량을 변화시킬 수 있다. 우리는 노동과 원자재와 같이 단기에 변화시킬 수 있는 자원을 '가변'자원이라고 하고 공장과 시설과 같이 단기에 변화시킬 수 없는 자원을 '고정'자원이라고 한다. 기업은 단기에 가변자원 사용을 변경하며 기존 공장이나 시설을 더 집중적으로 사용할 수도 있고 덜 사용할 수도 있다.

단기에 대한 정의로부터 장기의 정의는 자연스럽게 도출된다. 장기(long run)는 현존하는 기업들이 생산설비를 변경할 수 있거나 새로운 기업들이 시장에 진입 혹은 퇴출할 수 있을 만큼 충분한 시간을 말한다. 장기에 기업들은 생산시설을 늘려 생산량을 증가시킬 수 있다. 이처럼 단기에 고정되어 있는 생산시설마저 변하므로 장기에는 모든 자원이 가변자원이다.

장기와 단기의 구분은 산업에 따라 다르다는 점을 인식할 필요가 있다. 자동차 생산과 같이 큰 생산설비가 필요한 산업에서는 1년 이상의 기간을 장기라고 할 수 있다. 그러나 커피 같은 사업은 커피기계만 추가로 마련하면 생산설비를 늘릴 수 있으므로 장기라는 그 기간은 매우 짧다.

평균비용곡선과 한계비용곡선

기업의 생산과 비용 간의 관계를 살펴보기 위해서는 몇 가지 중요한 비용의 개념을 이해할 필요가 있다. 우리는 앞의 논의로부터 기업의 총비용(total cost; TC)은 단기에 총고정비용(total fixed cost; TFC)과 총가변비용(total variable cost; TVC)으로 구성되어 있음을 알 수 있다.

고정비용은 단기에서 생산량에 따라 변화하지 않는 비용이다. 고정비용에는 월세, 보험료, 재산세, 공장, 토지, 기계와 같이 고정된 자산을 사용하는 기회비용이 포함된다.

이러한 것들은 기업의 생산량에 따라 변하지 않는 것으로서 사업을 계속하는 한 '고정되어' 있는 것이다. 기업이 문을 닫고 시장에서 철수할 경우에만 피할 수 있는 것들이다. 한편 가변비용은 생산량에 따라 변화하는 비용이다. 여기에는 근로자들의 임금, 원재료, 생산설비 운전에 필요한 연료 등에 들어가는 비용들이 포함된다.

평균총비용(average total cost; ATC)은 생산에 드는 총비용을 생산량으로 나눈 것이다. 예를 들면 총비용이 1,000만원이고 생산량이 100 단위이면 평균총비용은 10만원이다. 평균총비용은 단위비용(cost per unit)이라고도 한다. 평균총비용은 평균고정비용(average fixed cost; AFC)과 평균가변비용(average variable cost; AVC)으로 나뉜다. 평균고정비용은 고정비용을 생산량으로 나눈 것을 말한다. 평균고정비용곡선은 생산량이 증가함에 따라 계속 감소하기 때문에 우로 하향하는 형태를 띤다. 고정비용인 분자가 고정되어 있고 생산량인 분모가 계속 커지기 때문이다. 평균가변비용은 가변비용을 생산량으로 나눈 것이다.

한계비용(marginal cost; MC)은 제2장에서 배운 대로 생산량을 한 단위 더 생산하는 데 드는 총비용의 변화분이다. 100 단위 생산할 때 총비용이 1,000만원이고 101 단위 생산할 때 총비용이 1,010만원이면, 한계비용은 10만원이다.

평균총비용곡선, 평균가변비용곡선, 한계비용곡선은 〈그림 7-3〉과 같이 U자형을 띤다. 평균비용과 한계비용은 생산량이 증가함에 따라 처음에는 감소하다가 최저점

그림 7-3 기업의 전형적인 비용곡선들

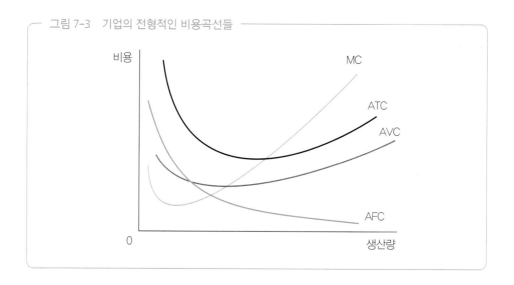

경제학: 시장경제 원리

을 지나면서 다시 상승한다. 평균비용과 한계비용이 생산량이 증가함에 따라 처음에 감소하는 이유는 생산량이 생산규모에 비해 적을 경우 생산설비가 과소 활용됨으로써 한계비용과 평균비용이 매우 높기 때문이다. 그러다가 생산량을 증가시킴에 따라 줄어든다. 그리고 생산량을 더욱 늘리면 어느 점에서 최저를 이루다가 그 이상으로 생산을 늘리면 생산설비에 과부하가 걸려 생산설비의 비효율성이 증가한다. 예를 들어 일정 설비에 생산량을 늘리기 위해 더 많은 근로자들을 고용할 경우, 그 설비를 사용하기 위해 근로자들이 기다리는 시간이 늘어날 것이다. 그러다 보면 고용 증가로 비용은 증가하는데 그에 비해 생산성은 떨어지게 된다. 그리하여 평균비용과 한계비용이 각각 최저점 이후에는 상승하게 된다. 이러한 특성으로 평균총비용 곡선과 한계비용곡선은 U자 형태를 보인다.

평균비용곡선과 한계비용곡선의 관계

평균비용곡선과 한계비용곡선 간에는 일정한 관계가 있다. 한계비용이 평균비용보다 낮을 때 평균비용은 하락한다. 한계비용이 평균비용보다 높을 때 평균비용은 상승한다. 그리고 한계비용은 평균비용의 최저점에서 교차한다. 이것은 수학의 미분을 하면 간단히 증명되지만, 간단한 예로 설명이 가능하다. 어떤 게임을 한다고 할 때 현재까지 게임의 평균 점수가 80인 경우 새로 한 게임의 점수가 70이면 전체 게임의 평균 점수는 80보다 낮아지게 된다. 그리고 새로 한 게임의 점수가 85이면 전체 게임의 평균 점수는 80보다 높아지게 된다. 그리고 새로 한 게임의 점수가 80이면 전체 게임의 평균점수는 80이 유지된다. 여기서 새로 한 게임의 점수를 한계비용으로 생각하고 평균점수를 평균비용으로 생각하면, 평균비용보다 한계비용이 낮으면 평균비용은 계속해서 하락한다는 것을 유추할 수 있다. 그러다가 한계비용이 평균비용 최저점에서 만나고, 만난 다음 평균 비용보다 한계비용이 더 커지면 이번에는 평균비용이 커지게 된다.

수확체감의 법칙

수확체감의 법칙(law of diminishing returns)은 한 가변자원을 고정된 다른 자원에 연속적으로 추가시키면 종국에는 생산량 증가(한계생산물)가 갈수록 적어진다는 것을

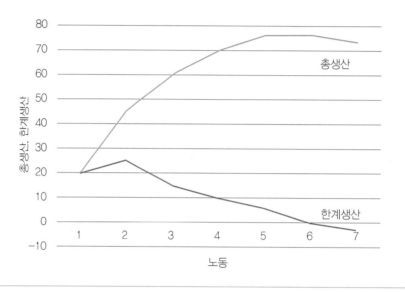

그림 7-4 수확체감의 법칙

고정자원 (토지)	가변자원 (노동)	총생산(TP) 단위: kg	한계생산(MP) 단위: kg
1,000평	1	20	20
1,000평	2	45	25
1,000평	3	60	15
1,000평	4	70	10
1,000평	5	76	6
1,000평	6	76	0
1,000평	7	73	−3

말한다. 예를 들어 1,000평의 토지에서 고추를 생산하는 경우를 생각해보자. 한 사람이 고추를 생산하다가 한 사람이 더 들어와서 같이 고추를 생산하게 되면 고추 수확이 증가할 것이다. 넓은 토지에서 농사일을 하는 것보다 둘이서 같이 하면 더 효율적일 수 있기 때문이다. 그런데 계속 세 사람, 네 사람, 일곱 사람이 동일한 토지에서 고추를 생산한다면 분명 생산은 증가하겠지만 증가하는 크기는 달라질 것이다. 다시 말하면 두 번째 사람이 들어와서 추가로 생산하게 된 것과 일곱 번째 사람이 들어와서 추가로 생산하게 된 것의 크기를 비교하면 일곱 번째가 작을 것이다. 이와 같이 고정된 자원에 한 생산요소를 지속적으로 증가시키면 전체 생산량은 증가하겠지만 그 증가하는 폭이 점점 작아지는 것을 수확체감의 법칙이라고 한다. 수확체감의 법칙은 농업뿐만 아니라 비

경제학: 시장경제 원리

농업 분야에도 적용된다.

일단 기업이 수확체감에 직면하면 단위당 생산량을 증가시키기 위해서는 가변 자원의 양을 더욱더 늘려야 한다. 이것은 한계비용(MC)을 증가시키는 요인이 된다. 한계비용(MC)이 계속 증가하게 되면 결국 한계비용(MC)은 평균총비용(ATC)을 초과하게 된다. 그 점에 도달할 때까지 한계비용(MC)은 평균총비용(ATC) 아래에 있으면서 평균총비용(ATC)을 감소시킨다. 한계비용(MC)이 평균총비용(ATC)보다 더 크게 되면 평균총비용(ATC)은 증가하게 된다.

단기비용과 장기비용

단기평균총비용과 장기평균총비용의 관계

앞에서 설명한 것처럼 단기에는 고정비용이 존재하지만 장기에는 고정비용이 존재하지 않고 모두 가변비용이 되므로 한 기업의 장기비용곡선은 단기비용곡선과 다르다. 어떻게 다른지 보기로 한다.

장기평균비용곡선(long-run average total cost; LRATC)을 이해하기 위해 세 개 규모의 경우를 생각해보자. 〈그림 7-5〉에서 ATC₁은 소규모의 단기평균비용곡선, ATC₂는 중규모의 단기평균비용곡선, ATC₃는 대규모의 단기평균비용곡선을 나타낸다.

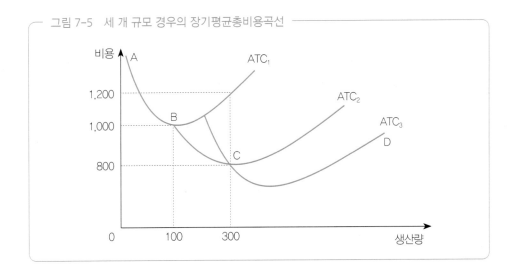

그림 7-5 세 개 규모 경우의 장기평균총비용곡선

현재 소규모의 상태에서 한 자동차회사가 1,000만원의 단위당 비용으로 하루 100대를 생산하고 있다고 하자. 이제 생산량을 100대에서 300대로 늘리려고 한다고 하자. 종전의 규모를 가지고 생산량을 늘리기 위해서 근로자의 고용을 늘렸다. 그런데 한계생산물체감 현상 때문에 자동차 1대당 평균총비용은 1,000만원에서 1,200만원으로 증가했다. 그러나 공장규모와 근로자 수를 늘려 200대를 생산하는 데 자동차 1대당 평균총비용이 800만원으로 하락한다면 자동차회사는 공장 규모를 중규모로 늘릴 것이다. 또한 중규모 생산설비에서 자동차 생산량을 300대 이상으로 늘리고 싶으면 근로자를 더 많이 고용해야 하는데 마찬가지로 중규모 생산에서 평균비용이 증가하는데 생산설비를 더 크게 늘릴 경우 평균비용이 감소한다고 하면 이 자동차회사는 규모를 더욱 늘리게 될 것이다. 이렇게 되면 이 자동차회사의 장기평균비용곡선은 ABCD가 된다. 이처럼 장기평균총비용곡선은 기업의 생산규모가 변함에 따라 비용이 어떻게 변하는지를 보여준다.

만일 더 많은 충분한 시간이 주어지면 기업들은 많은 다양한 규모를 선택할 수 있을 것이다. 이 경우 장기평균비용곡선은 〈그림 7-6〉과 같이 될 것이다. 그 형태는 모든 단기비용곡선을 포괄하며 단기평균총비용곡선보다 훨씬 더 완만한 U자 모양을 띠게 될 것이다.

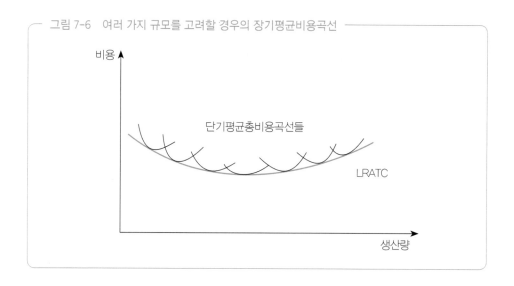

그림 7-6 여러 가지 규모를 고려할 경우의 장기평균비용곡선

규모의 경제와 보수

앞에서 본 것처럼 장기평균총비용곡선은 기업의 생산규모가 변함에 따라 비용이 어떻게 변하는지를 보여주는 것이므로 이를 이용해 몇 가지 중요한 개념을 정의할 수 있다. 생산규모를 늘려 생산량이 증가함에 따라 장기평균총비용이 하락할 경우 우리는 규모에 대한 보수가 증가(increasing returns to scale)한다고 말한다. 이 경우를 우리는 규모의 경제(economies of scale)가 있다고 말한다. 반면에 생산설비를 늘려 생산량이 증가함에 따라 장기평균총비용이 상승하면 규모에 대한 보수가 감소(decreasing returns to of scale)한다고 말한다. 그리고 이 경우를 규모의 비경제(diseconomies of scale)가 있다고 말한다. 또한 장기평균총비용이 생산량과 관계없이 일정하면 규모에 대한 보수가 불변(constant returns to scale)이라고 말한다.

〈그림 7-7〉에서 생산량 Q_1까지는 규모가 증가할수록 평균비용이 감소하므로 그 구간에서는 규모의 경제가 존재하고, Q_1과 Q_2 사이의 구간에서는 규모가 증가해도 평균비용이 변하지 않으므로 이 구간에서는 규모에 대한 수익불변이 작용하며, Q_2 이상의 생산량에 대해서는 규모가 증가함에 따라 평균비용이 증가하므로 여기서부터는 규모의 비경제가 나타난다.

규모의 경제는 규모가 늘어남에 따라 근로자들이 더욱 전문화하여 생산성이 증가할 경우 나타난다. 예를 들어 자동차회사가 더 현대적인 조립라인을 설치하여 과거에

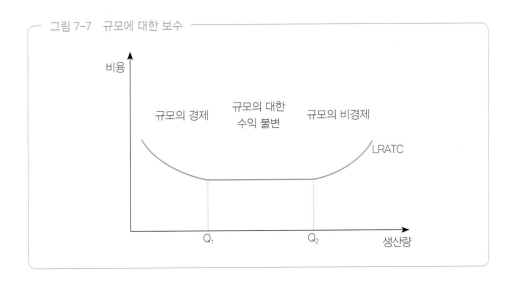

— 그림 7-7 규모에 대한 보수 —

는 한 사람이 여러 가지 공정을 해야만 했던 것을 한 공정에만 집중할 수 있게 되면 근로자의 생산성은 증가할 수 있다. 이 경우 이전보다 더 적은 비용으로 더 많은 자동차를 생산할 수 있게 된다.

규모의 비경제는 대부분 규모가 커져 조직이 비대해짐에 따라 생산규모가 증가할수록 경영진의 업무량이 늘어 비용을 효과적으로 통제하는 것이 어려워지거나, 업무조정이 잘 되지 않거나, 종업원들의 관료적 행태와 도덕적 해이 때문에 발생한다. 일반적으로 기업의 생산규모가 작을 때는 생산규모를 늘릴수록 전문화의 이점이 잘 나타나고 규모의 비경제를 일으키는 요인들이 잘 나타나지 않는다. 그러나 생산규모가 커짐에 따라 전문화의 이점보다는 점차 앞에서 언급한 요인들의 문제가 크게 대두된다.

제 4 절
기업의 의사결정과 비용

이윤극대화의 원리: 한계수입(MR) = 한계비용(MC)

기업의 궁극적 목적은 생산한 재화와 서비스를 판매해 될 수 있으면 많은 이윤을 얻는 것이다. 이윤을 극대화하는 방법은 재화 한 단위를 추가적으로 더 만들어 팔 때 얻는 한계수입이 그 단위를 생산하는 데 들어가는 한계비용을 초과하는 모든 단위를 만들어 판매하는 것이다. 즉 한계수입과 한계비용이 같은 단위까지 생산하여 판매하는 것이다. 이를 〈표 7-1〉을 이용하여 설명해보자.

이 수요표에 의하면 이 판매자가 오렌지 1개에 1,000원을 받으면 3개를 팔 수 있고, 900원을 받으면 4개, 400원을 받으면 9개를 팔 수 있다. 편의상 오렌지 1개를 추가적으로 생산하는 데 드는 비용, 즉 한계비용은 300원으로 일정하다고 하자. 이제 1,000원에 3개를 팔면 총수입은 3,000원, 900원에 4개를 팔면 3,600원, 800원에 5개를 팔면 4,000원, 700원에 6개를 팔면 4,200원이다.

다음으로 오렌지 1개의 한계수입을 고려해보자. 가격이 1,000원에서 900원으로

표 7-1 오렌지에 대한 수요표

가격(원)	수요량(개)	총수입(원)	한계수입(원)
1,000	3	3,000	–
900	4	3,600	600
800	5	4,000	400
700	6	4,200	200
600	7	4,200	0
500	8	4,000	–200
400	9	3,600	–400

낮아져 판매량이 3개에서 4개로 늘어나면 추가적인 오렌지 1개의 한계수입은 600원 (3,600원 – 3,000원)이고 900원에서 800원으로 낮아져 4개에서 5개로 판매량이 늘어나면 한계수입은 400원(4,000원 – 3,600원)이다. 이제 800원에서 700원으로 낮아져 5개에서 6개로 판매량이 늘어나면 한계수입은 200원(4,200원 – 4,000원)이다. 이 판매자의 이윤을 극대화하는 가격은 800원이다. 왜냐하면 1개를 더 팔아서 추가로 얻는 이윤은 400원이고, 1개를 더 생산해서 판매하는 데 추가로 들어가는 비용은 300원이기 때문에 가격이 800원일 때 한계수입이 한계비용보다 크다. 그러나 700원에 팔면 한계수입은 200원인 반면 한계비용은 300원이다. 하나 더 팔았을 때 추가로 들어오는 수입이 추가로 들어가는 비용보다 작다. 그렇기 때문에 이 판매자는 800원에 오렌지 5개를 팔 때 가장 많은 이윤을 얻는다. 이윤이 극대화되는 점은 한계수입과 한계비용이 같은 경우지만 위의 예에서는 이런 경우가 없기 때문에 한계수입이 한계비용보다 큰 한 판매를 늘리다가 한계비용이 한계수입보다 더 커지면 이윤이 감소하므로 그 직전까지 생산하는 것이 이 경우 이윤을 가장 많이 얻을 수 있는 지점이다.

한계수입곡선이 수요곡선보다 아래 있는 이유

위의 예에서 가격이 900원일 때 한계수입은 600원, 800원에서는 400원, 그리고 700원에서는 200원이다. 이와 같이 한계수입은 가격보다 작다. 그래서 〈그림 7-8〉처럼 한계수입곡선은 수요곡선보다 아래에 위치하게 된다.

왜 그런가? 그 이유는 간단하다. 가격이 1,000원에서 900원으로 낮아지면 판매량은 3개에서 4개로 늘어나지만 3개를 판매할 때 1,000원씩 받았던 오렌지에 대해서도 이

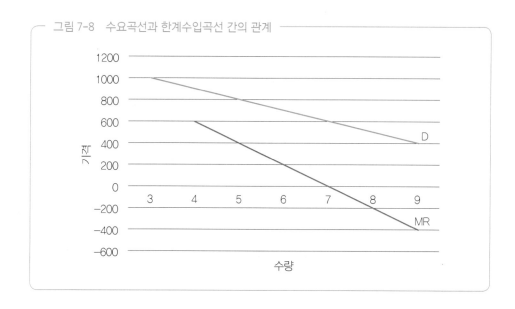

그림 7-8   수요곡선과 한계수입곡선 간의 관계

제는 900원을 받아야 한다. 즉 가격을 1,000원에서 900원으로 낮췄을 때 추가적으로 오렌지 1개를 더 팔 수 있지만 이전에 1,000원씩 받았던 오렌지에 대해서도 이제는 900원씩 받아야 하기 때문이다.

또한 가격이 600원에서 500원으로 낮아지면 오렌지의 판매량은 7개에서 8개로 늘어나지만 한계수입은 −200원이다. 이는 양의 가격에 오렌지를 판매하므로 한계수입이 양일 것 같은데 사실은 그렇지 않다. 왜 그럴까? 이는 가격을 500원으로 낮춰 1개를 더 팔아서 얻는 수입은 500원인데 600원일 때 팔았던 7개도 이제는 500원에 팖으로써 잃게 되는 수입이 200원이기 때문이다. 즉 추가적으로 더 많은 오렌지를 팔기 위해 가격을 낮췄을 때 얻는 추가적인 수입이 이전에는 더 높은 가격에 팔았던 오렌지에 대해서도 낮은 가격을 받음으로써 잃게 되는 수입 감소가 더 크기 때문에 한계수입이 0보다 작게 된다. 이제 각 가격에 대응하는 한계수입들을 연결하면 수요곡선 아래쪽에 위치하는 한계수입곡선을 얻을 수 있다.

의사결정과 관련되는 비용: 예상(forward looking) 비용

우리는 선택이라는 의사결정은 사전적(ex ante)으로 이뤄지는 것이지 사후적(ex post)으로 이뤄지는 것이 아니라는 점을 잊어서는 안 된다. 따라서 의사결정과 관련된

경제학: 시장경제 원리

비용은 과거의 비용이 아니라 미래에 발생할 수 있는 비용이다. 기업이 원자재를 구입하고 새로운 근로자를 고용하고, 공장을 새로 짓고, 설비를 늘리기로 한 의사결정에 따른 비용은 과거의 비용이 아닌 미래에 발생할 것으로 예상되는 비용이다. 물론 그 비용을 예측하는 데 과거의 경험이 도움을 줄 수 있지만 미래는 과거와 상당히 다를 수 있다. 그래서 과거의 비용은 이미 투입되어 회수 불가능한 매몰비용(sunk cost)으로서 의사결정에 그다지 중요하지 않다. 따라서 앞에서 설명한 비용들은 의사결정의 관점에서 미래에 발생할 수 있는 비용으로 알려지지 않은 것들이다. 다시 말하면 의사결정과 관련된 한계비용이나 평균비용은 회계기록상의 비용이 아니다.

그래서 엄격하게 말해 이윤극대화를 추구하는 기업은 의사결정의 결과로 나올 예상수입과 예상비용을 비교한다. 예상한계수입이 예상한계비용보다 크면 생산과 공급량을 늘린다. 한계비용이 단기에서 고려되는 비용이라면 장기에서 고려되는 비용은 평균총비용이다. 시설을 늘리거나 어떤 산업에 진입하기 전에 이윤극대화를 추구하는 결정자는 예상시장가격과 예상 장기 평균총비용을 비교해 시장가격이 장기평균총비용보다 클 것으로 예상하면 시설을 늘리거나 산업에 진입할 것이다.

이윤 확대를 위한 기업의 노력

기업은 이윤을 얻지 못하면 단기적으로는 조업을 계속할 수 있지만 오랜 시간 동안 계속 이윤을 얻지 못하면 결국 시장에서 퇴출되고 만다. 그래서 기업은 이윤을 늘리려고 많은 노력을 한다. 기업은 수입을 늘리고, 비용을 절감하려고 노력한다.

수입증대를 위한 노력

기업의 수입 증가는 가격 상승과 판매량 증가를 통해 이뤄진다. 따라서 수입을 늘리는 한 가지 방법은 기업이 가격을 올리는 것이다. 그러나 가격 상승에 따른 기업의 수입 증가는 소비자의 수요에 달려 있다. 제3장에서 본 것처럼 수요의 가격탄력성이 크면 가격을 올렸을 때 오히려 기업의 수입이 감소한다. 따라서 가격을 올리려고 할 경우 기업은 수요의 가격탄력성을 잘 따져 봐야 한다. 기업의 수입이 증가할 수 있는 또 다른 통로는 판매량의 증가다. 가격을 올리지 않더라도 판매량이 증가하면 기업의 수입이 증가할 수 있다. 판매량 증가는 소비자의 선택이다. 결국 기업의 수입은 소비자의 선택에 달려 있다. 소비자들이 그 기업의 제품을 반복적으로 구매해주며 구매를 늘릴 경우에만 기업의 수입이 유지되며 증가한다.

그러므로 기업은 소비자를 만족시켜 판매량을 늘리려는 다양한 노력을 한다. (i) 품질 좋은 제품을 생산하기 위해 품질관리를 하고 R&D에 투자한다. (ii) 종업원들의 교육과 훈련을 통해 고객에 대한 서비스를 향상시킨다. (iii) 광고와 홍보를 통해 브랜드 가치를 높인다. (iv) 디자인 혁신을 위해 노력한다. (v) 마케팅 기술을 연구한다.

비용절감을 위한 노력

이윤을 늘릴 수 있는 또 다른 방법은 비용 절감이다. 따라서 기업은 비용을 절감하려는 다양한 노력을 한다. (i) 값싸고 질 좋은 원자재를 구입하려고 한다, (ii) 능력 있고 우수한 근로자를 고용한다. (iii) 교육과 훈련을 프로그램을 운영하며 근로자의 생산성을 높인다. (iv) 연구개발을 통해 비용절감을 방법을 찾는다. (v) 상황에 따라 시설을 줄이거나 규모를 줄이는 구조조정을 한다.

제 5 절
기업가의 기능

기업가 정신

우리가 앞에서 배운 이윤극대화의 원리는 기업가들이 특정 시장에서 이윤과 손실에 어떻게 반응할 것인지를 설명해준다. 그러나 MR=MC라는 이윤극대화의 원리를 이용하여 새로운 제품이 언제 어떻게 개발되고, 새로운 생산기술이 언제 어떻게 적용되는지는 설명하기 어렵다. 소비자가 새로운 제품에 어떻게 반응할 것인가? 새로운 제품은 이윤을 낳을 것인가? 새로운 생산기술과 방법이 비용을 줄일 것인가? 실제 세계에서 이러한 문제에 대한 결정은 이윤극대화의 원리가 아닌 기업가 정신에 의해 이뤄진다.

기업가 정신이란 상업세계의 불확실성을 떠맡는 정신이며, 새로운 기회에 도전하는 투기적 모험심을 말한다. 보통 사람들은 불확실성을 회피하고 새로운 기회에 도전하지 않으려는 경향이 강하지만 기업가적 성향을 가진 사람은 불확실성을 이윤 기회로 포착하는 능력을 지녔다. 다시 말하면 다른 사람들이 보지 못하는 기회를 인식하는 것이 기업가의 정신이다. 아마존의 제프 베조스, 애플의 스티브 잡스, 현대그룹의 정주영 회장, 삼성의 이병철 회장과 이건희 회장 등이 그 실례들이다. 성공적인 기업가는 다른 시장참가자들이 채 보지 못하는 것을 보는 사람들이다. 그러한 기회를 보는 데에는 이미 널리 알려진 과학적 지식도 중요하지만, 더 중요한 것은 미래에 대한 통찰력이다.

시장과정과 기업가

기업가(entrepreneurs)는 불확실성 하에서 시간과 장소, 그리고 이윤기회 등을 포착하고 만들어내면서 실제로 시장이 균형으로 향해 가도록 촉진시키는 일을 한다.[2] 이것을 설명하기 위해서 제5장에서 배운 시장과정으로 되돌아가보자.

초과수요가 있다는 것은 현재 커피가 소비자들이 원하는 양만큼 생산되지 않는다는 것을 의미한다. 이것은 또한 커피가 잠재적 소비자가 지불하려고 하는 가장 높은 가격 이하에서 생산되고 있음을 나타내고 추가로 생산될 기회가 있음을 의미한다. 기업가들은 그러한 기회를 발견하고 생산을 늘린다. 반면에 초과공급은 소비자들이 원하는 것보다 현재 더 많이 생산되고 있다는 것을 의미한다. 또한 이것은 커피가 잠재적 소비자들이 지불하려고 하는 가장 높은 가격 이상에서 생산되고 있음을 의미한다. 이것은 기업가의 실수로 인한 결과이다. 그래서 이 손실을 발견하고 기업가는 생산을 줄인다. 이렇게 기업가는 지속적으로 시장이 균형으로 향해 가도록 촉진시키는 일을 한다.

기업가가 하는 일이 단지 커피의 시장처럼 현존하는, 시장에 존재하는 불균형을 인지하고 그것을 시정하려고 하는 것에 그치지 않는다. 기업가는 새로운 시장을 개척하거나 새로운 제품을 개발하는 데에도 적극적이다. 예를 들어, 현재에 여러 가지 생산요소를 투입하여 투입비용 이상의 가격으로 미래에 판매할 제품을 생산하는 것이 가능

2 Kirzner는 시장과정에서 지식전달과정이 실제로 발생하게 하는 데 중요한 역할을 하는 것이 기업가라고 봄. Kirzner, Israel M. (1973), "Competition and Monopoly," in *Competition and Entrepreneurship,* Chapter 3, Chicago and London: University of Chicago Press, pp. 88-101.

하다는 것을 발견한 기업가는 적극적으로 그 제품을 생산해 이윤을 얻을 수 있을 것이다. 이렇게 이전에 보이지 않았던 기회를 인식하는 것은 바로 앞에서 말한 기업가의 정신이다.

달리 말하면, 기업가는 시장조정을 실제로 수행하면서 가장 필요한 곳에 자원을 보낼 뿐만 아니라 미래를 예측하고 자신이 소유한 자원을 현명하게 배분하려고 한다. 기업가는 미래의 소비자의 수요를 상상하고, 그 수요를 더 잘 만족시키는 생산과정을 조직하는 방법을 생각하며, 최종적으로 재화를 만들어 시장에 내놓는다. 이러한 기업가의 투기적 모험 행위가 성공할지 실패할지에 대해서는 사전(事前)에 아무도 모른다. 사후에서야 그 성공 여부를 알 수 있다. 그런 점에서 기업가의 행위를 상업실험(commercial experiment)이라고 한다. 상업실험의 성공과 실패는 소비자의 평가에 달려 있다. 기업가가 새로운 기회를 발견해 소비자의 욕구를 충족시키면 성공하고, 그렇지 못하면 실패한다. 기업가의 운명은 소비자에 의해 결정되는 것이다.

제 6 절
기업의 사회적 책임과 윤리경영

기업의 사회적 책임(Corporate Social Responsibility; CSR)

기업은 자신의 성공을 가능하게 해준 사람들에게 어떤 보상을 해줄 의무가 있다는 기업의 사회적 책임론이 대두되고 있다. 기업은 이윤추구보다는 이윤의 일부를 사회에 환원하여 '사회적으로 바람직한' 행동을 해야 한다는 것이다. 즉 구체적으로 취약계층에 일자리와 사회서비스를 제공하고, 영업활동을 통해 창출되는 이익을 사업자체나 지역공동체에 투자하거나 사회적 목적으로 사용해야 한다는 것이다. 그러나 기업의 이윤추구 활동이야말로 기업의 사회적 책임이다.

기업이 이윤을 내기 위해서는 가장 비용이 적게 드는 생산방법으로 소비자를 만족시키는 제품을 만들어야 한다. 비용이 적게 드는 생산방법을 연구하고 노력함으로써 우리 사회의 귀중하고 희소한 자원을 효율적으로 사용한다. 또 소비자를 만족시키는 제품이 만들어져 새로운 가치가 창조된다. 그에 따라 기술이 발전하고 경제가 양적, 질적으로 성장하며 사람들의 삶이 나아지게 된다. 이것이야말로 우리 사회에 크게 공헌하는 것이다.

기업이 양질의 상품을 낮은 비용으로 생산하기 위해서는 생산성이 높은 우수한 근로자를 확보하여야 하고, 우수한 근로자를 고용하기 위해서는 높은 임금과 좋은 근로조건을 제시하여야 한다. 시장에서 기업 간에 근로자가 자유롭게 이동할 수 있다면 기업이 근로자를 착취할 수 없고 근로자는 노동조합이 아닌 기업 간 경쟁에 의해 이득을 얻을 수 있다. 자유시장에서 기업의 이익은 소비자나 근로자의 이익과 상충되는 것이 아니다. 그뿐만 아니라 기업은 생산성을 증가시키고 고용을 창출하여 근로자에 임금을 제 때에 지급하면서 사회 전체적으로 부를 늘리는 주체다. 이것이 기업의 사회적 기능이고 자연스럽게 사회에 공헌하는 방법이다.

물론 기업의 사회적 책임(CSR) 활동이 반드시 이윤추구와 상충되는 것은 아니다. 기업의 CSR 활동으로 종업원의 사기가 오르고, 종업원들이 더 능동적이고 적극적으로 일함으로써 생산성이 증가할 수 있다. 또 기업의 이미지를 제고하여 브랜드가치를 높이고 기업의 성장과 생존에 도움이 될 수 있다. 이러한 점에서 기업의 CSR 활동은 기업의 이윤을 증가시킬 수 있다. 그래서 이윤추구와 상충되지 않는지 심사숙고해서 CSR 활동을 결정하는 것이 중요하다.

CSR 활동은 기업의 부수적인 목적은 될 수 있지만 주목적은 될 수 없다. 기업의 주목적은 소비자를 만족시키는 제품을 만드는 일이다. 그래야 이윤을 얻고 생존할 수 있기 때문이다. 주목적인 소비자를 만족시키는 제품을 만들지 못하면서 아무리 CSR 활동을 많이 한다고 해서 기업이 생존할 수 있는 것이 아니다. 이것은 몇 년 전에 일어났던 도요타와 삼성전자 케이스를 보면 이해할 수 있다.

도요타와 삼성전자는 CSR 활동을 가장 많이 하는 기업들이다. 그럼에도 불구하고 도요타는 브레이크 결함으로 리콜 사태를 맞이하면서 회사가 위태로운 지경에까지 갔다. 삼성전자도 마찬가지다. 갤럭시7의 배터리 결함으로 회사가 위기에 빠진 적이 있다. 기업이 아무리 CSR 활동을 많이 하더라도 그 주목적인 소비자를 만족시키지 못하면 도산 위험에 빠질 수 있다. 그렇게 되면 오히려 많은 사람들을 고통에 빠뜨리는 '사회적으

로 무책임한' 결과를 초래한다. 이러한 점에서 제3자가 기업으로 하여금 이윤을 사회에
환원하라고 강요하는 것은 잘못이다.

기업은 수많은 사적 개인들 간의 계약들로 형성되어 있는 조직이다. 예를 들어 자
동차 회사의 경우를 보자. 이 회사의 주식을 구입한 사람, 돈을 빌려준 사람, 부품을 생
산하는 공급업자, 공장 근로자, 경영자 등 수많은 개인들이 이 회사와 계약을 맺어 활동
하고 있다. 만약 이윤이 줄거나 사라져 회사가 재무상 어려움을 겪거나 최악의 경우 문
을 닫게 된다면 그야말로 이 회사와 이해관계를 가지고 있는 수많은 사람들이 손해를
보고 고통을 겪게 된다. 기업의 비경제적인 활동, 즉 과도한 '사회적 책임' 활동을 하면
모든 사람의 후생이 감소하게 되는 결과를 초래할 수 있다. 이런 측면에서 기업이 이윤
을 추구하고 그 이윤을 바탕으로 계속 생존하는 것이야말로 이해관계자들을 위한 것이
다. 기업의 이윤추구는 순전히 주주를 위한 것만이 아니다. 기업의 이윤추구는 주주는
물론, 수많은 이해관계자들을 위한 것이다.

기업의 윤리경영

기업의 윤리경영은 매우 중요하다. 여기서 우리가 주의해야 할 것은 기업의 가장
기본적인 윤리가 무엇인가 하는 문제다. 기업의 가장 기본적인 윤리는 엉터리 제품을
만들지 않고 정직하지 않은 행위를 하지 않는 것이다. 이런 윤리적 행위는 이윤으로 보
상받는다.

앞에서 언급한 것처럼 기업은 이윤을 얻어야 시장에서 생존하고 번영할 수 있는
데, 그것은 기업이 생산한 제품을 소비자가 반복적으로 사줄 때만 가능하다. 소비자는
결코 자신들을 기만하는 엉터리 제품을 반복해서 구입하지 않는다. 투자자 역시 마찬
가지로 정직한 기업과 거래하고 싶어 한다. 투자자를 속이는 기업들에게는 투자하지 않
는다. 소비자를 만족시키는 상품을 생산하고 정직한 운영을 하는 것이 기업에게 이익
이다. 시장은 정중하고, 개방적이고 정직하며, 신뢰가 있고, 창조적이며 공정한 기업에
게 보상한다. 정직하지 못하고, 소비자를 기만하고 종업원을 착취하는 기업은 시장에서
퇴출된다.

따라서 기업은 다른 개인의 권리를 존중하고, 계약을 준수하고, 거짓 행위를 하지

않고, 다른 사람들을 부당하게 강요하거나 강제하지 않아야 하며, 사회의 규칙을 존중해야 한다. 이러한 점에서 기업은 가격지지정책, 관세, 보조금과 같은 정부의 특혜를 요구하지 않아야 한다. 그러한 행위는 도덕적으로 옳지 않다. 그런 행위는 남에게 피해를 주면서 이익을 얻는 것이기 때문이다.

기업의 사회적 가치 창출[3]

기업의 규모 및 영향력이 커짐에 따라 사회적 가치 창출에 대한 형태도 다양해지고 있다. 시대에 따라서 기업윤리, 기업의 사회적 책임과 가치에 대한 핵심요소와 핵심가치가 변화하고 그에 따른 이해관계자도 다양하게 확대되고 있다. 1990년대 기업 지속가능경영의 핵심가치는 '자선(philanthropic)'이었고, 2000년대에는 비즈니스가치(business value)와 사회가치(social value)가 결합되어 기업이미지 제고, 마케팅 활용 등 전략적 사회책임경영이 핵심가치였다. 2010년대 이후에는 기업의 사회책임경영을 통한 비즈니스모델 발굴, 사회문제해결 기여 등의 가치 창출이 기업의 지속가능경영의 핵심가치로 대두되었다. 예컨대, 하버드대학의 마이클 포터 교수에 의해 시발된 공유가치창출(Creating Shared Value; 이하 'CSV')은 기업이 다양한 사회문제 속에서 잠재적 시장을 발굴하고 문제를 해결하면서 경제적·사회적 가치를 만들어내는 것으로, 이는 기업의 비즈니스 전략상 매우 필요한 것으로 인식되고 있다. 따라서 세계적 기업들이 CSV를 비즈니스 전략으로 활용하는 사례가 점차 늘고 있다. 예를 들면, 글로벌 식품기업인 네슬레(Nestle)는 제3세계 농부에게 기술 및 인프라를 지원하면서 양질의 코코아를 확보하고, 시멕스(Cemex)사는 멕시코 저소득층의 주거지 건축을 위한 대출을 지원해주면서 시멘트 매출을 증대시켰다. 또한 다국적 통신회사인 보다폰(Vodafone)이 통신 및 금융 인프라가 부족한 케냐에서 모바일 송금 서비스 상품을 개발하여 케냐 국민들의 금융거래를 활성화시키기도 했다.

국내기업들도 다양한 분야에서 사회적 가치 창출을 추구하고 있다. 대표적으로 SK 하이닉스는 경제적 가치와 사회적 가치를 함께 추구하는 '더블 버텀 라인(Double Bottom Line)'이라는 경영원칙으로 기업의 경제활동을 통해 직접적으로 창출되는 재무

---

3 이 부분은 『ESG 제대로 이해하기』, 강성진 외, 자유기업원 2021에서 발췌한 것임.

성과뿐만 아니라 비즈니스 기반 사회성과, 경제적 사회성과, 사회공헌 사회성과를 종합하여 경영성과를 평가한다. 또한 삼성전자는 '지속가능가치'라는 이름으로 기업이 창출한 가치를 측정 발표하고 있다. 투자자 가치, 협력사 지원, 지역사회 개발 지원 등 다양하게 분류하여 평가하고 있다.

'얼음 왕'이 보여준 창조경제

'얼음 왕'으로 불리는 미국의 프레데릭 튜더는 보스턴 지역의 싼 얼음을 멀리 남쪽 바하마까지 잘 싣고 가서 비싸게 팔면 돈이 될 것 같다는 생각을 했다. 그는 1806년 2월 보스턴에서 얼음을 배에 싣고 바하마에 가서 파는 모험을 감행했다. 인공으로 얼음을 만들 수 없었던 당시 그의 얼음은 보스턴 근처 호수의 얼음을 손으로 직접 채취한 자연산 얼음이었다.

생전 처음 얼음을 본 바하마 사람들은 그의 얼음에 열광했다. 첫해에는 금전적 손해를 많이 봤지만 바하마까지 얼음을 실어 나를 수 있음을 확인한 튜더는 얼음을 채취하는 비용을 절감하는 방법과 적극적인 마케팅 방법을 고민했다. 그는 얼음 공급자인 나다니엘 와이스와 협력해 한 번에 여러 얼음을 동일한 크기로 뜰 수 있는 '얼음 쟁기'와 채취한 얼음을 호수에서 저장고까지 운반할 수 있는 컨베이어 벨트를 개발했고, 톱밥을 이용하면 비용을 적게 들이고 얼음을 잘 보관할 수 있음을 발견했다. 그뿐만 아니라 고객들에게 아이스크림을 만드는 방법과 아이스박스에 얼음을 저장해 음식을 오래 보관하는 방법 등 새로운 얼음 사용 방법들을 알려주었다. 그렇게 하여 그는 많은 돈을 벌었다.

50년 후 그의 회사는 바하마는 물론 브라질의 리우데자네이루, 인도의 뭄바이, 홍콩 등지까지 얼음을 싣고 가서 팔았다. 튜더의 성공으로 많은 사람들이 이 사업에 뛰어들어 1870년대 후반 보스턴 지역에만 얼음 회사가 14개나 되었으며, 얼음 회사는 메인 주와 뉴햄프셔 주까지 확산됐다. 개인이 호수에서 얼음을 채취할 수 있는 권리를 가질 수 있었던 미국에서 자연산 얼음 사업은 1880년대에 전성기를 이루다가 새로운 기술인 냉장고가 나오면서 서서히 쇠퇴하여 지금은 사라져 버렸다.

경제는 이렇게 기업가의 이윤기회에 대한 끊임없는 재창조와 발견에 의해 움직여 나간다. 기업가는 곳곳의 재화와 서비스의 가격들을 파악하고 비교해가며 시간과 장소, 그리고 이윤기회 등을 포착하고 만들어내면서 가장 필요한 곳에 재화와 자원을 보내고, 새로운 시장을 개척해 나간다. 시장에서 부족한 것이 무엇인지를 판단하고, 새로운 사업을 시작하거나 새로운 제품을 개발한다. 이것은 모험 행위로서 사전에 성공할지 실패할지 아무도 알 수 없다. 기업가 자신도 모른다. 그 성공여부는 실천해봐야 알 수 있으며, 소비자의 평가에 따라 결정된다. 기업가가 소비자의 욕구를 충족시키면 성공하고 그렇지 못하면 실패한다.

인공 얼음의 기술이 자연산 얼음 산업을 퇴출시켰듯이 PC와 워드프로세서는 타자기를 사라지게 했고, 디지털 카메라와 반도체 메모리의 등장으로 필름 시장이 사라졌다. 또 한때 PC업계 1위였던 델컴퓨터, 휴대폰 시장에서 최고의 시장점유율을 자랑했던 노키아, 휴대용 게임기 시장을 개척했던 닌텐도 등이 새로운 기술과 시장상황에 적응하지 못해 추락했다.

경제는 이런 창조적 파괴 과정을 통해 성장한다. 만약 이런 과정을 막는다면 경제는 성장할 수 없다. 소비자의 선택에 맡기지 않고 정부가 산업과 기업을 인위적으로 보호하고 살려준다면 경제는 성장하기 어렵다.

박근혜 정부의 경제정책 핵심은 '미래성장 동력'과 '창조경제'다. 창조 또는 혁신을 통해 성장 동력을 발굴해 높은 경제성장을 실현하겠다는 의지가 보인다. 그런데 한편으로 경제민주화란 이름으로 창조적 파괴 과정을 가로막고, 행정력을 동원해 물가를 잡겠다고 나서며 가격을 올리는 기업들을 감시하고 색출하는 상황이 벌어지고 있다. 더욱 우려스러운 것은 서울시가 대형마트와 기업형 슈퍼마켓(SSM)에서 51종의 생필품을 팔지 못하게 하는 방안을 추진하겠다고 한다.

이런 것들은 산업과 기업을 인위적으로 보호하며 소비자 주권을 침해하고 기업가의 창조와 혁신적 활동을 억제하는 조치들이다. 이런 환경에서는 '미래성장 동력'과 '창조경제'를 기대하기 어렵다. 기업가의 끊임없는 재창조와 발견 과정이 방해받기 때문이다. 정말로 '미래성장 동력'을 발굴하고 '창조경제'를 일으키고 싶다면 소비자 주권을 보장하고 기업 활동을 옥죄고 있는 규제와 정부 간섭을 없애 기업과 기업가들이 역동적으로 활동할 수 있는 환경을 만들어야 한다.

출처: 안재욱 저/ 한국경제신문. 다산칼럼, 2013년 3월 31일.

연습문제

*01. A라는 기업은 자동차를 생산하고 B라는 기업은 자동차부품을 생산하여 A에 납품한
다. A는 소위 대기업이고 B는 대기업에 납품을 하는 중소기업이다. 경기 침체로 자동
차 판매가격이 하락하였다. 반면 정부가 대중소기업 동반성장을 명분으로 납품가격
하한선을 설정하고 납품업체 선정도 제한하여 A기업의 경우 생산비용이 상승하였다.
정부의 이런 정책이 어떤 결과를 초래할 수 있는지 기업 내부거래와 시장거래의 비교
를 통해 설명하시오.

02. 소액주주운동의 명분은 소액주주들이 자기 지분만큼의 권한을 행사하여 주식회사의
의사결정에 참여해야 한다는 것이다. 이런 명분과 주식회사의 의사결정 구조, 그리고
궁극적으로 주식회사 제도와의 상응 여부를 설명하시오.

*03. 아래의 표는 사과에 대한 가격별 수요량과 수량별 생산비용을 나타낸다.

가격	수요량	생산비용
1,000	3	3,200
900	4	3,700
800	5	4,000
700	6	4,100
600	7	4,400
500	8	4,900
400	9	5,500

1) 사과판매자의 이윤을 극대화시키는 가격을 찾아내시오.
2) 가격별 한계수입과 한계비용을 구하고 이윤을 극대화하는 한계수입과 한계비용의
관계를 설명하시오.

04. 130년 동안 세계 최고의 필름업체로 전 세계 필름시장의 2/3를 차지했던 코닥이 파산
에 이르게 된 원인을 기업가, 경쟁, 그리고 시장과정의 개념을 이용하여 설명하시오.

*05. 서연은 자신이 직접 커피가게를 운영하기로 결정하고 연봉 5,000만원의 직장을 사퇴했다. 서연은 예금 3,000만 원을 이 사업에 투자했는데, 이 예금에서 지금까지 매년 100만원의 이자소득이 발생했다. 서연은 매년 1,000만원의 임대료를 받았던 자신이 소유하고 있는 작은 점포를 자신의 커피가게로 결정하였다. 커피가게를 도와줄 직원 한 사람을 연봉 2,000만원을 주고 고용했고, 커피 원두의 비용이 5,000만원, 기타 가게운영비용으로 1,000만원이 들었다. 그리고 1년간 1억4,000원의 판매수입을 올렸다. 서연이 1년간의 커피가게 운영 후 얻은 회계적 이윤과 경제적 이윤은 각각 얼마인가?

*06. 수확체감의 법칙과 규모의 비경제는 어떻게 다른가?

07. 1960년대 광주광역시에 설립되었던 '아시아자동차'는 당시 한국에서 부품시장이 잘 발달되지 못해 결국 파산하여 문을 닫았다. 아시아자동차가 파산하게 된 이유를 기업이론에 비춰 설명하시오.

*08. 정희와 영순은 동일한 지역에서 운동복 가게를 운영하고 있다. 한 달에 정희는 유명 브랜드인 나이키 티셔츠 한 벌에 2만원 가격을 붙여 1,000벌을 팔았다. 동일한 기간 동안 영순은 동일한 티셔츠 한 벌에 3만원 가격을 붙여 600벌을 팔았다. 누가 더 나은 가게 운영자인가?

*표시 문제의 답은 책 뒷부분의 부록에 수록되어 있음.

제 8 장

기업의 가격 설정

우리는 앞장에서 기업이론과 기업의 이윤극대화 원리를 배웠다. 이 장에서는 기업이 이윤을 극대화하기 위해 어떻게 가격을 설정하는지를 보도록 하자. 그리고 기업이 비용과 시장상황에 어떻게 영향을 받는지 분석해보자.

제 1 절
가격수용자

기업의 가격 설정은 시장지배력과 밀접하게 관련이 있다. 기업의 시장지배력은 자신의 상품에 대한 대체재의 많고 적음에 달려 있다. 대체제가 많으면 시장지배력이 낮고, 대체재가 적으면 시장지배력이 높다. 우리는 제3장에서 대체재가 많을수록 수요의 가격탄력성이 크다는 것을 배웠다. 따라서 우리는 수요의 가격탄력성이 클수록 기업의 시장지배력은 약하고, 가격탄력성이 작을수록 기업의 시장지배력은 강할 것이라는 사실을 알 수 있다.

만약 어떤 기업의 상품에 대한 수요가 완전 탄력적이라면 어떻게 될까? 아마 그 기업은 자신의 상품에 대해 전혀 시장지배력을 행사할 수 없을 것이다. 그래서 그 기

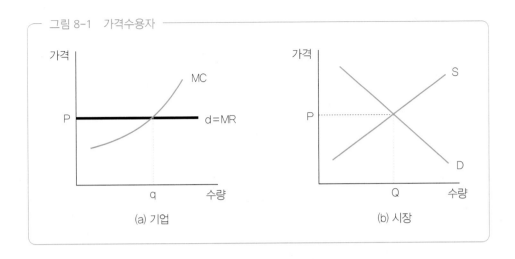

그림 8-1 가격수용자

(a) 기업

(b) 시장

업은 자신의 상품에 대해 가격을 설정할 수 없고, 시장에서 결정된 가격을 받아들일 수밖에 없다. 우리는 이러한 기업을 가격수용자(price taker)라고 부른다.

실제로 가격수용자에 가장 가까운 예는 농산물을 재배·생산하는 농부라고 할 수 있다. 예를 들어 고추시장에서 고추를 팔려고 하는 농부는 대단히 많다. 고추라는 상품은 거의 동일하다. 그만큼 고추시장은 경쟁이 치열할 것이다. 이런 경우에 어느 한 농부가 시장에 공급하는 고추의 양을 줄이고 늘린다고 해도 고추 가격에 거의 아무런 영향을 미칠 수 없다. 더 높은 가격에서 고추를 모두 팔 수 있다면 더 많은 이익을 얻을 수 있겠지만 가격을 높이면 단 1kg의 고추도 팔기 어려울 것이다. 시장가격보다 낮춰 팔면 되지 않겠느냐고 하겠지만, 고추 1kg에 시장에서 3,000원을 받을 수 있다면 굳이 2,500원에 팔려는 농부는 없을 것이다. 그래서 고추농사를 짓는 농부는 시장에서 결정된 가격에서 자신이 생산한 고추를 판매하는 가격수용자가 된다.

제3장에서 우리는 수요가 가격에 대해 완전 탄력적인 경우 수요곡선은 수평이라는 것을 배웠다. 따라서 가격수용자자의 수요곡선은 〈그림 8-1〉처럼 시장가격에서 수평이 된다. 수요곡선이 수평일 경우 그것은 곧 한계수입곡선이자 평균수입곡선이 된다. 왜냐하면 한 단위 더 팔 때마다 가격만큼 추가로 수입이 들어오기 때문이다. 가격수용자는 수요곡선(한계수입곡선, 평균수입곡선)과 한계비용곡선과 만나는 점에서 생산량(q)을 결정하여 이윤을 극대화한다.

손실과 폐업 시점

　　시장상황이 변하여 가격이 기업의 평균총비용 아래로 떨어지면 기업은 손실을 본다. 손실이 발생할 경우 기업이 대응하는 방법에는 세 가지가 있을 수 있다. 첫째, 계속 영업을 하는 것, 둘째, 잠정적으로 문을 닫는 것, 셋째, 폐업하는 것이다. 현재 판매수입과 가변비용, 그리고 기업의 미래에 대한 전망에 따라 선택은 달라질 것이다.

　　만약 시장가격 하락이 일시적인 것으로 전망한다면 기업은 현재의 판매 수입이 가변비용을 감당할 수준인 한 조업을 계속할 것이다. 그것이 손실을 최소화할 수 있는 방법이기 때문이다. 〈그림 8-2〉를 이용해 설명해보자. 현재 이 기업은 생산량 q에서 총수입이 $0qBP_1$이고 총비용이 0qAC로 총수입이 총비용보다 작다. 그래서 이 기업은 손실을 보고 있다. 이 기업이 폐업을 하지 않고 문만 닫는 것을 결정한다면 고정비용이 든다. 만약 미래에 평균비용을 충분히 감당할 수 있을 만큼 가격이 오를 것이라고 전망한다면 현재 손실을 보고 있다고 하더라도 가격 P_1에서 계속 q를 생산하는 것이 낫다. 왜냐하면 현재의 가격에서 가변비용과 일부 고정비용을 감당할 수 있는 수입을 얻고 있기 때문이다. 만약 문을 닫기만 하고 기업을 팔지 않는다면 고정비용에 들어간 모든 돈을 잃게 된다.

　　그러나 시장가격이 기업의 가변비용 아래로까지(P_2) 하락하면 이야기는 달라진다.

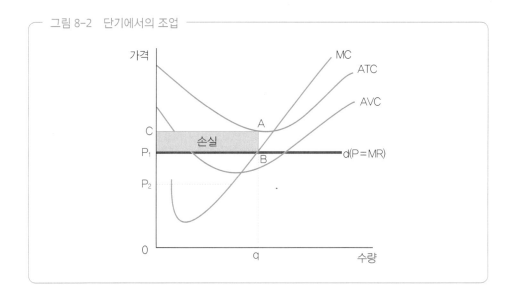

그림 8-2　단기에서의 조업

경제학: 시장경제 원리

이 경우에는 그 가격에서 들어오는 수입으로는 가변비용뿐만 아니라 고정비용조차 감당할 수 없게 된다. 달리 말하면 기업이 조업을 하면 더 많은 돈을 잃게 된다. 이러한 상황 하에서는 잠정적으로 조업을 중단하는 것이 낫다. 잠정적으로 문을 닫으면 여전히 고정비용은 지불해야 한다. 그러나 가변비용은 들지 않아 추가손실은 보지 않는다. 실제로 잠정적으로 조업을 중단하는 경우를 많이 볼 수 있다. 스키리조트, 골프코스, 호텔, 휴양지의 식당 등이 비수기에는 문을 닫는 것이 그 실례다. 여기서 우리가 알 수 있는 것은 기업들이 적어도 가변비용을 감당할 수 있을 경우에만 조업한다는 것이다.

시장상황이 더 나아질 것이라고 전망하지 않는 경우에는 폐업하는 것이 나은 선택이다. 기업이 매각되면 고정비용에 따른 손실조차 피할 수 있기 때문이다.

장기균형

단기균형 시장가격에서 가격수용자 기업들은 한계비용과 시장가격이 같아지는 지점까지 생산을 한다. 규모를 변경할 수 없는 단기에는 기업들은 이윤을 볼 수도 있고 손실을 볼 수 있다. 그러나 시간이 흐르면서 장기에는 규모를 변경할 수 있고 또 새로운 기업들이 진입할 수 있기 때문에 장기 균형에서 가격수용자들의 기업들이 얻는 경제적 이윤은 0이 된다. 물론 경제적 이윤이 아닌 회계적 이윤은 0이 아닐 수 있다. 경제이윤이 존재하면 이윤 기회가 있기 때문에 새로운 기업들이 진입하고, 현재 생산자들은 이윤을 더 얻기 위해 규모를 늘릴 것이다. 그러게 되면 공급이 증가할 것이고 그로 인해 가격이 하락할 것이다.

반대로 기업들이 경제적 손실을 경험하면 시장을 떠날 것이다. 그러면 공급이 감소할 것이고 그로 인해 가격이 상승할 것이다. 경제적 이윤이 0이 되는 경우 이러한 과정이 멈추게 된다. 그래서 가격수용자 시장의 장기균형에서 기업들은 0의 경제적 이윤을 얻게 된다. 장기균형이 존재할 때 기업들은 생산량 수준을 변경하거나 생산규모를 변경할 유인이 없을 뿐만 아니라 새로운 투자가 들어오고 빠져나갈 유인도 없다.

〈그림 8-3〉은 이러한 가격수용자 시장의 장기균형을 나타내는 그래프다. 여기서 보면 시장가격에서 수요량과 공급량이 같아질 것이고 각 기업은 0의 경제적 이윤을 얻으므로 총평균비용의 최저와 시장가격이 일치함을 알 수 있다.

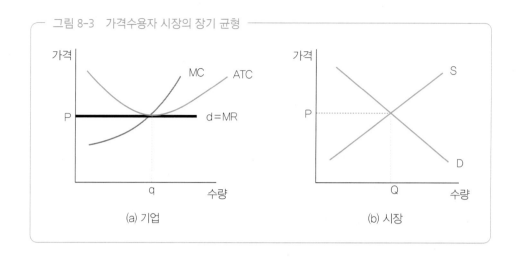

그림 8-3 가격수용자 시장의 장기 균형

(a) 기업

(b) 시장

제 2 절
가격설정자

가격설정자 시장에서의 가격과 생산량

현실에서는 대부분의 기업과 판매자는 가격수용자가 아니다. 대부분의 기업과 판매자는 우하향하는 수요곡선에 직면한다. 수요곡선이 우하향한다는 것은 기업들이 자신들이 생산·판매하는 제품에 어느 정도 시장지배력을 가지고 있다는 것을 의미한다. 이것은 달리 표현하면 기업들은 자신의 상품에 대해 가격을 설정할 수 있음을 의미한다. 즉 가격설정자(price maker)가 된다. 가격설정자는 자신의 이윤을 극대화할 수 있는 가격을 설정하고자 한다.

〈그림 8-4〉는 가격설정자의 이윤극대화를 보여준다. 〈그림 8-4〉를 보면 한계수입곡선이 수요곡선 아래에 위치해 있다. 왜 한계수입이 항상 가격보다 낮고, 즉 한계수입곡선은 수요곡선보다 낮은 곳에 위치해 있는지는 앞장에서 이미 배웠다. 가격설정자는 한계수입과 한계비용이 같아지는 점에서 q만큼 생산하고 그 양에 대해서 소비자가 지불하고자 하는 가격을 부과한다. 따라서 가격은 q에 상응하는 수요곡선상의 점에 해

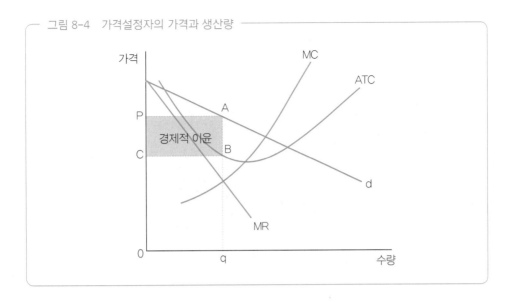

그림 8-4 가격설정자의 가격과 생산량

당하는 P로 설정한다. 이때 기업의 수입은 PAq0가 되고, 경제적 이윤은 PABC가 된다.

　가격수용자의 시장과 마찬가지로 가격설정자의 시장이 경쟁적이라면 시장에서의 경제적 이윤은 새로운 기업의 진입을 유도한다. 새로운 경쟁기업들은 기존 기업들의 고객들을 흡수해갈 것이므로 기존 기업의 수요는 감소하게 된다. 새로운 진입자들이 경제적 이윤을 얻을 것으로 기대하는 한 새로운 경쟁자는 늘어나게 될 것이다. 새로운 기업들의 진입은 경쟁자들 간의 경쟁으로 인해 경제적 이윤이 사라질 때까지 계속될 것이다. 〈그림 8-5〉에서 볼 수 있듯이 기업들은 MR＝MC에서 생산하지만 경쟁에 의해 가격이 단위당 가격까지 내려갈 것이므로 경제적 이윤을 얻을 수 없다.

　어떤 시장에 손실이 존재할 경우 시간이 흐르면서 일부 기업들은 시장을 떠날 것이다. 그렇게 되면 기존의 고객들은 남아 있는 기업들로부터 재화를 구매할 것이다. 남아있는 기업들이 직면하는 수요곡선은 경제적 손실이 제거될 때까지 이동하고 장기에 가서는 〈그림 8-5〉처럼 0의 경제적 이윤의 균형에 도달할 것이다. 경쟁적 가격설정자 시장에서 기업들은 단기에 경제적 이윤을 얻을 수도 있고 손실을 볼 수도 있다. 그러나 장기 조정과정이 이루어진 후에는 0의 경제적 이윤만이 가능하다.

　경쟁적 시장에서는 수많은 기업들이 들어오고 나가곤 한다. 물론 경쟁에 의해 기업이 퇴출됨으로써 일자리나 재산을 잃어버린 사람들에게는 소비자들의 판단이 냉혹하게 느껴질 수 있을지 모르지만 경쟁에 의한 시장의 창조적 파괴는 인간 사회에서 매

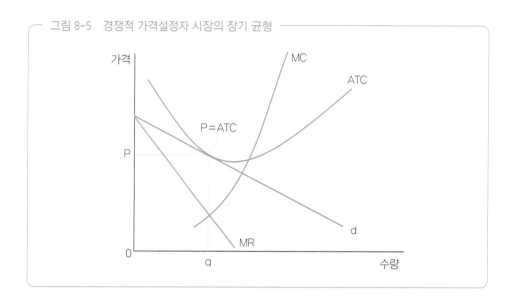

그림 8-5 경쟁적 가격설정자 시장의 장기 균형

우 중요하다. 자유경쟁은 기업들로 하여금 소비자를 만족시키기 위해 값싸고 질 좋은 제품을 생산·공급하도록 한다. 그것을 위해 희소한 자원을 효율적으로 사용하게 하며 새로운 방식과 경영방식을 찾아내게 한다. 그 결과 새로운 일자리가 만들어지고 경제는 발전하게 된다. 따라서 자유경쟁에 의한 비효율적이고 소비자를 만족시키지 못하는 기업의 퇴출은 경제 전체를 위해 바람직한 것이다.

가격탐색(price searching)과 가산적 가격설정(markup pricing)

가격설정자의 가격설정 방법은 이론적으로는 앞장에서 설명한 이윤극대화의 원리를 이용하는 것이다. 다시 말하면 한계수입과 한계비용이 같은 단위까지 생산·공급하여 가격을 정하는 것이다. 그런 방법을 사용하기 위해서는 우선 한계수입과 한계비용을 알아낸다. 그리고 한계수입이 한계비용보다 큰 산출물의 모든 단위를 포함하여 한계수입과 한계비용이 같은 단위까지 생산하도록 생산량을 결정한다. 그 다음 그 생산량을 모두 팔 수 있도록 수요곡선상에서 가격을 결정한다. 그러나 현실에서 한계비용과 수요와 그에 따른 한계수입을 알아내기가 매우 어렵다. 그래서 실제로 기업들은 한계비용과 한계수입이 일치하는 방식으로 가격을 설정하는 것이 아니라 가격탐색에 나선다. 다시 말하면 가격설정자들은 가격탐색자(price searcher)가 된다.

그러면 기업들이 어떻게 가격을 탐색할까? 가산적 가격설정(markup pricing) 방식을 사용한다. 가산적 가격설정이란 비용에 이윤을 더하는 방식이다. 가격탐색의 출발점으로 우선 상품 제조에 들어간 총비용을 추산한 후 거기에 적정하다고 생각하는 이윤을 더해 가격을 매겨본다. 다음에는 가산율을 변화시켜 가격을 책정해 이전의 이윤과 비교해 본다. 나중에 설정한 가격에서 이윤을 더 많이 얻었다면 처음 설정된 가격은 실수였다는 것을 알게 되고, 이윤이 줄었다면 이전에 설정했던 가격이 이윤을 극대화하는 가격이었다는 것을 알게 된다. 이와 같은 과정을 반복하면서 기업은 이윤을 극대화하는 가격을 탐색해가는 것이다.

기업이 가산율을 정할 때 아무렇게나 정하는 것이 아니다. 가산율을 정할 때 고려하는 것이 기업이 인식하는 수요의 가격탄력성이다. 대체재가 많아 탄력성이 크다고 생각하면 가산율을 낮게 적용하고, 대체재가 적어서 탄력성이 낮다고 생각하면 가산율을 높게 적용하는 것이다.

이론적으로 가격과 한계비용, 그리고 수요의 가격탄력성 간에는 (8-1)식의 관계가 성립한다.

$$P = MC\left(\frac{\eta}{\eta-1}\right), \text{ 단 } \eta \neq 1 \tag{8-1}$$

여기에서 P는 가격, MC는 한계비용, 그리고 η는 수요의 가격탄력성이다. 판매자가 η가 3정도라고 인식한다면 $P = MC\left(\frac{3}{2}\right)$이므로 가산율은 50%가 된다. 반면에 η가 6이라면 가산율은 20%가 된다.[1] 이로부터 가산율은 기업이 인지하는 상품에 대한 수요의 가격탄력성의 영향을 받는다는 사실을 알 수 있다.

기업들이 사용하는 가산적 방법 때문에 많은 오해가 있다. 가격은 비용에다 적정이윤을 더해 결정되는 것이라고 생각하던가, 가격은 수요와 공급에 의해 결정된다는데 실제로는 비용에 의해 결정된다고 주장하는 것들이 그런 오해다. 가산적 가격설정은 기

---

[1] 어떤 판매자도 수요곡선상에서 탄력성이 1보다 작은 부분에서는 가격을 매기지 않으므로 가산율이 음이 되는 경우는 없다. 제3장에서 배운 바대로 한계수입곡선은 항상 수요곡선보다 아래에 위치하며, 한계수입이 0이 되는 지점은 수요곡선의 중점에 해당한다. 그리고 수요곡선의 중점의 윗부분은 탄력성이 1보다 크고 아랫부분은 1보다 작다. 이것은 탄력성이 1보다 작은 부분에서의 한계수입이 음(-)라는 것을 시사한다. 판매자가 수요곡선상에서 탄력성이 1보다 작은 부분에서는 가격을 매기지 않는다는 사실을 알 수 있다.

업과 판매자들이 자신의 이윤을 극대화할 수 있는 가격을 찾아가는 과정이라는 사실을 꼭 명심해야 한다.

제 3 절
할인 · 할증 가격

가격차별

가격설정자가 선택하는 특별한 가격탐색 방법이 있다. 그것은 바로 동일한 상품에 대해 어떤 고객에게는 높은 가격을 매기고 어떤 고객에게는 낮은 가격을 매기는 이른바 가격차별(price discrimination)이다. 가격차별에는 두 가지 형태가 있다. 하나는 각각의 소비자에게 제공하는 한계비용이 같고 가격을 달리 책정하는 것이고, 다른 하나는 소비자에게 제공하는 한계비용이 각기 다른데 모든 소비자들에게 동일한 가격을 책정하는 것이다.

전자의 대표적인 예가 노인들에게 대중교통 할인해주고, 영화관이 학생과 어린이들에게 할인해주며, 식품점이나 레스토랑에서 쿠폰을 가져오는 사람들에게 할인해주고, 대학에서 가난한 집 학생들에게 장학금을 주는 것 등이 그 예다.

후자의 대표적인 예가 모든 고객에게 동일한 가격을 부과하는 뷔페다. 고객이 각자가 먹고 싶은 만큼 먹는 것이 뷔페이기 때문에 어떤 사람은 다른 사람들보다 더 많이 먹는다. 따라서 식당 입장에서는 모든 소비자에게 동일한 재화를 제공하지만 각 고객에 제공하는 재화의 한계비용이 고객마다 다르다. 영(0)의 가격 차이는 비용의 차이를 반영하지 않기 때문에 비용이 다른 경우에 동일한 가격을 책정하는 것은 전자의 경우와 마찬가지로 차별을 수반한다.[2]

기업이 어떤 고객에게는 할증 가격을 매기고 또 다른 고객에게는 할인 가격을 매기는 가격차별의 조건이 무엇인지 보도록 하자. 그 조건은 바로 수요의 가격탄력성이

---

2 이에 대한 것은 Chen, Y. and Schwartz, M. (2015) "Differential pricing when costs differ: a welfare analysis," *RAND Journal of Economics*, Vol. 45, No. 2, (Summer), pp. 442–460을 참조하기 바람.

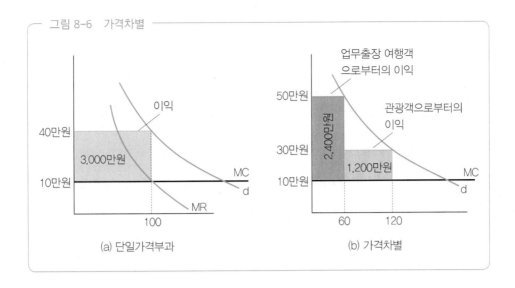

그림 8-6　가격차별

40만원

이익

3,000만원

10만원

MC

MR

d

100

(a) 단일가격부과

업무출장 여행객
으로부터의 이익

50만원

2,400만원

30만원

관광객으로부터의
이익

1,200만원

10만원

MC

d

60　120

(b) 가격차별

다. 가격탄력성이 큰 사람이나 그룹에는 할인해주고, 가격탄력성이 적은 사람이나 그룹에는 할증가격을 매긴다. 예를 들어 보자. 관광차 여행을 가는 사람의 비행기표에 대한 수요는 갑자기 업무 수행차 출장을 가야 하는 사람의 비행기표에 대한 수요보다 더 가격탄력적일 것이다. 당장 업무를 위해 비행기를 타야 하는 사람은 비행기표 가격이 비싸더라도 구입해야 할 것이기 때문이다. 따라서 업무 출장을 가는 사람은 관광객보다 더 높은 비행기표 요금을 지불할 용의가 있을 것이다. 만일 항공회사가 이 두 종류의 사람에게 동일한 가격을 매기기보다는 가격을 차별하여 업무 출장을 가는 사람에게 할증 요금을 매기고 관광객에게는 할인 요금을 매길 수 있다면 항공회사의 이익을 높일 수 있을 것이다.

　〈그림 8-6〉은 이러한 가격차별을 보여주고 있다. 〈그림 8-6〉의 (a)는 모든 고객에게 단일 가격을 부과하는 경우이다. 이익이 극대화되는 판매량은 MR＝MC인 100이고 가격은 40만원이라고 하자. 한계비용이 10만원이라고 하면 단일가격으로 얻는 이익은 3,000만원이 된다. 그러나 (b)와 같이 가격차별을 하면 항공사의 이익은 증가할 수 있다. 가격을 50만원으로 매겨도 비즈니스로 출장 가는 사람들은 가격에 대해서 비탄력적이기 때문에 계속 비행기를 이용할 것이다. 한편 가격을 10만원 할인하면 가격변화에 민감한 사람들로 인해 비행기표 판매가 더 증가할 것이다. 그래서 총비행기표 판매량이 120으로 증가하게 된다. 50만원에 비행기표를 사는 사람이 60명이라 하고 30만

원에 사는 비행기표를 사는 사람이 60명이라고 하면 비즈니스로 출장 가는 사람들로부터 들어오는 이익은 2,400만원, 관광객들로부터 들어오는 이익은 1,200만원이 되어 항공사의 이익은 3,000만원에서 3,600만원으로 증가할 수 있다.

가격차별 전략이 성공하려면 할인표를 구입한 사람이 되팔 수 없어야 한다. 그래서 두 종류의 사람을 구분하는 것이 중요한 문제로 대두된다. 한 가지 가능한 방법은 그 지역에 일정 기간 이상 머무는 사람에게만 할인 가격을 적용하여 미리 비행기표를 구입하도록 하는 것이다. 업무 출장을 가는 여행객은 그 지역에 장기간 머무르지도 않을 것이고 갑자기 여행하는 경우가 많을 것이므로 미리 표를 구입하기는 어렵다. 이와 같이 탄력성이 다른 두 집단을 구분할 수 있고 할인 표를 사는 사람들이 할증 표를 필요로 하는 사람들에게 되파는 것을 막을 수 있다면 효과적으로 가격을 차별하여 이익을 늘릴 수 있다. 즉 어느 장소나 시점에 사서 다른 장소나 시점에 팔아 이익을 남기는 차익거래를 할 수 없는 경우 판매자들은 가격에 민감하게 반응하는(탄력적) 소비자에게는 낮은 가격을 매기고 민감하지 않은(비탄력적) 소비자에게는 높은 가격을 매겨 더 많은 이익을 얻을 수 있다.

영화의 조조할인도 가격차별의 한 사례다. 아침 일찍 영화관에 가는 사람들은 대체로 가격에 민감한 사람들이다. 이들은 소득활동을 하지 않는 사람들로 시간사용에 그다지 제약을 받지 않는 사람들일 것이다. 이들은 영화가 비싸면 영화관에 가지 않을 가능성이 높다. 왜냐하면 영화를 보는 것 이외에 다른 활동을 하며 시간을 보낼 수 있기 때문이다. 영화관은 일반 사람들은 별로 찾지 않는 이른 아침에 상영하는 영화가격을 할인해 이들을 유인하면 수입을 늘릴 수 있다. 또 평일에 시간 제약으로 영화를 감상할 수 없었던 사람들은 주말에 영화관을 찾게 되고 이들은 가격 변화에 그다지 민감하지 않다. 따라서 이들에게는 평일보다 높은 가격을 매겨 수입을 늘릴 수 있다.

음식점이 동일한 음식에 대해 점심가격과 저녁가격을 다르게 부과하는 것도 가격차별의 예다. 보통 저녁가격보다 점심가격이 낮다. 그것은 점심고객들이 저녁고객들에 비해 가격변화에 훨씬 더 민감하기 때문이다. 보통 점심고객이 훨씬 더 외식을 많이 한다. 그러다 보니 점심을 사먹는 사람들은 여러 음식점들의 가격에 대한 정보를 얻을 기회와 유인이 많다. 반면 저녁에 외식을 하는 사람들은 상대가격에 대한 정보를 얻을 기회와 유인이 적다. 그래서 상대적으로 저녁 외식하는 사람들의 가격탄력성이 낮다. 이러한 이유로 음식점들이 점심식사 가격은 낮게 책정하고 저녁식사 가격은 높게 책정한다.

이외에도 국내선 비행기 요금이 하루 중 시간대에 따라 5% 정도 다른 현상, 청소년용 휴대폰 사용 요금제같이 일정 제약 아래 특정 재화를 특정 계층에 할인 판매하는 현상 등도 모두 가격 변화에 민감한 정도를 감안해 판매 수입을 늘리려는 가격차별 전략이다.

가격차별과 경제적 효율성

성공적인 가격차별 전략은 판매자에게 더 높은 이윤을 가져다준다. 이러한 이유로 가격차별을 비난하는 경우가 많다. 그러나 가격차별이 없었다면 구입할 수 없었지만, 가격차별로 인해 어떤 상품을 구입할 수 있게 된 사람들의 후생은 증가한다. 앞의 비행기표의 예에서 본 것처럼, 가격차별로 인해 생산량과 판매량이 증가하는 경우에는 단일가격을 매길 때보다 이득을 보는 사람들이 늘어난다. 이러한 측면에서 가격차별은 사회후생(판매자 이윤＋소비자 잉여)을 증가시킬 수 있다.[3]

---

3 좀 더 엄밀하게 말하면, 가격차별이 사회후생을 증가시키기 위한 필요조건은 가격차별로 인해 생산량과 판매량이 증가하는 경우다.

Disney vs Netflix, 승리자는 누구?

Disney, ESPN+, Hulu의 묶음 서비스가 Netflix 구독료와 같은 $12.99인 것이 그저 "우연"일 뿐이라고 최근 Disney의 CEO Bob Iger가 주장했다.

Disney 스트리밍 서비스는 Disney와 Marvel, 스타워즈의 영화뿐만 아니라 21st century Fox의 The Simpsons, Pixar, National Geographic까지 제공한다. 이 모든 영상들이 한 달에 $6.99라는 비용으로 서비스 중이며 ESPN+, Hulu가 포함되면 $12.99에 더욱 넓은 선택권이 가능해진다.

대다수가 이러한 가격 책정이 순수한 우연이라는 의견에 의심을 표하고 있다. Disney는 이러한 정책으로 스트리밍 시장에서 점유율을 더욱 빠르게 확보할 수 있다는 명확한 인센티브가 존재하기 때문이다. 더욱이, 데이터는 미국의 스트리밍 소비자가 모든 스트리밍 서비스에 도합 $21를 지불할 의향이 있음을 제시한다. 이는 Disney 묶음 서비스와 Netflix만을 같이 이용하기에도 부족한 비용이다. 우연이든 우연이 아니든, 스트리밍 산업에서의 경쟁은 오래된 사실 중 하나인 선도자 이익을 입증한다.

소비자들은 업계의 분명한 첫 선도자를 쉽게 인지한다. 새로운 시장을 설립해낸 기업은 강력한 브랜드 가치를 획득할 수 있게 된다. Netflix의 경우 실로 유명한 선도자로서 구글, 포토샵과 같이 동사로 쓰이는 단계까지 나아가며 수많은 이익을 얻었다. 그리고 끝내 수백만의 스트리밍 서비스 이용자에게 선택받았다. 작년 보고서에 따르면, Netflix 스트리밍은 전 세계 인터넷 대역폭 사용량의 15%를 차지하였다. 추가적으로 Netflix는 수십억을 들여 독창적이고 차별화된 컨텐츠를 생산해내 소비자들이 충실히 서비스를 이용하도록 하는 것에 성공했다. Stranger Things, 13 Reasons Why, Orange is the New Black과 같은 작품들은 Netflix가 누구나 아는 이름이 될 수 있도록 했다.

경제학자 Marvin B. Lieberman과 David Bruce Montgomery가 작성한 논문에서는 시장이 설립됨에 따라 나타나는 과학기술적 지도력, 자본의 우선적 독점, 그리고 브랜드 전환에서의 비용과 결부된 이익에 대해 논의한다. 또한 선도 기업은 브랜드 충성심 또한 얻기 쉽다. 하지만, 오랫동안 업계의 선도자로 여겨지던 Netflix는, 기존 회사로서의 위치에서는 취약함을 보인다. 이제 스트리밍 시장은 새로이 경쟁에 참가하는 기업들이 이미 존재하는 기술적 장점에 편승하여 기존 기업들을 뛰어넘는 상황에 처해 있다. 가격경쟁은 이윤을 감소시키기에 결과적으로 스트리밍 시장은 변화를 맞이할 것이다.

스트리밍 산업에 후발 주자로서 참여하는 Disney와 같은 기업은 소비자들이 본래의 소비 습관을 변화시키도록 유도해야만 한다. 이는 Disney뿐만 아니라 소비자들에게도 어렵고 비용이 많이 발생하는 선택이다. 만약 소비자들이 부담할 '전환비용'이 너무 높

경제학: 시장경제 원리

게 느껴진다면 소비자들은 선도 기업을 향한 충성을 유지할 것이다.

하지만 후발주자로서 Disney 또한 장점을 가지고 있다. 경제학자 Joseph Schumpeter의 유명한 표현인 '창조적 파괴'는 더 효율적이고 새로운 기업의 등장이 기존 기업과의 관계를 뒤집을 수 있다는 사실을 암시한다. 여기서 창조적 파괴는 시장 내의 혁명을 통해 기존에 이루어졌던 혁신을 필요 없게 만드는 것을 의미한다. Schumpeter는 창조적 파괴를 "자본주의의 중요한 사실"이라고 설명했다. 또한 "자본주의가 창조적 파괴로 구성되어 있으며 모든 자본가는 그 안에서 살아가야 한다"고 주장했다. 이는 기존에 존재하던 기업으로서 Netflix 또한 마찬가지로, 더 나은 회사에 의해 창조적 파괴의 대상이 될 수 있음을 의미한다.

이러한 단점이 아니더라도 Disney는 Netflix가 이미 구독자를 잃고 있는 와중에 시장에 진입하며 이득을 보고 있는 상황이다. 2011년 이후로 처음 나타나는 이러한 구독자의 감소는 불충분한 컨텐츠의 추가 속도와 증가한 구독료에 기인하였다. 더욱이, Disney의 새로운 스트리밍 서비스는 새로운 경쟁 상대일 뿐만 아니라 Netflix 서비스에서 Disney 프로그램이 사라지는 것 또한 의미한다. 따라서 Disney 스트리밍 서비스가 고유의 프로그램을 독점적으로 다룰 수 있게 되었다. Disney는 이미 스트리밍 업계의 빠르고 전략적인 추격자의 주요한 예시이다. 대중이 선호하는 컨텐츠와 결합된 저렴한 가격은 Disney가 소비자 및 재무 분석가의 높은 기대치를 충족시키는 데 도움을 줄 것이다.

Disney는 스트리밍 산업에서 선택받을 타당성을 위해 많은 전선에서 경쟁 중이다. Netflix와 동일한 가격을 책정하였으니 소비자는 둘 중 하나를 선택할 것이다. 업계의 늘어난 경쟁에 관하여 Netflix는 다음과 같이 언급했다. "경쟁의 분명한 수혜자는 컨텐츠 제작자와 소비자가 될 것이다. 또한 시청자에게 보다 훌륭한 영상을 제공하기 위해 경쟁하는 기업이 많은 보상을 받게 될 것이다." 스트리밍 전쟁을 지켜보며 우리가 확신할 수 있는 것은 단 한 가지, 소비자가 승리한다는 사실이다.

출처: Snell, Amanda 저/고은표 역, 자유기업원, 해외칼럼, 2020년 8월 10일

연습문제

01. 비슷한 제품들이라고 할지라도 스타일, 디자인, 크기들이 제각각이다. 시장에서 왜 이러한 다양성이 존재하는가? 면봉 같은 제품은 비슷비슷하지만 머리핀을 보면 매우 다양하다. 왜 그러한가?

*02. 맥도날드, 버거킹, 스타벅스, 이마트 등이 가격을 올리지 못하게 하고, 엉터리 제품을 판매하지 않고, 형편없는 서비스를 제공하지 않게 하는 것은 무엇인가?

*03. 가격차별은 경제에 해를 끼치는가? 왜 대학은 가난한 학생에게 장학금을 주면서 등록금을 깎아주는가?

04. A와 B는 같은 제품을 생산하며 다른 생산조건도 동일하며 따라서 제품을 한 단위 더 생산하는 데 드는 한계비용도 동일하다. 다만 판매 시 제시하는 가격은 각자의 가격탐색의 차이에 따라 차별적일 수 있다. A와 B 모두 가산적 가격설정(markup pricing) 방식을 이용하여 가격을 설정한다고 하자. A는 제품의 대체재가 많아 수요의 가격탄력성이 높다고 인식하는 반면 B는 대체재가 적어 수요가 비탄력적이라고 인식하고 있다. 어떤 결과가 나타날 것인지 설명하시오.

05. 자전거 판매상은 자전거를 들여온 도매가격에 마진을 조금만 붙여서 판매하는 반면 휴대 가방, 휴대폰 거치, 자전거 헬멧 등과 같은 액세서리에는 마진을 높여 판다. 왜 그러한가?

*06. 아파트 광고에 유명 탤런트의 사진을 붙이는 대가로 건설 회사가 그녀에게 수억원을 지불했다. 이 때문에 아파트 가격이 오를 것인가?

*07. 편의점의 물건 가격은 평균적으로 대형 슈퍼마켓보다 높다. 이것은 작은 편의점이 대형 슈퍼마켓보다 단위당 경상비가 많이 들기 때문인가? 편의점은 어떻게 높은 가격을 지불하는 고객을 유치할 수 있는가?

08. 정부가 도서정가제를 강행했다. 이러한 도서정가제의 효과는 무엇인가?

*09. CGV는 영화관의 좌석을 '이코노미존', '스탠다드존', '프라임존'으로 나누어 이코노미존은 스탠다드존에 비하여 1,000원을 적게 받고, 프라임존은 1,000원을 더 받는다. 이러한 가격책정은 가격차별 전략인가?

10. 강원도 정선은 석탄 탄광이었다. 그러나 지금 그곳의 석탄 탄광이 폐쇄되었다. 그것은 더 이상 그곳에서 석탄이 나오지 않았기 때문이 아니었다. 그곳에는 여전히 석탄이 매장되어 있다. 정선에 석탄이 매장되어 있음에도 불구하고 왜 석탄 탄광이 폐쇄되었는가?

*표시 문제의 답은 책 뒷부분의 부록에 수록되어 있음.

제 9 장

경쟁과 독점

제 1 절
경쟁 개념의 의미와 변천

경쟁의 의미

우리는 제1장에서 인간사회에서 자원의 희소성 때문에 경쟁은 피할 수 없는 필수불가결한 것이라고 하였다. 그 경쟁이란 다름 아닌 자원의 사용기회를 획득하는 것이다. 그런데 생산자든 소비자든 경쟁자보다 거래당사자에게 더 매력적인 기회를 제공해야 자원의 사용기회를 얻을 수 있다. 생산자는 다른 생산자보다 낮은 가격으로 더 나은 재화와 서비스를 제공해야 자원의 사용기회를 얻을 수 있고, 소비자는 다른 소비자보다 더 높은 가격을 제시해야 재화와 서비스를 획득할 수 있다. 그러나 상대방보다 더 매력적인 기회를 제공하기 위해서는 많은 노력을 해야 한다. 그러므로 경쟁은 가장 나은 것을 찾아가는 '과정'이라고 할 수 있다.

이것은 스포츠를 보면 쉽게 이해할 수 있다. 김연아는 피겨 스케이팅에 타고난 재능을 가지고 있지만 상대방과 경쟁하면서 상대를 물리치기 위해 엄청난 노력을 한다. 그녀의 목표는 상대방을 이기는 것이고 다른 누구보다 압도적인 위치에 오르는 것이다.

사실 모든 스포츠 선수들의 목표가 그러하다.

스포츠 선수들뿐만 아니다. 사업가도 다르지 않다. 아마존의 제프 베조스가 온라인 쇼핑몰을 통해 유통비용을 낮춘 것, 삼성전자의 이건희 회장이 반도체와 스마트폰을 생산하며 삼성을 글로벌 기업으로 성장시킨 것 역시 마찬가지다. 이런 기업과 기업가들의 경쟁적 행위 때문에 우리의 삶이 나아지고 경제가 성장한다.

이런 시장경쟁을 약육강식의 정글의 법칙이 난무하는 것으로 이해하는 경우가 많다. 이러한 오해는 다른 동물 세계의 생물학적 경쟁과 인간사회의 교환학적 경쟁이 다르다는 사실을 이해하지 못한 데서 비롯된다. 동물사회의 경쟁은 죽느냐 사느냐의 전쟁이지만 인간 사회의 경쟁은 교환의 상대를 차지하기 위한 경쟁이다. 교환의 상대를 차지하기 위해서는 상대방보다 더 나은 재화와 서비스를 제공해야만 한다. 따라서 시장경쟁은 서로 협동하는 경쟁이다. 달리 표현하면 시장경쟁은 간접적인 협동의 형태로서 경쟁을 통한 협력이다. 물론 삼성전자와 LG전자는 라이벌로서 직접적으로 협동하지 않는다. 그러나 각자는 소비자와 협동을 하려고 한다. 각자는 상대방으로 하여금 비용을 줄이도록 하고, 소비자를 만족시키는 제품을 만들라고 자극하는 것이다. 이렇게 각자는 상대를 자극하여 소비자와 더욱더 효과적으로 협동하게 한다. 시장경쟁은 다른 경쟁자를 배제하려는 대항적 행위임에는 분명하지만 경쟁을 통해 새로운 기회를 발견하고 자원을 효율적으로 배분함으로써 자연이 준 자원의 한계를 완화하여 모두의 삶을 개선하는 것이다.

완전경쟁과 그 문제점

그런데 경제학자들, 특히 신고전학파 경제학자들이 인식하고 있는 경쟁의 개념은 이와는 다르다. 그들은 경쟁을 상황, 혹은 상태로 인식하고 있다. 다시 말하면 다음과 같은 조건이 존재할 때 경쟁적 시장이라고 한다. 특히 아래의 모든 조건이 존재하는 경우를 '완전경쟁(perfect competition)'이라고 한다.

첫째, 수많은 판매자와 구매자가 있다. 그래서 누구도 시장지배력을 가지고 있지 않다.

둘째, 시장참여자들은 완전한 정보를 가지고 있다.

셋째, 모든 생산자가 동일한 상품을 생산한다.

넷째, 거래비용이 없다.

다섯째, 모든 참여자는 가격수용자(price taker)이다.

완전경쟁이 주는 이론적 결과는 앞장의 가격수용자의 결과인 가상적인 자원의 최적배분과 0의 경제적 이윤을 낳는 것이다. 이런 이유로 경제학자들이 이 이론을 오랫동안 사용하고 있다.

완전경쟁 시장이라는 것은 현실에서 도저히 존재할 수 없는 시장이다. 우선 모든 기업이 동일한 재화를 생산할 수 없다. 기업을 운영하는 사람, 거기에 고용되어 일하는 사람, 기업의 위치 등이 모두 동일하지 않기 때문이다. 그리고 현실에서는 어떤 거래든 거기에는 거래비용이 수반되게 마련이다. 판매자가 구매자의 수요를 파악하는 탐색비용과 구매자에게 상품을 운반하는 수송비용이 있고, 구매자 역시 제품의 특성 및 질 그리고 가격을 탐색하는 데 많은 비용이 수반된다. 게다가 구매자와 판매자가 완전한 정보를 갖는다는 것은 더욱 비현실적이다. 구매자와 판매자가 완전한 정보를 갖는다는 것은 확실성의 세계를 가정하는 것과 같다. 현실은 불확실성의 세계이지 결코 확실성의 세계가 아니다.

완전경쟁 모형은 기업가 정신을 무시한다. 확실성의 세계를 가정하고 있기 때문이다. 우리는 앞에서 불확실성의 세계에서 기업가의 활동과 기업가의 중요성에 대해서 배웠다. 기업가는 시장조정을 실제로 수행하면서 가장 필요한 곳에 자원을 보내며, 미래의 소비자 수요의 형태를 상상하고, 그 수요를 더 잘 만족시키는 생산과정을 조직하는 방법을 생각하고, 최종재의 완성까지의 생산 공정을 조망하고 시장에 재화를 내놓으며, 새로운 제품, 새로운 시장, 새로운 일자리를 창출하며 경제를 성장시킨다. 이렇게 실제로는 기업가의 역할과 기업가의 정신이 중요한데도 완전경쟁 모형에서는 기업가의 활동과 기업가 정신이 들어설 자리가 없다.

또 완전경쟁 모형은 규모의 경제를 무시한다. 완전경쟁의 조건 중의 하나가 많은 수의 기업이 필요하다는 것이다. 많은 소규모 기업이 재화를 생산하게 되면 대규모로 생산하는 경우보다 그 재화의 가격이 일반적으로 가격이 높다. 이 높은 가격에서 완전경쟁이론의 이론적 결과인 가상적인 자원의 최적배분이 도출된다고 해서 이것을 환영할 소비자는 없을 것이다. 예를 들어 보자. 완전경쟁에서 수백 개의 스마트폰 생산자가 소규모로 각기 1,000만원의 한계비용으로 매년 10대의 스마트폰을 생산할 경우 가격은 한계생산비와 같은 1,000만원이 된다. 그러나 3개의 스마트폰 회사가 대규모 생산으로 각자가 매년 80만원의 한계비용으로 생산하고, 한계비용보다 약간 더 높여 100만원에 가격을 책정하였다고 한다면 비록 완전경쟁 시장이 아니더라도 두말할 필요도 없이 소비자에게 이익이다.

경쟁의 상태 개념

완전경쟁 모형이 이러한 비현실적인 결과를 초래하는 이유는 실제로 사람들이 어떻게 경쟁하느냐에 초점을 둔 것(과정으로서의 경쟁)이 아니라 사람들이 경쟁을 다하고 난 후의 상황이나 상태에 초점에 두고 있기 때문이다. 이러한 상태로서의 경쟁 개념을 경제학에 도입되게 된 배경에는 쿠르노가 있다. 쿠르노(Antoine Augustin Cournot 1801-1877)는 수학자였다. 그러나 경제에 관한 연구도 하였으며 경제학에 많은 영향을 미쳤다. 그는 1838년 출판된 〈부의 이론의 수학적 원리에 관한 연구〉에서 경제 분석에 수식을 이용하며 수학의 여러 가지 개념을 도입했다. 그는 기업의 이윤, 수입, 비용을 수학적으로 편리하게 표현하기 위해 경쟁을 '과정'이 아니라 '상태'로 다뤘다. 그는 경쟁을 '기업의 수요가 가격에 대해 완전탄력적인 상태'로 정의했다. 이후 신고전학파의 경제학에 의해 경쟁과 시장구조가 결합되었으며, 상태로서의 완전경쟁이 하나의 시장 구조로 부각되었다. 그러나 쿠르노가 시장구조라는 주제에 대해서 명시적으로 설명한 바는 없고, 제본스(Jevons)나 에지워드(Edgeworth) 등에 의해 경쟁과 시장 구조가 결합되었으며, 이후 클라크(Clark)와 나이트(Knight) 등에 의해 정교화되어 오늘날 통용되는 완전경쟁 개념으로 자리 잡게 되었다.

과정으로서의 경쟁

완전경쟁 모형에서는 더 이상 사람들이 교환활동을 통해 이익을 얻기 위해 어떻게 교환활동에 참여하고 생산활동에 참여하는지에 대한 설명이 없다. 이것은 매일매일

상업세계에서 일어나고 있는 현상과는 매우 다르다. 상업세계에서는 생산자든 소비자든 경쟁자보다 거래 당사자에게 더 나은 기회를 제공하기 위해 노력한다. 생산자는 경쟁자보다 소비자에게 더 나은 재화와 서비스를 제공해야 이익을 얻는다. 소비자는 경쟁자보다 더 높은 가격을 제시해야 재화와 서비스를 소비할 수 있다. 이러한 시장참여자들의 행동으로 자원이 효율적으로 사용되고 경제전체의 자원배분의 효율성이 높아진다. 이런 시장 과정으로서의 경쟁이 자원 배분의 경제적 효율성을 향상시켜 경제성장을 촉진한다.

애덤 스미스(Smith), 리카도(Ricardo), 밀(Mill) 등의 고전학파 경제학자들은 원래 '과정으로서의 경쟁' 개념을 사용했다. 경제학이 순수 논리학이 아닌 사회 과학으로서의 의미가 있으려면 경쟁을 '상태 개념의 경쟁'이 아닌 '과정으로서의 경쟁' 개념으로 복귀해야 한다. 완전경쟁 개념은 사람들의 행위로서의 경쟁을 설명하는 데 유용하지 않을 뿐만 아니라 경쟁 정책을 입안하는 데도 유용하지 않다. 완전경쟁 모형을 바탕으로 하면 정책 실수가 나올 수 있다. 왜냐하면 완전경쟁 모형은 기업의 수가 많을수록 경쟁적이라는 것을 시사하기 때문에 정부는 기업의 수가 적은 산업을 비경쟁적이라고 생각하여 인위적으로 기업의 수를 늘리는 정책을 쓸 수 있기 때문이다. 앞에서 본 것처럼 많은 수의 기업이 소규모로 생산하게 되면 대규모로 생산하는 경우보다 일반적으로 비효율적이고 가격이 높다. 정부정책으로 소비자가 피해를 보고 경제전체적으로 생산성이 떨어질 수 있는 것이다.

제 2 절
독 점

독점은 완전경쟁의 개념에서 파생되어 나온 것이다. 완전경쟁의 그 극단적인 반대 형태가 독점이다. 완전경쟁 이론을 바탕으로 하는 신고전학파 경제학은 경쟁을 기업의 수로 판단하여 기업의 수가 많은 경우를 완전경쟁이라고 하고 기업의 수가 하나인 것을 독점으로 정의하는 것이다. 그것의 연장선에서 두 개의 판매자가 존재하는 것을 복점, 소수의 판매자가 존재할 경우를 과점이라고 하였다. 이러한 시장 구조적 접근은 시장이 실제로는 동태적인 과정으로 움직여 가는 현실과 괴리가 있을 수밖에 없으며 현실을 잘 설명할 수 없다. 그러나 원래 독점은 그런 의미가 아니었다. 애덤 스미스는 정부로부터 특혜를 받아 그 권리를 누리는 것이라고 정의했다.

시장에 한 개의 기업만 존재하는 이유에는 두 가지가 있을 수 있다. 하나는 정부가 특정 기업에게 독점권을 부여하는 경우이고, 다른 하나는 자유경쟁시장에서 발생하는 한 개의 기업이다. 정부에 의해 독점권을 부여하는 것은 정부가 가진 인·허가권을 통해 특정 사업자에게만 사업 활동을 할 수 있는 권리를 부여하는 조치이다. 즉 법적인 진입장벽을 만들어 주는 것이다. 이것은 인위적인 장벽으로서 정부의 인허가를 얻지 못하면 그 사업 활동에 종사하지 못하므로 인허가를 받은 사업자는 자연스럽게 독점을 유지할 수 있다. 이와 같이 법적인 진입장벽 때문에 생긴 독점은 다른 기업들로부터 경쟁이 차단되므로 독점가격을 설정할 수 있을 뿐만 아니라, 설령 비효율적이라고 하더라도 시장에서 퇴출될 염려가 없다. 그러므로 독점으로 인한 폐해는 바로 이런 정부의 진입장벽에 의해 생긴 독점이다.

이와는 달리 자유경쟁 시장에서도 '독점'은 생겨날 수 있다. 즉 많은 기업들이 자유롭게 경쟁한 결과 가장 효율적인 기업이 하나만 남아도 '구조적'으로는, 즉 기업의 수로는 독점이다. 그러나 이런 경우의 독점 기업은 항상 새롭게 시장에 진입하려는 잠재적 기업들에 의한 경쟁에 직면하게 되므로 독점 가격을 설정할 수 없을 뿐만 아니라 자원배분을 왜곡하는 것도 아니고 소비자 복지를 훼손하지 않으므로 문제가 없다. 이는 곧 경쟁의 결과로 나온 소위 '독점기업'이 시장을 100% 점유한다고 하더라도 이를 문제 삼을 이유가 없음을 의미한다. 정부에 의한 진입장벽이 없다면 자유경쟁 시장에서 효율에 근거하지 않은 진입장벽은 없으므로 정부의 진입장벽에 의해 생긴 독점과 경쟁의 결과로 생긴 '독점'은 명확하게 구별되어야 한다. 그리고 경쟁의 결과로 생긴 '독점'을 독점이라고 부르면 잘못이다. 이 경우 역시 경쟁적 시장이다.

시장점유율에 대한 올바른 해석

신고전학파 경제학의 정태적인 독점의 개념을 따르게 되면서 시장점유율에 대해서도 잘못된 견해를 갖게 되는 경우가 많다. 시장점유율이 높은 기업을 시장지배적 사업자로 정의하고 규제한다. 시장점유율이 높은 사업자는 경쟁자들을 몰아내고 소비자를 착취하기 때문이라는 것이다. 실제로 우리나라에서도 시장점유율을 가지고 독과점 규제를 하고 있다. 우리나라의 〈독점규제 및 공정거래에 관한 법률〉을 보면 '1개 사업자의 시장점유율이 50% 이상, 3개 이하(1~3위)의 사업자의 시장점유율의 합계가 75% 이상'이면 시장지배적 사업자로 규정하고 있다.

그러나 시장점유율은 열심히 노력해서 얻은 성공과 능력의 결과이지 기업에게 주어진 특권과 권력이 아니다. 한 기업의 시장점유율이 높다는 것은 소비자들에게 다른 경쟁자들보다 더 잘 봉사한 것에 대한 보상이다. 자유경쟁 시장에서는 어느 기업이든 동일한 경제 규율이 적용되고 소비자의 심판을 받게 된다. 만약 기업이 잘못 경영하거나 소비자를 만족시키지 못할 경우 시장점유율을 잃게 된다.

시장점유율은 시장을 어떻게 규정하느냐에 따라 달라진다. 콜라 회사들은 자기들끼리만 서로 경쟁하는 것이 아니다. 다른 음료수 제조업자들과도 경쟁한다. 주스 제조업체와도 경쟁하고, 생수업체와도 경쟁할 수 있다. 시장을 정의하는 범위에 따라 기업의 시장점유율에 큰 차이가 난다. 콜라시장에서 코카콜라가 80% 이상의 시장점유율을 기록했다고 해서 독점기업이라고 분류할 수 없다는 것이다. 코카콜라가 모든 다른 음료수 업체들을 고려하면 그 시장점유율은 매우 낮을 것이다.

어떤 재화나 서비스가 동일한지 또는 밀접한 대체재인지를 판별하는 주체는 오직 소비자들일 뿐이다. 그리고 서로 다른 소비자들은 물리적으로 동일한 재화나 서비스라고 하더라도 구체적인 시간과 장소에 따라 서로 다르게 생각할 가능성이 높다. 즉 재화나 서비스를 파는 가게의 위치와 주변 및 실내 분위기, 점원의 친절함 등에 의해 동일한 재화나 서비스 또는 다른 재화나 서비스로 인식되기도 한다. 따라서 제품의 물리적 특성에 의해 제품의 동질성이나 대체성이 결정되는 것이 아니며, 경제학자가 이를 식별할 수 있는 것은 더더욱 아니다. 따라서 규제당국과 대부분의 지식인들이 단순한 시장점유율을 바탕으로 독점으로 평가하는 것은 매우 임의적인 주장이다.

시장점유율에서 시간이라는 요소 또한 중요하다. 시장의 지위는 정지된 한 시점에서 바라봐서는 안 된다. 시장점유율은 시간에 따라 지속적으로 변한다. 10년 전에 높은 시장점유율로 선도자의 위치에 있었던 기업이 오늘날 반드시 시장선도자인 것은 아니다. 그뿐만 아니라 지금 시장점유율이 높다고 해서 앞으로 10년 후에도 계속 시장선도 자리를 유지할 수 있다고 볼 수 없다. 계속 시장점유율을 높게 유지하기 위해서는 지속적으로 소비자의 선택을 받아야 한다. 그러기 위해서는 소비자를 만족시키는 재화와 서비스를 생산·판매해야만 한다. 따라서 시장에서 어느 한 기업이 오랜 기간 동안 우위를 지속했다는 사실은 소비자를 만족시키는 그 기업의 탁월한 능력을 반영하는 것이다.

이러한 시장점유율의 의미를 잘못 이해하고 정부가 해당 기업에 제재를 가한다는 것은 성공한 기업에 대한 징벌이다. 그리고 성공의 성과를 비효율적인 경쟁자들에게 재분배하는 꼴이 된다. 이러한 반독점 보호주의는 생산성과 부를 파괴하며, 도덕적으로도 옳지 않다.

인위적 이외의 진입장벽에 대한 해석

법으로 특정 기업에게 특권이 주어지는 인위적인 진입장벽 이외에 다른 기업이 쉽게 들어가지 못하게 하는 진입장벽이 있는 산업은 독점이라는 견해가 많다. 다시 말하면 거대 기업을 설립할 자본을 가지지 못한 사업자는 이미 그러한 기업 규모를 운영·유지하고 있는 사업자에 의해 실질적으로 경쟁을 제한당하기 때문에 거대한 자본 요구량이 실질적인 진입장벽이 된다는 것이다.

언뜻 보면 설득력이 있는 것 같다. 그러나 동태적인 세계에서는 이는 다른 경쟁의 압력을 받는다. 대기업이 '독점'이라고 해서 소비자에게 피해를 주는 행동을 하면 다른 대기업의 직접적인 경쟁 압력을 받든가, 아니면 간접적인 경쟁 압력을 받는다. 지금 거대 기업이 어느 한 산업에 존재하면 대부분의 사람들은 그 대기업들과 견줄 만한 기업들이 존재하지 않는다고 생각하는 경향이 많다. 그러나 중소기업만 있는 것이 아니라 다른 대기업들도 있다. 만약 자유경쟁 시장에서 현존하는 대기업이 '독점자'로서의 소비자에게 피해를 주는 행위를 함으로써 소비자들의 불만이 고조되는 경우 다른 대기업이 소비자를 만족시키는 재화와 서비스를 제공하면서 그 산업에 뛰어들 수 있다.

간접적인 경쟁 압력이 더 극적이다. 거대기업의 '독점'이 부질없음을 보여주는 극적인 사례는 철도회사다. 미제스는 이에 대해 다음과 같이 설명하고 있다.

"과거 거의 모든 자본주의 국가에서는 철도회사들이 지나치게 비대해져 세력이 너무 강하다고 일컬어졌었다. 그들의 독점권에 대항하여 경쟁하는 일은 불가능한 듯했다. 운수분야에서 경쟁이 배제됐기 때문에 자본주의는 이 분야에서 자기파멸의 단계에 도달되었다고 주장되었다. 그러나 사람들은 다음과 같은 사실을 간과했다. 철도회사들이 지니고 있는 힘이란 어느 수송방법보다 국민들에게 더 좋은 서비스를 제공할 수 있는 능력에 의존하고 있다는 사실이었다. 물론 이러한 대규모 철도회사의 기존노선과 나란히 또 다른 철도를 가설함으로써 이들과 경쟁을 벌이는 것은 어리석은 일이었을 것이다. 기존노선만으로도 현존하는 수요에 충분히 응할 수 있었기 때문이다.

그러나 이윽고 다른 경쟁자들이 나타났다. 경쟁의 자유란 다른 사람이 이미 이루어 놓은 것을 모방하거나 그대로 답습함으로써 간단히 성공할 수 있는 것은 아니다. 철도회사를 둘러싼 경쟁의 자유는 자유롭게 뭔가를 발명하고 무슨 일이든 하여 철도회사에 도전함으로써 그들을 불안한 경쟁 상태로 빠뜨릴 수 있음을 뜻한다. 미국에서는 철도회사의 경쟁상대로 버스, 승용차, 트럭, 그리고 항공기가 등장하여 승객수송 면에서 철도회사를 고전에 빠뜨렸고, 마침내는 재기불능상태로 몰아넣었다."(미제스(1995), 『자본주의 정신과 반자본주의 심리』(김진현 역), p. 26.)

정부의 간섭이 없는 시장에서 나온 독점, 즉 시장점유율이 높은 기업은 문제될 것이 없다. 그리고 독점의 기준을 단지 시장점유율이나 특정 시장에서의 기업의 수로 판단해서는 안 된다. 다시 말하면 기업의 수가 많다고 해서 경쟁적이고 기업의 수가 적다고 해서 비경쟁적이라고 판단해서는 안 된다. 어떤 산업이 독점인지 아닌지, 혹은 경쟁적인지 아닌지를 판단하는 기준은 시장점유율이 아니라 그 산업에 진입 및 퇴출 장벽의 유무다. 진입 및 퇴출 장벽이 존재하면 그 산업은 독점산업이고 그렇지 않으면 독점산업이 아닌 경쟁적 산업이다.

자연독점(natural monopoly)

경쟁의 결과로 시장점유율이 높은 경우의 이른바 '독점'은 문제될 것이 없다고 하였는데, 그렇다면 규모의 경제로 인해 진입장벽이 매우 높아서 생기는 자연독점의 경우는 어떠한가?

자연독점이란 상수도, 철도, 전기 등의 경우처럼 생산량의 증가에 따라 비용이 감소하는 경우를 말한다. 이 경우 한 개의 기업이 재화나 서비스를 전부 생산하는 것이 똑

같은 생산량을 두 개의 더 작은 기업들이 생산하는 것보다 더 효율적이다. 이는 부분적으로 규모의 경제가 존재하기 때문이다. 문제는 한 개의 기업이 재화나 서비스를 독점적으로 생산할 경우 독점 가격을 설정하므로 경쟁 시장에서보다 가격은 높고 생산량은 적어 사회적 순손실이 발생한다는 것이다. 이때 독점의 횡포를 막기 위해 정부 개입이 필요하다는 것이다.

그러나 앞에서 본 것처럼 규모의 경제로 인해 둘 이상의 기업이 생산하는 것보다 한 기업이 생산하는 것이 비용이 낮아 결국 한 기업만 생존하게 되었을 때 상품의 가격 및 생산량이 독점수준에서 결정된다는 논리는 타당하지 않다. 마찬가지로 생산에서 규모의 경제를 가진 자연독점 기업이 독점가격을 설정한다는 논리 역시 타당하지 않다. 생산에서 규모의 경제가 있다는 사실이 판매에서 독점가격으로 이어지는 논리적 연결고리가 없다. 시장점유율을 가지고 가격과 생산량이 경쟁적인지 아닌지를 판별할 수 없는 것이다.

경쟁 입찰의 경우를 보자. 진입장벽이 없다면 모든 잠재적 기업들이 입찰에 참여할 수 있고, 이 중에는 생산에 있어 규모의 경제를 가진 기업이 있을 것이다. 이제 많은 기업들이 입찰에 응하고 이들 간의 담합 비용이 높아 담합할 수 없다면 입찰자 중에서 가장 낮은 가격을 써 낸 기업이 낙찰자로 선정될 것이며, 낙찰 가격은 단위 생산비용에 가깝게 될 것이다. 그런데 이 낙찰 가격을 독점가격이라고 해야 할 아무런 이유가 없다. 물론 이 가격이 얼마나 경쟁적인지도 알 수는 없다. 규모의 경제가 의미하는 바는 공급량이 증가할수록 단위비용이 낮아져 응찰 가격이 낮아진다는 것을 나타낼 뿐, 이 가격이 얼마나 경쟁적인지에 대해서는 시사하는 바가 없다. 그러므로 시장점유율과 독점가격이 관련되어 있다는 믿음 하에서 이루어지는 규제는 그 근거가 약하다.

뎀세츠(Harold Demsetz)의 연구에 따르면 자연독점이라고 불릴 수 있는 산업은 사실상 존재하지 않았다. 자연독점이라고 불렸던 산업에서 복수의 기업들이 치열하게 경쟁했다. 예를 들어 1887년 한 해에만 뉴욕 시에서 6개의 전기조명 회사들이 설립되었고, 19세기 후반 미국에서 가스 산업은 경쟁이 일상적인 상황이었다. 전화 산업에서는 특히 경쟁이 심했다. 그의 연구결과를 보면 자연독점 이론은 허구일 가능성이 높다.[1]

---

1 Demsetz, Harold (1968). "Why Regulate Utilities?," *Journal of Law and Economics*, Vol. 11, No. 1, (April), pp. 55–65.

따라서 자연독점 이론에 따라 소위 자연독점 기업을 분할해 기업 수를 늘리게 되면 단위당 비용이 올라가게 된다. 그렇게 되면 소비자들은 그 자연독점기업이 부과하는 가격보다 더 높은 가격을 지불해야만 한다. 자연독점에 대한 규제는 사회적 후생 감소를 초래하는 것이다. 이러한 점에서 자연독점에 대한 규제는 적절하지 못하다.

제 3 절
독점 및 경쟁 규제의 몇 가지 사례와 결과

스탠더드 오일 케이스

1870년 록펠러에 의해 설립된 스탠더드 오일(Standard Oil)이 1890년 미국 내 88% 시장점유율을 기록하였다. 그러자 1911년 반독점법 위반으로 스탠더드 오일을 34개 독립회사로 분할 해체하였다. 그러나 스탠더드 오일이 분리된 이후 정유 가격이 급격히 상승하여 분리 이전보다 크게 높아졌다. 지배기업이 분리된 이후에 이들 기업의 시장점유율이 하락하였음은 물론이다. 시장점유율이 하락한 그 자리에 중소 경쟁 업체들이 차지했다. 그러나 이러한 변화는 소비자를 위한 것이 아니었다. 오히려 분리로 인해 비용과 가격이 상승되었고 비효율적인 기업들이 생산과 판매를 확대하였다. 이러한 반독점 조치로 이익을 본 것은 소비자가 아니라 특정 경쟁 업체들이었다. '경쟁을 창출'했던 규제당국의 조치는 오히려 많은 경제적 손실을 야기했다.

마이크로소프트 케이스

1999년 미연방법원은 마이크로소프트(MS)사에 대해 반독점법 위반 예비판결을 내렸다. 독점기업이었다는 기준으로 MS사의 시장점유율 85% 이상을 들었다. 또 다른 근거는 마이크로소프트가 윈도즈를 팔 때 독점력을 이용하여 인터넷브라우저인 인터넷 익스플로러를 끼워 팔았다는 것이다. 시장점유율 자체만 놓고 본다면 윈도우의 공급자인 MS는 독점기업이라 할 수 있다. 그러나 행위를 기준으로 보면 MS는 독점이라고 할 수 없다. 85%의 시장점유율은 그만큼 소비자가 구매해서 사용하고 있다는 것의 반증이며, 달리 표현하면 MS가 소비자를 만족시키기 위해 치열하게 노력했다는 것을 보여주는 것이다.

실제로 끼워팔기 소송 과정에서 윈도즈 가격이 독점가격인지의 여부를 판정하기 위해 MS가 독점력을 충분히 활용할 경우 윈도즈 가격을 얼마까지 받을 수 있을 것인가에 대한 추정이 이루어졌다. MS측 경제학자인 슈말린지(Schmalense)는 960달러, 정부측 경제학자인 프랭클린 피셔(Franklin Fisher)는 265달러로 추정했다. 그러나 당시 실제의 윈도즈 OEM 가격은 그 두 가격보다 훨씬 낮은 65달러였다. 이것은 MS는 거의 PC 운영체제 시장에서 거의 유일한 공급자였지만, 시장점유율에 바탕을 두고 '독점적 행동'을 할 것이라는 추정이 잘못되었다는 것을 보여준다. 게다가 익스플로러, 윈도우미디어 플레이어 등 독립적으로 팔면 상당한 값을 받을 수 있는 소프트웨어들을 대부분 윈도즈에 끼워서 무료로 제공한 것은 매우 치열한 경쟁적 행동이며, 소비자에게 이익이 되는 행동들이다.

높은 시장점유율을 누리고 있다고 하더라도 언제 어떻게 경쟁자들이 나타나 시장점유율이 떨어질지는 아무도 모른다. 그러니 당장 시장점유율이 높다고 하더라도 고객만족을 위해 치열하게 노력하는 것이다. 실제로 인터넷 익스플로러는 2002년과 2003년 그 사용률이 95%에 이르렀다가 구글의 웹 브라우저인 크롬의 등장으로 인터넷 익스플로러의 시장점유율이 크게 하락했다. 게다가 Android—삼성, 애플의 아이폰 같은 스마트폰이 등장하면서 PC의 위상이 추락했고, 그와 더불어 MS의 위상도 점점 추락하고 있다.

삼익악기의 영창악기 인수 사례

2004년 9월 공정거래위원회는 삼익악기의 영창악기 인수를 허용하지 않았다. 삼익악기가 영창악기를 인수하면 업라이트 피아노 기준으로 시장점유율이 92%에 달하게 되어 시장지배력을 남용할 가능성이 매우 크다는 이유에서였다. 공정거래위원회는 삼익악기가 취득한 영창악기의 지분 48.6%를 1년 안에 제3자에게 처분하도록 명령했고, 그로부터 12일 후 영창악기는 부도가 났다.

　피아노 시장에서 경쟁은 국내 피아노 회사들에 국한되지 않는다. 당시 국제시장에서 삼익악기의 경쟁상대는 일본의 야마하와 독일의 슈타인바하였다. 당시 미국시장에서 가장 시장점유율이 높은 기업은 야마하였다. 야마하가 32%, 삼익악기가 26%, 영창악기가 9%를 차지하고 있었다. 삼익악기가 영창악기와 합병했다면 야마하나 슈타인바하와 국내시장과 국제시장에서 보다 효과적으로 경쟁할 수도 있었다. 그런데 공정거래위원회가 삼익악기의 영창악기 인수를 허용하지 않음에 따라 결과적으로 외국기업인 야마하나 슈타인바하에게 경쟁의 압력을 줄여주는 도움을 주었다. 게다가 경쟁에 따른 소비자들의 이익 증가가 차단되었다.

중소기업 적합업종제도

　중소기업 적합업종제도는 2011년 말부터 대기업의 무분별한 사업 확장을 막고, 중소기업의 사업 활동을 보호·육성하기 위해 시행되었다. 그동안 동반성장위원회 음식점·제과점·두부 등 110개 업종을 지정했다. 중소기업 적합업종으로 지정된 사업에 대해 대기업은 투자 제한 등의 제약을 받는다.

　중소기업 적합업종제도는 중소기업의 고유 영역이 있다는 것을 전제로 한다. 그러한 전제는 아무런 변화가 없는 정태적인 세계에서는 가능할지 모르지만 끊임없이 변하는 동태적인 현실세계에서는 있을 수 없는 일이다. 소비자의 욕구가 시시각각 변하고, 기술이 날로 발전하고, 생산과 판매 방법이 빠르게 변한다. 그러한 변화에 적응하며 중소기업이 대기업이 되기도 하고, 변화에 적응하지 못한 대기업은 중소기업으로 전락하거나 문을 닫기도 한다. 또한 중소기업이 하던 업종을 대기업이 할 수 있고, 대기업이 하던 일을 중소기업이 할 수 있으며, 새로운 업종들이 생겨 대기업이 할 수도 있고 중소기업이 할 수도 있다.

　중소기업 적합업종제도의 문제는 기업 간 경쟁을 막는다는 점이다. 경쟁을 막으면 우리 경제의 희소한 자원이 비효율적으로 사용되어 산업과 경제가 발전하지 못한다. 대기업과 중소기업을 구분하지 않고 기업 간 경쟁을 해야 경제가 효율적으로 작동하고 소비자들은 값싸고 품질 좋은 제품을 사용할 수 있다. 중소기업 적합업종제도는 기업

간 경쟁을 막아 소비자의 후생을 감소시키는 것이다.

또한 중소기업 적합업종제도는 생산성이 높은 기업의 시장 진입과 증설, 그리고 생산성이 낮은 기업의 퇴출을 가로막아 산업 전반의 효율성과 경쟁력을 떨어뜨리게 된다. 그뿐만 아니라 관련 분야의 중소기업이나 소상공인들에게 피해를 줄 수도 있다. 예를 들면 지난 2011년 두부 제조업이 중소기업 적합업종으로 지정된 이후 국산 콩 가격은 40% 이상 폭락했고, 대기업의 국산 콩 매입이 크게 줄어 콩 생산 농가들이 피해를 입었다.

최근의 실증연구는 중소기업 적합업종제도의 부적절함을 보여주고 있다.[2] 14개 세부업종에 대한 연구결과 매출 증가는 단 3개(메밀가루, 햄버거빵, 면류)에 불과하고 중소기업 적합업종으로 지정되었던 두부는 오히려 매출이 감소했다. 수익성이 개선된 것은 2개(김치, 장류 및 청국장)에 불과하고 도시락, 이동급식용 식사 등은 수익성이 악화되었다. 그리고 혁신활동이 확대된 업종은 도시락 단 1개에 불과했다.

대형마트 규제

2010년 유통산업발전법을 통해 대형마트의 주말영업을 금지하고, 전통시장 근처에 대형마트를 입점하지 못하도록 제한하고 있다. 또한 지역 유통산업의 전통을 보존하고 대형유통업체와 중소유통업체의 상생발전을 위하여 전통시장 1km 이내에 대형마트나 SSM(기업형 슈퍼마켓)의 개설을 제한하고 있고, 이들에게 월 2회 의무휴업을 요구하고 있으며 오전 0~10시 영업을 제한하고 있다.

대형마트 규제는 전통시장 등 골목상권에 도움이 될 것이라는 가설 때문에 만들어졌다. 그러나 실제 결과는 오히려 전통시장 등 골목상권에 끼친 부정적인 영향이었다. 대형마트 의무휴업 규제 도입 이듬해인 2013년 29.9%였던 대형마트 소비 증가율은 2016년 −6.4%로 떨어졌음은 물론, 같은 기간 전통시장 소비 증가율도 18.1%에서 −3.3%로 감소했다.[3] 이와 같은 결과는 대형마트가 쉰다고 해서 소비자들이 전통시장 등의 골

---

2 곽기호 (2019), "중소기업 적합업종 지정제도가 중소기업 경영성과에 미친 영향 분석: 음식료품 제조업을 중심으로", 『중소기업연구』, vol. 41. no. 2, pp. 25−50.

3 서용구, 조춘한 (2019), "대형마트, SSM 규제 정책의 효과분석", 『한국유통학회유통연구유통연구』, 제24권 제3호, pp. 133−148.

목상권을 이용하지 않기 때문이다. 전국경제인연합회(2021)가 실시한 '유통 규제 관련 소비자 인식 조사'에 따르면 '의무휴업제로 대형마트에 못 갈 경우, 전통시장을 방문한다'고 응답한 비율은 8.3%에 그쳤다. '슈퍼마켓을 이용한다'가 37.6%로 가장 많았고, '대형마트 영업일이 올 때까지 기다린다'는 응답이 28.1%로 그다음이었다. 이어 '전자상거래(e커머스) 이용(14.7%)' '편의점 이용(11.3%)'순이었다. 이러한 사실은 대형마트 규제는 실효성은 없고 소비자들만 불편하게 만드는 결과를 초래하고 있음을 보여준다.

게다가 규제로 인해 1~2인 가구로의 거대한 인구구조 변화, e커머스의 급성장 등의 시장여건 변화에 탄력적으로 대응할 수 없게 되어 대형유통업체들이 규모를 줄이는 구조조정이 가속화되고 있다. 국내 대형마트 3사(이마트·롯데마트·홈플러스)의 전국 매장 수가 계속 줄어들고 있으며, 그에 따라 많은 일자리가 사라지고 있다.

제 4 절
독점과 관련된 이슈

카르텔

카르텔은 기업 간 담합을 말한다. 기업들의 담합은 경쟁을 제한하는 행위다. 생산을 제한해 가격을 올리고 시장거래를 위축시킴으로써 소비자의 후생을 감소시킨다. 따라서 카르텔은 마땅히 규제되어야만 한다. 우리나라는 공정거래법 제19조에서 카르텔은 불황과 같은 특별한 경우에 예외적인 조항을 두고 있지만, 일반적으로 당연위법으로 간주해 규제하고 있다. 그러나 규제에 앞서 카르텔에 대해서 경제학적으로 분석할 필요가 있다.

사실 카르텔은 정부의 보호가 없으면 본질적으로 유지되기가 어렵다. 그 이유는 첫째, 시장상황이 변하면 카르텔 구성원들이 합의를 파기하고 카르텔에서 이탈하려고 하기 때문이다. 카르텔을 형성한 기업들의 재화에 대한 수요가 증가할 경우 합의된 가격 이하로 판매하거나 생산을 늘려 판매하는 것이 이익이 된다고 판단되면 기업들은 합의를 파기하려고 한다.

둘째, 기업들은 가격경쟁만 하는 것이 아니기 때문이다. 기업들이 카르텔을 형성하며 가격경쟁을 하지 않겠다고 합의했다 하더라도 기업들이 품질, 서비스 등을 통한 비가격경쟁을 한다. 비가격경쟁으로 카르텔에 따른 독점이윤이 소진될 것이고, 그로 인해 결국 카르텔은 와해될 것이다.

셋째, 외부기업들의 진입 때문이다. 카르텔 형성으로 초과이윤이 존재한다고 하면 그 이윤을 보고 다른 외부기업들이 그 사업에 진입하려고 한다. 새로운 경쟁자가 진입하면 카르텔이 누리는 초과이윤은 사라질 것이며 자연히 카르텔은 와해된다.

카르텔 자체가 경쟁을 제한하는 문제점을 갖고 있는 것은 분명하지만 이와 같은 특성 때문에 오랫동안 유지될 수 없다. 따라서 정부가 카르텔에 대한 규제를 강화하기보다는 그 산업에 대한 진입장벽을 제거하여 경쟁의 압력에 의해 카르텔을 의미 없게 만드는 것이 더 중요하다.

약탈적 가격

독점과 연관되어 있는 또 다른 이슈가 약탈적 가격(predatory pricing)이다. 다시 말하면 자유경쟁 시장에 맡겨 놓으면 대기업이 가격을 아주 낮게 책정하여 경쟁기업을 시장에서 몰아내고, 그 후 다시 가격을 올려 소비자를 착취한다는 것이다. 그리하여 중소기업과 소비자를 보호하기 위해 정부가 대기업을 규제해야 한다는 논리다.

그러나 이 논리는 타당하지 않다. 왜냐하면 자유경쟁 시장에서 약탈적 가격이라는 것은 존재하기 어렵기 때문이다. 만약 어떤 기업이 경쟁자를 시장에서 몰아내기 위해서 가격을 아주 낮게 책정한다면, 낮아진 가격으로 인해 소비자는 이익을 본다. 문제는 낮아진 가격으로 경쟁자가 시장에서 퇴출된 이후 그 기업이 다시 원래 혹은 원래의 가격보다 더 높게 가격을 책정할 수 있겠는가 하는 점이다.

결론은 그 기업은 다시 가격을 올릴 수 없다는 것이다. 만약 가격을 올리게 되면 다른 경쟁자가 이윤기회를 포착하고 진입하게 된다. 다시 경쟁기업을 몰아내고 시장에서 독점적 위치를 점유하기 위해서는 다시 가격을 내려야 한다. 그러나 어쩌면 가격을 이전보다 더 내려야 할지도 모른다. 이미 한 번의 경험을 겪은 시장에서 그 기업과 경쟁하기 위해서 뛰어든 새 기업은 비용, 기술, 그리고 서비스 면에서 더 나은 위치에 있을 수 있기 때문이다. 가격을 다시 내리면 소비자는 다시 이익을 보게 된다. 만약 이러한 약탈적 가격 책정 행위를 계속하면 그 기업의 손실은 증가하게 될 것이고, 그것이 누적되면 결국 자신이 시장에서 퇴출되게 될 것이다.

약탈적 가격은 경쟁자를 몰아내는 것이 아니라 오히려 경쟁 기업에게 이익이 되는 역할을 할 수도 있다. 어떤 기업이 경쟁자를 몰아내기 위해 아주 낮은 가격을 책정하면 경쟁자는 그 기업이 생산한 제품을 싸게 사서 다른 곳에 가져다 팔 수 있을 것이고 오히려 비용을 적게 들이고 돈을 벌 수 있는 것이다.

다우케미컬(Dow Chemical Company)이 대표적인 실례다. 1900년대 초 다우케미컬은 미국의 조그만 브롬 생산업체였다. 브롬은 진통제와 필름을 현상하는 데 사용되는 화학약품이다. 당시에 세계 화학약품 시장을 지배하고 있던 것은 독일이었다. 당시 약 30개의 독일 기업들이 모여 독일브롬연합(Die Deutsche Bromkonvention)이란 카르텔을 만들어 브롬을 공급하고 있었다. 이 시장에서 다우케미컬이 영국에 독일 카르텔보다 낮은 가격으로 브롬을 판매했다. 그러자 독일 카르텔은 다우케미컬을 시장에서 몰아내기 위해 브롬가격을 반값으로 내려 미국 시장에 대량 공급했다. 그러나 다우케미컬은 이에 굴하지 않고 오히려 독일 브롬을 싸게 구입한 다음 다시 포장하여 약간 가격을 올려 팔았다. 앉아서 돈을 번 것이다. 나중에 이 사실을 알아차린 독일 카르텔은 결국 이 전략을 포기하고 다우와 자유경쟁하기로 하였다. 브롬전쟁 과정에서 낮아진 브롬가격 덕분에 소비자들의 이익은 증가하였다. 또 브롬 전쟁을 통하여 다우는 더 많은 자본을 확보할 수 있었다. 그 자본으로 사업을 확장하여 세계적인 화학약품 회사로 성장할 수 있었다.

다우케미컬 사례에서 볼 수 있듯이 약탈적 가격은 결코 경쟁자를 몰아낼 수 있는 방법이 아니다. 따라서 대기업이 약탈적 가격을 이용하여 독점을 유지한다는 주장은 잘못된 것이다.

정부는 아이폰 '독점'으로부터 우리를 구하지 않았다

2007년 애플은 아이폰을 처음으로 출시하면서 첨단 기술 세계에 지각 변동을 일으켰다. 아이폰은 Nokia를 쉽게 물리쳤고, 기계광, 사업가 그리고 모든 소비자들을 사로잡은 첫 번째 스마트폰이 됐다.

애플은 아이폰의 성공으로 어마어마한 수익을 창출했다. ISuppli에 따르면 애플은 아이폰 2세대 한 기계당 개발, 자본비용을 제외하고 326달러의 수익을 거둬들였다고 한다. 이 수익을 보고 많은 기업들은 애플의 시장점유율을 나눠 먹을 수 있는 공식을 찾으려 했다. Palm과 Nokia는 처참하게 실패했고, RIM의 블랙베리만이 사업가들 상대로 성공을 거두었다.

애플은 특정 상품에 대해 절대적인 독점을 가지고 있는 기업의 전형적인 예이다. 시간이 흐르면서 아이폰은 필수품이 되었고, 덕분에 애플은 아이폰을 통해 많은 수익을 창출하면서 판매할 수 있었다.

이 문제에 대해 다수의 경제학자들과 정치인들이 내놓은 일반적인 해결책은 가격을 통제해야 한다는 것이었다. 결국 자유시장은 시장실패를 막지 못하고 정부가 나서서 해결해야 한다는 것이었다.

오스트리아학파 경제학자이자 2014 노벨경제학상 후보자였던 Israel Kirzner 교수는 다른 시각을 제시한다. Kirzner 교수의 중요한 발간물인 Competition and Entrepreneurship에 따르면 일시적인 독점은 실제로 존재한다. 하지만 반독점 당국(antitrust authority)의 힘을 이용하는 것은 옳지 않다고 한다. 높은 가격 자체가 기업가들이 극복해야 할, 그 실패를 이겨내고 완전히 새로운 경쟁 상품을 고안하게 하는 자극제라고 한다. 반대로, 인위적으로 통제된 가격은 경쟁 상품이 필요 없다는 옳지 않은 신호를 보내며 장기적으로는 독점이 계속 유지될 거라고 한다. 물론 경쟁은 시장 자유도에 달려있다. 시장이 자유로울수록 기업가들에게는 더 유리하다. 통제가 심한 시장에서 기업가들은 독점에 대항하기 위해 인위적으로 가공된 정부 장벽을 이겨내야 한다. 그리고 대부분의 경우에는 정부 장벽은 새로운 기업가가 뛰어넘기에는 너무 높게 설정돼 있다.

하지만 2011년 삼성의 갤럭시 II가 출시되고 마침내 안드로이드 기반의 스마트폰이 주류가 되면서 Kirzner의 이론은 사실인 걸로 밝혀졌다. 요즘은 새로운 기능과 업그레이드가 수시로 추가되는, 저렴한 스마트폰부터 고가의 스마트폰까지 많은 종류의 스마트폰이 존재한다. 애플의 독점은 무너졌다.

가격 통제에 늪에 빠졌더라면 우리는 어떻게 됐을까? 확실한 건 반독점 당국이 아이폰의 가격을 억지로 통제했다면 아이폰 1세대가 출시 첫해만큼 가격이 높지는 않았을 거다. 하지만 장기적으로는 어땠을까?

　인위적으로 낮춰진 아이폰의 가격은 애플에 맞서기 위해 투자하려는 경쟁 기업들의 동기부여를 앗아 갔을 것이다. LG Nexus, HTC One 등은 없었을지도 모른다. 소비자들을 오늘까지도 애플 2세대를 쓰고 있었을 것이다. 다른 기업과의 경쟁도 없고 시장에서 자신들의 상품을 높은 가격에 판매하는 게 법적으로 금지돼 있었다면 애플은 새로운 세대의 아이폰을 출시할 동기부여가 있었을까?

　Kirzner 이론의 교훈은 자유시장 역할 그 이상이다. 더 큰 그림은 정부의 강압은 부도덕적일 뿐만 아니라, 이에 따른 예기치 않은 결과는 대부분 파괴적이다. '어느 정도'의 강압은 삶의 질을 높이는 것처럼 보여도, 진짜 장기적인 결과는 우리를 더 궁핍하게 만든다.

출처: Lighterman, Ariel 저/이희망 역, 자유기업원, 해외칼럼, 2017년 11월 27일.

연습문제

*01. 독점기업은 자신의 제품에 대해 가장 높은 가격을 부과하는가? 독점기업은 항상 이윤을 얻는가?

02. 왜 동일한 산업에 종사하는 기업들이 똑같은 제품을 생산할 때보다 서로 다른 다양한 제품을 생산할 때 담합하기 어려운가?

*03. 독점은 바람직하지 못하다. 그럼에도 불구하고 왜 정부는 택시사업자들을 보호하기 위해 우버와 같은 신규 진입을 금지하는가?

04. 완전경쟁 개념으로 기업 활동을 설명할 수 없는 이유는 무엇인지 현실의 예를 들어 논하시오.

*05. 캠퍼스 내에 분식집을 개업했다고 가정해보자. 차별화된 메뉴와 맛, 서비스 등으로 구내식당 중에서 학생들이 가장 선호하는 곳이 되었고 자리가 모자랄 지경이라 테이블 수를 늘리고 가게를 확장하고 있다. 그런데 다른 식당들이 장사가 안 된다는 이유로 학교 측에서 분식집 확장을 금지하고 매일 일정 수의 손님만 받을 것을 강제하려고 한다. 경제학적 논리를 들어 어떻게 반박할 수 있겠는가?

06. 살충제 가격은 살충제 생산에 드는 원자재와 부품의 가격이 크게 올랐음에도 불구하고 30년간 큰 변화가 없다. 그런데 살충제 시장은 A기업이 80%의 시장점유율을 기록하고 있었다. 정부가 살충제 시장을 A기업이 독점하고 있다고 판정하여 A기업의 분리를 명령할 경우 어떤 현상이 나타날지 설명하시오.

07. 공정거래위원회는 삼성전자와 LG전자가 LCD TV 가격을 담합했다는 이유로 벌금을 부과했다. 가격 담합은 공정거래법에 의해 처벌되는 것이 정당한가?

*08. 자유경쟁에 의해 소비자를 만족시키지 못하는 기업은 퇴출된다. 이런 기업의 퇴출은 그 기업에 종사하던 사람들의 일자리를 없애고 그 기업에 투자했던 사람들로 하여금 재산을 잃게 만든다. 이런 아픔에도 불구하고 자유경쟁이 바람직한 이유를 설명하시오.

09. 최근 정부에서 삼성과 현대와 같은 대기업에 대해 '기업분할명령제'를 도입하려고 하고 있다. 이에 대한 평가를 하시오.

*10. 인텔의 CPU 시장점유율은 2006년 61.6%에서 2017년 1분기에 82.6%까지 상승했다가 2017년 4분기에 78.7%로 하락했다. 한편 그 경쟁사인 AMD는 2017년 1분기에 17.4%에서 4분기에 21.3%로 상승했다. 시장점유율의 변화를 보고 CPU 시장이 얼마나 경쟁적인지 평가하시오.

11. 아래 기사를 읽고 물음에 답하시오.

> 공정거래위원회가 SK텔레콤의 CJ헬로비전 인수·합병에 대해 최종 불허 결정을 내렸다. 공정위는 CJ헬로비전과 SK브로드밴드가 합병하면 CJ헬로비전의 23개 방송구역 중 21곳에서 점유율이 1위가 되는 결과가 나타나 정상적인 경쟁이 제한을 받게 된다고 판단했다. 양사가 합병하면 CJ헬로비전이 이미 1위인 17개 지역은 2위와의 격차가 6.7%p~58.8%p까지 확대되며 4개 지역은 새롭게 1위 사업자가 돼 독·과점이 우려된다는 것이다. (한국경제신문 2016. 7. 18.)

공정거래위원회는 SK텔레콤과 CJ헬로비전 인수·합병할 경우 시장점유율이 높아져 독과점이 우려된다는 이유로 두 회사의 인수 합병을 불허했다. 공정위의 결정이 옳은 결정인지에 대해 경제이론을 이용하여 논설하시오.

12. 2007년 애플은 아이폰을 처음으로 출시하면서 모든 소비자들을 사로잡은 첫 번째 스마트폰이 됐다. 애플은 아이폰의 성공으로 어마어마한 수익을 창출했다. 이 수익을 보고 많은 기업들은 애플의 시장점유율을 나눠 먹을 수 있는 방법을 찾으려 했다. Palm과 Nokia는 처참하게 실패했고, RIM의 블랙베리만이 일부 성공을 거두었다. 애플은 특정 상품에 대해 절대적인 독점을 가지고 있는 기업이 되었다. 시간이 흐르면서 아이폰은 필수품이 되었고, 애플은 더 많은 수익을 창출했다. 그러자 다수의 경제학자들과 정치인들이 아이폰 가격을 통제해야 한다는 의견을 내놓았다. 아이폰 가격을 통제해야 했는가?

*표시 문제의 답은 책 뒷부분의 부록에 수록되어 있음.

제10장

시장의 불완전성과 정부의 시장개입

우리는 앞에서 재화에 대해 소비자가 부여하는 사회적 한계가치와 생산자가 지불하는 사회적 한계비용이 일치하는 지점에서 생산될 때 자원이 가장 효율적으로 배분된다고 배웠다. 그러나 이러한 결과는 시장참가자들이 완전한 정보와 지식을 갖고 그들 사이 거래비용이 없는 세계에서 가능하다. 정보와 지식이 완전하지 못하고 여러 가지 거래비용이 존재하는 실제 시장에서는 그러한 결과가 나타나지 않을 수 있다. 다시 말하면 실제 시장에서는 재화와 서비스에 대한 한계가치와 한계비용이 일치하지 않는 상황이 발생할 수 있다는 것이다.

구체적으로 이러한 점은 외부성이 존재할 때, 공공재의 경우, 정보의 비대칭성이 존재할 때 발생한다. 그렇다고 해서 이를 완전하게 치유할 방법은 없다. 시장은 본질적으로 그런 것이며 이러한 문제들을 교정해 나가는 방향으로 진화한다. 우리가 명심해야 할 사실은 시장은 다른 자원배분 방법보다도 더 나은 자원배분을 결과한다는 것이지 이상적인 모형과 비교하여 평가해야 할 대상이 아니라는 점이다. 그럼에도 불구하고 이러한 시장의 불완전성을 완전한 이상적인 모형과 비교하여 시장실패(market failure)라고 규정한다. 그리고 그 시장실패를 치유하기 위해 정부의 시장개입이 필수라는 주장을 많이 한다. 이 장에서는 시장의 불완전성을 나타내는 외부성, 공공재, 정보의 비대칭문제를 다룬다.

경제학: 시장경제 원리

제 1 절
외부성(Externality)

한 개인의 행동이 의도하지 않게 다른 사람들의 복리에 영향을 미칠 수 있다. 이런 파급효과를 경제학에서는 외부성이라고 한다. 사실 외부성은 우리가 주변에서 아주 쉽게 경험하는 일이다. 예를 들어 옆집에서 음악을 크게 튼다면 그 소음 때문에 내가 공부하는 데 방해가 된다. 옆집의 행위는 나를 불편하게 하고, 이러한 불편은 나에게는 비용이다. 이것이 일종의 외부성이다.

외부성은 재산권 문제를 제기한다. 다시 말하면 옆집이 마음대로 음악을 크게 틀 권리(재산권)를 가지고 있는가? 내가 나의 집에서 조용함을 누릴 권리(재산권)를 가지고 있는가? 이와 같은 문제는 곧 재산권의 범위를 어떻게 정하고, 재산권을 적절하게 행사하기 위해서 어떤 조치가 취해져야 하는가라는 문제를 낳는다. 옆집의 소음 문제는 재산권이 불분명하고 외부성이 존재할 때 발생하는 문제의 본질을 보여준다.

다른 사람에게 편익을 제공하는 외부성도 있다. 예를 들어 우리 집에서 외등을 밝혀 어두운 골목길을 비추게 되면 골목길을 다니는 사람들은 비용을 지불하지 않고도 밤길을 안전하게 갈 수 있는 편익을 얻는데, 이 경우가 여기에 해당한다.

이렇게 어떤 행동과 거래에서 직접적으로 관련되지 않은 제3자에게 비용을 부과하거나 편익을 주는 파급효과가 발생할 수 있는데, 제3자에게 비용을 부과하는 경우를 부정적 외부성(negative externality)이라고 하고, 제3자에게 편익을 주는 경우를 긍정적 외부성(positive externality)이라 한다. 그리고 제3자에게 피해를 주는 파급효과를 외부비용(external cost), 제3자에게 편익을 주는 파급효과를 외부편익(external benefit)이라고 한다. 지금부터 외부비용과 외부편익을 분석하고 그것들이 왜 문제가 되는지를 살펴보기로 하자.

부정적 외부성

부정적 외부성이 문제가 되는 것은 경제적 비효율성을 낳기 때문이다. 예를 들어 보자. 화학공장은 화학물질을 생산하기 위해 기계를 돌리고 화학물질의 생산에 필요한 인력, 원재료 등의 자원을 구입한다. 그러나 공기 중에 오염물질을 배출하여 주변 주민들에게 피해를 주고 있다. 그 오염물질로 인하여 집들이 빨리 노후화되고, 사람들의 건강을 위협하고 있는 상황이다. 만일 주민들이 피해를 입었다는 것을 증명할 수 있으면 소송을 통해 비용을 보상받을 수 있을 것이다. 그러나 피해를 증명하기가 어려울 수 있고, 만일 오염물질을 배출하는 주체들이 화학공장 이외에도 많다면 공기오염이 화학공장만의 책임이라는 것을 증명하기가 어려울 수 있다.

이렇게 주민들의 재산권 행사가 어려우면 화학공장은 외부비용을 야기할 것이고, 그 외부비용은 시장에서 무시된다. 〈그림 10-1〉은 외부비용이 존재하는 경우를 보여준다. S_1은 외부비용이 있음에도 불구하고 이것이 시장에서 무시될 경우의 시장공급곡선이다. 이 공급곡선은 기업들이 실제로 지불하는 비용(사적비용)만을 반영하고 주민들에게 부과되는 비용이 반영이 되지 않는 것으로서 화학물질을 생산하는 데 드는 진정한 비용(사회 전체적인 비용)을 모두 반영하고 있지 않다. 이러한 상황에서 기업은 Q_1만큼을 생산할 것이고, 시장가격은 P_1이 될 것이다. 그러나 이 가격과 생산량은 경제적 효율성과는 거리가 먼 것이다. 왜냐하면 진정한 비용이 반영된 것이 아니기 때문이다. 제3자에게 부과되는 비용을 포함하여 화학약품을 생산하는 모든 비용을 고려한 공급곡선은 S_2라고 한다면 이때 생산되는 생산량 Q_2와 가격 P_2가 경제적 효율성이 달성된 경우다. 즉 효율성의 관점에서 보면 Q_1보다 더 적은 양이 생산되어야 한다. Q_2를 초과해 생산되는 단위는 한계비용이 한계편익을 초과하므로 비효율적인 것이다. 그러한 단위들을 생산하는 데 들어간 자원이 다른 재화를 생산하는 데 사용되면 사람들의 후생이 증가할 수 있다. 그럼에도 불구하고 외부비용이 무시되면 이 재화를 생산하는 기업들의 생산비용이 적게 되어 생산이 Q_1까지 증가하게 되는데, 이 생산량은 경제적 효율성과 일치하지 않는 것이다.

외부비용은 재산권이 잘 정의되지 않고 불완전하게 행사되기 때문에 발생한다. 그래서 먼저 어떻게 재산권을 잘 정의하고 행사할 것인가를 신중하게 생각하는 것이 매우 중요하다. 그러나 재산권을 정의하고 행사하기가 어려운 재화들이 있다. 깨끗한 공기와 해양의 물고기와 같은 자원들이 이에 해당한다. 관련자들이 소수인 경우에는 합의하여 규칙을 만들어 외부비용을 최소화할 수 있다. 예를 들어 작은 호수 주변에 사는

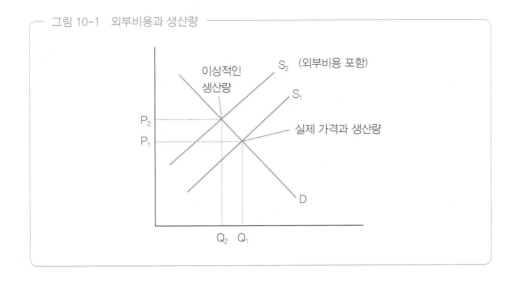

그림 10-1 외부비용과 생산량

- 이상적인 생산량
- S_2 (외부비용 포함)
- S_1
- 실제 가격과 생산량
- P_2
- P_1
- D
- Q_2 Q_1

사람들은 외부인이 호수에 접근하는 것을 통제할 수 있고 서로 간에, 또는 외부인이 호수를 오염시키지 않도록 할 수 있다.

그러나 관련자들이 많을 경우에는 서로 합의하는 데 많은 거래비용이 들기 때문에 현실적으로 만족스러운 계약을 맺기가 어렵다. 오염을 배출하는 수많은 자동차와 기업들이 존재하는 경우가 여기에 해당한다. 이런 경우에는 정부의 개입이 좋은 해결책일 수 있다.

환경오염과 정부의 역할

앞에서 재산권을 정의하고 행사하기가 어려운 환경오염의 경우에는 정부의 개입이 좋은 해결책일 수 있다고 하였다. 정부 개입은 입법을 통해서 이뤄지는데, 입법은 현존하는 재산권의 변화를 일으킨다. 그러한 규칙의 변화는 공정성의 문제를 제기하고 사람들의 행태를 조정하게 만든다. 따라서 입법은 전반적인 불공정을 피하면서 목적 달성에 수반되는 비용을 최소화하는 방법으로 이뤄져야 한다. 그렇다면 어떻게 개입하는 것이 가장 좋은 것인지 논의해보자.

직접규제: 명령과 통제

정부가 개입하여 외부성을 기업의 비용으로 내부화하는 방법 중에 명령과 통제, 즉 직접 규제하는 방법이 있다. 이것은 공기와 물에 오염물질을 얼마 이상 배출하지 못하도록 하는 방법이다. 예를 들어 보자. K시에 대기를 오염시키는 A, B, C 세 개의 기업이 있다고 하자. 각 기업이 K시의 대기오염 물질을 배출하고, 오염물질을 제거하는 데 드는 비용이 〈표 10-1〉과 같다고 하자. 그리고 정부가 K시의 매달 배출량을 120,000 단위에서 60,000 단위로 낮추기로 결정했다고 하자. 이러한 목적을 달성하기 위해서는 네 가지 방법이 있을 수 있다. 첫째, 각 기업에게 오염물질 배출량 허용치를 최대 20,000 단위로 정할 수 있고, 둘째, 각 기업에게 20,000 단위씩 줄이도록 명령할 수도 있다. 셋째, 각 기업에게 1/2씩 줄이라고 요구할 수도 있고, 넷째, 기업A와 기업B로 하여금 전부 줄이라고 하고, 기업C는 그냥 내버려두는 방식이다. 어느 방식이 가장 비용이 적게 드는 방법인지 각각의 방식을 비교해보자.

각 기업에 대하여 20,000 단위의 한도를 정하는 첫 번째 방법은 오염물질 배출량을 120,000 단위에서 60,000 단위로 낮추는 목적을 달성하는 데 1억6,000만원의 비용이 든다. 기업A는 이미 목표치에 도달했기 때문에 아무런 비용이 들지 않고, 기업B는 20,000 단위를 줄여야 하기 때문에 단위당 2,000원이 들어 오염배출량을 줄이는 데 4,000만원의 비용이 든다. 그리고 기업C는 4,000 단위의 배출 감소에 단위당 3,000원이 소요되어 1억2,000만원의 비용이 든다.

모든 기업을 15,000 단위 감소하게 하는 두 번째 방식 역시 1억2,000만원이 든다. 기업A는 20,000 단위의 모든 오염물질을 줄이는 데 2,000만원, 기업B는 절반으로 줄여야 하므로 4,000만원, 기업C는 1/3을 줄여야 하므로 6,000만원의 비용이 든다.

표 10-1 K시의 오염물질 배출량과 축소비용

	매월 오염물질 배출량	단위당 오염물질을 줄이는 비용
기업A	20,000	1,000원
기업B	40,000	2,000원
기업C	60,000	3,000원
	총배출량 120,000	
	(목표치: 60,000)	

경제학: 시장경제 원리

각 기업에게 1/2씩 줄이도록 하는 세 번째 방식에는 1억4,000만원의 비용이 든다. 기업A는 1,000만원, 기업B는 4,000만원, 그리고 기업C는 9,000만원이 든다.

기업A와 기업B로 하여금 전부 줄이라고 하고, 기업C는 그냥 내버려두는 네 번째 방식을 채택하면 기업A는 2,000만원 기업B는 8,000만원을 부담하여 오염배출량을 120,000 단위에서 60,000 단위로 낮추는 데 드는 총비용이 1억원이다. 네 가지 방식 중 네 번째 방식이 비용이 가장 적게 든다.

그러나 이 방식은 문제가 있다. 왜냐하면 가장 오염물질을 많이 배출하는 기업C는 아무런 비용을 부담하지 않아 공정성 문제가 제기될 수 있기 때문이다. 따라서 환경오염 문제를 다루는 정부 정책에 있어서 비용최소화만이 최선이 아니다. 공정성도 고려해야 한다.

오염배출세

오염배출세는 오염물질을 방출하는 사람들이 그 대가를 치르도록 하는 세금이다. 오염은 생산자가 부담하는 비용이 아니라 파급비용이기 때문에 오염행위에 대하여 세금을 부과하는 것이 좋은 방안일 수 있다. 방출하는 오염물질 단위당 일정액을 부담시킴으로써 사람들이 스스로 오염물질의 방출을 억제하도록 유도하는 방식으로 일종의 가격기구의 도움을 받는 것이어서 앞에서 논의한 명령과 통제방식보다 효과적이다.

오염배출세 하에서 오염물질을 계속 배출할 경우 너무 많은 비용을 물어 비용이 이익보다 클 때 오염행위를 중단할 것이다. 만약 세금을 물어도 여전히 이익이 비용보다 크다면 비용이 증가함에 따라 오염비율이 낮아지겠지만 여전히 오염행위는 계속될 것이다. 그러나 이 경우 조세수입이 생겨서 오염의 파급적 비용을 부담해야 하는 사람들에게 보상할 수 있을 것이다.

정부가 어떤 이유에서든지 기업C에게만 모든 오염배출을 줄이라고 하고, 그렇지 않으면 단위당 2,010원의 세금을 내라고 한다고 가정하자. 기업C는 이러한 상황에서 가장 비용이 적게 드는 방법을 모색할 것이다. 기업C는 기업A에게 모든 오염을 없애는 대신 2,000만원+α를 제공하고, 기업B에게는 8,000만원+α를 제공하는 제안을 할 것이다. 따라서 기업C는 K시의 오염수준을 60,000 단위로 줄일 수 있다. 기업C는 1억2,060만원의 세금을 내는 대신 1억원+2α를 들일 것이다. 그러면 오염배출량을 120,000 단위에서 그 절반인 60,000 단위로 줄고, 그 비용은 약 1억원이 된다. 이것은 앞에서 언급한 '기업A와 기업B로 하여금 전부 줄이라고 하고, 기업C는 그냥 내버려두는 방식'과 같이 거의 비용이 최소화되면서 모든 기업들이 오염배출량을 줄이는 데 동일하게 다뤄지는 효과가 있어 공정성 문제도 해결할 수 있다.

오염배출세는 비교우위 원리를 이용하는 방식이다. 오염을 감소하는 데 더 효율적인 기업이 있고 그렇지 않은 기업이 있다. 오염배출세는 오염을 줄이는 상대적 비용에 따라 누가 어떠한 권리를 갖는가에 대한 새로운 결정을 하게 한다. 그리고 모든 당사자로 하여금 자신의 비교우위에 입각하여 자유롭게 거래하고, 가장 효율적인 방식으로 새로운 목표를 달성하도록 하는 것이다. 이것은 우리가 식품, 컴퓨터, 의류 등의 재화를 비교우위가 있는 생산자로부터 구입하여 이득을 얻는 것과 같다. 이런 점에서 오염물질을 줄이는 데 있어서 오염배출세가 일반적으로 특정기업에 대해 통제와 명령과 같은 물리적 제한을 가하는 방법보다 우월한 이유다.

서울 남산의 터널들을 통과할 때 요금을 내는 것과 같이 교통체증을 해결하기 위해 혼잡한 도로에 통행료를 부과하는 것도 가격기구를 이용하는 한 가지 방법이다. 사실 자동차 운전자가 어떤 시간에 어떤 길을 운전하든 문제될 것이 없다. 그러나 동일한 시간대에 동일한 도로에 한꺼번에 몰리게 되면 사람들은 시간을 낭비하고 약속 시간을 놓치게 되며 사고도 많이 난다. 이러한 문제를 해결할 수 있는 방법이 도심과 같은 혼잡한 도로를 이용하는 것에 대해 요금을 지불하게 하는 것이다.

오염배출권거래제

오염배출권거래제는 앞에서 설명한 오염배출세의 아이디어로부터 파생된 것이다. 오염배출권거래제는 특정 오염물질에 대해 총배출량을 설정한 후 정해진 방식에 따라 기업들에게 배출권을 배분한다. 그 후 배출권을 가지고 있는 기업끼리 그 권리를 사고팔 수 있도록 허용하는 것이다. 시장에서 형성되는 배출권의 가격에 따라 주어진 오염물질의 총배출량이 효율적으로 배분될 수 있도록 한다. 정부는 오염물질 배출원인 기업 하나하나에 대한 배출허용치를 엄격히 제한하는 대신에 한 시점에 허용치를 넘더라도 다른 시점에 이를 만회할 수 있도록 허용한다.

허용치 이하로 오염물질을 값싸게 줄일 수 있는 기업은 오염물질을 줄이는 데 비용이 많이 드는 다른 기업에게 배출권을 팔 수 있다. 배출권을 산 기업은 비용을 줄일 수 있다. 오염물질의 총감소량은 변함이 없지만 정부가 정한 기준을 충족시키는 전체 비용은 훨씬 적을 수 있다. 이러한 방법은 설정한 배출량 기준을 달성하는 데 효율적이다.

가장 잘 알려진 오엽배출권거래제는 미국의 1990년 개정 청정공기법(Clean Air Act Amendment)에 명시된 배출권거래제(cap and trade program)다. 우리나라의 오염물질배출권거래제도로는 2007년 7월부터 수도권 내 사업장을 대상으로 실시된 수도권대기오염물질 총량관리제를 들 수 있다. 수도권의 대기질 개선을 위해 서울, 인천 및 경기도 지역의 사업장에서 배출되는 대기오염물질의 배출총량을 인천 앞바다에서 서울의 남산타워가 보일 수 있는 수준으로 제한을 하고, 이를 효과적으로 달성하기 위한 수단으로 배출권거래제를 도입하고 있다. 배출권거래제도는 한 국가뿐 아니라 지구전체를 대상으로 이루어질 수가 있다. 기후변화협약에 따른 온실가스 배출감축 의무 달성을 위한 국가 간 배출권거래제도가 바로 그것이다.

재산권과 자연자원 보호

오염배출권거래제도는 부정적 외부성의 문제를 해결하는 데 재산권의 중요함을 보여주고 있다. 정부는 기업들에게 오염배출에 대한 일정한 권리를 부여하고 기업들이 이러한 권리를 사고팔 수 있도록 시장을 만들어 주면 시장이 작동하여 가장 효율적인 결과를 가져오게 한다.

이렇게 재산권을 이용한 제도는 다른 환경문제를 해결하는 데도 매우 유용하다. 우리는 제2장에서 사적으로 소유되지 않은 공유자원은 과잉 개발되거나 남획된다는 '공유의 비극'을 배웠다. 공유의 비극은 외부효과 때문에 발생한다. 예를 들어 공유지에서 한 사람의 소떼가 풀을 뜯어 먹으면 다른 사람의 소떼가 먹을 풀의 양과 질이 떨어진다. 사람들이 소유할 소의 양을 결정할 때 자신이 초래할 이런 부정적 외부효과를 감안하지 않기 때문에 소가 너무 많아지고, 결국 공유지의 풀이 고갈된다.

이러한 일이 물고기와 같은 야생동물에서 많이 발생한다. 그것은 야생동물이 소유자가 없는 공유자원이기 때문이다. 물고기는 시장가치가 있지만 누구나 바다에서 이들을 잡을 수 있다. 사람들이 미래를 위해 물고기들을 남겨둘 인센티브가 거의 없다. 그래서 과잉방목으로 공유지의 초원이 황폐하게 되는 것처럼 물고기가 남획되어 고갈될 수 있는 것이다.

야생동물들을 보호하기 위한 법률들이 많이 있다. 예를 들어 낚시와 사냥을 하려면 면허가 필요하고, 일정한 기간 동안에만 허용한다. 작은 물고기를 잡아서는 안 되며 잡을 수 있는 동물 숫자에는 제한을 둔다. 이러한 규제는 모두 공유자원의 남용을 막기 위한 것이다.

그러나 규제보다 더 효과적인 방법이 있다. 바로 재산권을 주는 것이다. 일부 아프리카 국가에서 상아를 노리는 밀렵꾼들 때문에 코끼리들이 멸종위기에 처했다. 코끼리 멸종 위기를 해결하기 위해 케냐, 탄자니아, 우간다와 같은 나라에서는 코끼리 사냥을 불법화하고 상아의 거래를 금지했다 그러나 이들 나라에서 코끼리의 숫자가 계속 감소했다. 그것은 규제가 잘 집행되기 어렵고, 밀렵꾼들은 주인 없이 초원을 자유로이 돌아다니는 코끼리를 가능한 남보다 먼저 잡아야 하는 인센티브(유인)가 있기 때문이었다. 밀렵꾼들이 각자 밀렵을 자제하여 코끼리의 숫자를 유지할 유인이 없기 때문이었다. 반면 보츠와나, 말라위, 나마비아, 짐바브웨와 같은 나라에서는 코끼리의 소유권을 토지소유자에게 넘겼다. 토지소유자들은 부락위원회를 구성하여 코끼리를 관리했다. 사냥꾼들은 부락위원회로부터 허가권을 구입하여 사냥할 수 있었다. 토지 소유자들에게 코끼리는 가치가 있는 존재가 되자 코끼리들을 보살피자 코끼리 숫자가 증가하기 시작했다. 재산권을 부여하자 코끼리가 멸종위기에서 벗어났다.

이것은 우리 생활에서 매우 중요한 동물인 소를 보면 쉽게 이해할 수 있다. 매년 쇠고기 공급을 위해 전 세계적으로 수억 마리의 소가 도축됨에도 불구하고 소의 개체 수는 증가하고 있다. 그것은 소가 개인이 소유한 목장에서 사육되는 사유재산이기 때문이다. 목장주인들이 소의 숫자를 유지하는 것이 자기에게 이익이 되므로 소를 잘 관리하기 때문이다.

자연자원을 보호하기 위한 재산권 제도는 점점 전 세계적으로 확대되고 있다. 한 예가 개인이 양도할 수 있는 쿼터(Individual Transferable Quotas; ITQ)라고 알려진 개별 어획량이다. 정부가 특정기간 동안 어부에게 총허용어획량을 설정하고 그에 대한 소유권을 준다. 이것은 양도, 판매, 임대가 가능하다. 수자원이 감소하면 정부는 어종이 회복되도록 허용량을 줄인다. ITQ를 보유한 어부들은 어업권의 가치를 유지하기 위해 그러한 제한을 받아들인다. ITQ는 재산권을 이용해 수자원을 보호하는 제도다. 이 제도는 현재 네덜란드, 아이슬란드, 캐나다, 미국, 뉴질랜드 등에서 채택하고 있다.

긍정적 외부성

앞에서 잠시 언급한 것처럼 개인과 기업의 행동은 때때로 다른 사람들에게 외부편익을 제공한다. 집을 잘 관리하고 정원을 잘 가꾼 사람들은 동네를 아름답게 만드는데 기여한다. 상류에 살고 있는 사람들이 자신의 이익을 위해 홍수대비 댐을 쌓으면 하류에 살고 있는 사람들에게 이익을 가져다준다. 과학이론을 개발한 사람은 그 이론으로 이익을 얻지만, 그것을 개발하는 데 전혀 기여하지 않는 다른 사람들에게도 도움을 준다. 이러한 것들이 외부편익이다.

효율성 관점에서 긍정적 외부성이 문제가 되는 것 역시 경제적 비효율성이 발생하기 때문이다. 자신의 생산활동으로 다른 사람들에게 주는 편익을 완전하게 손에 넣을 수 없기 때문에 잠재적 생산자가 생산 활동을 하지 않을 수 있어 경제적 비효율성이 발생한다. 예를 들어 제약회사가 독감 바이러스 백신을 개발했다고 하자. 물론 그 백신은 직접적으로 혜택을 보는 사용자에게 쉽게 팔릴 수 있다. 그러나 많은 사람들이 백신을 맞으면 그것을 맞지 않은 사람도 독감에 걸리지 않을 수 있다. 한 가지 문제는 제약회사가 비사용자가 얻는 이득을 잡아내기가 매우 어렵다는 점이다. 그래서 백신이 적게 공급될 수 있다. 〈그림 10-2〉를 이용하여 이런 상황을 설명할 수 있다. 시장수요곡선은 백신 사용자의 편익을 반영하고, 공급곡선은 그것을 제공하는 기회비용을 반영한다. 시장에서 균형가격과 수량은 P_1과 Q_1이다. 그러나 이 결과는 경제적으로 효율적이지 않다. 시장수요곡선 D_1은 사용자의 편익만을 반영하고 있다. 유행성 독감에 덜 노출되어 비사용자가 얻는 편익은 반영되어 있지 않다. 백신 생산자는 비사용자들이 독감에 걸리지 않게 하지만 그렇다고 해서 그로부터 수입을 얻는 것도 아니다. 그리하여 시장수요곡선 D_1은 백신사용으로부터 나오는 총편익을 제대로 반영하고 있지 않다. 비사용자의 편익까지 포함한 총편익을 반영한 수요곡선이 D_2라고 하면, 경제적으로 효율적인 생산량은 Q_2다. Q_1과 Q_2 사이의 단위들의 한계가치는 그것의 한계비용보다 더 높다. 그럼에도 불구하고 백신 공급자들은 비사용자가 갖는 편익을 취할 수 없기 때문에 백

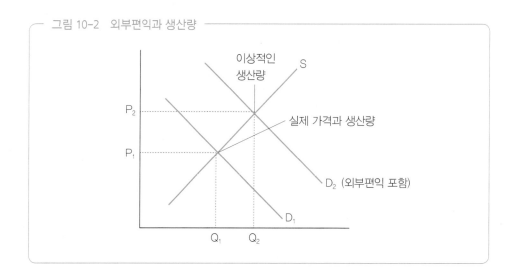

그림 10-2 외부편익과 생산량

이상적인
생산량

S

P₂

실제 가격과 생산량

P₁

D₂ (외부편익 포함)

D₁

Q₁   Q₂

신은 Q_1을 초과하여 공급되지 않는다. 따라서 외부편익이 존재할 때 시장에서 재화는 경제적 효율성이 이뤄지는 경우보다 적게 공급된다.

긍정적 외부성이 있을 경우 경제적 효율성을 달성하기 위해 정부가 개입하여 시장참여자가 외부효과를 내부화하도록 유도할 수 있다. 그것을 위해 취해지는 정책이 보조금을 주는 것이다. 정부가 공립학교의 운영과 장학금 지급을 통해 교육에 많은 보조금을 주고 있는 것이 여기에 해당한다.

그러나 긍정적 외부성이 있다고 해서 언제나 정부가 개입해야 하는 것은 아니다. 부정적 외부성에서 우리는 민간경제주체들이 협상을 통해 서로에게 이득이 되는 방식으로 외부성 문제를 해결할 수 있다는 것을 알았다. 마찬가지로 긍정적 외부성이 있는 경우에도 정부가 직접적으로 개입하지 않더라도 시장이 자원배분의 비효율성을 치유해 나갈 수 있다.

양봉업자와 과수업자의 이야기는 이러한 사실을 잘 보여준다. 양봉업자의 꿀벌들은 주변 과수원에서 꿀을 얻는 대신, 열매가 잘 열리도록 수분해준다. 이것은 양봉업자가 과수업자에게 제공하는 외부편익이다. 양봉업자가 과수업자에게 이에 대한 대가를 치르지 않기 때문에 꿀벌들의 숫자가 경제적 효율성을 이루는 경우보다 적을 것이다. 그렇다고 정부가 개입하여 외부편익에 대한 대가를 치르도록 만들어야 하는 것은 아니다. 실제로 과수업자들은 적정한 수분이 이루어질 수 있도록 양봉업자들과 협상을 통해 상호 이익을 추구해 왔다는 연구결과가 있다. 과수업자들끼리 공동으로 양봉업자에게 대가를 지불하면서 과수원에서 수분이 잘 이루어지도록 꿀벌의 수를 유지하였다는 것이다. 이것은 외부성이 발생하는 경우에 언제나 정부가 개입해야 한다는 생각은 잘못이라는 점을 보여준다.

제 2 절
공공재(Public Good)

비경합성과 비배제성

공공재는 비경합성(non-rivalry)과 비배재성(non-exclusiveness)의 성격을 가지는 재화이다. 비경합성은 어떤 사람이 이를 사용하더라도 그 양이 감소되지 않으면서 다른 많은 사람들도 동시에 사용할 수 있는 것을 말한다. 라디오 방송이 좋은 예다. 한 사람이 라디오 방송을 듣는다고 하여 다른 사람이 청취하는 것이 방해받지 않는다. 대부분의 재화는 이런 특성을 갖고 있지 않다. 두 사람이 동시에 컴퓨터 한 대를 소비할 수 없으며, 한 사람이 컴퓨터 한 대를 사면 다른 사람이 구매할 컴퓨터의 수가 하나 줄어든다.

공공재의 두 번째 특성인 비배제성은 가격을 지불하지 않더라도 소비가 가능한 것을 말한다. 국방이 좋은 예다. 모든 국민은 동일하게 외국의 침입으로부터 보호를 받는 국방서비스를 받는다. 어떤 국민은 외국의 침입으로부터 보호받는다고 해서 다른 국민이 보호를 받지 못하는 것이 아니다. 그래서 국방은 비배제성을 가지고 있다. 국방 이외에 이런 특성을 가지고 있는 재화로는 치안, 방송, 수학 정리, 노래, 시, 아이디어, 지식 등이 있다. 이외 대부분의 재화들은 이런 특성을 가지고 있지 않다. 대부분의 재화에서는 소비자의 지불과 공급자의 수입 간에 분명한 관계가 성립되어 있다. 아이스크림, 자동차, 컴퓨터 등에 대해서 가격을 지불하지 않으면 그 재화들을 소비할 수 없다.

공공재를 결정하는 것은 그 특성이지 그것을 공급하는 주체가 아니다. 정부가 공급하는 재화를 공공재로 인식하는 경향이 있지만, 그것은 잘못이다. 정부가 공급하는 재화들 중에도 공공재의 특성을 가지고 있지 않은 재화들이 많다. 정부가 제공하는 보건, 교육, 우편, 수도, 전기 등은 비경합성이나 비배제성을 지니고 있지 않다. 따라서 그것들은 공공재가 아니다.

무임승차문제

공공재가 시장에서 효율적으로 생산 공급될 수 없는 이유는 바로 비배제성 때문이다. 가격을 지불하지 않는 사람도 소비에서 배제될 수 없기 때문에 가격을 지불하지도 않고 소비하려는 무임승차(free ride) 문제가 존재한다. 많은 사람들이 무임승차자가 되면 공급자가 얻는 수입은 낮을 수밖에 없다. 그래서 공급자가 그 재화를 잘 공급하려 하지 않는다. 아무리 대다수의 사람들이 높은 가치를 부과하여도 시장에서 공공재는 과소 공급된다.

국방이 전적으로 시장을 통해서 공급된다고 하자. 얼마나 많은 사람들이 그것에 대해 지불하려고 하겠는가? 한 사람이 아무리 많이 지불하여도 많은 사람들이 무임승차자가 되면 국방을 공급하는 데 필요한 자금은 매우 적다. 그래서 국방의 공급을 시장에 맡기면 국방서비스가 제대로 공급될 수 없다.

그러나 어떤 재화가 공공재라고 해서 반드시 시장이 공급할 수 없는 것은 아니다. 그 대표적인 실례가 등대다. 코즈는 영국 등대에 관한 역사 연구를 통해 등대·항로 표지의 건설과 수로 안내원의 시험을 관장하는 수로안내 협회(Trinity House)가 등대의 공급을 맡았을 때 정부가 맡았을 때보다 등대의 공급량이 더 많았다는 사실을 발견했다.[1]

어떤 재화를 생산하여 얻는 이익이 클 때 기업가들은 무임승차문제를 극복함으로써 이익을 얻는 혁신적인 방법을 찾으려고 노력한다. 예를 들어 라디오와 텔레비전 방송은 공공재의 특성을 가지고 있지만 민간부문에서 잘 공급되고 있다. 방송에서의 무임승차 문제는 청취자와 시청자에게 직접 비용을 부과하지 않고 청취자와 시청자로부터 간접적인 수입을 올리는 상업광고를 통해 극복되고 있다. 기업가들이 무임승차 문

---

1 Coase, Ronald H. (1974), "The Lighthouse in Economics," *Journal of Law and Economics,* 17 (2), pp. 357–376.

제를 극복하기 위해 개발한 것들에는 지불하지 않은 소비자가 시청할 수 없는 도청방지 장치, DVD 복제 방지 장치, 컴퓨터 소프트웨어에 소프트 사용매뉴얼을 끼워 파는 방법 등이 있다. 컴퓨터 소프트웨어는 쉽게 복사될 수 있고, 가격을 지불하지 않는 사람들의 소비를 막는 데 비용이 많이 든다. 그래서 컴퓨터 소프트웨어는 공공재 성격을 가지고 있다. 그럼에도 불구하고 빌 게이츠가 다양한 컴퓨터 소프트웨어를 생산 판매함으로써 세계에서 가장 부자가 된 것은 매우 흥미로운 일이다.

제 3 절
정보의 비대칭성(information asymmetry)

제1장과 제2장에서 설명한 바와 같이 다른 재화처럼 정보는 희소한 자원이며, 그것을 얻는 데 비용이 든다. 재화를 구매할 때 사람들은 종종 가격, 품질, 내구성, 대체재 등에 대하여 완전한 정보를 갖지 않는다. 그러나 불완전한 정보를 시장의 문제로 봐서는 안 된다. 시장은 소비자에게 정보를 얻을 강한 인센티브를 제공한다. 소비자가 엉터리 제품을 구입하면 낭패를 보기 때문이다. 판매자도 자신의 제품에 대해 소비자에게 정보를 제공할 강한 인센티브가 있다. 여하튼 경제주체들(판매자와 구매자) 간 소유하고 있는 정보의 양과 질이 다른 경우 정보의 비대칭성이 존재한다고 한다. 정보의 비대칭으로 발생하는 문제로서 역선택과 도덕적 해이가 있다. 이에 대해 자세히 알아보자.

역선택

일반적으로 시장에서 생산자가 어떤 제품의 품질에 관해서 소비자보다 더 정확한 정보를 가지고 있다. 정보를 수집하는 데 많은 비용이 소요된다면 사람들은 사물을 판단할 수 있을 만큼 충분한 정보를 가지지 못한다. 구매자가 품질을 잘 구분할 수 없다면 저급의 제품을 높은 가격으로 살 수 있다. 이렇게 구매자가 제품에 대한 정보를 충분히 가지고 있지 않아서 제품을 잘못 구입하는 경우를 역선택(adverse selection)이라고 한다. 정보가 부족한 구매자가 '불량한(역)' 제품을 '선택'한다는 것이다.

역선택이 발생하는 전형적인 시장이 중고차 시장이다. 자신이 타던 자동차를 팔려고 내놓은 사람은 그 차량에 대해서 잘 알지만 구매자는 잘 모른다. 중고차 시장에 나온 자동차 중에는 좋은 차도 불량한 차도 있다. 좋은 차와 불량한 차를 구별할 수 있는 정확한 정보가 없기 때문에 중고차 가격은 평균가격이 된다. 그러다 보면 좋은 차를 보유한 사람보다는 불량한 차를 소유한 사람이 자기 차를 중고차 시장에 내놓을 가능성이 많다. 그로 인해 중고차 구매자는 불량품(lemon)을 구입하지 않을까 우려해 많은 사람들이 중고차 시장에서 차를 구입하기를 꺼리게 되어 중고차 시장이 생기지 않을 수 있다.

역선택이 발생할 수 있는 또 다른 시장은 보험시장이다. 건강보험을 보자. 건강보험에 가입하려는 사람은 자신의 건강상태에 대해 보험회사보다 잘 안다. 보험회사는 건강한 사람과 건강에 문제가 있는 사람을 잘 구분할 수 없으므로 중고차의 경우처럼 건강보험료가 평균적으로 정해질 것이다. 그 결과 건강상태가 정상적인 사람들은 그 보험료를 높게 인식하여 보험에 잘 가입하려 하지 않을 것이고, 건강에 문제가 있는 사람은 자신이 기대한 것보다는 보험료가 낮아 건강보험에 가입할 가능성이 많다. 건강보험료 역시 건강한 사람보다 건강에 문제가 있는 사람이 건강보험에 가입할 가능성이 많아 건강보험이 시장에서 제대로 공급되지 않을 수 있다.

이처럼 시장에 역선택 문제가 존재하면 시장기능이 제대로 발휘하지 못할 수 있다. 그래서 이런 역선택 문제를 해결하기 위해서 정부가 시장에 개입해야 한다는 주장이 많다. 그러나 시장은 비대칭정보에 대해 다양한 방법으로 대응한다. 그 방법 중의 하나가 선별(screening)이다. 선별은 정보가 부족한 쪽이 상대방에 관한 정보를 얻어내기 위해 취하는 행동을 말한다.

예를 들어 중고차를 구입하고자 하는 사람은 파는 사람에게 그 차를 정비공에게 보여 점검을 받고자 요구하는 것이 그것이다. 만약 이를 거부한다면 그가 내놓은 차가 불량품임을 스스로 인정하는 것이므로 이 경우 구매자는 더 낮은 가격을 요구하거나 그 차를 구매하지 않을 것이다. 중고차 시장에서 역선택 문제를 해결하는 또 다른 방법은 자동차에 대한 지식을 많이 가지고 있는 중고차중개기관이 나서서 중고차 시장에 나온 차들을 선별해 가격을 차등화하며 소비자들에게 보다 많은 정보를 제공함으로써 역선택 문제를 완화할 수 있다.

보험을 파는 보험회사는 다양한 보험 상품을 제공함으로써 보험가입자가 스스로 선택하도록 함으로써 역선택 문제를 해결할 수 있다. 예를 들어 어떤 보험 상품은 높은 보험료를 내면 모든 질병에 대해 전액 보상하고, 다른 보험 상품은 낮은 보험료를 내지만 일부 질병에 대해서만 보상하는 상품을 내놓는 것이다. 이 경우 건강에 문제가 있다고 생각하는 사람은 높은 보험료에 전액 보상하는 보험 상품을 선택할 것이고, 자신이 건강하다고 생각하는 사람은 낮은 보험료에 일부 질병에 대해서 보상하는 보험상품을 선택할 것이다. 이와 같이 다른 보험상품을 동시에 제공하면 두 종류의 보험가입자들이 스스로 자신들의 사적 정보를 노출하도록 만들 수 있다.

비대칭정보에 대한 또 다른 대응방법은 신호보내기(signaling)다. 이것은 정보가 있는 쪽이 자신이 가지고 있는 정보를 다른 사람들에게 신빙성 있게 전달하기 위해 취하는 행동을 말한다. 광고가 바로 그것이다. 기업은 자신의 제품이 고급품이라는 신호를 고객들에게 보내기 위해 광고비를 지출한다. 그리고 기업들은 다른 기업들과의 경쟁에서 이기기 위해 최상의 제품을 만들어 자신의 브랜드 가치를 높이려고 한다. 따라서 이를 위해 투자하며 최선을 다한다. 소비자는 이 사실을 알고 유명 회사의 상품을 구입하려고 한다. 정부의 개입이 없더라도 정보의 비대칭으로 발생하는 역선택 문제가 시장 경쟁을 통해 해결될 수 있다.

도덕적 해이

정보의 비대칭으로 발생하는 또 다른 문제가 도덕적 해이(moral hazard)다. 도덕적 해이는 거래가 성립한 이후에 어느 한쪽이 다른 한쪽에 바람직하지 않은 결과를 야기할 수 있는 행동을 하는 것을 말한다. 즉, 계약이나 협정의 한 당사자가 계약이 체결된 이후 자신의 행동을 바꾸어 계약의 다른 당사자가 피해를 입게 되는 것을 의미한다. 심각한 도덕적 해이가 있는 경우 시장은 재화나 서비스가 과소 공급되어 경제적 효율성에 미치지 못할 수 있다.

도덕적 해이 문제가 많이 발생하는 시장이 보험시장이다. 예를 들어 화재보험에 가입한 후 화재 예방을 게을리하는 것이 도덕적 해이의 하나다. 보험회사 입장에서는 보험가입자가 화재예방을 위해 나름대로 최선을 다하리라 기대하겠지만, 보험가입자 입장에서는 화재가 나도 보상을 해주기 때문에 화재 예방 노력을 열심히 하지 않는 것이다. 운전자들이 자동차 보험에 가입한 후에 사고에 부주의하며 덜 조심스럽게 운전하는 것도 도덕적 해이다. 정부의 은행예금보험으로 인해 은행들이 위험한 대출을 더 많이 하는 것 역시 도덕적 해이다.

도덕적 해이의 또 다른 예가 주인–대리인 문제(principal–agent problem)이다. 이는 주인을 대신해 일을 하도록 고용된 대리인이 주인의 이익을 위해 일을 하는 것이 아니라 대리인 자신의 이익을 위해 행동하는 것을 말한다. 이러한 주인–대리인 문제는 주주와 경영자, 지주와 소작인, 소송 의뢰인과 변호사, 연예인과 매니저 간에 발생할 수 있다.

그러나 이러한 도덕적 해이 문제는 시장에서 주주와 경영자 간에는 경영자의 보수의 일부로서 그 회사의 주식을 주는 스톡옵션과 같은 제도로 완화되고 있으며, 지주와 소작인 사이에는 수확한 것의 일정한 비율을 보수로 지급하기로 계약을 맺음으로써, 소송 의뢰인과 변호사 간에는 '성공보수금'을 주기로 계약함으로써 이 주인–대리인 문제를 완화한다. 연예인과 매니저 사이에도 마찬가지다. 연예인 수입과 연계시켜 매니저의 보수를 정함으로써 매니저가 자신이 맡은 연예인을 위해 열심히 일하는 유인을 갖도록 한다.

제 4 절
정부의 시장개입

앞에서 살펴본 것처럼 외부성, 공공재, 정보의 비대칭 문제는 시장의 효율성을 때때로 저해한다. 그래서 이것을 '시장실패'로 규정하고 정부가 개입하여 자원배분의 효율성을 높여야 한다고 한다. 그러나 소위 시장실패를 교정하기 위한 정부의 개입과 대응 또한 완전하지 않다. 시장을 교정하기 위한 정부의 개입과 대응 역시 여러 문제점과 위험요인을 가지고 있기 때문이다. 실제로 시장실패를 교정하기 위해 정부가 규제를 통해 시장에 개입하면 시장실패보다 더 큰 정부실패 문제를 발생시킨다. 이러한 정부실패가 왜 일어나는지 살펴보기로 한다. 이를 위해 먼저 정부가 어떻게 시장에 개입하는지를 살펴보기로 하자.

정부개입과 정치시장

정부의 시장개입은 정부규제를 통해 이뤄진다. 시카고대학의 스티글러 교수는 정부규제가 시장의 실패를 교정하는 수단으로 발효되는 것이 아니라, 이해관계가 강한 소규모 집단이 자원 배분의 강제력을 가진 정부를 포획(capture)하여 자원을 재분배하는 수단이라고 주장했다. 이것을 포획이론(capture theory)이라고 하고, 또는 정부규제의 사익설이라고 한다. 스티글러는 '경제시장(economic market)'에 대비되는 '정치시장(political market)'을 분석함으로써 이를 설명하고 있다.

규제의 매매 메커니즘

정부는 국가권력을 이용해 자원배분을 강제할 힘을 가지고 있다. 그에 따라 기업과 산업은 자신들의 이익을 위해 그 힘을 이용하려는 유인을 갖는다. 이것이 바로 규제에 대한 수요로 나타난다. 또한 정치인 개인과 정당은 유권자들의 정치적 선호를 충족시켜줌으로써 표를 얻어 선거에서 당선되어 직위를 차지하고 자신들의 이익을 극대화하고자 한다.

민주사회의 선거에서 유권자 모두 한 표를 행사할 권리를 가진다. 특정 사안에 대하여 잘 아는 사람이나 모르는 사람이나, 그 사안에 대하여 이해관계가 있는 사람이나 없는 사람이나 모두 마찬가지다. 이러한 의사결정 행태는 경제시장에서의 의사결정 행태와 다르다. 경제시장에서의 의사결정은 이해관계가 있는 사람들끼리만 모여서 이루어진다.

문제는 바로 이러한 정치시장에서의 의사결정에서 발생한다. 어느 특정 사안에 대해서 이해관계가 없는 사람들은 의사결정의 결과에 대해 관심을 가지지 않지만, 그 결과에 따라 이해가 크게 엇갈리는 사람들은 지대한 관심을 갖고 자신들에게 유리한 결과가 나오도록 노력한다. 그래서 이해관계가 강한 집단은 자원배분의 강제력을 가진 정치인 또는 정당과 밀착하려는 유인을 가지게 된다. 한편 정치인들은 그 대가로서 현재의 정치활동이나 다음 선거에 필요한 자원을 얻어내고자 한다. 양자의 이해는 일치하여 경제정책이나 규제를 매개로 거래가 이루어진다. 이익집단은 정치인이나 정당에 정치자금, 운영비용 등을 조달하여 주고, 정치인이나 정당은 그 반대급부로서 그 집단에게 유리한 경제규제를 만들어주는 것이다. 이런 방식으로 정부 정책이나 규제는 강한 이익집단이 자원배분의 강제력을 가진 정부를 포획(capture)하여 만들어진다는 것이 스티글러의 주장이다.

이러한 점에서 볼 때 정부의 경제에 대한 개입의 원천은 정부가 가지고 있는 자원배분의 강제력에 있다고 하겠다. 따라서 정부의 시장개입을 줄이는 근본적인 방법은 정부의 권한을 줄이고 민간 영역을 확대하는 것이다. 그래야 규제의 양산을 막을 수 있고 각종 규제로 인한 폐해를 근본적으로 없앨 수 있다. 정부가 가진 자원배분의 강제력을 대폭축소하면 경쟁이 더욱 강화되고, 경쟁으로 인한 이득은 결국 국민들에게 돌아간다.

정부실패

정부실패가 초래되는 첫 번째 이유는 앞에서 설명한 정치적 의사결정 때문이다. 정부를 구성하고 있는 개인은 공익보다는 자신의 이익을 위해서 일하는 경우가 많다. 정치인의 경우에는 득표나 수익을 극대화하고, 정부 관료는 예산이나 부하 직원의 증가와 같은 자기 지배력 강화를 추구하는 경향이 많다. 그 과정에서 이익집단이나 자신의 편익을 위해 일하게 된다. 그로 인해 우리의 귀중한 자원이 낭비되고 불필요하게 사용된다. 그래서 '시장실패'의 이유를 들어가며 정부가 시장에 개입하면 시장은 정부 개입이 없을 때보다 더 비효율적이 되는 정부실패가 발생한다.

정부실패의 두 번째 이유는 공무원 역시 시장의 구성원들과 마찬가지로 완전한 정보를 가질 수 없기 때문이다. 시장실패를 치유하기 위해 정부가 개입해야 한다는 주장은 암묵적으로 완전한 정보를 가진 정부를 가정하고 있다. 그러나 정부는 완전한 정보를 가질 수 없다. 정부에서 일하는 공무원 역시 시장을 구성하고 있는 사람들과 똑같이 불완전한 사람이다. 따라서 정부 또한 불완전하다. 사람들이 무엇을 얼마나 원하고, 어떤 생산방식이 효율적인지 등을 파악하기 위해 필요한 정보는 시장과정을 통해서만 발견될 수 있다. 즉, 시장에서 경제주체들이 자신의 목적을 달성하기 위해 적극적으로 행동하는 과정에서 더 많은 정보를 얻게 되는 것이다. 공무원들은 이러한 시장과정에 참여하는 사람들이 아니기 때문에 그들이 얻는 정보는 시장참여자들보다 훨씬 제한되어 있다. 따라서 정보가 제한되어 있기 때문에 시장변화에 대한 정책 대응이 불완전할 수밖에 없고 의도한 정책결과를 이끌어내기 어려울 뿐만 아니라 문제를 해결하기보다는 오히려 악화시킨다.

정부실패의 세 번째 이유는 정부조직은 민간 기업과는 달리 퇴출과 경쟁의 위협이 없기 때문이다. 민간 기업은 퇴출의 위협 때문에 비효율적인 경영에 따른 손실을 줄이고 비효율적인 경영진을 교체하려는 유인을 갖고 있다. 그러나 정부조직은 퇴출과 경쟁의 압력이 없기 때문에 비용절감의 노력을 하지 않을 뿐만 아니라 국민의 요구를 만족시키는 데 있어 비효율적이다. 단적인 예로 정부가 주인인 이른바 공기업을 보면 알수 있다. 공기업은 커다란 적자를 보더라도 정부의 보조금으로 오히려 기업의 규모를 더욱 확대할 수 있다. 따라서 민간이 할 수 있는 일을 정부가 수행하면 민간이 하는 경우보다 훨씬 더 많은 비용이 들고 자원배분의 왜곡과 비효율성이 초래된다.

기후 변화를 빌미로 주유소 신설을 금지한 도시

기후 정책에 대한 논쟁이 심화됨에 따라, 캘리포니아의 한 도시는 주유소의 신설을 금지하는 전례 없는 조치를 취했다.

San Francisco Chronicle이 보도한 대로, 캘리포니아주에 위치한 Petaluma시는 시의회 만장일치로 주유소의 신설과 증축, 재건축, 이전을 금지할 예정이다. 2030년까지 탄소배출량이 제로(0)인 '탄소 중립성'을 목표로, 전기 자동차로의 전환을 강제로 앞당길 수 있다는 희망에서 이러한 결정을 내린 것으로 보인다.

D'lynda Fischer 시의회 의원은 "인류가 대기에 계속해서 불어넣는 모든 종류의 탄소 때문에 발생하는 이상기후 현상을 완화시키는 데 도움이 되도록, 우리는 우리가 할 수 있는 일을 해야 한다."고 말했다. 더하여 그녀는 "저는 다른 도시들도 우리의 결정을 뒤따르기를 바랍니다. 만약 다른 도시들이 그 지역 사회에서 필요로 하는 수준의 주유소를 이미 보유하고 있다면, 주유소의 추가건립 중단 조치를 취해야 할 것입니다."라고 발언했다.

시의회는, '주유소 신설을 금지하는 것은 환경과 인간의 건강에 악영향을 미치는 새로운 오염원을 사전에 방지함으로써 공공의 이익실현에 기여한다.'는 문구의 법안을 제창하였다. 그러나 해당 법령은 목표하고자 하는 바를 달성할 수도 없으며, 오히려 실제로는 탄소배출량을 증가시키는 역효과를 불러올 수 있다. 해당 정책의 목표는 무엇인가? 주유소 신설을 금지함으로써, 시의회는 화석연료를 사용하는 자동차를 운전하는 데 따른 탄소 배출량을 줄임으로써 기후 변화에 대처하자는 것을 목표로 한다. 그렇다면 왜 해당 법령은 왜 정반대의 결과를 내는 것일까?

Petaluma시에 새로운 주유소가 건설되는 유일한 이유는, 기업들이 이 지역에서 주유소의 공급보다 수요가 많다는 것을 관측하고 주유소를 건립하기 때문이다. 결국, 시의회가 주유소 신설을 금지한다고 해서, 이러한 수요가 사라지는 게 아니라는 것이다. 그래서 아이러니하게도 Petaluma시 거주자들은 주유를 하기 위해 기존 주유소보다 더 멀리 운전해서 이동해야 하고, 이 때문에 더 많은 탄소가 대기에 배출된다. 주유소의 공급이 수요를 따라가지 못하기에 해당 지역을 떠나 타 도시의 주유소를 찾아가야 하기 때문이다.

마찬가지로, 이 법은 Petaluma시에서의 주유 공급을 인위적으로 제한할 것이다. 즉, 기본적인 경제학의 가르침대로 수요와 공급에 따른 가격 결정에 따라, 해당 지역에서 주유를 하는데 필요한 비용이 크게 상승할 가능성이 높다는 뜻이다. 유류비가 오르면 빈곤층에게 가장 먼저 타격을 주게 될 것은 뻔한 일이며, 도시 내의 전체 가계 예산에 부담이 되는 것은 불가피하다.

하지만 시의회의 관점에서 보면, 이것이 바로 그들이 원하는 것일지도 모른다. 유류비가 인상되면 더 많은 사람들이 전기 자동차로 차를 교체할 것이라는 계산이다. 하지만, 비싸진 유류비는 도시 내의 많은 사람들이 의도치 않게 주유를 위해 차를 몰고 도시를 떠나게 만든다. 이 때문에 인접도시의 유류비는 훨씬 더 낮은 가격으로 유지되고, 사람들은 주유가 필요할 때마다 인접 도시를 찾게 된다. 이러한 대안은 값비싼 전기 자동차를 구입하는 것보다 대부분의 사람들에게 훨씬 더 현실적이고 경제적으로도 실현 가능한 방법이기 때문이다.

정부의 시장에 대한 지나친 개입은 항상 의도치 않은 결과를 불러일으킨다. 불행하게도, 이런 종류의 정책적 부작용은 비단 환경 문제나 캘리포니아의 Petaluma시에만 국한된 것은 아니다. 정부 관료들이 시청이나 의회에 모여 수백만 명의 시민들에게 적용되는 광범위한 규칙을 만들려고 할 때마다, 의도하지 않았으나 급격하게 발생하는 부작용들이 필연적으로 발생하고 있다.

출처: Polumbo, Brad 저/이재기 역, 자유기업원, 해외에세이, 2021년 6월 18일.

경제학: 시장경제 원리

연습문제

01. 미국의 9.11 사태 이후 테러 방지를 위한 공항에서의 안전 점검이 크게 강화되었다. 그리하여 탑승 전에 여행객들이 안전 점검에 많은 시간을 보내야만 한다. 테러 공격을 완전히 막을 만큼의 자원을 쓰는 것이 경제적으로 의미가 있는 것인가?

*02. "교육은 공공재이므로 정부가 공급하는 것이 마땅하다. 이러한 측면에서 대학의 반값 등록금은 정당성을 갖는다." 이 주장에 대해 평가하라.

03. 언제 정부의 시장개입이 경제적으로 효율적이고, 언제 비효율적인가?

*04. A라는 기업이 공해를 배출하는 경우를 생각해보자. A기업은 매년 100t의 공해를 배출하고 1t의 배출을 줄이는 데 100만원의 비용이 든다.
    1) 정부가 A기업에 대해 공해 배출을 연 50t으로 감소시키는 직접규제를 할 경우 어떤 결과가 나타나는가?
    2) 정부가 공해세를 부과하는 경우 어떤 결과를 예상할 수 있는가?

05. 왜 사람들은 영화를 보는 동안 대화를 해 다른 사람들을 방해하는가? 영화 티켓은 영화 도중에 말할 수 있는 권리를 부여한 것인가? 이 문제를 풀 수 있는 방법은 무엇인가?

*06. 쓰레기 처리장이 필요하다. 그러나 그 필요성을 인정하지만 대부분 'NIMBY-Not In My Back Yard' 때문에 쓰레기 처리장을 만들기가 쉽지 않다. 이것을 해결할 수 있는 방안은 무엇인가?

07. 기업이 광고를 하는 이유는 무엇인가?

*표시 문제의 답은 책 뒷부분의 부록에 수록되어 있음.

제11장

전반적인 경제활동의 측정

지금까지 우리는 경제이론을 바탕으로 우리 사회와 시장이 어떻게 작동하는지를 배웠다. 지금부터는 전반적인 경제활동에 관한 것을 다루려고 한다. 전반적인 경제활동에 관한 경제학을 거시경제학이라 한다. 거시경제의 주요 관심사는 국내총생산, 실업, 인플레이션, 경제성장, 경기순환, 그에 따른 정부정책 등이다. 거시경제학이라고 해서 특별한 것이 아니다. 거시경제학도 기본적으로 희소한 자원 하에서 특정 목적을 성취하기 위해 선택을 하고, 이러한 선택을 통해 다른 사람들과 상호작용한다는 경제학의 중심개념을 사용하기 때문이다.

거시경제의 환경은 모든 사람에게 영향을 미친다. 전반적인 경제활동이 활발하면 졸업 후 학생들이 직장을 쉽게 구할 수 있지만, 그렇지 않을 경우 직장 구하기가 어렵게 된다. 전반적인 경제활동이 활발하면 경제가 성장하고 소득이 증가하여 생활수준이 높아지고, 빈곤이 줄어든다. 그리하여 GDP, 실업률, 인플레이션율과 같은 전반적인 경제활동을 나타내는 주요 지표들은 언론매체를 통해 널리 보도되며 투자자, 정치가들이 이에 대해 지대한 관심을 보인다.

전반적인 경제활동에 대한 정보를 제공하는 것이 국민계정체계(National Accounting System)이다. 1971년 노벨경제학상을 수상한 사이먼 쿠즈네츠는 1920년대와 1930년대에 국민소득계정의 기본개념을 개발하였다. 그 후 시간이 흐르면서 이에 대한 방법이 개선되어 왔다. 우리는 이 장에서 경제활동을 나타내는 주요경제지표들이 어떻게 측정되고 그것들의 변화가 우리의 생활에 어떻게 영향을 미치는지에 대해 배울 것이다.

제 1 절
국내총생산(Gross Domestic Product; GDP)

국내총생산의 정의

　　한 국가의 전반적인 경제활동을 나타내는 데 가장 널리 사용되는 지표가 국내총생산(GDP)이다. 국내총생산은 한 국가에서 일정 기간 동안 생산된 모든 최종 재화와 서비스의 시장가치이다. 예를 들어 단지 세 가지 재화만을 생산하는 아주 작은 경제를 생각해보자. 이 경제에서 한 해 동안 자동차 10대, TV 50개, 스마트폰 100개를 생산한다고 하자. 그리고 자동차 가격 2,000만원, TV 가격 200만원, 스마트폰 가격은 100만원이라고 하자. 이 경제의 GDP는 각 재화의 가격과 생산된 수량을 곱하여 합하면 나온다. 즉 (10×2,000만원)＋(50×200만원)＋(100×100만원)＝4억원이다.

GDP에 포함되는 것과 포함되지 않는 것

최종 재화와 서비스만 포함되고 중간재는 포함되지 않음

　　GDP에는 최종 재화와 서비스의 가치만이 포함되고 최종 재화와 서비스를 생산할 때까지 사용된 중간재는 포함되지 않는다. 중간재를 포함하지 않은 이유는 중복계산을 피하기 위해서다. 예를 들어 자동차회사가 타이어 제조사에서 타이어를 구입하여 그 타이어로 자동차를 생산하는 경우 타이어는 중간재(intermediate good), 자동차는 최종재(final good)다. 이때 중간재의 가격은 최종재의 가격에 포함되기 때문에 자동차의 가격에 타이어의 가격을 더한다면 타이어의 가격이 중복계산된다. 중복계산으로 GDP가 과다하게 측정되므로 중간재는 배제한다.

시장에서 거래되어 측정할 수 있는 재화와 서비스는 포함되고 측정하기 어려운 것은 포함되지 않음

　　어떤 것이 GDP의 일부로 계산되기 위해서는 그것이 측정 가능해야 한다. 마약처럼 불법적으로 생산·거래되는 재화와 서비스는 측정하기가 어렵다. 따라서 불법적으로 생산·거래되는 재화와 서비스는 GDP에 포함되지 않는다. 또 가정에서 시장을 거치지 않고 생산·소비되는 품목들도 GDP에서 배제되어 있다. 예를 들면 집에서 재배해서 소비하는 채소와 주부가 집에서 하는 청소와 세탁과 같은 가사노동 역시 GDP에 포함되지 않는다. 그러나 가사도우미의 가사노동은 GDP에 포함된다. 자가소비 중에서 GDP에 포함되는 것이 있다. 자가 소유 주택서비스다. 임대주택의 경우 주택서비스의 가치는 세입자가 지불하는 임대료로 측정가능하기 때문에 당연히 GDP에 포함되고, 자기 집에 사는 사람들은 임대료를 내지는 않지만 정부는 자기주택의 임대료 가치를 추정하여 GDP에 반영한다. 이를 귀속임대료라고 한다.

그 해에 생산된 재화와 서비스만 포함되고 중고품 거래는 포함되지 않음

GDP에는 그 해에 생산된 재화와 서비스만 포함된다. 따라서 중고품과 같이 과거에 생산된 물건이 올해에 거래되었다 할지라도 그것은 올해 GDP에 포함되지 않는다. 예를 들어 현대자동차가 올해 새 차를 만들어 팔면 그 금액은 GDP에 포함되지만 이전 해에 생산된 자동차는 올해 GDP에 포함되지 않는다. 그리하여 중고차는 당연히 올해 GDP에 포함되지 않고, 작년에 생산되어 다 팔리지 않고 남아 올해 팔리는 자동차는 비록 그것이 사용되지 않는 새 차라고 해도 올해 GDP에 포함되지 않는다. 그것은 작년 GDP에 포함된 것이다.

생산과 관련된 거래만 포함되고 주식거래 및 기타 금융거래는 포함되지 않음

GDP는 '생산된' 재화와 서비스의 기록이다. 그러므로 금융거래와 소득이전은 GDP에서 배제된다. 그것들은 단지 소유권이 한 사람으로부터 다른 사람으로 옮겨간 것뿐이기 때문이다. 주식과 채권의 구입과 판매는 GDP에 포함되지 않는다. 개인 간 소득이전과 정부의 소득이전도 마찬가지로 GDP에 포함되지 않는다. 친척이 등록금을 보태 주었다면 그 친척은 그만큼 부가 줄었고 나의 부는 그만큼 증가하지만 이러한 거래는 현재의 생산에 기여한 것이 전혀 없다. 정부가 은퇴한 노령층에게 국민연금 급여를 지급하거나 해고된 근로자에게 실업수당을 지급하는 정부의 이전지출(transfer payment)은 생산된 재화와 서비스에 지불되는 대가가 아니다. 이전지출은 가계소득에는 영향을 주지만 경제의 생산과는 관련이 없다. 따라서 GDP에 포함되지 않는다.

GDP 측정과 그 한계

국민소득 3면 등가의 법칙

한 국가에서 일정 기간 동안 생산된 모든 최종 재화와 서비스의 시장가치인 GDP는 한 국가의 구성원 모두가 생산하여 얻은 소득의 총액이나 마찬가지다. 그리고 다른 측면에서 보면 그것은 결국 구성원들이 지출한 금액의 총액이다. 왜냐하면 어느 거래나 사는 사람과 파는 사람이 있어 구매자가 10,000원 지출하면 판매자는 10,000원의 수입을 올리기 때문이다. 예를 들면 A가 B에게 10,000원을 주고 자동차 세차를 맡겼다고 하자. 이 경우 B는 자동차 세차 서비스의 판매자이고 A는 자동차 세차 서비스의 구매자이다. B는 10,000원을 벌고, A는 10,000원 지출하므로 두 사람의 거래로 인해 전체 경제의 소득과 지출은 10,000원씩 증가한다. 즉 총소득으로 보든 총지출로 보든 GDP는 10,000원이 증가한다.

경제전체로 볼 경우 소득의 원천은 근본적으로 기업의 생산에 있다. 한편 기업의 생산은 가계의 소비가 있기 때문에 가능하다. 다시 말하면 기업은 생산한 재화와 서비스를 가계에 판매하여 소득을 획득한다. 그리고 가계는 기업에 생산요소를 판매(제공)하고 소득을 얻는다. 이와 같이 국민소득은 가계와 기업 사이를 순환하게 되는데, 이 순환과정의 어느 측면에서 측정해도 국민소득은 동일할 수밖에 없다.

한 국가 내에서 생산된 총생산물의 가치를 측정할 경우에는 이것을 '생산GDP'라 하고, 총지출 측면에서 측정한 것을 '지출GDP'라 칭한다. 그리고 한 국가 내 전체 구성원의 총소득 측면에서 측정한 것을 '분배GDP'라 한다. 개념상 이 3가지 국민소득은 순환하고 있는 국민소득을 단지 서로 다른 측면에서 측정한 것에 불과하므로 그 크기는 서로 동일하다. 다시 말하면 생산국민소득＝지출국민소득＝분배국민소득의 관계가 성립한다는 것이다. 이처럼 국민소득이 생산, 지출, 분배의 3가지 관점 중 어느 측면에서 측정하더라도 항상 동일해야 한다는 것을 국민소득 3면 등가의 법칙이라고 한다.

생산GDP

〈표 11-1〉은 3면으로 측정한 2020년 GDP(1,933조1,524억원)를 보여주고 있다. 생산GDP는 개념상 최종 사용자에게 팔린 모든 재화와 서비스를 합하는 방법으로 계산할 수 있지만 생산 공정의 각 단계에서 계속적으로 발생하는 부가가치(value added)의 합으로도 계산할 수 있다. 예를 들어 빵이 만들어져 소비자의 손에 들어가기까지 밀 경작 농부, 정미소, 제빵 도매상, 그리고 소매상의 단계를 거친다. 각 단계에서 부가되는 가치가 총생산이 된다. 따라서 최종재화의 가치는 제품 생산의 각 단계별 공정의 가치를 합한 것이라 할 수 있다. 이 생산GDP는 재화와 서비스를 생산ㆍ공급하는 측면이기 때문에 총공급(aggregate supply)을 나타낸다.

〈표 11-1〉의 GDP(생산)는 각 업종의 부가가치를 합하는 방법으로 계산된 것이다. 만약 정부부문이 없어서 정부에 세금을 납부할 일이 없다면 부가가치 총합이 자연히 GDP가 되지만 실제에 있어서는 기업들이 정부에 세금을 내기 때문에 총부가가치에 기업들이 낸 순생산물세를 포함하여야 GDP가 된다.

분배GDP

〈표 11-1〉의 GDP(분배 또는 소득)에 나와 있는 피용자보수는 노동, 토지, 자본, 경영 등의 생산요소 중 노동을 제공한 대가로 가계에 분배되는 급여를 말하고, 영업잉여는 토지, 자본, 경영에 대한 대가를 말한다. 고정자본소모는 생산에 이용된 공장, 기계 설비 등 고정자본(시설)의 가치 감소분으로서 개인과 정부가 소유한 자산의 감가상각의 변화를 말한다. 이것은 GDP의 생산부분에서 소비된 것으로 간주할 수 있으며, 자본재에 대한 궁극적인 교체비용을 통하여 GDP의 한 부분으로 설정될 수 있다. 다시 말하면 고정자본소모는 생산비용으로 간주할 수 있기 때문에 총생산량 가치에 포함할 수 있다. 그러나 이에 해당하는 금액은 생산비용 외에 다른 목적으로 이용하는 것이 불가능하기 때문에 다른 사람들의 소득에는 추가할 수 없다. 따라서 고정자본소모는 〈표 11-1〉에서 보는 것처럼 구성원들의 소득에 포함하지 않고 경제의 지출로서 생산측면의 GDP와 균형을 맞추기 위해 이용된다. 생산활동에 사용되는 고정자본의 특징은 그들이 생산된 연도 이후에도 지속되지만 생산활동 과정에서 마모되기 마련이다. 그래서 매년 마

표 11-1 2020년 우리나라 국내총생산(GDP) (단위: 10억원)

GDP (생산)		GDP (분배 또는 소득)		GDP (지출)	
농업 임업 및 어업	35,421.00	피용자 보수	918,152.4	민간최종소비지출	897,449.2
광공업	1,945.10	영업잉여	425,587.6	정부최종소비지출	349,122.5
(제조업)	479,628.50	고정자본소모	399,552.2	총고정자본형성	601,465.0
전기 가스 수도업	43,118.70	생산 및 수입세	202,609.5	재고증감	14,456.9
건설업	105,179.60	(공제)보조금	12,938.6	재화와 서비스 수출	704,554.0
서비스업	1,104,240.70			(공제)재화와서비스수입	633,487.5
총부가가치	1,769,533.50			통계상불일치	−407.7
순생산물세	163,618.90				
국내총생산 (시장가격)	1,933,152.40	국내총생산	1,933,152.40	국내총생산	1,933,152.40

자료: 한국은행 홈페이지 『경제통계, 국민계정(2015년 기준년)』 http://ecos.bok.or.kr/

모되는 양을 추정하여 상계 처리하는 것이다.

생산 및 수입세는 부가가치세나 특별소비세 등과 같이 우리가 상품을 살 때 상품 가격에 포함되어 있는 세금을 말한다. 보조금은 기업이 상품을 만들 때 정부가 그 상품의 생산을 장려하기 위하여 생산비용 중의 일부를 무상으로 제공해 주는 것을 말한다.

지출GDP

GDP(지출)는 재화와 서비스의 생산과 관련하여 발생한 지출을 합하는 방법으로 계산한 것이다. 이 방법에서 경제는 4개 부문, 즉 가계부분, 기업부문, 정부부문, 해외부문으로 나뉘는데, 한 국가에서 생산된 모든 재화는 4개 부문에 있는 누군가에 의해 구매된다. 그래서 각 부문에 의해 이뤄진 지출을 더하면, 즉 가계부문, 기업부문, 정부부문, 해외부문에서의 지출을 더하면 GDP를 측정할 수 있는데, 각 부문별 지출을 더하여 GDP를 계산할 경우 한 가지 유의해야 할 점은 수입 지출을 조정해야 한다. 수입에 대한 지출은 우리나라에서 생산된 재화와 서비스에 대한 지출이 아니기 때문이다. 그래서 한 국가의 GDP는 다음과 같이 측정될 수 있다.

$$GDP = 소비(C) + 투자(I) + 정부구매(G) + 순수출(X-M)$$

가계부문에서 이뤄지는 지출을 소비(consumption), 기업부문에서 이뤄지는 지출을 투자(investment), 정부부문에서 이뤄지는 지출을 정부구매(government purchase)라고 한다. 우리나라에서 생산된 재화와 서비스를 외국에 거주한 사람들이 구입할 수 있고, 국내에 거주하고 있는 사람들이 외국에서 생산된 재화와 서비스를 구입할 수 있다. 전자를 수출(export)이라고 하고, 후자를 수입(import)이라고 한다. 지출GDP는 4개 부문의 구매 측면이기 때문에 총수요(aggregate demand)를 나타낸다.

〈표 11-1〉에 나와 있는 총자본형성은 산업, 정부서비스 생산자 및 민간비영리서비스 생산자가 고정자산을 추가하는 데 따른 지출액을 의미한다. 따라서 토지나 중고품의 구매는 제외하고 고정자산을 구매할 때 상품가격과 함께 부담한 설치비용이나 취득세, 등록세 등의 부대비용이 총고정자본형성에 포함된다. 기업의 투자지출은 총자본형성에 포함되어 있다. GDP(지출)을 보면 통계상 불일치라는 항목이 있는데, 이는 국민소득계정에서 GDP로 작성한 생산 및 분배 접근법과 지출접근법 간에 통계적인 오차가 발생할 수 있기 때문이다. 2020년에 −4,077억원만큼 오차가 있었음을 보여준다.

국민소득 3면 등가의 법칙을 이해하기 위한 간단한 예

〈그림 11-1〉에서 내국인 A와 B는 각각 X재와 Y재를 생산하고, C는 Z재를 생산하는 외국인이다. A는 X재 10개를 개당 4원에 B에게 판매해 그로부터 40원의 소득을 얻었

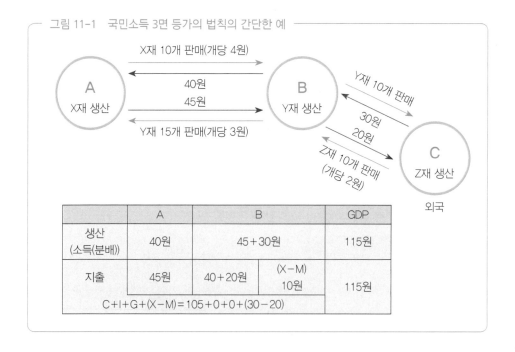

그림 11-1 국민소득 3면 등가의 법칙의 간단한 예

	A	B		GDP
생산 (소득(분배))	40원	45+30원		115원
지출	45원	40+20원	(X−M) 10원	115원
C+I+G+(X−M)=105+0+0+(30−20)				

다. B는 Y재 15개를 개당 3원에 팔아 45원의 소득을 얻었다. 또 B는 C에게 10개를 수출하여 30원의 소득을 얻었으며, C로부터 Z재 10개를 개당 2원에 수입하며 C에게 20원을 지급했다. 이러한 생산과 거래를 이용하여 GDP를 계산해보자. 먼저 생산과 소득(분배) 측면에서 보면 A의 생산 가치와 소득은 40원, B의 생산과 소득(분배)은 75원(=45원+30원)으로 이 둘을 합하면 생산 및 소득(분배) 측면의 GDP는 115원이다. 지출 측면을 보자. A의 소비지출이 45원, B의 소비지출이 60원(=40원+20원), 그리고 순수출(수출−수입)이 10원(=30원−20원)으로 이 셋을 합하면 지출 측면에서 계산한 GDP 역시 115원이 된다.

수입에 대한 오해

지출 측면의 GDP를 보면 순수출이 있는데 이 순수출은 수출에서 수입을 뺀 금액이다. 이 산식에서 수입이 마이너스로 되어 있기 때문에 수입이 증가하면 GDP는 감소한다고 생각하는 사람들이 많다. 그리하여 GDP를 늘리기(경제성장) 위해서는 수입을 줄여야 한다고 주장하는 사람들이 있다. 그러나 이것은 오해다. 위의 간단한 예에서 볼수 있듯이 수입액은 사람들의 소비지출에 포함된다. B의 지출에 포함되어 있는 20원이 그것이다. 다시 말하면 GDP를 계산할 때 수입액은 국내의 소비지출에 포함되어 있다가 빠지는 것이다. 그래서 수입액은 GDP 계산에 영향을 전혀 미치지 않는다. GDP는 국내에서 생산이 증가할 때 늘어난다는 사실을 잊지 말아야 한다.

GDP의 한계

GDP는 총체적인 국민의 경제적 후생을 나타내는 지표가 아니다.

GDP는 한 나라의 총생산이면서 재화와 서비스에 대한 총지출을 나타낼 뿐이다. 국민 개인들의 후생에 영향을 미치는 요인은 소득 이외에도 대단히 많다. 그것들에는 여가, 장수와 건강, 깨끗한 환경, 평화, 낮은 범죄율, 낮은 유아사망률 등이 있다. 물론 GDP는 이러한 것들에 영향을 미칠 수 있고, 이러한 것들의 영향을 받을 수도 있다. 그렇지만 GDP는 국민 개인들의 후생을 나타내는 직접적인 지표는 아니다. 이러한 GDP의 한계를 지적하며 그 대안으로 1972년 지그메 싱기에 왕추크 부탄국왕이 총국민행복(Gross National Happiness; GNH)을 제안했다.

GDP는 실제 경제활동을 과소평가한다.

우리는 앞에서 시장에서 거래되지 않는 생산활동과 불법적으로 거래되는 재화와 서비스는 GDP에 포함되지 않는다고 배웠다. 그러나 시장에서 거래되지 않는 생산활동 뿐만 아니라 불법적으로 거래되는 재화와 서비스 역시 한 국가의 전반적인 경제활동의 일부다. 따라서 이러한 것들을 포함하지 않는 GDP는 실제 경제활동을 과소평가하는 것이다.

실질 부의 증가에 대한 반영이 분명치 않다.

GDP는 재화와 서비스의 품질이 개선된 점을 포착하지 못할 수 있다. 예를 들면 새로 생산된 자동차가 지난해에 생산된 자동차보다 안락하고, 안전성이 더 뛰어난데, 자동차 가격이 지난해와 동일하다면 자동차의 품질이 개선되었다고 할지라도 GDP는 증가하지 않는다.

GDP는 이윤을 과대평가하고 있다.

우리는 제7장에서 기회비용을 반영한 경제적 이윤이 회계적 이윤보다 낮다는 것을 배웠다. GDP에 포함되어 있는 이윤은 경제적 이윤이 아닌 회계적 이윤이다. 이러한 점에서 GDP 측정에 포함되어 있는 이윤은 과대평가되어 있는 것이다.

GDP는 자본재 생산의 경제활동을 보여주지 못한다.

앞에서 우리는 중복계산을 피하기 위해 중간재 생산이 GDP 추계에 배제된다고 배웠다. 그러나 경제성장에서 중요한 요인은 자본축적과 기업가 정신이다. 이러한 것들에 의해 자본재가 만들어지는데 중간재를 포함시키지 않는 GDP에는 이러한 경제활동이 잘 반영되어 있지 않다. 그리하여 최근에 기업가의 활동의 중요성을 강조하며 중간재를 포함시켜야 한다는 주장이 대두되었다. 이러한 주장을 반영하여 2014년 4월부터 미국상무부가 총산출(Gross Output; GO)을 발표하고 있다. 총산출(GO)은 경제의 공급 측면을 평가할 수 있는 지표로 사용된다.

〈표 11-2〉 GDP와 GO 간의 차이를 보여주는 간단한 예다. 가구제품의 최종시장 가치는 30이다. 이것은 각 단계의 부가가치를 합한 것과 같다. 한편 GO 중간재 모두를 포함하기 때문에 75가 된다.

표 11-2 GO(총산출)와 GDP(국내총생산)의 차이

	생나무	원목	합판	가구제품	GO, GDP
가격	10	15	20	30	75(GO)
부가가치	10	5	5	10	30(GDP) (부가가치 총합)

제 3 절
기타 국민소득계정

국민총소득(Gross National Income; GNI)

GNI는 한 나라의 국민이 생산활동에 참여한 대가로 받은 소득의 합계를 말한다. 이것은 과거에 사용되었던 국민총생산(Gross National Product; GNP) 대신 사용되는 개념이다. GDP는 국내라는 지역 개념에서 측정하는 것이고 GNI는 국적 개념에서 측정되는 것이다. GNI는 GDP에 외국에서 번 우리 국민들의 소득을 더하고 우리나라에서 외국인들이 번 소득을 뺀 것이다. 예를 들어 일시적으로 우리나라에서 일하는 일본인이 생산한 재화나 서비스는 우리나라의 GDP에 포함되지만, GNI에는 포함되지 않는다. 이 일본인 소득은 일본의 GNI에 포함된다.

다시 정리하면 국민총소득(Gross National Income; GNI)은 한 나라의 국민이 생산활동에 참여한 대가로 받은 소득의 합계다. 따라서 외국으로부터 국민(거주자)이 받은 소득(국외수취 요소소득)을 포함하고 국내총생산 중에서 외국인에게 지급한 소득(국외지급 요소소득)은 제외한다. 국내총생산은 국내에 거주하는 모든 생산자가 생산한 부가가치를 합산한 것이므로 국외거래에 의하여 발생하는 생산은 고려하지 않아 양자는 국외순수취요소소득만큼의 차이가 발생하게 된다. 즉, 국민총소득은 국내총생산에서 국외순수취요소소득을 더하여 산출할 수 있다. 2020년 국외순수취요소소득은 14조8,683억원이었고, 국민총소득은 1,948조207억원이었다.

GNI는 GNP와 같은 것으로 GNP의 소득 측면의 특성을 강조하기 위해 명칭만 바꾸어 현재의 국민계정체계에서 GNP 대신 GNI를 사용하고 있다. 그러나 '명목'GNP = '명목'GNI이지만 실질GNI는 반드시 실질GNP와 같지 않다. 그것은 수출입가격(교역조건) 변화에 따라 실질무역손익이 발생할 경우 우리 국민의 구매력이 영향을 받을 수 있기 때문이다. 예를 들어 작년에는 스마트폰을 10개를 수출하고 $1,000을 받고, 다시 이 $1,000로 원유 10배럴을 수입해서 국내에 판매했는데 올해는 원유가격이 2배로 상승해서 휴대폰 10개를 수출해봐야 원유를 고작 5배럴만 수입할 수 있게 될 경우 원유가격이 2배나 올랐기 때문에 휘발유 가격도 오르고 휘발유를 소비하는 소비자의 구매력이 감소하게 된다. 이 경우 실질GDP는 예나 지금이나 스마트폰 10개의 가치인 $1,000로 변화가 없지만 수입량 감소로 우리 국민이 느끼는 체감경기는 악화된다. 이처럼 실질GDP는 한 나라 경제의 생산 측면을 잘 나타내주는 지표라 할지라도 수입제품의 가격 및 수량 변화를 반영하지 못하기 때문에 국민들이 실질적으로 느끼는 구매력을 측정하지 못하는 한계를 가지고 있다. 그래서 이러한 점을 반영해 한 나라의 실질구매력을 나타내기 위해 실질GNI를 구해 사용한다.

그래서 실질GNI는 실질GNP에 교역조건 변화에 따른 실질무역손익을 더해 구한다. GNP는 국적의 생산개념이기 때문에 실질GDP에다 실질 국외순수취요소소득을 더하면 실질GNP가 된다(실질GNP = 실질GDP + 실질 국외순수취요소소득). 여기에 교역조건 변화에 따른 실질 무역손익을 더해 실질GNI를 구한다. 그래서 실질GNI = 실질GNP + 교역조건 변화에 따른 실질무역손익이 된다.

국민처분가능소득(National Disposable Income; NDI)

국민처분가능소득은 국민경제 전체가 소비나 저축으로 자유로이 처분할 수 있는 소득의 규모를 말한다. 국민처분가능소득은 명목 시장가격으로 평가된 국민순소득에 교포 송금 등과 같이 생산활동과는 관계없이 국외로부터의 소득(국외수취 경상이전)을 더하고 클레임 등 국외에 지급한 소득(국외지급 경상이전)을 차감하여 산출한다. 이를 지출 면에서 보면 최종소비지출(민간지출＋정부지출)과 저축으로 나뉜다. 2020년 국민처분가능소득은 1,546조3,646억원이다(〈표 11-3〉 참조). 그리고 국민처분가능소득에 고정자본소모를 더하면 국민총처분가능소득(GNDI)이 된다. 2020년 국민총처분가능소득은 1,945조9,198억원이다. 국민총처분가능소득(GNDI)은 총저축률과 총투자율을 작성하는 데 이용되고 있다.[1]

표 11-3 GDP, GNI, 국민(총)처분가능소득, 가계(총)처분가능소득, 1인당GDP, 1인당GNI, 1인당 가계총처분가능소득

	2016	2017	2018	2019	2020
국내총생산 (단위: 10억원)	1,740,779.60	1,835,698.20	1,898,192.60	1,924,498.10	1,933,152.40
국내총생산 (단위: 억달러)	15,000.30	16,233.10	17,251.60	16,510.10	16,382.00
국민총소득 (단위: 10억원)	1,747,143.50	1,843,180.90	1,905,837.50	1,941,107.90	1,948,020.70
국민총소득 (단위: 억달러)	15,055.10	16,299.20	17,321.10	16,652.60	16,508.00
국민처분가능소득 (단위: 10억원)	1,419,199.90	1,497,065.80	1,539,485.30	1,553,455.00	1,546,364.60
국민총처분가능소득 (단위: 10억원)	1,742,004.30	1,836,741.90	1,898,625.20	1,935,211.70	1,945,919.80
가계총처분가능소득 (단위: 10억원)	948,800.5	982,709.9	1,025,640.0	1,058,703.8	1,084,928.1
1인당국내총생산 (단위: 만원)	3,398.80	3,574.00	3,678.20	3,721.80	3,733.40
1인당국내총생산 (단위: 달러)	29,287.20	31,605.20	33,429.00	31,928.80	31,637.30
1인당국민총소득 (단위: 만원)	3,411.20	3,588.60	3,693.00	3,753.90	3,762.10
1인당국민총소득 (단위: 달러)	29,394.30	31,734.10	33,563.70	32,204.40	31,880.60
1인당가계총처분가능소득 (단위: 만원)	1,852.5	1,913.3	1,987.4	2,047.4	2,095.2

자료: 한국은행 홈페이지. http://ecos.bok.or.kr/

---

1 이에 대한 데이터는 한국은행 경제통계시스템에서 10. 국민계정, 10.1 주요지표, 10.1.1 연간지표, 경제규모 및 국민소득(명목)을 클릭하면 찾을 수 있다.

가계총처분가능소득(Personal Gross Disposable Income; PGDI)

가계총처분가능소득은 가계가 마음대로 소비와 저축으로 처분할 수 있는 소득을 의미한다. 보통 국민들의 생활수준을 파악하는 데 1인당 GNI가 널리 쓰이고 있지만, GNI에는 가계뿐만 아니라 기업, 금융기관, 정부가 벌어들인 소득이 모두 포함되어 있다. 따라서 기업과 금융기관 등이 벌어들인 소득이 가계부문이 번 소득보다 많아 1인당 국민총소득(GNI)이 높아진 경우에는 가계가 느끼는 체감경기는 전체경기와 괴리가 있게 된다. 그리하여 가계의 구매력을 가장 정확히 파악할 수 있는 소득지표는 1인당 가계총처분가능소득이다. 2020년 가계총처분가능소득은 1,084조9,281억원이고, 1인당가계총처분가능소득은 20,952,000원이다(〈표 11-3〉 참조).

제 4 절
실질GDP와 GDP디플레이터

실질GDP

단 하나의 재화만을 생산하는 경제에서 우리는 GDP를 팔린 재화의 수량에 그 재화의 가격을 곱하여 계산할 수 있다. 그 재화가 컴퓨터라고 하자. 컴퓨터 가격이 100만원이고 컴퓨터가 한 해에 10대 생산되었다면 GDP는 1,000만원이 된다.

다음해에 컴퓨터의 생산량이 10대로 유지되었지만 가격이 200만원으로 올랐다면 GDP는 이제 2,000만원으로 2배가 되었다. GDP가 첫해보다 그 다음해에 더 높지만 컴퓨터 생산량은 같다. 단지 가격이 다를 뿐이다. 생산된 재화가 늘지 않았음에도 불구하고 GDP가 증가한 것이다.

이러한 사실 때문에 GDP는 가격변화에 조정되어야 하고 가격 변화와 생산량 변화를 분리해야 한다. 앞에서 본 것처럼 1개 재화를 생산하는 아주 단순한 경제의 GDP를 계산할 때 가격(P)과 수량(Q)이라는 두 변수를 사용했다. 이 변수 중 어느 하나가 증

표 11-4 GDP 변화의 예

가격	수량	GDP
100만원	10	1,000만원
200만원	10	2,000만원
100만원	20	2,000만원

가하고 다른 것이 일정하면 GDP는 증가하는 것을 알 수 있다.

〈표 11-4〉의 예를 보자. 〈표 11-4〉에서 컴퓨터 가격이 100만원이고 수량이 10개이면 GDP는 1,000만원, 가격이 200만원으로 오르지만 생산량의 변화가 없이 10개이면 GDP는 2,000만원으로 오른다. 또 가격이 100만원으로 변하지 않고 생산량이 20개로 증가하면 GDP 역시 2,000만원으로 오른다.

우리가 단순히 GDP가 1,000만원에서 2,000만원으로 증가한 데이터만 보면 GDP가 가격 때문에 올랐는지, 수량 때문에 올랐는지 알 방법이 없다. 그러나 물가를 일정하게 유지하는 방법을 사용하면 GDP의 변화 요인을 금방 알 수 있다. 가격이 일정하고 GDP가 증가했다면 그 증가 요인이 생산량 증가에 있음이 분명하기 때문이다.

가격을 일정하게 놓을 수 있는 방법은 무엇인가? 과거 특정연도를 정해 그 해에 존재했던 가격들을 이용하는 것이다. 우리는 그것을 기준 연도(base year)라고 한다. 그 기준 연도의 물가를 가지고 매해의 GDP를 계산하는데, 이렇게 계산된 GDP를 실질GDP(real GDP)라고 한다. 명목 GDP는 당해 연도의 수량을 당해 연도의 가격으로 곱한 것으로 우리가 지금까지 배운 GDP를 말한다. 반면 실질GDP는 당해 연도의 수량을 기준연도의 가격으로 곱한 것이다.

명목GDP=당해 연도 가격×당해 연도 수량

실질GDP=기준 연도 가격×당해 연도 수량

예를 들어 설명해보자. 〈표 11-5〉에서 1열은 각 연도를 나타낸다. 2열은 각 연도의 가격, 3열은 각 연도의 생산량, 4열은 각 연도의 명목 GDP를 나타내고 5열은 실질GDP를 나타낸다. 2015년을 기준 연도로 한다. 2020년 실질GDP를 측정하기 위해 2015년 컴퓨터의 가격을 2020년 컴퓨터 생산량과 곱한다.

〈표 11-5〉에서 2019년 실질GDP는 1,500만원으로 2018년 1,300만원보다 높다. 이것은 2018년 컴퓨터 생산량이 2017년보다 증가했고, 가격이 올랐기 때문이다. 그러

표 11-5 1개 재화를 생산하는 단순 경제의 명목GDP와 실질GDP

연도	컴퓨터 가격 (만원)	컴퓨터 생산량	명목GDP (만원)	실질GDP (만원)
2015	100		당해 연도 가격× 당해 연도 생산량	기준 연도 가격× 당해 연도 생산량
2017	120	10	120×10=1,200	100×10=1,000
2018	150	13	150×13=1,950	100×13=1,300
2019	180	15	180×15=2,700	100×15=1,500
2020	200	14	200×14=2,800	100×14=1,400

나 2020년 실질GDP는 1,400만원 1,500만원인 2019년보다 낮다. 2020년에 컴퓨터 생산량이 줄었기 때문이다. 이와 같이 가격의 적용에 따라 명목GDP와 실질GDP가 달라지기 때문에 경제성장, 경기순환 등 전반적인 경제활동의 흐름을 파악하고 분석하는 데에는 명목GDP보다는 실질GDP가 더 적합하다.

실질GDP의 실제 측정방법

위와 같이 기준년 가액을 가중치로 해 실질GDP를 추계하는 방식을 고정가중법(fixed weighted method)이라고 하는데 최근에는 이 방법을 사용하고 있지 않다. 한국은행은 2009년 3월부터 GDP추계방법을 국제기준(1993 SNA)에 맞춰 고정가중법에서 연쇄가중법으로 변경하였다. 연쇄가중법은 매년 직전년도를 기준년으로 삼아 당해년의 전년대비 물량증가율(연환지수)을 먼저 구하고 이를 누적하여 당해년의 연쇄지수와 실질 GDP금액을 사후적으로 계산하는 방식이다.

예를 들어 2019년의 전년대비 물량증가율(연환지수)은 직전 연도인 2018년 가격을 기준으로 구하고 마찬가지로 2020년 연환지수는 직전 연도인 2019년 가격을 기준으로 산출한다. 그리고 앞에서 구한 지수기준년(예: 2015년) 다음 해인 2016년부터 2020년까지 매 연도의 연환지수를 누적적으로 곱하여 지수기준년 대비 2015~2020년 중 전체 물량증가율(2020년 연쇄지수)을 계산한다. 그리고 2020년 실질 GDP는 지수기준년(예: 2015년) GDP 금액에 2020년 연쇄지수를 곱하여 계산한다.[2] 〈표 11-5〉는 2000년부터 2020년까지의 명목GDP와 실질GDP를 보여주고 있다.

2 연쇄가중법의 예시는 〈부록〉을 참고하기 바람. 보다 더 자세한 것은 한국은행 (2008), "실질 국내총생산(GDP) 추계방법 변경"을 참고할 것.

암묵적 GDP디플레이터

우리는 실질GDP를 측정하는 과정에서 전반적인 물가수준의 변화에 대한 간접적인 측정치를 얻을 수 있다. 이를 우리는 암묵적 GDP디플레이터(implicit GDP deflator)라고 한다. 이것은 단순히 명목GDP를 실질GDP로 나눈 것이다. 이렇게 계산된 2000년부터 2020년까지의 GDP디플레이터가 〈표 11-6〉에 나와 있다. GDP디플레이터 등락률을 보면 2000년대에 대체로 물가상승률이 상대적으로 높았고, 2010년대에는 대체로 낮았음을 알 수 있다.

$$\text{암묵적 GDP디플레이터} = \frac{\text{명목GDP}}{\text{실질GDP}} \times 100$$

표 11-6 명목 GDP, 실질GDP, GDP디플레이터(2000-2020)

단위	국내총생산 (명목, 원화표시) 십억원	국내총생산 (실질성장률) %	GDP 디플레이터 2015=100	GDP 디플레이터 (등락률) %
2000	651,634.40	9.1	72.119	1.0
2001	707,021.30	4.9	74.628	3.5
2002	784,741.30	7.7	76.892	3.0
2003	837,365.00	3.1	79.544	3.4
2004	908,439.20	5.2	82.032	3.1
2005	957,447.80	4.3	82.887	1.0
2006	1,005,601.50	5.3	82.702	-0.2
2007	1,089,660.20	5.8	84.702	2.4
2008	1,154,216.50	3.0	87.096	2.8
2009	1,205,347.70	0.8	90.239	3.6
2010	1,322,611.20	6.8	92.710	2.7
2011	1,388,937.20	3.7	93.898	1.3
2012	1,440,111.40	2.4	95.073	1.3
2013	1,500,819.10	3.2	96.042	1.0
2014	1,562,928.90	3.2	96.913	0.9
2015	1,658,020.40	2.8	100.000	3.2
2016	1,740,779.60	2.9	101.986	2.0
2017	1,835,698.20	3.2	104.253	2.2
2018	1,898,192.60	2.9	104.756	0.5
2019	1,919,039.90	2.0	103.790	-0.9
2020	1,924,452.90	-1.0	105.090	1.3

자료: 한국은행 홈페이지 「경제통계, 국민계정(2015년 기준년)」 http://ecos.bok.or.kr/

기타 물가지수[3]

경제성과를 측정하는 데 있어서 산출량의 변화도 중요하지만 재화와 서비스의 가격의 변화 역시 중요하다. 앞에서 본 것처럼 산출량의 변화가 없더라도 재화와 서비스의 가격이 오르면 총생산이 증가한 것으로 나온다. 이것은 실질적인 생산과 소득이 증가하지 않았음에도 불구하고 마치 생산과 소득이 증가한 것처럼 보이게 한다. 실제로 우리의 생산과 소득이 얼마나 오르고 내렸는가를 분석하기 위해서는 재화와 서비스의 가격들이 얼마나 오르고 내렸는지를 봐야 한다.

실제 경제에는 셀 수 없이 많은 재화와 서비스가 있다. 이들 모두의 가격들을 관찰해 전체 경제활동을 가늠하기는 여간 어려운 일이 아니다. 그리하여 전체 경제활동을 분석하고 평가하는 데에 모든 재화와 서비스의 가격들을 직접적으로 사용하는 것이 아니라 평균적인 물가수준을 나타내는 지수를 사용한다.

우리가 앞에서 배운 GDP디플레이터는 가장 포괄적인 물가지수로 한 경제의 평균적인 물가수준을 나타내는 지표다. GDP디플레이터는 GDP 추계에 관련되는 모든 재화와 서비스의 국내가격뿐만 아니라 수출가격 변동까지도 포함하기 때문에 계산하기 힘들며 그것이 발표되기까지 상당한 시간이 걸린다. 그래서 물가수준의 변동을 제때 알기가 어렵다. 그뿐만 아니라 너무 많은 재화와 서비스의 가격들을 다루다 보니 실생활에서 직접적으로 체감하는 것과는 거리가 멀 수 있다. 그리하여 보통 사람들이 느끼는 물가수준의 변동을 파악하기 위해 GDP디플레이터 대신에 소비자물자지수와 생산자물가지수를 사용한다.

소비자물가지수(Consumer Price Index: CPI)

소비자물가지수는 도시가계가 일상생활을 영위하기 위해 구입하는 상품가격과 서비스 요금의 변동을 종합적으로 측정하기 위해 작성하는 지수다. 총 소비지출 중에서 구입 비중이 큰 460개 품목을 대상으로 조사된 소비자 구입가격을 기준으로 산정된다. 식료품 및 비주류 음료, 주류 및 담배, 의류 및 신발, 주택 · 수도 · 전기 및 연료, 가

---

3 물가지수 산정방법에는 라스파이레스 장식과 파세 방식이 있다. 이에 대한 자세한 설명은 부록에 수록하였다.

정용품 및 가사 서비스, 보건, 교통, 통신, 오락 및 문화, 교육, 음식 및 숙박, 기타상품 및 서비스 등 12개 항목으로 각각 집계한다. 지수 작성의 현재 기준시점은 2015년도로 하며 라스파이레스 방식으로 매월 지수를 산출하여 통계청이 발표한다. 소비자물가지수 발표 시 소비자물가지수를 구성하고 있는 농축산물, 공업제품, 집세, 공공서비스, 개인서비스 등의 지수를 함께 발표한다. 이외에 근원물가지수와 생활물가지수도 발표한다. 근원물가지수는 소비자물가 조사품목 중 곡물이외의 농산물과 석유류(도시가스 포함) 같은 외부충격 등에 취약한 품목들을 제외한 물가지수다. 근원물가지수는 물가변동의 기조를 분석하는 데 활용된다. 생활물가지수는 소득증감에 관계없이 소비지출이 필요한 기본생필품을 대상으로 작성한 지수다. 141개 품목으로 구성되어 있다.

표 11-7 소비자물가지수와 생산자물가지수(2001-2020)

	소비자물가지수 (2015=100) (전국)	소비자물가지수 (증가율), %	생산자물가지수 (2015=100)	생산자물가지수 (증가율), %
2001	69.3	4.1	78.0	−0.5
2002	71.2	2.8	77.8	−0.3
2003	73.7	3.5	79.5	2.2
2004	76.3	3.6	84.3	6.1
2005	78.4	2.8	86.1	2.1
2006	80.2	2.2	86.9	0.9
2007	82.2	2.5	88.1	1.4
2008	86.1	4.7	95.6	8.6
2009	88.5	2.8	95.4	−0.2
2010	91.1	2.9	99.1	3.8
2011	94.7	4.0	105.7	6.7
2012	96.8	2.2	106.4	0.7
2013	98.0	1.3	104.7	−1.6
2014	99.3	1.3	104.2	−0.5
2015	100.0	0.7	100.0	−4.0
2016	101.0	1.0	98.2	−1.8
2017	102.9	1.9	101.6	3.5
2018	104.5	1.5	103.5	1.9
2019	104.9	0.4	103.5	0.0
2020	105.4	0.5	103.0	−0.5

자료: 한국은행 홈페이지 「경제통계」 http://ecos.bok.or.kr/

생산자물가지수(Producer Price Index; PPI)

생산자물가지수는 국내생산자가 국내시장에 공급하는 상품 및 서비스의 가격변동을 측정하는 통계를 말한다. 국내 출하액이 모집단 금액의 1/10,000 이상인 781개 상품, 서비스의 경우 1/2,000 이상인 거래비중을 갖는 103개 품목을 대상으로 한다. 소비자물가지수와 마찬가지로 지수 작성의 현재 기준시점은 2015년도로 하며 라스파이레스 방식으로 매월 지수를 산출하여 통계청이 발표한다. 생산자물가지수 발표 시 생산자물가지수를 구성하고 있는 농림수산품, 공산품, 전력·가스 및 수도, 서비스 등의 지수를 함께 발표한다.

지수물가와 피부물가가 다른 이유

물가지수는 '일반적인' 물가수준의 평균적인 변화를 파악하는 것이다. 반면에 사람들이 피부로 느끼는 물가는 일상생활에서 지출하는 물품의 가격에서 느끼는 개인적인 느낌이다. 사람마다 소득수준이나 지출하는 대상에 따라 다르기 때문에 개인이 느끼는 물가수준은 지수물가와 다를 수 있다.

예를 들어 물가지수로 나타낸 인플레이션율이 5%라고 하자. 이것은 모든 재화와 서비스의 가격이 동일하게 5% 상승했다는 것을 의미하는 것이 아니다. 가격이 5% 이상 상승한 것도 있고 오히려 하락한 것도 있다. 만약 자신이 주로 지출하는 재화와 서비스의 가격이 많이 올랐다면 물가가 많이 오르는 것처럼 느낄 것이고, 반대로 자신이 주로 지출하는 재화와 서비스의 가격이 하락하였다면 물가가 오르지 않은 것처럼 느낄 것이다. 사람마다 주로 지출하는 재화와 서비스는 각기 다르다. 그래서 사람마다 개인적으로 느끼는 물가수준은 다를 수밖에 없다.

GDP의 중요성과 보완점

GDP는 그 자체로 한계와 문제점을 갖고 있지만 실질GDP는 생산과 매년 생산이 얼마나 변하는지를 비교적 정확하게 보여주는 지표다. 그런 점에서 GDP데이터는 경제활동의 수준을 추적하는 데 필요한 정보를 제공해 준다. 이 데이터를 이용해 우리는 현재의 산출량과 과거의 산출량을 비교할 수 있다. 만약 이러한 정보가 없다면 정책입안자들은 경제정책을 수립하기 어렵고 기업과 기업가들은 제품에 대한 수요 예측에 어려움을 겪을 것이다. 그러나 자본축적과 기업가 정신에 따른 생산활동을 더 정확하게 반영하기 위해서는 총산출(GO)을 이용해 보완할 필요가 있다.

부록

연쇄물량지수

연쇄물량지수는 매년 개별재화와 서비스의 가중치 및 수량변화가 반영된 물량지수를 말한다. 예를 들어 〈부록표 11-1〉과 같이 2015년을 기준 연도로 하고 상품 X와 Y의 2015년부터 2017년까지 3년간 가격과 수량이 주어졌다고 하자. 연쇄물량지수를 산출하기 위해서 먼저 연환물량지수를 계산하는데, 연환물량지수는 바로 전년도 가격을 가중치로 사용하여 계산되는 지수를 말한다. 따라서 2016년 연환물량지수는 $\frac{p_{2015}q_{2016}}{p_{2015}q_{2015}} \times 100 = 123.1$이 된다. 2016년의 연쇄물량지수는 기준 연도가 바로 전인 2015년이기 때문에 연환물량지수와 같다. 2017년의 경우 연환물량지수는 $\frac{p_{2016}q_{2017}}{p_{2016}q_{2016}} \times 100 = 147.8$이고, 연쇄물량지수는 2016년 연환지수와 2017년 연환지수를 곱한 값으로서 $1.231 \times 1.478 \times 100 = 181.9$가 된다.

부록표 11-1　연쇄물량지수 예시

	2015			2016				2017			
	p_0	q_0	p_0q_0	p_1	q_1	p_1q_1	p_0q_1	p_2	q_2	p_1q_2	p_2q_2
재화X	3	5	15	2	8	16	24	2	9	18	18
재화Y	4	6	24	5	6	30	24	6	10	50	60
합계			39			46					78
연환지수	100			$p_0q_1/p_0q_0 \times 100 = 123.1$				$p_1q_2/p_1q_1 \times 100 = 147.8$			
연쇄지수	100			123.1				$1.231 \times 1.478 \times 100 = 181.9$			

물가지수 계산 방법

물가지수를 계산하는 방법에는 라스파이레스 지수(Laspeyres index)와 파셰 지수(Paasche index) 두 가지가 있다. 라스파이레스 지수는 기준 연도의 가격이나 수량을 고정하여 산출한 지수이고 파셰 지수는 비교연도의 가격이나 수량을 고정하여 산출한 지수이다. 라스파이레스 지수와 파셰 지수는 수량지수와 물가지수로 나누어 산출될 수 있는데 수량지수는 주어진 가격체계로 평가 시 전반적인 산출량 변동이 얼마나 되는지를 보기 위함이고, 한편 물가지수는 주어진 수량체계로 물가가 얼마나 변동하였는가를 보기 위함이다. 따라서 라스파이레스 물가지수는 기준 연도 수량을 고정하여 산출하고 파셰 물가지수는 비교연도 수량을 고정하여 산출한다.

〈부록표 11-2〉에 물가지수 산정하는 방법을 예시해 놓았다. 라스파이레스 방식으로 계산한 물가지수는 2016년에 102.5, 2017년은 117.9이고, 파셰 방식으로 계산 물가지수는 2016년과 2017년 각각 95.8과 116.4이다. 두 가지 모두 장단점을 가지고 있다. 그러나 실제에 있어서는 편의상 라스파이레스 방식이 많이 사용된다. 왜냐하면 최근의

부록표 11-2 물가지수 산정 방식 예시

기본 데이터	2015			2016			2017		
	p_0	q_0	p_0q_0	p_1	q_1	p_1q_1	p_2	q_2	p_2q_2
재화X	3	5	15	2	8	16	2	9	18
재화Y	4	6	24	5	6	30	6	10	60
합계			39			46			78
라스파이레스 방식	2015			2016			2017		
	p_0	q_0	p_0q_0	p_1	q_0	p_1q_0	p_2	q_0	p_2q_0
재화X	3	5	15	2	5	10	2	5	10
재화Y	4	6	24	5	6	30	6	6	36
합계			39			40			46
				$p_1q_0/p_0q_0 \times 100 = 102.5$			$p_2q_0/p_0q_0 \times 100 = 117.9$		
파셰 방식	2015			2016			2017		
	p_0	q_0	p_0q_0	p_0	q_1	p_0q_1	p_0	q_2	p_0q_2
재화X	3	5	15	3	8	24	3	9	27
재화Y	4	6	24	4	6	24	4	10	40
합계			39			48			67
				$p_1q_1/p_0q_1 \times 100 = 95.8$			$p_2q_2/p_0q_2 \times 100 = 116.4$		

가격지수를 계산할 때 최근의 가격 정보를 수집하고 이전의 수량을 가중치로 사용하는 것이 더 편하기 때문이다.

GDP 아닌 GO 개념을 주목해야

실업, 인플레이션, 국민소득 등 통계지표를 가장 절실히 필요로 하는 게 정부다. 통계(statistics)와 국가(state)의 어원이 같은 것도 그런 연유다.

1930년대 대공황 때 생겨난 이래 한 나라의 국력·명성을 평가하고 정권도 교체하는 강력한 힘을 가진, 그래서 경제지표의 '왕'이라고까지 부르는 게 있다. 소비자, 기업, 정부의 최종재 가치만을 계산해 한 나라의 경제활동을 측정하는 국내총생산(GDP)이다.

그런 지표는 경제가 어떻게 작동하는가를 이해하는 데 장해물이라는 이유로 그에 도전하는 새로운 집계 개념이 등장했다. 최종 재화뿐 아니라 중간재도 집계하는 '총산출(GO·Gross Output)'이다. 이는 원래 미국의 경제학자 마크 스쿠젠이 개발한 '국내총지출(GDE)'에서 비롯됐다.

총산출 지표가 관심을 끄는 이유가 있다. 미국 상무부 경제조사국이 그 방식을 지난해부터 준비해오다 드디어 지난 4월부터 공식적으로 실천에 옮기기 시작했기 때문이다. 따라서 그 지표가 주목할 만한 이론적, 정책적 가치가 있는지의 문제는 호기심을 자극하기에 충분하다.

우선 국내총생산 개념을 보면 그 초점은 최종재화인 빵의 가치다. 빵을 만들기 위한 중간재로서 밀가루, 밀 등은 무시된다. 이렇게 계산하면 소비지출 비중이 미국은 70%, 독일은 58%, 한국은 53%로 그 비중이 대단히 크다. 경제에서 가장 크고 중요한 비중이 소비라는 뜻이다.

과연 현실이 그런가. 결코 아니다. 그 개념은 최종 재화의 판매만을 계산하도록 고안됐기에 소비의 비중이 크게 보일 뿐이다. 그러나 원료, 반제품, 자본재에 대한 지출이 소비재 가치를 훨씬 초과하는 게 자본주의의 생산현실이고 이를 반영하는 게 총산출 방식이다.

국내총생산 방식은 이중계산을 피하려고 자본재 생산의 역동적인 변화가 발생하는 중간단계의 경제활동을 보여주지 않는다. 그러나 이런 생산활동을 중시하는 게 총산출 개념이다. 경제 전반을 이해하기 위해서는 이중계산도 필요하다. 총산출 개념에 따르면 소비비중은 30% 이내로 떨어진다.

국내총생산 개념은 소비지출을 강조한 나머지 소비가 경제성장의 추진력이라는 케인스주의의 믿음을 불렀다. 그러나 소비는 경제성장의 효과일 뿐 그 원인이 아니라는 이유에서 그런 생각이 틀린 것은 물론이다.

오늘날 사고파는 상품들은 셀 수 없이 많은데, 이를 가능하게 한 것은 소비 때문이 아니다. 성장의 원천은 자본축적, 생산성 향상, 기업가정신이라는 걸 직시해야 한다. 그런 성장론의 인식에서 도출된 게 총산출 개념이다.

그런 개념에 주목해야 할 이유는 또 있다. 미국, 일본, 독일 등 나라에 관계없이 이용되는 경기선행지수는 소비활동보다 신규자본재 구입, 건설수주 등 생산·투자활동과 관련돼 있다. 한국 통계청이 이용하는 선행지수도 건축허가면적, 기계수주액 등 기업의 생산활동과 직결돼 있다.

출처: 민경국, 한국경제신문, 다산칼럼, 2014년 5월 2일.

연습문제

*01. 한 소매상이 책상을 30만원을 가구 제작자로부터 구입하여 50만원의 가격을 붙여 내놓았다. 그러나 팔리지 않자 40만원에 세일해도 팔리지 않았다. 결국 25만원에 세일을 하자 책상이 팔렸다. GDP는 얼마가 늘었는가?

*02. 갑수는 해외여행을 가서 10달러를 주고 샌드위치를 사먹었다. 갑수가 사먹은 10달러 샌드위치는 GDP에 포함되는가, 그렇지 않은가?

*03. 올해에 삼성전자가 1조원의 새 주식을 발행했고 새 반도체 공장을 건설하기 위해 2조원을 지출했고 5천억원을 은행 대출을 갚는 데 지불했다. 삼성전자로 인해 올해 국민소득은 얼마나 증가했는가?

04. 고물상과 골동품상이 GDP에 영향을 미치는가?

05. 아래 표는 우리나라 GDP와 GNI이다. 이것을 보면 2001년부터 2010년까지는 GDP가 GNI보다 높고 2011년부터 2020년까지는 GNI가 GDP보다 높다. 이 사실이 시사하는 것은 무엇인가?

	GDP (단위: 10억원)	GNI (단위: 10억원)		GDP (단위: 10억원)	GNI (단위: 10억원)
2001	707,021.3	702,236.4	2011	1,388,937.2	1,397,534.8
2002	784,741.3	781,828.8	2012	1,440,111.4	1,455,170.3
2003	837,365.0	834,443.2	2013	1,500,819.1	1,510,384.9
2004	908,439.2	906,864.7	2014	1,562,928.9	1,570,493.3
2005	957,447.8	950,685.4	2015	1,658,020.4	1,663,206.6
2006	1,005,601.5	1,002,664.7	2016	1,740,779.6	1,747,143.5
2007	1,089,660.2	1,086,897.3	2017	1,835,698.2	1,843,180.9
2008	1,154,216.5	1,154,509.7	2018	1,898,192.6	1,905,837.5
2009	1,205,347.7	1,203,479.8	2019	1,924,498.1	1,941,107.9
2010	1,322,611.2	1,324,586.9	2020	1,933,152.4	1,948,020.7

LG전자가 2019년 말에 1,000대의 LED TV를 생산하여 한 대 당 가격을 500만원으로 책정하여 내놓았다. 그러나 2019년에 팔리지 않고 2020년 2월에서야 팔렸다.

1) 2019년과 2020년 GDP가 각각 얼마씩 증가하였는가?

2) 만약 LG전자가 2020년에 그 TV 가격을 600만원으로 올려 팔았다면 2019년과 2020년 GDP는 각각 얼마나 올랐는가?

제12장

실업과 인플레이션, 그리고 경기순환

경제에서 중요한 것이 안정적인 경제성장이다. 그러나 실제 경제는 변동이 심하다. 실업이 많아졌다가 적어졌다가 하고, 물가가 오르고 내리고 한다. 그리고 호황과 불황이 반복된다. 이것은 우리 생활에 많은 영향을 미친다. 이 장에서는 이러한 문제들을 다루고자 한다. 먼저 실업에 대해서 살펴보기로 한다.

제 1 절
실 업

실업은 직장을 잡지 못하거나 직장을 잃은 것을 말한다. 직장을 갖는다는 것은 개인의 삶에서 매우 중요한 일이다. 대부분의 사람들이 근로소득으로 생활을 유지하기 때문이다. 그래서 실업상태에 있다는 것은 개인의 삶에서 매우 고통스러운 것이다. 실업은 실질GDP의 움직임과 밀접하게 관련되어 있다. 실질GDP가 증가하면, 즉 경제가 성장하면 일자리가 많이 생겨 실업자가 줄지만, 실질GDP가 감소하면, 즉 경제가 쇠퇴하면 일자리가 줄어 실업자가 늘어난다. 이 절에서는 실업률이 어떻게 측정되고, 완전고용의 의미가 무엇인지에 대해서 공부하기로 한다.

실업률의 측정

실업률은 표본조사를 통해 개인의 노동력 상태를 취업자, 실업자, 비경제활동인구로 구분하고, 이 중 취업자와 실업자를 경제활동인구로 파악한 다음, 경제활동인구 중에서 실업자가 차지하는 비율로 측정된다. 보다 자세하게 논의해보자.

생산가능인구, 경제활동인구, 비경제활동인구

실업률을 측정하기 위해서는 먼저 생산가능인구부터 파악해야 한다. 생산가능인구는 만 15세 이상의 인구를 말한다.[1] 여기에서 현역군인, 공익근무요원, 전투경찰, 교도소 수감자가 제외된다. 15세 이상의 생산가능인구는 다시 경제활동인구와 비경제활동인구로 나뉜다. 경제활동인구는 일할 의사와 능력을 갖고 있는 사람을 말하고, 경제활동인구는 취업자와 실업자로 나뉜다. 비경제활동인구는 일할 의사와 능력을 갖고 있지 않은 사람으로 구직활동을 하지 않는 사람, 주부, 학생, 노동 불가능한 연로자 등이 포함된다.[2]

유의할 점은 경제활동인구와 비경제활동인구의 범주에 속한 사람들이 고정되어 있지 않고, 끊임없이 변동하고 있다는 것이다. 다시 말하면 비경제활동인구에서 경제활동인구로 경제활동인구에서 비경제활동인구로, 그리고 노동시장에서 취업상태에 있던 사람이 실업상태로, 실업상태에 있던 사람이 취업상태로 끊임없이 이동한다.

---

1 OECD기준으로 생산가능인구를 15세에서 64세 인구로 정의한다. 통계청 발표에 따르면 우리나라의 생산가능인구(15~64세)는 2016년 3,763만명을 정점으로 감소하고, 2020년대부터 연평균 30만명 이상씩 감소할 것으로 추정하고 있다.
2 구체적으로 취업자는 조사대상 주간(매월 15일이 포함된 1주간)에 소득, 이익, 봉급, 임금 등의 수입을 목적으로 1시간 이상 일한 자, 또는 자기에게 직접적으로는 이득이나 수입이 돌아오지 않더라도 가구단위에서 경영하는 농장이나 사업체의 수입을 높이는 데 도와준 가족종사자로서 주당 18시간 이상 일한 자, 직업 또는 사업체를 가지고 있으나 조사대상 주간에 일시적인 병, 일기불순, 휴가 또는 연가, 노동쟁의 등의 이유로 일하지 못한 일시 휴직자를 포함한다. 그리고 실업자는 15세 이상 인구 중 조사대상기간(매월 15일이 포함된 1주간)에 일할 의사와 능력을 가지고 있으면서도 전혀 일을 하지 못하였으며 일자리를 찾아 적극적으로 구직활동을 하였던 사람으로서 즉시 취업이 가능한 사람을 말한다.

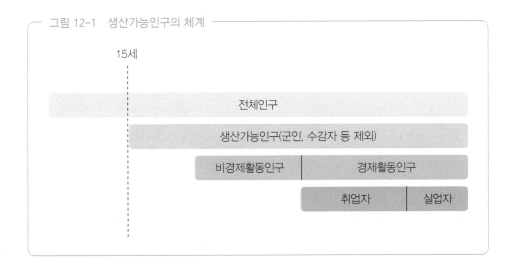

그림 12-1 생산가능인구의 체계

15세

전체인구

생산가능인구(군인, 수감자 등 제외)

비경제활동인구 경제활동인구

취업자 실업자

경제활동참가율과 실업률

경제활동참가율(labor force participation rate)이란 생산가능인구 중 일할 의사와 능력이 있는 경제활동인구의 비중을 말하고, 실업률(unemployment rate)은 경제활동인구에서 실업자가 차지하는 비중이다. 생산가능인구를 A, 경제활동인구를 B, 비경제활동인구를 C라고 하고 취업자를 E, 실업자를 U라고 표시하면 경제활동참가율, 실업률은 각각 다음과 같이 계산할 수 있다.

$$경제활동참가율(\%) = \frac{경제활동인구(B)}{생산가능인구(A)} \times 100$$

$$실업률(\%) = \frac{실업자(U)}{경제활동인구(B)} \times 100$$

실업의 유형

실업의 유형에는 마찰적 실업(frictional unemployment), 구조적 실업(structural unemployment), 경기적 실업(cyclical unemployment)이 있다.

마찰적 실업

마찰적 실업은 새로운 일자리를 탐색하거나 이직을 하는 과정에서 일시적으로 발생하는 실업을 말한다. 모든 노동자가 어느 직장에서든 똑같이 일을 할 수 있다면 직장을 찾는 데 아무런 어려움이 없을 것이다. 노동자들이 일시적으로 해고되더라도 자신에게 맞는 새로운 직장을 쉽게 구할 수 있기 때문이다. 그러나 실제로는 노동자들의 선호와 재능이 각기 다르고, 일자리의 특성이 다르다. 그뿐만 아니라 구직자는 일자리가 비어 있는 기업에 대한 정보를 얻는 데 시간이 걸리며, 기업 역시 원하는 사람을 찾는 데 시간이 걸린다.

'마찰적'이라는 용어는 구직자와 구인자 사이에 서로의 요구조건이 일치하지 않는 일종의 마찰이 발생한 데서 연유한다. 기본적으로 마찰적 실업은 구직자와 구인자 사이에 정보의 비대칭 문제 때문에 발생하므로 일자리에 관한 정보를 알려주는 서비스를 대폭 개선하여 노동수요자와 노동공급자 사이에 원활한 정보교환이 이뤄지도록 하면 마찰적 실업은 줄어들 수 있다.

마찰적 실업은 경기침체로 인해 발생한 비자발적 실업이 아닌 자발적 실업이다. 사람들은 탐색으로 인한 이익이 탐색비용을 초과하는 경우 실업기간이 길어지더라도 구직행위를 지속하기 때문이다. 경제는 역동적인 변화를 통해 일자리가 계속 창출되기도 하고 파괴되기도 한다. 그와 함께 경제활동에 참여하는 노동자와 경제활동을 하지 않으려는 노동자가 끊임없이 생겨난다. 그리하여 어느 정도의 마찰적 실업은 항상 존재하기 마련이다. 대체로 마찰적 실업의 기간은 짧다.

구조적 실업

구조적 실업은 산업의 구조의 변화와 노동시장의 구조로 인해 발생하는 실업을 말한다. 산업의 구조는 여러 가지 요인으로 인해 변한다. 석탄채굴업과 같이 제품에 대한 수요가 사라진 산업, 스마트폰 등장으로 MP3플레이어에 대한 수요가 줄어든 것과 같이 사람들의 기호가 새로운 제품을 선호하는 쪽으로 바뀐 산업, 그리고 한국의 TV에 밀려난 일본 TV산업처럼 경쟁력을 상실한 산업에서 일하던 노동자들은 직장을 잃게 된다.

그러나 경제에는 사라지는 산업이 있는가 하면 새로 등장해 성장하는 산업이 있다. 예를 들면 건강 관련 서비스업체나 AI 관련 업체다. 이렇게 다른 산업들이 성장하면서 경제가 침체상태에 있지 않음에도 불구하고 존재하는 실업이 구조적 실업이다. 구조적 실업을 줄이기 위해서는 사양 산업에서 일하던 노동자를 성장산업의 일자리로 이동시켜야 한다. 그러나 그리하기 위해서는 새로운 기술을 습득해야 하고 그 기술을 필요로 하는 지역으로 옮겨가야 하는데 그 기간이 매우 길 수 있다. 그래서 구조적 실업은 자발적 실업인 마찰적 실업과는 달리 일하고 싶은데도 실업상태에 있는 비자발적 실업이며, 장기적이고 만성적일 수 있다.

한편 구조적 실업은 노동시장의 구조 때문에 발생하기도 한다. 최저임금제도나 강력한 노조의 영향으로 노동시장이 경직되어 노동의 공급이 노동에 대한 수요를 초과하는 경우 실업이 발생하는데 이것 역시 구조적 실업의 한 형태다. 구조적 실업을 줄이기 위해서는 노동시장을 유연하게 만들 필요가 있다.

경기적 실업(cyclical unemployment)

경기적 실업은 경기가 좋지 않아 생기는 실업을 말한다. 일한 능력과 의사가 있음에도 불구하고 경제 전체적으로 일자리가 부족하여 생기는 실업이다. 우리는 1997년 외환위기 당시 대규모 경기적 실업을 경험한 바 있다. 호황 때는 경기적 실업률이 하락하고 불황 때는 경기적 실업률이 오른다.

완전고용의 정의

경기적 실업이 없는 상태를 완전고용이라고 한다. 이는 경제가 오직 마찰적 실업과 구조적 실업이 존재할 경우를 말한다. 그리하여 완전고용은 실업률 0%를 의미하는 것이 아니다. 완전고용과 부합하는 실업률을 자연실업률(natural unemployment rate)이라고 하며, 완전고용 실업률이라고도 부른다.

잠재GDP와 GDP갭

앞장에서 다룬 GDP는 한 국가가 실제로 생산한 최종생산물을 평가한 것으로서 실제GDP(actual GDP)를 말한다. 반면에 잠재GDP(potential GDP)는 한 국가에 존재하는 모든 생산자원이 완전 고용될 경우 달성할 수 있는 최대의 GDP를 말한다. 다시 말하면 자연실업률 상태에서의 산출량이 잠재GDP이다. 잠재GDP를 완전고용-GDP라고도 한다.

잠재GDP와 실제GDP와의 차이를 GDP갭(gap)이라고 한다.

$$GDP갭 = 실제GDP - 잠재GDP$$

〈그림 12-2〉에서 보는 바와 같이 GDP갭은 양(+)과 음(−)값을 가질 수 있다. 음(−)의 GDP갭은 실제GDP가 잠재GDP보다 적을 경우 희생되는 산출량을 의미한다. 이것은 실제실업률이 자연실업률보다 높을 경우 발생한다. 그리고 양(+)의 GDP갭은 실제GDP가 잠재GDP보다 크다는 것을 의미한다. 이것은 실제실업률이 자연실업률보다 낮을 경우 생긴다. 경제가 커다란 호황을 이루면 실제GDP가 잠재GDP보다 커서 GDP갭이 양(+)이 될 수 있다. 이렇게 되는 이유는 바로 잠재GDP가 노동력 크기, 노동의 질, 자연실업률과 같은 세 가지 요인을 바탕으로 추정되는데, 실제GDP가 추정된 수치보다 더 클 수도 있기 때문이다. 예컨대 생산활동이 저조하고 경제가 침체될수록 GDP갭의

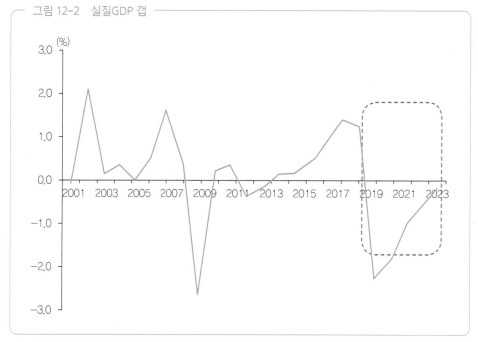

그림 12-2   실질GDP 갭

주) 여기서 실질GDP갭은 변화율, 즉 (실질GDP−잠재GDP)/잠재GDP×100으로 계산된 것임
출처: 국회예산정책처 (2020), "2021년 및 중기 경제전망", p. 127.

값은 작아지고 생산 활동이 활발할수록 GDP갭의 값은 커진다.

〈그림 12-2〉를 보면 실질GDP갭은 지난 2014년 양(+)으로 전환된 이후 2019년까지 양(+)의 수준을 유지하며 완만하게 확대되어 왔다. 그리고 2020~2024년 기간 중 음(-)의 수준에 머물 것으로 추정되어 경기침체가 예상된다.

제 2 절
인플레이션

우리는 앞장에서 실제 경제성과를 측정하는 데에 재화와 서비스의 가격 변화가 중요하다는 사실을 알았다. 그리고 그와 관련해 물가지수를 배웠다. 이 물가지수의 변화율을 파악할 수 있는 지표가 인플레이션이다. 지금부터 인플레이션이란 무엇이고, 인플레이션을 일으키는 원인과 인플레이션이 경제에 어떠한 영향을 미치는지를 다룰 것이다. 그리고 앞에서 배운 실업률과 인플레이션 간의 관계를 나타내는 필립스 곡선에 대해 공부하기로 한다.

인플레이션의 정의

인플레이션은 일반 물가수준이 지속적으로 상승하는 현상을 말한다. 원래 인플레이션은 단지 통화량 팽창을 의미하였다. 그러나 현대에 와서 통화 팽창의 결과로 나타나는 지속적인 물가상승을 인플레이션으로 정의하고 있다.[3] 인플레이션율은 다음과 같이 물가지수의 전년도대비 상승률로 계산된다.

$$금년도\ 인플레이션율 = \frac{금년도물가지수 - 전년도물가지수}{전년도물가지수} \times 100$$

인플레이션율은 일반 물가수준의 단순한 변화이다. 인플레이션율을 계산할 때 일

---

3 일부 경제학자는 통화팽창을 화폐인플레이션, 지속적인 물가 상승을 가격인플레이션(price inflation)이라고 하여 구별하여 사용하기도 한다.

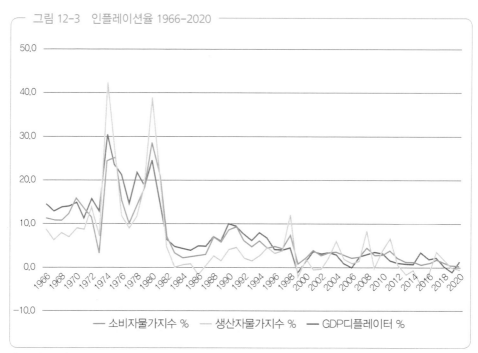

그림 12-3　인플레이션율 1966-2020

자료: 한국은행 http://ecos.bok.or.kr/jsp/use/100keystat/100KeyStatCtl.jsp

반적으로 앞에서 배운 GDP디플레이터나 소비자물가지수와 생산자물가지수를 사용한다. 물가지수는 평균적인 물가수준을 나타내는 것이므로 인플레이션이 있을 때 모든 재화의 가격이 모두 다 오르는 것이 아니다. 가격이 오르는 재화도 있고 떨어지는 재화도 있다. 다만 인플레이션 기간 동안 오르는 재화가격들이 내리는 재화가격들을 압도하고 있는 것이다. 평균적으로 물가가 오르기 때문에 화폐의 구매력은 떨어진다. 그러므로 인플레이션은 화폐의 구매력(가치)의 하락을 나타낸다.

　〈그림 12-3〉은 1966년부터 2020년까지의 인플레이션율을 GDP디플레이터, 소비자물가지수, 생산자물가지수를 이용해 나타낸 것이다. 1960년대와 1970년의 인플레이션율은 높았다. 소비자물가지수로 보았을 때 이 기간 동안의 연평균 인플레이션율은 8.84%이다. 1966~1969년 연평균 인플레이션율은 11.35%, 1970~1979년 15.52%, 1980~1989년 8.07%, 1990~1999년 5.73%, 그리고 2000~2009년은 2.41%, 2010~2020년은 1.6%이다.

예상된 인플레이션(expected inflation)과 예상치 못한 인플레이션 (unexpected inflation)

예상된 인플레이션과 예상치 못한 인플레이션을 구별하는 것이 중요하다. 예상된 인플레이션은 대부분의 사람들에 의해 예상된 일반 물가수준의 상승을 말하고, 예상치 못한 인플레이션은 대부분의 사람들에 의해 예상되지 못한 일반 물가수준의 상승을 말한다. 예를 들면 여러 가지 정보를 바탕으로 사람들이 3%의 인플레이션을 예상하였는데, 실제 인플레이션율이 5%라면 2%는 예상치 못한 인플레이션율이다. 예상치 못한 인플레이션이 크게 나타나는 경우는 인플레이션율이 높고 변동이 심할 때다. 사람들이 정확하게 예측하기가 어렵기 때문이다.

디플레이션(deflation)

디플레이션은 일반 물가수준이 지속적으로 하락하는 현상으로서 인플레이션과는 반대되는 개념이다. 다시 말하면 인플레이션율이 마이너스(−)인 경우다. 보통 인플레이션보다 디플레이션을 더 우려하는 경우가 많다. 그러나 디플레이션에는 '불황 디플레이션'과 '성장 디플레이션' 두 가지가 있다. 우리가 우려해야 할 것은 '불황 디플레이션'이다. 불황 디플레이션은 물가하락과 함께 가동되지 않는 유휴 시설과 설비가 쌓이고 실업이 발생하는 경우다. 이와는 달리 '성장 디플레이션'은 물가가 하락하더라도 유휴 설비가 없고 실업이 발생하지 않는 경우다. 물가가 하락하면서 고용이 증가하고 생산이 증가한다면 오히려 사회적 후생이 증가하게 된다. 생산성 증가에 따른 물가하락이 바로 이러한 경우다. 이러한 성장 디플레이션은 우려할 일이 아니라 환영할 일이다.

'성장 디플레이션'을 이해하기 위해 컴퓨터와 같은 첨단기술부문을 보도록 하자. 동일한 성능을 가진 컴퓨터의 가격이 1980년에서 1999년 기간 동안 90% 하락했지만 이런 가격하락에도 불구하고 컴퓨터 생산은 1980년 49만대에서 1999년 4,300만대로 급격히 증가하였다. 이 과정에서 소비자는 많은 이익을 보았다. 만일 이러한 일이 경제전반에 걸쳐 발생한다면 '성장 디플레이션'이 일어난다. 소비자의 이득은 더욱 커지게 되고 생활수준이 향상됨은 물론이다.

실제 사례를 보면 1789년부터 1913년까지의 기간 동안 미국 경제는 물가하락을 경험하면서 괄목할 만한 경제적 번영을 누렸다. 최근에는 중국에서 1998년부터 2001년까지 소비자물가가 약 0.8~3.0% 하락하면서 실질 GDP는 연평균 7.6% 상승했다. 한편 Atkeson과 Kehoe의 연구결과에 따르면 과거 100년간 17개국에서 발생한 디플레이션을 실증 분석한 결과 대공황을 제외했을 경우 디플레이션 중 90%의 사례에서 불황은 뒤따르지 않았다.[4]

디스인플레이션(disinflation)

많은 사람들이 디플레이션과 혼동하는 개념이 있다. 그것은 바로 디스인플레이션이다. 디스인플레이션은 인플레이션의 일종으로서 인플레이션율이 하락하는 경우를 말한다. 예를 들어 인플레이션율이 2003년에 3.5%, 2004년에는 3.6%, 2005년 2.8%, 2006년에는 2.2%, 2007년 2.5%인 경우 매년 인플레이션율이 0보다 크기 때문에 상품과 서비스의 가격 수준은 지속적으로 상승하고 있지만 인플레이션율이 2004년부터 2006년까지 지속적으로 하락하고 있다. 이러한 현상을 디스인플레이션이라 한다.

인플레이션의 원인

통화팽창

앞의 인플레이션의 정의에서 언급한 것처럼 인플레이션은 통화 팽창 때문에 발생한다. 즉 밀턴 프리드먼이 주장한 것처럼 인플레이션은 언제 어디서나 화폐적 현상이다. 실제 데이터도 인플레이션이 화폐적 현상이라는 것을 말해준다. 세계 각국의 통화증가율과 인플레이션의 관계를 보여주는 〈그림 12-4〉에서 알 수 있듯이 통화증가율과 인플레이션 간에는 강한 상관관계를 갖고 있다. 통화증가율이 높은 국가들이 높은 인플레이션을 겪고, 통화증가율이 낮은 국가들이 낮은 인플레이션을 경험하고 있음을 알 수 있다.

---

4 Atkeson, Andrew and Patrick J. Kehoe (2004), "Deflation and Depression: Is There an Empirical Link?" *American Economic Review*, vol. 94(2), pp. 99−103.

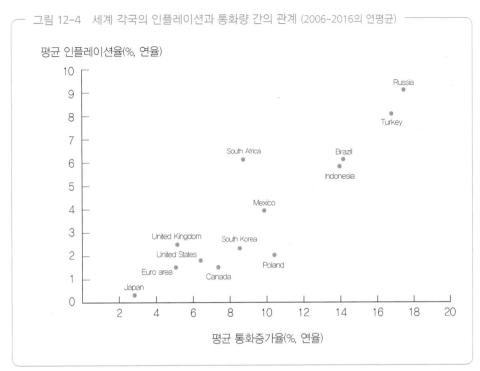

출처: Mishkin, F.(2019), *The Economics of Money, Banking and Financial Markets*, 12th ed., Pearson, p. 60.

독점이 인플레이션의 원인?

많은 사람들이 독점기업이 가격을 올려서 인플레이션이 야기된다고 주장한다. 그러나 그렇지 않다. 독점기업은 이윤을 극대화하는 가격을 책정한다. 그 가격은 물론 그 시장이 경쟁적인 경우보다 높은 가격이다. 그러나 그 가격에서 가격을 인상하면 그의 이윤은 떨어지게 된다. 더 이상 가격을 올릴 수 없는 것이다. 따라서 독점기업은 높은 가격을 책정은 하지만 가격을 올리지는 못한다. 따라서 독점기업이 지속적으로 물가가 상승하는 인플레이션을 야기한다는 것은 잘못된 주장이다.

만약 어떤 산업이 새로 독점이 되면 그 독점 재화의 가격은 올라갈 수 있다.[5] 그렇

---

5 독점의 정의에 대해 주의할 필요가 있다. 제9장에서 배운 것처럼 어떤 산업에서 한 개의 기업이 존재한다고 해서 그 산업을 독점이라고 할 수 없다. 독점은 기업의 수가 많고 적음에 있는 것이 아니라 진입장벽의 유무에 있다. 따라서 진입장벽이 없다면 잠재적 경쟁자가 존재하여 경쟁의 압력을 받기 때문에 한 개의 기업만이 존재해도 그 산업은 경쟁적인 것이다. 한편 진입장벽이 있는 경우에는 많은 기업이 존재해도 그 산업은 비경쟁적이다.

다고 하더라도 그것이 전체 물가수준에 어떤 영향을 미칠지는 분명하지 않다. 왜냐하면 그 독점 재화를 구입하는 소비자들은 예산제약이 있기 때문에 다른 재화의 소비를 줄여야 하기 때문이다. 다른 재화에 대한 소비 감소로 그 재화들에 대한 가격이 하락하면 전체적인 물가수준은 떨어질 수도 있고 변하지 않을 수도 있다.

재정적자와 인플레이션

정부는 재정적자를 보전하고 지출에 사용할 추가자금을 얻기 위해서 국채를 발행하는 경우가 많다. 정부가 국채를 발행했을 때 민간이 구매한다면 인플레이션이 발생하지 않는다. 민간이 다른 용도로 쓸 화폐를 국채를 구매하는 데 써서 경제전체의 통화량에 변화가 일어나지 않기 때문이다.

그러나 이 국채를 중앙은행이 매입하면 이야기는 다르다. 중앙은행이 국채를 매입하면 국채 대금을 정부에 지불해야 한다. 중앙은행은 화폐를 발행하는 기관이기 때문에 중앙은행이 정부에 지불하는 대금은 곧 화폐발행이 된다. 그래서 중앙은행이 정부가 발행한 채권을 매입한 만큼 통화량이 증가한다. 정부가 채권을 발행하고 그것을 중앙은행이 매입하는 방식을 채무의 화폐화(monetizing the debt)라고 하며, 통화발행(printing money)이라고도 한다. 그래서 재정적자가 지속되고 그 재정적자가 채무의 화폐화를 통해 보전된다면 통화량이 증가해 인플레이션이 초래된다.

인플레이션의 종류

수요견인 인플레이션(demand pull inflation)

수요견인 인플레이션은 정부가 높은 고용목표를 달성하기 위해 총수요를 지속적으로 증가시킬 때 발생한다. 정부가 완전고용 상태의 자연실업률보다 낮은 실업률 목표를 세웠다고 하자. 정부는 그 목표 달성을 위해 정부지출을 늘리면 처음에 총수요가 증가해 고용이 증가하고 국민소득도 증가한다. 그러나 완전고용상태이기 때문에 물가가 상승하고 임금이 올라간다. 임금상승으로 기업의 생산비용이 증가한다. 생산비용이 증가하므로 기업의 생산이 감소하고 경제 내의 총공급이 감소한다. 총공급이 감소하면 고용이 줄어 실업은 원래상태인 자연실업률로 되돌아오고 물가만 오르게 된다.

정부가 자연실업률보다 낮은 실업률의 목표를 지속하기 위해서는 다시 정부지출을 늘려야만 가능하다. 그러나 정부지출은 예산제약을 받기 때문에 계속 늘릴 수 없다. 대신 통화량을 늘려 총수요를 증가시킨다. 통화량이 증가함에 따라 물가가 더욱 올라 인플레이션이 발생한다.

비용 상승 인플레이션(cost push inflation)

비용 상승 인플레이션은 원자재 가격의 급등과 같은 음(-)의 공급충격이나 노동자의 임금인상 후 통화량 증가가 수반되면서 발생하는 인플레이션을 말한다. 예를 들어 보자. 노동자의 요구로 임금이 인상되면 기업의 생산비용이 증가한다. 그러면 기업의 생산이 줄어 국민소득이 감소하고 고용이 줄게 되며(실업이 증가하며) 물가가 상승한다. 여기서 정부가 개입하지 않고 그대로 놓아둔다면 물가가 원래 수준으로 되돌아오기 때문에 인플레이션이 발생하지 않는다. 실업 증가로 노동자의 임금이 하락하게 되고, 임금 하락은 기업의 비용을 감소시켜 다시 생산이 증가하게 되어 국민소득이 늘고 고용이 증가하며, 물가가 하락하여 원래 수준으로 되돌아오는 것이다.

그러나 노동자의 임금인상으로 실업이 증가했을 때 실업을 막기 위해 정부가 정부지출을 늘리면 총수요가 증가해 실업은 감소하지만 물가는 더욱 오르게 된다. 여기에서 노동자들이 실질임금이 떨어졌다는 것을 인식하고 임금인상을 요구한다. 그러면 기업의 생산은 더 감소하고 실업이 증가하게 되며 물가가 더욱 더 상승한다. 정부의 개입주의 정책으로 물가가 더욱 상승하는 것이다. 이러한 과정이 계속된다면 물가가 지속적으로 상승하는 결과를 초래한다. 실업이 발생했을 때 이것을 없애기 위해서는 정부가 총수요를 증가시켜야 하는데 수요견인 인플레이션에서 설명한 바와 같이 정부지출에는 예산제약이 있기 때문에 총수요를 증가시키기 위해 통화량 증가를 선택한다. 결국 통화량이 증가해 인플레이션이 일어나는 것이다.

하이퍼인플레이션(hyperinflation)

하이퍼인플레이션은 물가가 급격하게 지속적으로 상승하는 현상을 말한다. 하이퍼인플레이션은 정부가 지출을 늘리기 위해 화폐를 마구 찍어내 통화량이 대량으로 급격하게 증가할 때 발생한다. 대표적인 하이퍼인플레이션의 사례는 제1차 세계대전 이후 독일과 2008년 짐바브웨에서 볼 수 있다.

제1차 세계대전 후 1921년부터 독일의 물가상승률은 월 평균 1,000%에 달했다. 1923년 독일의 물가 수준은 2년 전인 1921년보다 무려 300억 배가 넘었다. 종전 후 독일 정부는 엄청난 적자상태에 놓여 있었다. 파괴된 사회 기반과 생산시설의 복구에 돈이 필요했다. 전쟁이 끝난 이후라 세금도 충분치 않았던 독일 정부는 천문학적인 돈을 찍어냈다. 그 결과는 급속한 물가상승이었다.

짐바브웨도 마찬가지였다. 2008년 2월 짐바브웨의 중앙은행이 공식적으로 발표한 2008년 1월의 연 인플레이션율은 24,470%였다. 이것은 정부가 발표한 공식 통계이고, 실제로는 이보다 훨씬 높은 7배 이상 될 것으로 추정됐다. 빵 한 덩어리를 사기 위해 짐바브웨달러를 수레 가득 싣고 가야 했다. 이런 불편을 줄이기 위해 정부가 1조 짐바브웨달러의 지폐를 발행했다. 그때 계란 하나에 350억 짐바브웨달러였다. 1조 짐바브웨달러로 계란 3개밖에 살 수 없었다. 이렇게 천문학적인 인플레이션을 겪게 된 이유는 무가베 대통령이 자신의 통치자금 마련을 위해 통화를 마구 발행했기 때문이었다.

인플레이션 조세(inflation tax)

인플레이션 조세(inflation tax)는 정부가 화폐발행을 통해 재원을 확보하는 것을 말한다. 정부가 화폐를 발행하여 통화량을 늘리면 전반적인 물가 수준이 상승하고 화폐가치가 하락한다. 화폐를 보유하고 있는 사람들의 실질구매력이 떨어지므로 화폐를 보유하고 있는 사람에게 세금을 부과한 것과 다를 바 없다. 앞에서 언급한 하이퍼인플레이션이 나타났던 역사적 사례들을 보면 대부분 정부가 막대한 정부지출 자금을 조달하기 위해 화폐를 찍어냈기 때문이다. 인플레이션 조세를 정부가 정부지출의 재원 확보의 수단으로 삼으면 하이퍼인플레이션을 초래하기 쉽다.

인플레이션의 효과

차입자와 대여자 간의 소득재분배

인플레이션은 차입자와 대여자 간에 소득재분배를 일으킨다. 그러나 이들 간에 소득재분배를 일으키는 것은 예상치 못한 인플레이션이다. 예상된 인플레이션은 소득재분배를 일으키지 않음에 주의할 필요가 있다. 예상된 인플레이션은 돈을 빌리고 빌려주는 계약을 할 때 반영되기 때문이다.

예를 들어 보자. A가 B에게 이자율 연 10%로 1,000만원을 1년 동안 빌려준다고 하자. 양측이 모두 물가가 오르지 않을 것으로 예상한다면 B는 A에게 1년 후 1,100만원을 지불하는 계약을 체결할 것이다. 이제 1년 동안 물가가 20% 올랐다고 하자. 1년 후에 받은 1,100만원의 가치를 계산하면 1,100만원/1.2 = 917만원이 된다. 이 917만원은 이자율이 20%일 때 1년 전의 시점의 현재가치다. 그래서 1년 전으로 돌아가 비교해보면 A의 1,000만원이 917만원으로 줄어든 것이다. 이것은 B가 그 자리에서 1,000만원을 빌려 바로 917만원만 돌려 주어 손쉽게 83만원을 번 것이 된다. 예상치 못한 인플레이션이 있을 때 소득이 A에서 B로 이전된다는 것을 알 수 있다. 이와 같이 예상치 못한 인플레이션이 있으면 차입자가 이익을 보고 대여자가 손해를 본다. 반대로 예상치 못한 디플레이션이 있으면 차입자가 손해를 보고 대여자가 이익을 본다.

자본스톡 감소

인플레이션은 자본스톡의 감소를 유발한다. 인플레이션이 자본침체를 유발하는 것은 조세제도와 관련되어 있다. 일반적으로 세금은 명목소득과 명목이윤에 부과된다. 회계는 경상가격으로 기록된다. 인플레이션이 있을 경우 과거에 기록된 비용에 비해 상품의 매출 가격은 상대적으로 과대평가되어 회계장부에 기록된다. 그러면 회계장부상 이윤이 증가한 것으로 나타난다. 세금이 명목이윤에 부과되므로 기업은 더 많은 세금을 내게 된다.

이러한 세금은 실질적으로는 자본에 대해 세금을 매기는 것이나 다름없다. 만일 인플레이션율이 자본의 실질수익률에 비하여 상대적으로 높다면 조세 후 실질 수익률은 음(−)이 될 수 있다. 이러한 경우에 사람들은 자본재에 투자하기보다는 소비재에 더 많이 지출한다. 왜냐하면 소비재는 바로 구입해서 사용하므로 적어도 실질 수익률이 0은 되기 때문이다. 따라서 사람들이 투자를 기피하게 된다. 사회 전체적으로 저축이 줄고, 기존의 자본재는 감가상각되므로 자본스톡이 감소한다.

실업과 인플레이션의 관계: 필립스곡선이론

필립스곡선은 실업률과 인플레이션 간의 관계를 나타내는 그래프다. 필립스곡선은 원래 영국의 임금 인플레이션과 실업률 간의 관계에서 출발하였다. 1958년 필립스는 '명목임금 증가율이 낮을 때는 실업률이 높고, 명목임금 증가율이 높을 때는 실업률이 낮다'는 연구 결과를 발표했다. 이것이 실업률과 인플레이션 간의 관계로 확대되는 이론으로 바뀌었다. 필립스곡선이론에 따르면 '인플레이션과 실업 간에 트레이드오프(trade-off)가 존재하고, 그리하여 어느 한쪽을 올려서 다른 한쪽을 낮출 수 있다'는 것이다. 다시 말하면 〈그림 12-5〉에서 정부가 5%의 자연실업률에 만족하지 않고 실업률을 2%까지 낮추겠다는 목표를 세우고 확대 통화정책을 쓰면 통화증가로 인해 인플레이션이 0%에서 4%로 증가하지만 실업률은 5%에서 2%로 떨어뜨릴 수 있다는 것이다. 이런 상충관계를 이용해 인플레이션을 올리는 비용을 통해 실업률을 낮추는 정책을 쓰거나, 실업률을 올리는 비용을 통해 인플레이션을 낮추는 정책을 쓸 수 있다는 것이다. 그러나 이 이론은 실증적으로나 인과관계 측면에서 타당하지 않다는 비판을 받는다.

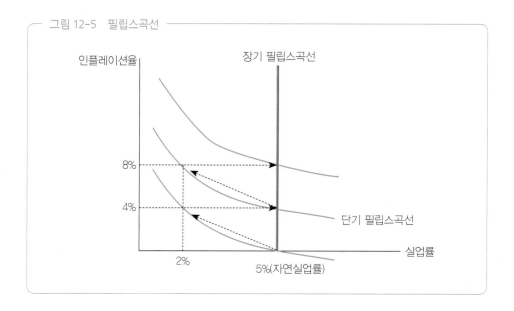

그림 12-5 필립스곡선

실증적 결과: 밀턴 프리드먼의 장기 필립스곡선

필립스곡선이론의 문제점을 지적한 대표적인 학자가 밀턴 프리드먼이다. 1960년대 말 프리드먼은 장기에 인플레이션과 실업률 간에 트레이드오프 관계가 존재하지 않는 실증분석 결과를 발표하였다. 인플레이션을 높여 잠시 실업을 치유할 수 있지만, 사람들이 사태를 파악하고 물가 상승을 예상하는 순간 인플레이션이 경제활동을 자극하는 힘은 사라지고 장기에 실업은 줄이지 못한 채 인플레이션만 가속화된다고 하였다. 이 실증분석 결과에 따르면 트레이드오프관계는 인플레이션과 실업 간에 있는 것이 아니라 현재의 실업과 미래의 실업 간에 있다고 할 수 있다.

이것을 〈그림 12-5〉를 이용해 설명해보자. 정부가 인플레이션을 4%로 올려 실업률을 2%로 떨어뜨릴 경우 시간이 흐르면서 근로자들은 자신들의 임금이 올랐지만 물가상승을 감안하면 실제로 소득이 늘어난 것이 없음을 인식하게 된다. 그렇게 되면 근로자들은 다시 임금 인상을 요구하게 되고 이는 고용감소로 이어져 2%였던 실업률이 다시 5%로 상승한다. 결국 실업률은 종전과 같이 5%가 되고 물가만 상승하게 된다. 이때 정부가 또 다시 실업률을 2%로 낮추기 위해 통화량을 늘리면 물가는 4%에서 8%로 높아지고 실업률은 2%로 낮아지겠지만 근로자들의 행태변화로 다시 5%까지 상승한다. 결국 장기적으로 정부정책은 실업률을 낮추지 못하면서 물가만 상승시키는 결과를 초래하게 된다. 그리하여 밀턴 프리드먼은 필립스곡선은 장기에 수직이 된다고 하며, 실업률과 인플레이션 간의 상충관계를 부정하였다.

필립스곡선이론의 인과관계 문제점

필립스곡선은 원인과 결과를 잘못 이해하고 적용하고 있다. 일반적으로 경제가 완전고용에 가까울 때 가격과 임금은 상승한다. 완전고용에 가까워 실업률이 낮은 시기에는 직장을 구하는 사람들이 치러야 하는 비용은 상대적으로 낮고, 기업가들이 인력을 구하는 비용은 높다. 그래서 현재의 임금에 만족하지 못하는 근로자들이 쉽게 일자리를 그만두고 새로운 일자리를 찾으려는 경향이 많고, 기업가들은 새로 사람을 구하기보다는 현재 일하고 있는 종업원들이 떠나지 않도록 하기 위해 높은 임금을 제시하게 된다.

재화와 서비스의 시장에서도 마찬가지다. 경제가 완전고용에 가까우면 기업가는 원자재 구하기가 쉽지 않다. 따라서 다른 공급원을 찾기보다는 현재 거래하고 있는 원자재 공급자에게 더 높은 가격을 지불하려고 한다. 그리하여 재화와 서비스 가격이 오른다. 반대로 실업률이 높고 유휴 생산설비가 많이 있는 시기에는 가격이 내려간다. 결론적으로 말하면 완전고용이 가격과 임금의 상승을 유발하고, 높은 실업과 많은 유휴 생산설비가 가격과 임금의 하락을 유발하는 것이다. 요컨대 고용수준이 원인이고 가격과 임금은 결과인 것이다.

필립스곡선이론이 인플레이션과 실업률 사이에 트레이드오프관계가 있다는 것은 이러한 인과관계를 전도해서 생각하는 것이나 다름없다. 왜냐하면 트레이드오프관계를 이용하여 인플레이션을 통해 실업을 치유할 수 있다고 하는 것은 인플레이션이 원인이고 고용이 결과라는 것을 시사하기 때문이다. 따라서 필립스곡선이론은 타당하지 않을 뿐만 아니라 정책당국자가 인위적으로 인플레이션을 초래하여 실업률을 낮출 수 있다는 견해는 매우 위험하다. 사실 필립스곡선이론은 상관관계와 인과관계를 혼동해 만들어진 것이다. 애초에 필립스곡선은 특정 기간 동안 발견된 인플레이션과 실업률 간의 상관관계에서 나온 것이다. 그것을 가지고 원인과 결과의 관계를 말하는 것은 오류다.

제 3 절
경기순환

우리는 앞에서 실업을 공부할 때 '경기적'이라는 용어와 '호황'과 '불황'의 용어를 접했다. 이제 본격적으로 그 의미에 대해서 살펴보기로 한다.

경제변동

앞장의 〈표 11-6〉를 보면 지난 60년 동안 한국의 실질GDP는 연평균 7.34%씩 성장하였다. 그러나 매년 성장에 있어서 상당한 변동이 있었다. 1960~1969년 기간의 연평균 경제성장률은 8.77%, 1970~1979년 기간의 연평균 경제성장률은 10.47%, 1980~1989년 8.77%, 1990~1999년 7.13%, 2000~2009년 4.67%, 2010~2017년 3.10%였다. 이 데이터를 보면 우리는 1960년부터 2000년 전까지 높은 성장률을 보이다가 2000년 이후 성장률이 둔화되고 있음을 알 수 있다. 그리고 각 기간을 자세히 들여다보면 성장률이 일정하지 않음을 알 수 있다. 특히 1980년과 1998년의 실질경제성장률은 마이너스 실질 GDP가 하락하고 있음을 알 수 있다.

이처럼 우리가 경제에서 변화를 겪는 이유는 우리가 모든 경제 영역에서 끊임없이 변화하는 세계에 살고 있기 때문이다. 시간이 흐르면서 자연자원의 발견과 소멸을 통한 천연자원의 변화, 그리고 기후의 변화와 같은 천재지변의 발생은 물론 소비자의 기호가 변하고, 노동력의 양과 질이 변하며, 생산기술 등의 변화가 일어나기 때문이다. 이러한 요인들로 인해 경제가 변동하는 것을 경제변동(economic fluctuations)이라고 한다. 코로나19는 우리가 요즈음 겪고 있는 경제변동의 요인 중의 하나다. 코로나19는 공급과 수요를 통해 여러 산업에 커다란 영향을 끼치고 있다. 이러한 경제변동은 경제이론에 의해 그 영향에 대한 설명은 가능하나 제거는 불가능하다. 그래서 특정 이론이 필요하지 않다. 경제학에서 특정 이론을 가지고 주의를 많이 기울이고 있는 것은 호황과 불황을 반복하며 실질GDP가 주기적으로 변하는 경기순환(business cycle)이다. 지금부터 이에 대해 살펴보기로 하자.

경기순환

경기순환은 붐과 버스트가 일어나는 현상을 말한다. 〈그림 12–6〉과 같이 실제 경제활동은 경제성장 추세선을 중심으로 상승(붐)과 하강(버스트)을 반복하면서 움직인다. 이렇게 주기적으로 실질GDP가 변화하는 현상을 경기순환이라고 한다. 경기변동은 몇 가지 국면으로 나뉠 수 있다. 경제활동이 활발하여 가장 높은 상태를 경기정점(peak), 가장 낮은 상태를 경기저점(trough)이라고 한다. 경기정점에서 경기저점까지를 수축국면(contraction)이라 하고, 경기저점에서 다음 경기정점까지를 확장국면(expansion)이라고 한다. 수축국면에서 실질GDP가 감소하고 확장국면에서 실질GDP가 증가한다.

수축국면은 경기후퇴(recession)와 경기침체 또는 불황(depression)으로 나뉜다. 경

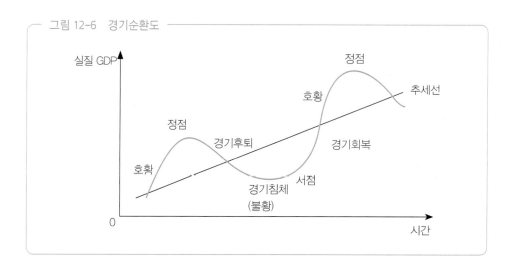

그림 12-6 경기순환도

기후퇴는 실질GDP가 감소하는 시기를 말하며, 경기침체 또는 불황은 경기후퇴가 오래 지속되고 깊어지는 경기후퇴를 말한다. 확장국면은 경기회복(recovery)과 호황(prosperity) 으로 나뉜다. 경기회복은 실질GDP가 증가하기 시작하는 시기로서 확장국면의 초기를 말하며, 경기회복기를 지나 실질GDP가 지속적으로 증가하는 상태를 호황이라고 한다.

〈표 12-1〉를 보면 1970년부터 지금까지 12번의 경기순환을 경험한 것으로 기록 되어 있다. 가장 최근의 경기변동을 보면 2005년 4월 저점을 지나 경기가 회복되었다 가 2008년 1월에 정점을 이루었고, 그 후 경기가 후퇴하면서 2009년 2월에 저점에 도달 했으며, 다시 경기가 회복되어 2011년 8월 정점, 2013년 저점, 그리고 2017년 9월에 정 점에 이르렀다가 경기후퇴 국면에 있다. 한국경제는 이렇게 지난 60년 동안 호황과 불 황을 반복하면서 성장해왔다.

표 12-1 한국의 경기순환시계

기준순환일	연월	연월	연월	연월	연월	연월	연월	연월	연월	연월	연월	연월
정점	/	1974. 2	1979. 2	1984. 2	1988. 1	1992. 1	1996. 3	2000. 8	2002. 12	2008. 1	2011. 8	2017. 9
저점	1972. 3	1975. 6	1980. 9	1985. 9	1989. 7	1993. 1	1998. 8	2001. 7	2005. 4	2009. 2	2013. 3	/

자료: 박정규 최영일(2004) "우리나라 경기순환의 국면 식별" 『조사통계월보』, 한국은행, 42쪽과 국가통계포털 '경기순환시계' https://kosis.kr/visual/bcc/index/index.do?mb=N

경제학: 시장경제 원리

경기순환이 일어나는 이유

경제학자들은 이러한 호황과 불황이 일어나는 경기순환 현상을 설명하기 위하여 다양한 모형과 이론을 개발하였다. 이 중 대부분이 국민소득순환 체계를 이용하여 호황과 불황의 순환이 어떻게 이뤄지는지 보여주려 노력하였다. 이 앞장의 국민소득 3면 등가법칙에서 본 바와 같이 모든 사람의 지출은 다른 사람의 소득이 되고, 이는 다시 지출수준을 결정한다. 그리하여 새로 생산된 제품의 구입을 위하여 사용할 수 있는 총소득은 이들 제품에 치러진 가격과 항상 반드시 같아야 한다. 다시 말하면 총공급과 총수요가 같아야 한다. 따라서 이러한 모형에 따르면 총공급과 총수요가 항상 일치하기 때문에 경기순환이 발생하지 않는다.

그러나 실제 경제에서는 총공급과 총수요가 일치하지 않아 불황과 호황이 일어났다. 게다가 불황 때에는 실업이 늘어나 고통받는 사람이 생기므로 이에 대해 설명하려는 이론이 생겨났다. 그것이 바로 과소소비설이다. 과소소비설은 총생산 증가율이 지나치게 빨라 총수요를 초과하면 과잉생산으로 인하여 경제체제가 붕괴할 수도 있다는 이론이다. 과소소비설을 주장하는 사람들은 사람들이 자신의 소득보다 덜 소비하여 저축할 경우 총수요가 총공급보다 작게 되어 불황이 초래되는 것이며 그로 인해 경제가 변동하는 것이라고 하였다.

그러나 대다수의 경제학자들은 1930년대 대공황이 일어나기 전까지 이러한 과소소비설에 대해 공감하지 않았다. 왜냐하면 과소소비설이 성립할 수 있는 핵심이 저축인데, 과소소비설을 주장하는 사람들이 말하는 저축이 실제 사람들이 하는 저축과는 달랐기 때문이다. 과소소비설에서는 마치 사람들이 소비를 줄여 저축한 돈을 침대 밑이나 항아리에 숨겨 놓는 것으로 가정했다. 그러나 애덤 스미스가 〈국부론〉에서 '자신의 저축을 안전성이 있는 곳에 투자하지 않는 사람이 있다면 그는 제정신이 아님에 틀림없다'고 하였듯이 대부분의 사람들은 저축한 돈을 숨겨 놓는 것이 아니라 투자한다. 사람들이 저축한 돈으로 자신이 직접 투자재를 구입하지 않는다면 채권, 증권, 저축예금 등과 같은 금융자산을 구입하며 투자재를 구입하는 다른 사람에게 자신의 저축을 넘겨주는 것이다.

이러한 생각으로 애덤 스미스와 그의 후계자들인 고전학파 경제학자들은 과잉생산설과 과소소비설은 근거가 없는 것이라 비판했다. 총수요가 불충분하여 불황이 온다는 것은 경제체제의 기본적인 작동을 이해하지 못한 것이라고 했다. 고전학파 경제학자들에게는 과잉생산은 문제가 아니었다. 그들이 중요하게 생각한 것은 어떻게 하면 생산을 증가시켜서 사람들이 더 많은 재화와 서비스를 공급받게 할 것인가였다. 그리하여 정부가 할 일은 총수요를 증가시키려고 노력하는 것이 아니라 생산활동이 증가할 수 있도록 재산권의 안정성을 유지하는 것이라고 하였다. 이러한 환경이 조성되면 사람들은 자신의 처지를 개선시키려는 사람들의 자연적인 욕구에 따라 생산이 이뤄지고, 저축하고 투자하여 생산량이 지속적으로 증가한다고 하였다. 소비, 즉 총수요는 걱정할 필요가 없다고 하였다. 고전학파 경제학자들은 설령 불황이 오더라도 일시적이며 시장의 빠른 조정으로 인해 경제를 완전고용 상태로 되돌아가게 한다고 생각하였던 것이다.

그러나 이러한 믿음에 회의를 갖게 만든 사건이 일어났다. 바로 1930년대 대공황이었다. 대공황으로 고전학파가 주장하는 경제의 안정성에 대한 심각한 불신이 일어났다. 그 불신을 제기한 대표적인 경제학자가 존 메이너드 케인즈(John Maynard Keynes)다. 케인즈는 기업에 의한 재화와 서비스의 공급은 소비자와 투자자들의 지출에 의해 결정되기 때문에 소비자와 투자자들이 지출을 줄이면 기업의 생산이 줄게 되어 결국 지출의 감소가 생산 감소를 야기한다고 주장하였다. 대공황은 바로 소비자와 투자자들이 지출을 줄였기 때문에 발생하였던 것이고 이것을 해결하기 위해서는 총수요의 한 축을 이루고 있는 정부가 지출을 늘려 총수요를 증가시켜야 한다고 주장했다. 그 후 경제학의 관심은 총수요로 옮겨 갔고 총수요를 증가시키는 경제정책과 경제이론이 번창하여 1960년대까지 케인즈 경제학은 전 세계적으로 인기가 높았다. 재정정책을 통해서 경기변동을 완화할 수 있다는 케인즈의 이론은 주류 경제학의 이론으로 받아들여졌다.

그러나 1970년대 들어서서 수요측면을 강조하는 케인즈 경제학의 한계가 드러났다. 당시 전 세계를 휩쓴 불황과 인플레이션이 동시에 진행되는 스태그플레이션을 케인즈 이론으로는 설명할 수 없었고 처방도 내릴 수 없었기 때문이었다. 그리하여 다시 물가안정과 경제성장에 기여하는 공급측면의 경제학이 부상하게 되었다.

그리하여 다음 장부터는 물가 안정과 경제성장에 대해 자세히 다루려고 한다. 앞서 본 것처럼 물가안정은 화폐와 밀접하게 관련되어 있으므로 화폐에 대한 보다 면밀한 이해가 필요하다. 그리고 화폐를 다룬 다음, 그와 연관되어 있는 통화정책을 다루고, 또 다른 경제정책인 재정정책을 다룰 것이다. 이런 경제안정화 정책들을 다룬 다음 경제성장에 관한 것을 다루기로 한다.

자동화는 더 많은 직업을 만들어낼 것이다

오늘날, 수많은 직업들이 기계와 로봇에 의해 빠르게 대체되고 있으며, 많은 사람이 대규모 실업을 두려워하고 있다. 실제로, 빌 게이츠, 스티븐 호킹, 엘론 머스크 등이 이런 우려를 표한 바 있다. 엘론 머스크는 북한의 핵무기보다 인공지능이 더 큰 위험을 내포하고 있다고 우려했다. 엘론 머스크는 AI와 자동화를 계속하여 비판하는 가장 유명한 사람일 것인데, 그는 AI와 자동화된 생산이 "우리 문명이 직면한 가장 큰 위험"이며, "로봇이 우리보다 모든 일을 더 잘하기 때문에 우리의 자리는 없어질 것이다"라고 말했다. 그러나 마크 저커버그는 머스크의 이러한 주장이 오직 최악의 시나리오만 가정하고 있는 무책임한 발언이라 비판했다. 저커버그의 반론은 옳다. 더 많은 자동화는 많은 산업의 진입 장벽을 낮추고 사람에게 새로운 일자리를 공급해줄 것이다.

자동화의 영향을 받는 것이 고용만은 아니다. 수많은 가전제품이 사람들이 더 선호하는 활동에 집중할 수 있도록 집안일에 쓰는 시간을 단축시켜주었음을 상기해보라. 그 누구도 오늘날 집안에서의 불빛, 화장실, 설거지 등에 큰 우려를 갖고 있지 않다. 그러나 이러한 가전제품들조차 미래의 자동화에 비하면 아주 사소한 것에 불과하다.

대표적인 예시는 자율주행이다. 포드는 2021년까지 도로에 자율주행차를 실제로 운영할 것이라 발표했다. 캘리포니아주와 미시간주는 자율자동차에 반드시 예비운전자를 탑승시키는 규제를 폐지했다. 자율주행자로 인해 미국에서 5백만 개의 일자리가 사라질 수 있지만, 그리하여 다른 산업에서 일하는 근로자들은 보다 자유롭게 될 것이다.

기계가 사람보다 일을 더 잘할 수 있다면 우리는 그러한 혁신을 받아들여야 한다. 흙을 옮길 때 불도저 대신 삽을 사용하는 것, 삽 대신 숟가락을 사용하는 것은 어리석을 뿐이다. 마찬가지로, 반드시 사람이 필요한 지금의 자동차에서 사람이 필요 없는 미래의 자동차로 나아가지 않는 것 역시 어리석은 일이다. 자율주행차를 통해 출근환경이 대폭 개선되어 생산성이 높아질 것이다. 사람들은 자율주행차 안에서 일을 하거나, 영화를 보거나, 책을 읽을 수 있으며, 그렇게 하여 배우, 예술가, 작가 등에 대한 수요가 늘어날 것이다.

물론 머스크의 우려는 참고할 가치가 있다. 미국에서 경제활동참가율은 지난 10년간 꾸준히 감소해왔다. 자동화로 인해 제조업에서 이러한 추세가 아주 강하다는 점은 널리 인정받고 있다. 자동화가 단기 실업에 영향을 미치는 것은 사실이기 때문이다. 그러나 다른 요소들도 실업에 영향을 미친다는 점을 간과해서도 안 된다. 예컨대 정부의 더 많은 규제와 면허제는 사람들이 새로운 직업을 갖는 것을 보다 어렵게 만든다.

과거에 대부분의 사람은 농업에 종사했다. 농부들은 처음에 낫과 쟁기 따위만을 사용했으며 모내기와 수확은 매우 고된 일이었다. 그러나 기술의 발전에 따라 농부들의 생산성이 대폭 증가해 노동이 비교적 덜 힘들게 변모했다. 그리하여 식량을 공급하기 위해 필요한 노동자의 수가 줄어들었고, 더 많은 사람들, 특히 젊은 성인들은 더 나은 직장을 얻기 위해 시골을 떠나 도시에서 더 높은 수익을 얻을 수 있었다. 오늘날 제조업에서도 같은 현상이 일어나고 있다. 공장에서의 더 많은 자동화는 필요한 노동력을 감소시키고 동시에 생산량을 증가시킨다. 농업과 제조업에 근무하는 사람들은 더 적어졌지만, 더 다양한 직업이 생겨났다.

실업을 방지하기 위해 재교육을 위한 수단도 늘어나고 있다. 비디오 및 오디오 편집, 컴퓨터 프로그래밍 등 새로운 과학에 대한 무수히 많은 무료 강의가 명문대의 후원 아래 온라인에서 막대하게 제공되고 있다. 코딩을 가르치는 학원 역시 더 많이 생겨나는 상황이다. 월마트는 심지어 직원들의 훈련을 위해 가상현실 헤드셋을 사용할 것이라 발표했다. 크라우드펀딩을 가능하게 하는 새로운 웹사이트들은 기업가와 크리에이터들에게 큰 도움이 되고 있다.

우리가 끊임없이 오락과 새로운 경험을 추구하는 한, 새로운 일자리 역시 끊임없이 생겨날 것이다. 기술에 뒤쳐지는 사람들이 있더라도, 그들이 비록 원래 보유한 기술로 직업을 구할 수 없을지언정 그들에게 적합한 일자리 역시 생겨날 가능성이 농후하다.

자동화는 일을 없애는 것이 아니라 오히려 노동의 본질을 바꾼다. 혁신과 자동화는 더 많은 사람들이 그들이 좋아하는 직업을 선택할 수 있게 해준다. 우리는 더 이상 하기 싫은 일을 하지 않아도 될지 모른다.

출처: Lim, Don 저/ 김경훈 역, 자유기업원, 해외칼럼, 2020년 1월 20일.

연습문제

*01. 아래 표는 국가 A의 노동력 구성 상태를 나타낸 것이다.

총인구	생산가능인구 (15세 이상 인구)	취업자	직업이 없는 사람	
			직장을 구하는 사람	직장을 구하지 않는 사람
4,000명	2,500명	1,800명	200명	200명

1) 국가 A의 경제활동참가율은?

2) 국가 A의 실업률은?

02. 어떤 사람이 두 달 전에 직업을 잃었다.

1) 구직 활동을 하던 중 1개월 만에 새로운 일자리로부터 제안이 들어왔다. 그러나 마음에 들지 않아 거절하였다. 이 경우 그는 실업자로 분류되는가?

2) 3개월 구직활동을 하다가 구직 활동을 포기하기에 이르렀다. 이 경우에는 어떠한가? 그는 실업자로 분류되는가?

*03. 다음에 대하여 실업자로 분류될 수 있는지 없는지에 대해 설명하라.

1) 65세에 정년퇴임한 지 세 달이 되는 사람

2) 직업을 구하고 있지 않은 주부

3) 방금 대학을 졸업하고 첫 직장을 찾고 있는 사람

4) 군인

04. 명목임금의 상승과 실질임금의 하락이 동시에 발생하는 이유는 무엇인가?

*05. 왜 하이퍼인플레이션은 총생산에 심각한 영향을 미치는가?

06. 필립스곡선이론은 인플레이션과 실업률 간에 상충관계가 있다고 주장한다. 그러나 장기에서는 이 상충관계가 성립하지 않는다. 그 이유는 무엇인가?

*07. 정부가 재정지출을 늘리려는데 더 이상 국채를 발행하여 자금조달하기가 어려워 통화를 발행해 조달하였다. 그로 인해 발생할 수 있는 문제는 무엇인가?

*08. 불황은 사람들이 과다하게 저축하기 때문에 발생한다고 주장하는 사람들이 있다. 이 주장에 대해 평가하라.

09. 실제GDP가 잠재GDP를 초과하는 양(+) GDP갭이 있을 경우 인플레이션은 어떻게 될 것인가?

*표시 문제의 답은 책 뒷부분의 부록에 수록되어 있음.

제13장

화폐

우리는 제2장에서 사람들은 자신의 입장에서 가치가 적다고 판단되는 자기 재화를 가치가 더 크다고 여겨지는 다른 사람의 재화와 교환하려고 하고, 그 교환을 통해 이익을 얻는다고 하였다. 그러나 사람들은 자신이 직접 사용하고자 재화를 직접 교환하지 않고, 화폐를 이용하여 거래를 한다. 지금부터 화폐가 어떻게 생성·발전했고, 그 기능이 무엇인지, 그리고 화폐를 어떻게 관리해야 하는지에 대해 공부하기로 한다.

제 1 절
화폐의 생성과 변천

화폐의 생성

화폐의 생성과 발달을 이해하기 위해서는 먼저 직접교환 경제의 문제를 살펴볼 필요가 있다. 직접교환에는 매우 많은 거래비용이 든다. 쌍방의 욕구가 일치해야 교환이 이루어지기 때문이다. 직접교환에서는 내가 원하는 물건을 가지고 있는 사람이 내가 가지고 있는 물건을 원해야 교환이 이루어진다. 그래서 먼저 자신이 원하는 물건을 가지고 있으며 자신의 물건을 원하는 사람을 찾아야 한다. 거기에는 많은 시간과 불편이 따른다. 우리는 제2장에서 거래에 따른 시간과 불편을 거래비용이라고 하였다. 그러므로 직접교환에는 많은 거래비용이 따른다. 교환에 따른 많은 거래비용 때문에 사람들은 거래비용을 줄이려는 노력을 해왔다. 그 과정에서 자연발생적으로 나온 결과물이 화폐다. 자연발생적으로 만들어졌다는 의미에서 화폐는 자생적 질서의 산물이다.

화폐의 발달과정은 언어의 발달과정과 매우 유사하다. 언어는 사람들 사이에 의사소통을 위해 사용하다 자연스럽게 통용되는 말이 발전한 것이다. 예를 들어 활활 타오르는 붉은 것을 보고 누군가가 "불"이라고 했을 것이고, 그것을 몇몇 사람이 따라서 사용했을 것이다. 그러다가 확산되어 모든 사람들이 그것을 "불"이라고 하게 되었을 것이다. 마찬가지로 처음에 몇 사람이 어떤 특정 물품을 사용하여 거래를 하였고, 그것을 사용하는 것이 편리함을 알고 점점 그 물품을 이용하여 거래를 하는 사람들이 많아지게 되어, 한 경제 내에서 보편적으로 사용되는 교환의 매개체가 되었을 것이다.

화폐의 변천

물품화폐(commodity money)

인류가 처음 사용한 화폐는 조개껍질, 돌, 가축, 소금, 동물의 털과 가죽, 곡물 등과 같은 물품이었다. 화폐란 기본적으로 모든 사람이 교환을 위해 받아주는 것이기 때문에 사람들이 받아주기만 하면 어떤 물품이든 화폐가 될 수 있다. 그렇다고 아무 물품이나 교환의 매개물로 사용된 것은 아니었다. 몇 가지 조건을 갖춘 물품이 화폐로 사용되었다. 그 조건은 바로 내구성, 휴대성, 그리고 분할성이었다. 화폐는 당장 자신이 직접적으로 사용하기 위해 받는 것이 아니라 나중에 자신이 원하는 물건을 구입하기 위해 받아들이는 것이다. 따라서 자신이 원하는 물건을 구입할 때까지 받아들이는 물품이 변질되지 않아야 했기 때문에 오래 보관해도 상하지 않는 내구성을 가지고 있어야 했다. 또 교환하여 집으로 운반하든가, 혹은 나중의 거래에서 다른 장소로 가지고 가야할 필요성이 있었기 때문에 휴대하기 간편해야 했다. 그리고 나중의 거래에서 소액의 물건을 살 수 있는데 거래로 받은 물품이 분할되지 않아 그러한 기능을 할 수 없으면 사람들이 교환의 매개수단으로 받아들이지 않았을 것이다. 그래서 소액거래를 위해 분할할 수 있는 특성을 지녀야 했다.

금속화폐

금속화폐는 일종의 물품화폐다. 인류역사에서 가장 오랫동안 사용되어 온 물품화폐가 금이나 은과 같은 금속화폐다. 금이나 은과 같은 금속화폐는 내구성, 휴대성, 그리고 분할성의 특성을 잘 지니고 있었기 때문이다. 금과 은은 변질되지 않고 오랫동안 보관하는 데 다른 물품에 비해 용이했다. 그리고 금과 은은 크기에 비해 가치가 높았기 때문에 다른 물품보다 휴대성이 좋았다. 그리고 쉽게 분할될 수 있어서 구매 규모에 맞추어 금액이 적은 거래에는 쪼개어 지불하는 데 용이했다. 그뿐만 아니라 미적 특성 때문에 반지나 목걸이, 귀걸이 등을 만들어 사용될 수 있어서 모든 사람들이 선호하고 보유하고 싶어 했다. 이러한 특성 때문에 금과 은이 모두에게 쉽게 받아들여지면서 자연스럽게 보편적인 교환의 매개체로 오랫동안 사용되었다.

주화(coins)

주화는 금속을 일정한 형태의 주물로 떠서 만든 화폐를 말한다. 금으로 만든 것을 금화, 은으로 만든 것을 은화, 동으로 만든 것을 동화라고 한다. 금속화폐의 진화된 형태가 주화다. 금과 은이 직접 교환의 매개체로 사용되는 경우에는 그것의 무게를 측정하고 순도를 평가해야 했다. 교환할 때마다 그렇게 하는 것은 여러모로 불편했다. 그래서 금속의 무게를 측정하고 순도를 평가해주고 사용하기 편리한 크기와 모양으로 만들어 주면 이익이 있음을 발견하고 이를 업으로 하는 사람들이 생겨났다. 일정 모양을 만들어 앞, 뒷면에 그림이나 초상 등의 문양을 새기고 주화의 가치를 각인해 주화를 만들었다. 주화를 발명한 사람은 역사에 알려져 있지 않다. 지금까지 전해지고 있는 최초의 주화는 BC 7세기경 소아시아(지금의 터키)에서 주조된 것으로 알려져 있다.

역사적으로 국가가 화폐제도에 직접 개입하기 시작한 것이 바로 이 주화 단계다. 주화가 이윤이 나고 명성을 알릴 수 있는 좋은 수단이라는 것을 인식한 정치 권력자가 화폐주조를 만들어 국가독점으로 만들었다. 그리고 국가가 만든 화폐를 법화(legal tender)로 선언하고 사람들로 하여금 강제로 사용하게 했다. 화폐발행을 통해 많은 이익, 즉 시뇨로지(seigniorage)를 얻었다. 직접적인 세금 대신 국민들의 저항을 피하며 화폐변조를 통해 정부의 수입을 올렸다. 화폐변조는 주화에 함유되어 있는 금속의 양을 줄이는 방법이었다. 이 화폐변조는 사람들이 알아채지 못하도록 세금을 걷어가는 교모한 방법이다. 이것은 앞장에서 배운 일종의 인플레이션 조세다. 화폐변조가 일어나다 보니 소위 "악화가 양화를 몰아낸다(Bad money drives out good)."는 그레셤의 법칙이 작용했다.

〈그레셤의 법칙(Gresham's law)〉

그레셤의 법칙을 잘못 이해하고 있는 경우가 많다. 보통 사람들은 금은 양화이고 은은 악화라서 결국 은화가 금화를 몰아내 은화가 유통된다고 알고 있다. 그러나 그레셤의 법칙에서 양화란 시장가치에 비하여 과소평가된 화폐, 악화란 과대평가된 화폐를 말한다. 금화가 금의 시장가격에 비하여 과소평가되면 양화가 되고 과대평가되면 악화가 된다. 마찬가지로 은의 시장가격에 비하여 과소평가되면 은화는 양화가 되고 과대평가되면 악화가 된다. 따라서 그레셤의 법칙은 과소평가된 화폐가 유통에서 사라지고 과대평가된 화폐가 사용된다는 말이다.

그레셤의 법칙은 정부의 간섭이 없는 시장에서 주조된 금화와 은화에 대해서는 일어나지 않는다. 시장에서는 양화가 악화를 몰아낸다.[1] 다시 말하면 악화가 유통에서 사라지고 양화가 교환의 매개체로 사용된다는 말이다. 만일 어떤 민간 주조업자가 금이나 은의 함량을 줄여서 금화나 은화를 주조한다면 사람들은 그의 주화를 사용하지 않고 경쟁자가 만든 더 나은 주화를 사용할 것이다. 질이 떨어지는 그의 주화는 악화이고, 경쟁자의 질이 좋은 주화는 양화이다. 따라서 정부의 간섭이 없는 시장에서는 악화가 양화를 몰아내는 것이 아니라 양화가 악화를 몰아낸다.

그레셤의 법칙은 법화의 경우에서 발생한다. 예를 들어 만일 정부가 금화를 주조하여 법화로 지정하여 유통하게 하였다고 하자. 그리고 몇 년 후 100개의 금화 중에서 50개를 거두어들여 금의 함량을 절반으로 줄인 다음 그것으로 100개의 금화를 만들어 공급한다면 경제에 50개의 구 금화와 100개의 신 금화가 존재하게 된다. 정부가 법으로 두 개의 가치를 동일하게 정하였지만, 실제 가치는 구 금화가 신 금화보다 높다. 따

---

1 Hayek, F. A. (1978), *Denationalization of Money*, 2nd ed. The Lancing, Sussex: Institute of Economic Affairs, pp. 37–38.

경제학: 시장경제 원리

라서 사람들은 재화와 서비스를 구매하는 데 구 금화를 사용하는 것보다 신 금화를 사용할 것이다. 만약 구 금화가 손 안에 들어오면 그것을 재화와 서비스를 구매하는 데 사용하기보다는 녹여서 금으로 만든 다음 금으로 직접 팔면 이익이기 때문이다. 그래서 사람들이 구 금화가 손에 들어오는 대로 녹여 버리고, 거래에서는 신 금화를 사용하게 된다. 결국 가치가 하락한 신 금화(악화)가 사용되고 상대적으로 가치가 높은 구 금화(양화)는 유통에서 사라지게 된다. 그래서 그레셤의 법칙을 "악법화가 양법화를 몰아낸다"고 해야 정확하다.

그레셤의 법칙이 생겨나게 된 배경에는 영국의 헨리 8세의 화폐변조와 관련이 있다. 헨리 8세는 자신의 통치기간 동안 100%에 가까웠던 은화의 은 함량을 25%로 줄였다. 그러자 금화가 유통에서 사라졌다. 1558년 엘리자베스 1세가 집권한 후, 재정고문이었던 그레셤은 여왕에게 편지를 보내 영국에서 금화가 유통되지 않는 이유는 헨리 8세가 은화의 은 함량을 줄였기 때문이라고 하며, 은화를 다시 주조할 것을 권고했다. 이것이 '악화가 양화를 몰아낸다'는 그레셤의 법칙이 생겨나게 된 배경이다.

사실 그레셤의 법칙은 그레셤이 만들어낸 것이 아니다. '그레셤의 법칙'이라고 명명한 사람은 1858년 스코틀랜드 경제학자 헨리 더닝 매클라우드다. 그러나 1526년에 이미 '그레셤의 법칙'을 이야기한 사람이 있다. 그는 바로 폴란드의 천문학자 니콜라우스 코페르니쿠스다. 그리고 14세기 후반 프랑스의 철학자 니콜 오렘이 '그레셤의 법칙'의 현상을 언급한 바 있다. 그뿐만 아니라 아리스토파네스의 희극 〈개구리〉에 나오는 합창의 내용을 보면 훨씬 이전인 고대 그리스인들도 '그레셤의 법칙'에 대해 알고 있었던 것으로 보인다.

은행권

주화 다음으로 발전한 형태가 은행권이다. 은행권이 나오게 된 주요인은 경제규모가 커짐에 따라 주화를 사용하는 거래비용이 커졌기 때문이다. 금과 은 혹은 금화와 은화와 같은 주화를 보관하는 비용과 거래의 지급을 위해 운반하는 비용이 컸다. 금괴와 금화를 많이 보유하고 있던 상인이나 부자들이 안전하게 보관할 필요성을 느껴 안전한 보관시설을 가지고 있던 금장인(goldsmiths)에게 보관료를 내고 금괴와 금화를 맡겼다. 대신 그에 대한 보관증을 받았다.

이 보관증이 교환의 매개체로 사용되었다. 두 사람이 교환할 때 물건을 산 사람은 금화나 은화 대신 금장인에게 맡긴 보관증을 상대에게 주었다. 상대는 금화나 은화가 필요하면 그 보관증을 금장인에게 가져가 금화나 은화를 찾아갔다.[2] 이 보관증은 사실 금보증서(gold certificates)나 은보증서(silver certificates)나 마찬가지였다.

금보증서와 은보증서를 발행하는 금장인들은 일정 기간 동안 예금된 금괴나 금화의 일부만이 인출되고 많은 금괴나 금화가 자신의 금고 속에 오랫동안 남아 있다는 사실을 발견하였다. 그들은 이 예금의 일부를 대출해주거나 맡겨진 금괴나 은괴를 이용해 팔찌, 귀걸이, 목걸이 등을 만들어 팔면 더 많은 이익을 얻을 수 있다는 것을 발견했다. 그뿐만 아니라 고객이 예금을 인출할 때 그 요구를 이행하지 못하는 위험이 적다는 것을 발견했다. 그리하여 금장인들은 예금을 끌어들이기 위해 서로 경쟁하였다. 예금을 끌어들이기 위해 기존에 받던 보관료를 받지 않고 오히려 예금에 대해 이자를 주었다.

시간이 흐르면서 금보증서와 은보증서는 은행권으로 발전했으며 금장인들은 은행가로 변모했다.[3] 은행권을 소지하는 사람에게 금이나 은으로 태환해주었기 때문에 은행권은 태환권(convertible notes)이었다. 그리고 고객이 맡긴 금화와 은화 모두를 금고에 보관하는 것이 아니라 고객의 인출 요구에 대비해 그 일부만을 보관하고 있기 때문에 이와 같은 제도를 부분지급준비제도(fractional reserve system)라 한다. 이 관행은 오늘날까지 은행에 이어져 오고 있다.

불환화폐(fiat money)

시간이 흐르면서 상업은행들이 발행한 은행권은 국가의 화폐발행 독점에 따라 중앙은행이 발행하는 지폐로 바뀌었다. 그 지폐는 상업은행이 발행하는 은행권처럼 처음에는 금이나 은으로 교환해주는 태환권이었다. 다시 말하면 금본위제도나 은본위제도가 유지되었다. 제1차 세계대전이 발발하면서 금본위제도가 서서히 사라지다가 1971년 브레튼우즈체제가 붕괴되면서 전 세계적으로 금본위제도가 영원히 사라졌다. 이것은 중앙은행이 발행한 지폐가 더 이상 금이나 은으로 교환되는 화폐가 아니라는 의미

---

2 고대 메소포타미아에서 곡물을 보관하고 이에 대한 어음(draft)이 발행된 적이 있다.
3 여기서 은행이라 함은 근대 은행을 말한다. 은행의 역사는 BC 17세기 바빌로니아의 함무라비 법전으로까지 거슬러 올라간다. 함무라비 법전에 나오는 은행은 환전상이었다. 그 환전상이 뱅크(bank)로 불렸다.

다. 그리하여 지금 우리가 사용하고 있는 지폐는 금이나 은으로 백업(back-up)되지 않는, 즉 금과 은으로 태환해주지 않는 불환화폐다.

전자화폐(디지털화폐)

컴퓨터와 인터넷이 확산됨에 따라 전자화폐가 등장했다. 이 전자화폐 역시 거래비용을 크게 절감시켰다. 과거에는 거래의 대금 지급을 위해 현금을 직접 전달하거나 수표를 우편으로 보내야 했다. 그러나 오늘날에는 컴퓨터상에서 클릭 몇 번으로 지급액을 전송할 수 있다. 따라서 직접 찾아가야 하는 시간 및 교통비용과 우편 요금을 절약하는 것은 물론 대금 지불이 쉬워졌다.

전자화폐에는 두 가지 형태가 있다. 하나는 스마트카드형이고, 다른 하나는 네트워크형이다. 스마트카드형은 전자지갑(electronic purse)으로도 알려져 있다. 스마트카드는 현금을 내장하고 있는 마이크로프로세스를 가지고 있는 플라스틱 카드를 말한다. 재화와 서비스를 구입할 때마다 카드에 들어 있는 금액이 줄어든다. 스마트카드는 재충전이 가능하며, 여러 가지 목적으로 사용될 수 있고, 직불카드나 신용카드와는 달리 자금을 이전할 때 온라인 공인이 필요 없다.

네트워크형은 인터넷상의 가상은행 또는 거래은행과 접속되는 컴퓨터 내에 화폐가치를 예치 저장하였다가 필요 시 공중통신망을 통해 대금결제에 사용하는 형태다. 컴퓨터 통신망을 통하여 즉시 상대방에게 전달되어 결제 처리된다. 네트워크형 전자화폐를 이용하려면 먼저 컴퓨터로 은행통장기능을 겸비한 소프트웨어를 통해서 자신의 거래은행에 전자화폐의 발행을 요청하여 이를 자신의 컴퓨터 하드디스크에 저장해야 한다. 현금형 전자화폐와 수표형 전자화폐가 있다. 현금형 전자화폐는 디지털 화폐를 PC에 저장, 사용하는 것이다. 대표적인 예가 E-캐시다. 수표형 전자화폐는 자신의 컴퓨터로 전자수표를 발행해서 인터넷으로 상대방에게 지급하는 것이다. 대표적으로 미국 FSTC(Financial Services Technology Consortium)의 E-Check, 카네기 멜론대학의 네트빌(NetBill) 등이 있다.

암호화폐: 비트코인(Bitcoin)

블록체인 기술을 기반으로 한 비트코인이라는 새로운 지불형태인 암호화폐(cryp

to-currency)가 등장했다. 비트코인은 2008년 10월 사토시 나카모토라는 가명을 쓰는 프로그래머가 개발했다. 비트코인은 성격상 디지털이라는 면에서는 전자화폐와 같지만, 아주 다른 시스템을 가지고 있다. 전자화폐는 불환화폐제도의 전자형태이고 여전히 원, 달러, 유로, 엔 등과 같은 단위로 거래되고, 정부나 은행의 중앙시스템 안에서 규제되고 통제된다. 이와는 달리 비트코인은 탈중앙화(decentralized)된 전자화폐다. 다시 말하면 중앙은행 혹은 중앙통제기관 없이 P2P방식으로 개인들 간에 자유롭게 송금할 수 있다.

비트코인 거래는 평균적으로 10분 정도 걸린다. 현재의 국제 거래에서는 각각의 장부를 확인하고 승인하는 절차에 2~3일 걸리기 때문에 비트코인은 기존의 방법보다 거래비용을 크게 감소시키는 장점이 있다. 그러나 비트코인 결제 시간은 지금의 신용카드 결제 시간보다 더 길기 때문에 거래의 즉각적인 처리가 필요한 금융서비스에는 맞지 않는 한계가 있다.

CBDC(Central Bank Digital Currency: 중앙은행 디지털 화폐)

CBDC는 중앙은행이 블록체인을 이용하여 발행하는 암호화폐다. 암호화폐의 일종이면서도 중앙은행이 발행하는 통화이기 때문에 교환의 매개체로 쓰일 가능성이 가장 크다. 중국인민은행이 2020년 10월에 '디지털위안화 E-CNY'를 발행했고, 미국, 영국, 러시아, 일본, 네덜란드 등 각국의 중앙은행이 '디지털화폐' 발행을 추진하고 있다. 우리나라 한국은행도 최근 카카오 컨소시엄을 CBDC 모의실험 사업자로 선정하여 CBDC 발행을 추진하고 있다.

제 2 절
화폐의 기능

교환의 매개수단(medium of exchange)

앞에서 언급한 것처럼 화폐는 교환의 매개수단으로 출발했기 때문에 화폐의 본질적인 기능은 바로 교환의 매개수단이다. 교환의 매개수단이란 재화나 서비스를 사는 사람이 파는 사람에게 주는 지불 수단을 말한다. 예를 들어 여러분이 편의점에서 라면을 사고 돈(화폐)을 낼 때 그 편의점 주인은 아무런 의심 없이 여러분이 내는 돈을 받고 라면을 내준다. 그것은 그 돈(화폐)이 보편적으로 받아들여지는 교환의 매개수단이기 때문이다. 그는 그 돈을 받아 나중에 자신이 필요한 물건을 사는 데 사용할 수 있다고 생각한다.

분업과 특화를 가능하게 하였다.

화폐가 교환의 매개기능을 하면서 분업과 특화를 가능하게 했다. 화폐의 사용이 없는 경우 거래는 매우 제한적이 되어 사람들은 대부분 자급자족을 할 수밖에 없게 된다. 달리 말하면 한 공동체가 화폐가 없는 직접교환만을 하면 어떤 사람도 구두수선쟁이가 될 수 없다. 쌀을 가지고 있는 사람 중 어느 누구도 구두를 고칠 필요가 없다면 구두수선쟁이는 결국 비참하게 되며 굶어 죽을 수 있기 때문이다. 그래서 사람들은 어떤 특정 직업에 특화하고 개인적으로 필요한 것보다 훨씬 많이 생산하기보다는 오히려 자급자족하려고 할 것이다. 각자 농사를 짓고, 옷을 만들고, 가구를 만들고, 스스로 충치치료를 할 것이다.

화폐 사용은 이러한 문제를 극복한다. 거래상의 불편이 사라지고 시간이 절약된다. 이렇게 해서 생긴 시간을 이용하여 자신이 가장 잘하는 것을 생산하는 데 사용하여 더 많은 생산을 올릴 수 있다. 우유를 마시기 위해서 직접 젖소를 기를 필요가 없으며, 밥을 지어 먹기 위해 직접 논농사를 지을 필요가 없으며, 구두를 직접 수선할 필요도 없고, 옷을 직접 만들어 입을 필요도 없다. 단지 자신의 특성과 능력을 고려해서 가장 관심 있는 일을 선택하여 그로부터 얻는 돈(화폐)으로 자신이 필요로 하는 우유, 쌀, 구두수선, 의복 등을 구입하면 되는 것이다. 이렇듯 화폐가 사람들로 하여금 개인이 특정한 일에 특화할 수 있게 해주었다.

가치척도, 또는 계산단위(unit of account)

교환의 매개체인 화폐는 자연스럽게 가치척도, 또는 계산단위(a unit of account)의 기능을 갖는다. 재화의 가치가 화폐로 표시되기 때문이다. 만일 화폐가 아닌 다른 것으로 표시하면 또 한 번 변환해야 하는 불편이 따른다. 따라서 일반적으로 통용되는 화폐 단위로 가격이 매겨진다.[4] 화폐의 계산단위는 가치척도를 나타내는 것으로서 매우 중요하다. 모든 재화와 서비스는 화폐로 표시된다. 그리하여 인플레이션으로 인해 화폐가치가 불안정해지면 재화와 서비스의 가격 역시 불안정하게 되어 화폐가 가치척도의 기능을 상실하게 된다.

가치저장의 수단

가치저장의 수단이란 미래에 대한 구매력을 저장하는 수단을 말한다. 화폐가 교환의 매개체로서 자연스럽게 계산의 단위가 되는 것처럼 가치저장의 수단이 된다. 왜냐하면 화폐는 교환의 매개로서 받은 시점으로부터 그것을 다시 지출하는 시점까지는 저절로 가치저장의 기능을 수행하기 때문이다. 그러나 화폐가 이런 자연스러운 가치저장이 아닌 장기간의 가치저장의 수단으로도 사용된다. 장기간의 가치저장 수단으로서 화폐보다는 예금, 채권, 주식, 금, 은 등의 자산이 더 나음에도 불구하고 장기간의 가치저장의 수단으로 사람들이 화폐를 보유하는 이유는 무엇인가? 그것은 유동성 때문이다.

유동성은 어떤 자산이 교환의 매개수단인 화폐로 전환하는 속도를 말한다. 화폐는 그 자체가 교환의 매개수단이기 때문에 100% 유동성을 갖는 자산이다. 그러나 화폐 이외의 자산은 화폐에 비해 유동성이 떨어진다. 예를 들어 가치저장의 수단으로 화폐 대신에 금을 보유한다고 하자. 자신이 필요한 재화와 서비스를 구매하려면 먼저 보유하고 있던 금을 화폐로 바꿔야만 한다. 그럴 경우 화폐를 보유하고 있었을 경우보다 손해를 볼 수 있다. 거래비용 때문이다. 비록 보유하고 있는 동안 금값의 변동이 전혀 없

---

4 우리나라 화폐의 단위는 원이다. 그것의 역사는 이렇다. 1945년 8월 15일 우리나라가 일본에서 해방된 이후에도 얼마 동안 원(圓)이 화폐단위로 사용되었다. 1953년 2월 14일에 제1차 화폐개혁을 실시하여 우리나라의 화폐단위인 환을 되찾게 되었는데, 이때 구화폐와 신화폐 간의 교환비율이 100대 1이었다. 그리고 1962년 6월 12일에 제2차 화폐개혁이 단행되었다. 이때 환 단위가 지금의 원 단위로 바뀌었다.

었다 하더라도 보통 자신이 살 때의 가격보다 팔 때의 가격이 낮다. 중간에 금 상인을 통해야 하는데 그가 부과하는 수수료 때문이다. 물론 그 수수료는 금 상인의 이윤이다. 이처럼 비화폐적 자산 유동화는 금 상인의 이익으로 가야 하는 부분과 같은 거래비용이 수반된다. 그러나 화폐는 100% 유동성을 갖고 있으므로 그러한 거래비용이 들지 않는다. 이것이 화폐가 가치저장의 수단으로 사용되는 이유다.

그러나 화폐의 가치척도의 기능과 가치저장 수단으로서의 기능은 인플레이션에 매우 민감하다. 급격한 인플레이션기에는 전환비용에 의한 손실이 있다 하더라도 비화폐적 물품을 보유하는 것이 현명하다. 모든 물가가 두 배로 뛴다면 화폐의 가치는 절반으로 뚝 떨어지기 때문에 그러한 시기에는 화폐는 좋은 가치저장의 수단이 되지 못한다. 다시 말하면 미래의 구매를 위해 보유할 필요성이 사라지는 것이다.

이것은 앞장에서 예를 들었던 독일의 하이퍼인플레이션을 보면 쉽게 이해할 수 있다. 당시 하이퍼인플레이션으로 독일의 화폐인 라이히스마르크의 가치는 급격히 하락하였다. 가장 기본적인 품목인 빵 한 조각을 사기 위해서 손수레로 가득 라이히스마르크를 싣고 가야 했을 정도였다. 그러다 보니 어느 누구도 라이히스마르크(Reichsmark)를 보유하기를 원하지 않았다. 라이히스마르크는 화폐의 가치저장을 상실했다. 그러자 자연스럽게 교환의 매개기능도 상실하고 가치척도의 기능도 상실하였다. 거래에는 라이히스마르크 대신 미국의 달러가 사용되었으며, 물물교환의 형태가 성행하였다.

연불의 기준

연불의 기준(standard of deferred payment)이란 화폐가 1달 후, 1년 후 또는 그 이상 미래 시점까지 지불이 연기되는 수단으로 사용된다는 의미다. 미래에도 화폐의 구매력이 비교적 일정하게 유지된다고 생각한다면 화폐단위로 대출계약을 하는 것이 좋을 것이다. 화폐가 아닌 특이한 상환 방식을 쓰면 대차거래가 잘 이루어지지 않을 것이다. 화폐가 없는 세계에서는 돈을 빌려주고 빌리는 거래가 성립하기 어렵다. 돈을 빌려주는 사람뿐만 아니라 빌리는 사람도 많은 불편을 느낄 것이기 때문이다. 화폐가 도입됨으로써 돈을 빌리고 빌려주는 것이 쉬워졌다.

그러나 화폐가 반드시 연불의 기준인 것은 아니다. 인플레이션을 예상하기 어려울 때는 사람들은 연불이 실질구매력의 측면에서 이루어지는 것을 선호할 것이다. 예를 들어 쌀이나 금, 은과 같은 물품이나 어떤 물가지수에 기초하여 상환되는 계약을 할 것이다. 따라서 화폐가 연불의 기준으로 사용되기 위해서는 역시 화폐가치의 안정이 중요하다.

제 3 절
화폐량의 측정

화폐의 정의

앞의 설명을 정리해서 화폐의 정의를 내리면, 화폐는 재화 서비스를 거래할 때 사람들이 일반적으로 받아주는 자산이다. 사람들이 보유하고 있는 자산이 교환의 매개체로 사용되면 그 자산은 화폐가 된다. 여기서 중요한 것은 화폐가 될 수 있는 첫 번째 조건은 자산이어야 한다는 점이다. 그리고 그 자산이 재화와 서비스를 구매하기 위한 형태로 전환할 경우 화폐가 된다. 그것은 앞에서 언급한 바와 같이 최초의 화폐가 물품이었다는 사실에서 알 수 있다. 물품은 그것을 소유한 사람의 자산이고, 그 자산이 재화와 서비스를 거래할 때 보편적으로 사용되다 화폐가 되었다.

화폐(교환의 매개체)와 지불수단의 차이

우리 주변에서 마치 화폐처럼 인식되는 것이 있다. 그것은 재화와 서비스를 구매할 때 사용하는 신용카드, 직불카드 등과 같은 지불수단이다. 지불수단은 화폐의 인도를 촉진하는 수단이지 그 자체가 자산이 아니다. 그래서 지불수단은 마치 교환의 매개체처럼 보이지만 화폐가 아니다. 그런 점에서 교환의 매개체(화폐)와 지불수단을 동의어로 사용해서는 안 된다. 달리 표현하면 교환의 매개체는 지불에 사용되는 '자산'을 말하는 것이고 지불수단은 그 자산을 인도하는 '방법'이다. 그래서 신용카드와 직불카드는 화폐가 아니다.

우리 사회의 화폐량은 얼마나 되나?

우리 사회의 화폐량이 얼마나 되는지를 측정하는 것은 매우 중요한 과제다. 그러나 화폐량을 정확히 측정하기가 쉽지 않다. 이론으로부터 실제 적용으로 넘어가면 통화량을 어떻게 측정할지 그 기준이 분명하지 않기 때문이다. 그 이유는 자산이 가지고 있는 유동성, 즉 화폐적 성격 때문이다. 그래서 화폐량을 어떻게 정의하느냐는 어느 정도 자의적일 수밖에 없다. 다시 말하면 화폐량을 정하는 데 있어서 어느 자산이 포함되고 어느 자산은 제외되어야 하는지 결정하는 데에 만족스러운 방법이 없다는 것이다.

화폐의 정의상 현금과 요구불예금(수표를 발행하거나 계좌이체를 통해 재화와 서비스를 구매할 수 있는 은행예금)은 당연히 화폐량으로 측정된다. 참고로 현금은 은행의 외부에서 유통되고 있는 것만 계산해야 한다. 왜냐하면 중복계산을 피하기 위해서다. 만약 어떤 사람이 5만원을 은행계좌에 예치하면 요구불예금은 5만원 증가하지만 유통되고 있는 현금은 그만큼 감소한다. 만약 은행이 보유한 현금도 화폐량에 포함시킨다면 단순히 화폐의 보유형태를 현금에서 요구불예금으로 바꿨을 뿐인데, 이러한 보유형태가 우리 사회에 존재하는 교환의 수단의 양을 증가시킨 것이 된다. 즉 중복 계산되어 정확한 화폐량이 되지 못하는 것이다.

그러나 우리가 이러한 교환의 수단만 화폐량에 포함시켜야 할까? 화폐공급량에서 중요한 것은 사람들이 재화와 서비스를 구매할 때 사용하는 자산이다. 만약에 사람들이 저축성예금에 들어 있는 돈도 언제든지 활용할 수 있는 현금으로 간주한다면 화폐량에 포함시켜야 하는 것이 아닌가. 그래서 이러한 모호성 때문에 경제학자는 중심통화지표라는 것을 개발하여 화폐의 정의와 다소 관련이 있는 자산들을 포함시키거나 제외시킴으로써 만들어 사용한다.

통화지표

한국은행이 통화지표를 공식적으로 사용한 것은 1951년부터다. 2002년부터는 변경된 IMF의 통화금융통계매뉴얼 기준에 따라 M1(협의통화)과 M2(광의통화) 지표를 사용하고 있다. 2006년부터는 유동성지표인 L(광의유동성) 지표를 새로 공표하고 있다. 우

표 13-1 우리나라 통화지표 내역

협의통화 (M1)	=현금통화+요구불예금+수시입출식 저축성예금
광의통화 (M2)	=M1+정기예·적금 및 부금*+시장형 상품(CD, 표지어음, RP 등)+실적배당형 상품*(금전신탁, 수익증권, CMA 등)+금융채*+종금사 발행어음 등
금융기관유동성 (Lf)	=M2+M2 포함 금융상품 중 만기 2년 이상 정기예적금 및 금융채 등+한국증권 금융의 예수금+생명보험회사의 보험계익준비금 등
광의유동성 (L)	=Lf+정부 및 기업 등이 발행한 유동성 시장금융상품(증권회사 RP, 예신전문기 관의 채권, 예금보험공사채, 자산관리공사채, 자산유동회전문화사의 자산유동 화증권, 국채, 지방채, 기업어음, 회사채 등)

출처: 한국은행 (2008), 「우리나라의 통화지표해설」, p. 42.

표 13-2 통화량과 연 증가율(2001~2020)

	M1(협의통화, 평잔)	M1 증가율	M2(광의통화, 평잔)	M2 증가율	Lf(평잔)	Lf 증가율	L(말잔)	L 증가율
단위	십억원	%	십억원	%	십억원	%	십억원	%
2001	216,442	18.05	739,337	6.94	967,325	9.58	1,178,179	13.4
2002	265,042	22.46	824,228	11.49	1,092,169	12.91	1,336,291	13.42
2003	283,397	6.93	888,989	7.86	1,187,840	8.76	1,411,096	5.6
2004	306,843	8.28	929,641	4.58	1,260,547	6.13	1,517,011	7.51
2005	332,902	8.5	993,960	6.92	1,348,819	7.01	1,654,005	9.04
2006	330,134	−0.84	1,076,682	8.33	1,454,859	7.87	1,830,671	10.69
2007	312,832	−5.25	1,197,095	11.19	1,603,516	10.22	2,037,174	11.29
2008	307,274	−1.78	1,367,713	14.26	1,794,841	11.94	2,243,277	10.12
2009	357,344	16.3	1,508,550	10.3	1,937,336	7.94	2,486,672	10.85
2010	399,412	11.78	1,639,675	8.7	2,096,530	8.22	2,665,004	7.18
2011	425,675	6.58	1,708,985	4.23	2,208,170	5.33	2,889,658	8.43
2012	441,964	3.83	1,798,626	5.25	2,379,519	7.76	3,121,879	8.04
2013	484,063	9.53	1,885,781	4.85	2,543,233	6.89	3,350,483	7.33
2014	536,733	10.89	2,009,576	6.57	2,721,502	7.01	3,635,758	8.52
2015	636,639	18.62	2,182,912	8.63	2,986,699	9.75	3,947,914	8.59
2016	734,412	15.36	2,342,621	7.32	3,229,857	8.15	4,259,953	7.91
2017	802,017	9.21	2,471,226	5.49	3,445,685	6.69	4,551,375	6.85
2018	841,014	4.87	2,626,902	6.3	3,686,392	6.99	4,849,985	6.57
2019	876,942	4.28	2,809,944	6.97	3,979,137	7.95	5,227,257	7.78
2020	1,058,993	20.76	3,070,830	9.29	4,311,128	8.35	5,678,724	8.64

자료: 한국은행

경제학: 시장경제 원리

리나라 통화지표의 자세한 내역은 〈표 13-1〉에 나와 있으며, 2000년부터 최근까지의 각 통화지표의 변화는 〈표 13-2〉에 나와 있다.

제 4 절
은행시스템과 화폐공급

은행의 대출과 화폐창출

앞에서 배운 M1과 M2에는 은행예금이 포함되어 화폐량으로 정의되고 있음을 알 수 있다. 그것은 은행이 화폐를 창출한다는 사실을 보여준다. 그러나 은행이 화폐를 창출한다고 해서 은행이 현금을 찍어내서 그렇게 하는 것이 아니다. 은행이 화폐를 어떻게 창출하는지를 보기로 하자.

유진이 A은행에게 1억원의 대출을 신청하여 대출 승인이 났다고 하자. 은행은 유진에게 1억원의 대출금을 줄 때 현금 대신에 당좌예금 계좌를 만들어 넣어준다. 그러면 총요구불예금이 즉각적으로 1억원만큼 증가한다. 따라서 현금과 요구불예금의 합으로 계산되는 통화량이 그만큼 더 증가하게 된다.

이것이 화폐량이 되는 이유는 대출되어 예금된 금액 1억원을 재화와 서비스를 구매하는 데 사용하기 때문이다. 예를 들어 유진이 대출금 1억원을 가지고 아파트를 구입했다고 하자. 유진은 자신의 계좌에 있는 1억원을 아파트를 판매한 지민의 B은행 계좌로 이체시킨다. 유진의 계좌에서 1억원이 빠져나가고 대신 지민의 계좌에 1억원이 늘게 된다. 이러한 거래에도 불구하고 A은행이 유진에게 대출해준 돈이 지민의 계좌에 그대로 존재하게 된다. 따라서 A은행에서 1억원이 빠져나가더라도 B은행으로 들어가기 때문에 경제에 존재하는 화폐량은 1억원만큼 증가하게 되는 것이다.

이렇게 은행은 사람들에게 대출을 해줌으로써 화폐를 창출한다. 은행의 대출은 기본적으로 사람들의 예금을 바탕으로 한다. 다시 말하면 은행에 예금이 증가하면 은행은 그만큼 대출해줄 수 있는 능력이 증가하여 화폐가 더 많이 창출될 수 있게 된다. 그

화폐창출이 승수적으로 이루어진다.

예를 들어 설명해보자. 지금 경제 내에 발행된 화폐량이 100억원이라고 하자. 금속화폐인 주화가 사용되는 경제라면 주화 발행액이 100억원이라는 말이고, 현재와 같은 중앙은행제도라면 중앙은행권 발행액이 100억원이라는 의미다. 이 중앙은행이 발행한 100억원을 본원통화(기초통화)라고 한다. 사람들이 본원통화를 모두 은행의 예금형태로 보유했다고 하자. 은행은 예금자에게 언제든지 요구하면 지급을 약속하는 예금증서를 발행하여 준다. 바로 이 예금증서를 당좌수표로 쓸 수 있거나 자유롭게 다른 사람의 계좌로 이체할 수 있는 요구불예금의 형태로 줄 수 있다. 사람들이 이것을 수표를 쓰거나 계좌이체를 통하여 재화와 서비스를 구입하는 데 사용한다면, 경제 내에서 재화와 서비스의 매개체로 사용되는 화폐액은 여전히 100억원이다. 중앙은행권 100억원이 그대로 예금화폐의 형태로 바뀐 것뿐이기 때문이다.

그런데 은행이 이것을 계속 보유하지 않고 대출을 해준다. 왜냐하면 예금에 대해 이자를 주어야 하는데, 그대로 보유만 하고 있으면 예금이자만 나가고 손해가 나서 존재할 수 없기 때문이다. 단순화를 위해 은행이 예금액의 10%인 10억원만 남겨두고 아홉 사람에게 각각 10억원씩 대출해 주었다고 하자. 은행이 10억원을 남겨놓는 이유는 앞의 부분지급준비금제도에서 배운 대로 예금자가 인출할 것을 대비해 마련해 놓는 지급준비금 때문이다. 그러면 대출받은 아홉 사람은 각각 자신에게 필요한 재화와 서비스를 구입하는 데 사용할 수 있다. 따라서 경제 내에 재화와 서비스의 구입을 위해 교환의 매개로 사용되는 금액은 90억이 증가한 190억원이 된다. 요구불예금 100억원＋대출로 나간 현금 90억원이 합해진 것이다. 여기서 90억원이 바로 은행에 의해 발행된 신용화폐다. 기초통화(본원통화)는 여전히 100억원이다. 중앙은행이 발행한 100억원 중 은행에 지준금으로 놔둔 현금이 10억원이고, 사람들이 은행으로부터 대출을 받아 보유하고 있는 현금이 90억원이기 때문이다. 여기서 우리는 본원통화는 민간이 보유한 현금과 은행이 보유하고 있는 현금(지준금)으로 계산될 수 있음을 알 수 있다.

이제 조금 더 나아가 보기로 하자. 대출받은 사람들이 현금으로 쓰는 것이 불편하여 그것을 그대로 은행에 다시 예금하고 예금증서를 받았다고 하자. 은행의 예금은 90억원이 증가하고, 은행은 더 많이 대출해줄 수 있는 자금이 생겼다. 따라서 그중 10%인 9억원 만을 남겨두고 다른 사람들에게 81억원을 대출해주었다고 하자. 그러면 경제 내에 총화폐량은 271억원(최초 요구불예금 100억＋두 번째 요구불 예금 90억＋새로운 대출액 81억)이 된다. 은행이 창출한 신용화폐액은 171억원이 된다. 본원통화량은 여전히 100억원이다. 새롭게 대출되어 나가서 사람들이 현금으로 보유하고 있는 81억원＋최초의 예금에 대한 지준금 10억원＋두 번째 예금에 대한 지준금 9억원이 합해진 것이기 때문이다.

새로 대출받은 사람들이 81억원 그대로 다시 예금한다고 하고, 또 은행이 이것의 10%만을 지준금으로 놓아두고 나머지를 대출해준다고 하면, 그리고 이러한 과정이 무한히 계속된다고 하면 총화폐량은 1,000억원이 된다. 그리고 본원통화량은 100억원이고 새로이 창출된 신용화폐는 900억원이 된다. 통화량이 100억, 190억, 271억, …, 1,000억원으로 증가한다. 은행이 이렇게 화폐를 창출할 수 있는 것은 앞의 아파트구매의 예에서 보았듯이 재화와 서비스의 구입 시 사람들이 은행의 요구불예금을 바탕으로 한 수표나 자동이체를 기꺼이 받아들이기 때문이다.

〈표 13-3〉에서 보는 것처럼 은행의 화폐 창출과정에서 매 단계의 통화공급은 은행이 유지하려고 하는 예금에 대한 지준율에 따라 달라진다. 앞의 예에서 지준율이 10%라면 매 단계의 통화량은 100억, 190억, 271억, …, 1,000억원이었지만, 지준율이 20%라면 매 단계의 통화량은 100억, 180억, 244억, …, 500억원이 된다. 또 지준율이 5%라면 매 단계의 통화량은 지준율이 10%일 경우보다 더 많다. 즉 100억, 195억, 285.25억, …, 2,000억원이 된다.

부분지준제도에서 통화량은 본원통화보다 클 수밖에 없다. 위의 예에서 보듯이 본원통화가 100억원이었지만 통화량은 그것보다 훨씬 컸다. 이와 같이 기초화폐 1단위가

표 13-3   신용화폐 창출과정
(본원통화=100억원)   (단위: 억원)

	지준율 5%인 경우		지준율 10%인 경우		지준율 20%인 경우	
	신용화폐	통화량	신용화폐	통화량	신용화폐	통화량
1	95(95)	195	90(90)	190	80(80)	180
2	185.25(90.25)	285.25	171(81)	271	144(64)	244
3	270.985(85.735)	370.985	243.9(72.90)	343.9	204.8(60.8)	304.8
.	.	.	.	.	.	.
.	.	.	.	.	.	.
.	1,900	2,000	900	1,000	400	500

주: ( )는 매 단계에서 증가한 신용화폐량. 통화량＝본원통화＋신용화폐

통화량의 1단위 이상을 창출할 능력이 있기 때문에 기초화폐(본원통화)를 고성능화폐(high-powered money)라고도 한다. 통화량의 기초화폐에 대한 비율을 은행확장 승수(bank expansion multiplier) 혹은 통화승수(money multiplier)라고 하며, k = M/B로 표시한다. 여기서 M은 통화량이고 B는 기초화폐(본원통화)이다. 위의 예에서 지준율이 10%, 20%, 그리고 5%인 경우 통화승수는 각각 10, 5, 그리고 20이 된다.

실제 통화승수

앞에서 은행의 화폐 창출 과정을 설명할 때 우리는 은행으로부터 대출을 받은 후 사람들이 그 대출금을 모두 그대로 은행에 예금한다고 가정하였다. 그러나 실제로는 사람들은 모두 은행에 예금하는 것이 아니라 그중 일부는 현금으로 보유한다. 따라서 실제 통화승수는 앞에서 배운 것보다 훨씬 작게 나온다.

〈표 13-4〉에서 보다시피 사람들이 예금보다 현금을 선호하여 현금을 많이 보유하고 예금을 적게 보유하면 신용화폐의 창출이 적게 일어나기 때문에 이 경우의 통화승수가 사람들이 예금을 많이 하는 경우의 통화승수보다 작다. 그래서 사람들이 현금을 많이 보유할수록 통화승수가 감소한다는 사실을 알 수 있다. 그뿐만 아니라 은행들이 지준금을 많이 보유할수록 신용화폐의 창출이 적게 일어나므로 은행의 지준율이 높을수록 통화승수는 작아지고 지준율이 낮을수록 통화승수가 크다. 따라서 사람들과 은행의 행태에 따라서 통화량이 변동할 수 있다.

표 13-4 통화량을 변동시키는 요인

주체	수단	과정	통화량
일반대중	현금보유 ↑ 현금보유 ↓	통화승수 ↓ 통화승수 ↑	↓ ↑
은행	초과 지준율 ↑ 초과 지준율 ↓	통화승수 ↓ 통화승수 ↑	↓ ↑
중앙은행	공개시장 매입 공개시장 매각	은행지준금 ↑ 은행지준금 ↓	↑ ↓
	할인율 ↑ 할인율 ↓	은행지준금 ↓ 은행지준금 ↑	↓ ↑
	법정지준율 ↑ 법정지준율 ↓	통화승수 ↓ 통화승수 ↑	↓ ↑

경제학: 시장경제 원리

중앙은행이 어떻게 통화량을 조절하는가

통화량은 일반대중과 은행들뿐만 아니라 중앙은행의 결정에 따라 변동할 수 있다. 중앙은행은 공개시장조작, 지준율조작, 할인율조작을 통해 통화량을 조절할 수 있다. 중앙은행이 이것들을 통해 어떻게 통화량을 조절하는지 하나씩 보기로 하자.

이것을 설명하기 전에 은행의 지준금에 대해 잠깐 언급하고 가는 것이 필요할 것 같다. 은행의 지준금은 중앙은행예치금과 시재금으로 구성되어 있다. 모든 은행은 중앙은행에 계좌를 가지고 있고 거기에 은행들의 현금의 일부를 예치하고 있는데 우리는 그것을 중앙은행예치금이라고 한다. 그리고 시재금은 은행의 금고 속에 보관되어 있는 현금을 말한다. 다른 측면에서 은행의 지준금은 법정지준금과 초과 지준금으로 나뉜다. 법정지준금은 은행이 예금에 대해 반드시 보유해야 하는 현금이다. 그리고 초과 지준금은 은행이 법정지준금 이외에 보유하고 있는 현금을 말한다. 그렇다고 중앙은행 예치금이 법정준비금이고 시재금이 초과지준금이라는 말은 아니다. 시재금의 일부가 법정지준금으로 인정되기 때문이다.

공개시장 조작

공개시장조작은 중앙은행이 증권시장에서 공개적으로 증권을 매매하여 통화량을 조절하는 것을 말한다. 중앙은행이 은행으로부터 정부채를 매입하면 그 매입 금액을 은행에 지불한다. 중앙은행이 그 금액을 지불할 때 중앙은행에 있는 은행계좌에 예치해 준다. 앞에서 언급한 대로 이 중앙은행 예치금액은 은행의 지준금이기 때문에 중앙은행이 공개시장에서 매입하면 은행의 지준금이 증가하게 된다. 지준금이 늘어나면 그만큼 추가 대출 자금이 생겨 은행의 대출이 증가하게 된다. 그리고 대출해 준 금액이 다시 은행들에 예금되면 예금이 그만큼 증가하게 되어 앞에서 설명한 승수적 과정을 통해 통화량이 증가하게 된다. 통화승수 모형에 따라 중앙은행이 공개시장 매입을 하면 은행의 지준금이 증가하여 본원통화가 증가하여 증가한 본원통화에 통화승수가 곱해진 것만큼 통화량이 증가한다.

　　반대로 공개시장 매각을 하면 은행의 지준금이 감소하여 통화량이 감소한다. 공개시장 매각은 중앙은행이 보유하고 있는 증권을 은행에 파는 것을 말한다. 공개시장 매각을 하면 은행은 사들인 정부채 금액을 중앙은행에 지급해야 하므로 지급 금액을 중앙은행예치금이나 시재금을 이용해 지불한다. 중앙은행예치금과 시재금 모두 은행의 지준금이므로 공개시장 매각으로 은행의 지준금이 감소하게 되는 것이다.

할인율 조작

　　중앙은행은 금융기관에 대한 여수신제도를 운영한다. 중앙은행이 일반은행에게 대출해줄 때 부과하는 이자율을 할인율이라고 한다. 할인율 조작은 이 할인율의 변화를 통해 은행의 지준금을 변화시켜 통화량을 조절하는 방법이다. 할인율을 내리면 은행은 중앙은행으로부터 더 많은 대출을 받을 유인이 생긴다. 중앙은행으로 대출을 받으면 중앙은행은 그 금액을 중앙은행에 있는 은행의 계좌에 넣어주게 된다. 이것은 중앙은행 예치금으로서 은행의 지준금이 되고 증가한 지준금을 이용하여 더 많은 대출을 할 수 있다. 그리하면 신용화폐가 증가하여 통화량이 증가한다. 할인율을 올리면 반대의 효과를 낳는다.

지준율 조작

　　지준율 조작은 법정지준율 변경을 통해 은행의 지준금을 변화시켜 통화량을 조절하는 방법이다. 법정지준율을 올리면 은행은 더 많은 지준금을 보유해야 하기 때문에 대출할 수 있는 자금의 여력이 줄어 신용화폐가 감소하고 통화량이 감소한다. 반대로 지준율을 낮추면 통화량이 증가한다. 지준율을 조금만 변경하여도 통화승수가 변하여 통화량에 대한 효과가 매우 크다. 따라서 섬세하고 미세하게 조정해야 하는 통화정책에는 적합하지 않아 자주 사용하지는 않는다. 또한 지준율을 올렸을 때 충분한 지준금을 보유하고 있지 않은 은행은 증가한 지준율에 맞춰 더 많은 현금을 보유해야 하기 때문에 유동성 문제에 직면할 수 있는 문제가 있다.

제 6 절
통화팽창의 효과

우리는 앞장에서 통화가 팽창했을 때 인플레이션이 발생하고 그에 따른 문제점을 다뤘다. 통화팽창은 인플레이션 이외에 상대적 가격을 변화시켜 경제적 계산을 왜곡시키고 소득재분배 문제를 일으킨다. 그에 대해 하나씩 살펴보기로 하자.

경제적 계산 왜곡

정부가 통화정책을 통해 통화량을 늘릴 경우 그 새로 투입된 통화량은 구성원 모두에게 동시에 똑같이 배분되지 않는다. 앞에서 본 것처럼 중앙은행이 통화량을 늘리는 통화정책을 사용하면 증가한 통화량은 제일 먼저 은행의 지준금으로 들어가 은행을 통해 시중에 나오게 된다. 은행대출을 통해 새로운 화폐를 다른 사람들보다 먼저 입수한 사람이 있다. 그는 새로 입수한 통화를 특정 재화에 지출한다. 그러면 그 재화의 가격이 상승한다. 그 재화를 판 사람은 자신의 화폐보유가 증가했다는 것을 인지하게 된다. 그 사람은 증가한 화폐를 이용하여 자신이 원하는 재화와 서비스를 구매하는 데 사용한다. 그러면 그가 구매한 재화와 서비스의 가격이 그 다음으로 오른다. 이러한 과정이 파문이 일 듯 차례차례 계속되어 전반적인 재화와 서비스의 가격들이 상승할 때까지 지속된다.

이 과정에서 재화와 서비스들의 상대가격에 변화가 생긴다. 통화량이 추가로 경제 내에 유입되었을 때 모든 재화와 서비스가 동시에 동일한 비율로 오른다면 재화와 서비스들의 상대가격에는 변화가 없을 것이다. 모든 재화와 서비스의 가격이 한꺼번에 10% 올랐다면 어떤 것도 다른 것에 비해 상대적으로 더 비싸진 것이 아니고 싸진 것도 아니어서 실질적인 효과가 없다. 통화량 변동으로 상대가격이 변하지 않아 실질 효과가 없는 것을 우리는 화폐의 중립성(money neutrality)이라고 한다.

그러나 실제 경제에서는 화폐의 중립성이 없다. 모든 재화와 서비스의 가격들이 동시에 동일한 비율로 오르지 않는다는 말이다. 앞에서 설명한 바대로 통화량이 증가하면 재화와 서비스의 가격들이 시차를 두고 오르며 가격들에 나타나는 효과가 각기 다르다. 그 과정이 끝나는 시점에서 상대적 가격들은 통화팽창 이전과는 전혀 다르게 된다.

이런 상대가격 변화는 시장참가자들의 경제계산에 영향을 미친다. 상대가격 변화로 제2장에서 설명한 가격의 정보제공 기능이 왜곡된다. 이로 인해 가격에 따른 경제적 협동이 방해받는다. 다시 말하면 통화 팽창은 가격이 보내는 신호를 방해하고, 잘못된 신호로 인해 시장발견 과정이 왜곡되어 시장 협동을 파괴하는 것이다. 경제 전체적으로 경제적 계산의 오류가 발생하면 붐과 버스트가 일어난다. 이에 대한 자세한 것은 다음 장에서 다루기로 한다.

소득재분배

통화팽창에 따른 소득재분배는 상대가격 변화 과정에서 나온다. 최초에 새로운 통화를 입수한 사람은 재화와 서비스의 가격들이 오르기 전보다 많은 화폐량을 가지고 있기 때문에 그의 실질 구매력은 다른 사람들에 비해 높다. 그러나 가장 나중에 접근한 사람은 거의 모든 재화와 서비스의 가격이 오른 뒤이기 때문에 새로운 화폐가 수중에 들어와도 실질 구매력은 증가하지 않는다. 그래서 새로 유입된 화폐에 먼저 접근한 사람일수록 실질 구매력이 높아진다. 이것은 새로운 화폐에 나중에 접근한 사람으로부터 먼저 접근한 사람에게 실질 구매력이 이전되는 것을 의미한다. 이에 따라 소득 및 부의 불평등이 악화된다.

이것을 간단한 예를 들어서 설명해보자. 다섯 사람으로 구성되어 있는 조그만 경제를 가정하고 최초의 총통화량이 1,000원이며 다섯 사람이 200원씩 보유하고 있다고 하자. 이제 중앙은행이 화폐공급량을 500원을 늘렸다고 하자. 그리고 이 500원이 다섯 사람 중 1사람인 갑에게 전부 대출되었다고 하자. 갑은 이제 총 1,500원의 화폐공급량 중 700원을 보유하게 된다. 그는 전에는 총구매력의 5분의 1을 보유했지만, 이제는 15분의 7로 7/15−1/5=4/15만큼의 이익을 얻었다. 이 4/15의 이익은 다른 사람들의 손실로 나타난다. 여기에서 손해 보는 사람은 나머지 네 사람이다. 중앙은행이 화폐를 주입하기 전에는 각각은 총 구매력의 1/5을 보유하고 있었지만 이제는 2/15에 불과하다. 한 사람 당 1/15만큼의 구매력이 상실되었다. 총 손실은 4/15이다. 초과 화폐공급을 받은 자의 3/10의 이익은 정확히 초과공급의 비수혜자의 총 손해와 같다. 구매력이 새로운 통화를 입수하지 못한 사람으로부터 입수한 사람에게로 이전되는 문제가 발생한다.

우리는 종종 인플레이션에 대한 상반된 주장을 듣는다. 물건이 잘 팔리기 때문에 인플레이션이 이익이라고 주장하는 사람이 있고 소득이 생활비를 따라잡지 못하기 때문에 인플레이션은 나쁘다고 주장하는 사람이 있다. 통화팽창에 따른 소득재분배 효과는 바로 이러한 주장들에서 드러난다. 앞에서 본 것처럼 통화가 팽창되면 어떤 사람은 이익을 보고 어떤 사람은 어려움을 겪는 것이다.

현 시스템에서 새로운 화폐를 가장 먼저 입수하는 곳은 은행을 비롯한 금융권이다. 그래서 중앙은행의 통화팽창은 은행, 금융자산을 보유하고 있는 부유한 사람들, 대기업, 금융산업에 혜택을 주는 경향이 있다. 반면 물가가 오름에 따라 중앙은행의 통화정책은 은퇴자, 고정수입을 얻는 사람들, 새로운 화폐를 가장 늦게 입수하는 임금소득자들에게 피해를 입힌다. 통화량이 증가하면 구성원들 간에 소득 및 부의 불평등이 심화된다.

조선시대는 상품화폐의 시대

조선시대는 상품화폐(commodity money)의 시대였다. 화폐는 교환을 매개하고 가치를 저장하며 지불 수단과 회계의 단위로서 기능하는 모든 것이다. 크게 상품화폐와 명목화폐(fiat money)로 구분된다. 상품화폐는 물품화폐나 실물화폐라고도 하는데, 재료(소재)의 가치에 기초하여 화폐의 가치가 정해지는 화폐다. 쌀, 무명, 삼베와 같이 일반 재화가 화폐로 사용되는 경우와 금화와 은화, 동전과 같은 금속화폐가 있다.

조선왕조는 1401년(태종 1년)에 저화(楮貨)라는 지폐를 발행했으며 세종대에 동전을 발행하기도 했으나 통용에는 결국 실패하였다. 1678년(숙종 4년)에 상평통보(常平通寶)를 발행하기까지 화폐로 통용된 것은 일상에서 꼭 필요한 필수품이면서 조세로 거두었던 쌀과 포목(삼베,무명)과 같은 상품화폐였다. 사용을 강제하였다가 보상도 없이 유통을 포기하는 일관성 없는 화폐 정책도 문제였지만, 사람들이 저화와 같은 명목화폐를 "굶주려도 먹을 수 없고 추워도 입을 수 없는 한 조각의 검은 자루에 불과한 것"(『태종실록』 3년)이라고 생각했고, 동전을 주조할 구리의 생산도 부족하였다. 그러나 무엇보다 "서울 외에는 상점이 없으므로 비록 화폐가 있다고 해도 쓸모가 없는 것"이라고 신숙주(1417~1475)가 말했던 것처럼 시장경제의 발달이 미약한 것이 근본적인 원인이었다.

포목은 잘라서 쓰면 가치가 떨어지기 때문에 고가의 거래에 사용됐으며, 쌀은 소량으로 분할이 가능하기 때문에 소액 거래에 사용됐다. 기본적으로 기후조건과 민간의 수요·공급에 의해 화폐가치와 통화량이 결정됐기 때문에 재정 운영에 제약이 많을 수밖에 없었다. 무게가 무겁기 때문에 운반에 비용이 많이 들고 부패되기 쉬우며 거래할 때마다 가치를 측정해야 하므로 거래비용도 높았다.

이 때문에 『경국대전』은 저화와 포화(布貨)를 국가의 공식 화폐로 삼고 품질과 규격을 정해놓았다. 포화는 폭 8촌(37.4㎝), 길이 35척(16.35m)의 5승 품질이었다(1승은 80가닥). 16세기에 이르면 이러한 규정을 전혀 지키지 않아 직물로는 도저히 쓸 수 없는 추포가 화폐로 사용되었다. 매우 성기고 거친 포라는 뜻인데, 아무 쓸모가 없는 물건이 화폐로 통용됐던 것에서 화폐에 대한 태도가 변화했음을 알 수 있다.

또한 임진왜란(1592~1598)으로 명나라 군대가 원군으로 왔을 때 군자금으로 은이 대량 유입되었다. 중국은 은을 조세로 거두었음에도 불구하고 국가에서는 은화를 주조하지는 않았으며 민간에서 은의 순도와 무게를 평가하여 사용했다. 중국에서는 15세기에 동전 주조가 중단되고 국제수지 흑자와 금과 은의 가격 차이로 인해 은이 유럽과 일본에서 대량으로 유입되어 화폐로 광범하게 사용하게 된 것이다. 지역 내에서는 동전, 지역 간 그리고 국제무역에는 은이 주로 사용되었다. 일본에서는 중국의 동전을 수입하

경제학: 시장경제 원리

여 화폐로 사용했는데 14세기 중엽에 이르면 중국 동전이 전국에 유통되었다. 중국에서 15세기에 동전 주조가 정지된 후에 쌀이 화폐로 사용되는 체제로 회귀하고 금과 은이 화폐로 사용됐다. 17세기 전반기부터 자체적으로 동전을 주조하기 시작했다. 도쿠가와 시대에 사무라이는 금, 상인은 은, 일반인은 동전을 사용하였다고 하는데 이를 삼화(三貨)제도라고 한다. 이와 함께 지방 영주가 발행한 지폐인 번찰(藩札)이 지방에서 통용되었다.

상평통보를 발행했을 때 동전의 가치를 쌀 1말=은 1전=상평통보 4전으로 규정하고 있듯이 은의 통용을 전제하고 있었다. 그렇지만 이후 중국과 일본을 매개하던 중계무역이 18세기 초부터 감소함에 따라 일본으로부터 은 유입이 급감하여 18세기 중반에는 두절되었다. 결국 동전만 남게 되어 고액 거래에도 동전을 사용할 수밖에 없게 됐으며, 국제무역에는 홍삼이 은을 대체하였다.

동전은 실물화폐 중에서 쌀이나 포목보다 한 단계 발전한 금속주화였지만 금화나 은화에 비해 너무 가치가 낮았기 때문에 농민들의 일상과 관련된 지역 내 소액 거래나 조세 납부에는 적합하지만 지역 간 원거리 무역이나 국제 무역에는 사용되기 어려운 화폐였다. 상평통보 1개의 무게는 본래 2돈5푼이었는데 조금씩 가벼워져 순조대 초에는 1돈2푼이 됐다(1돈=10푼=3.75g). 동전 1개의 무게를 1돈으로 계산하더라도 100냥은 37.5kg이 된다(동전 1만개). 100냥은 대략 쌀 20석의 가치에 해당하였는데, 이 정도가 한 사람이 운반할 수 있는 최대량이었다. 개항기에 인부 한 명이 최대 120냥까지 운반할 수 있었다고 하는 기록도 있다. 조금만 큰 규모의 거래에는 동전을 운반하기 위한 짐꾼이나 소나 말이 필요하였다. 이러한 불편을 덜기 위하여 환(換)이나 어음이 서로 신용할 수 있는 상인 사이에 제한적으로 사용되었다.

출처: 김재호 저/ 한국경제신문, 생글생글434호, 2014년 6월 30일.

연습문제

01. 제2차 세계대전 독일군 포로수용소에서 담배가 화폐로 쓰인 적이 있다.

    1) 왜 포로수용소에서 담배가 화폐로 사용되었을까?

    2) 한 포로가 담배가 다 떨어졌지만 치약을 사고 싶어 해서 치약을 가지고 있는 다른 포로가 치약을 사고 싶어 하는 사람이 발행한 담배 한 갑의 약속어음을 받고 그에게 치약을 주었다고 할 때 그 약속어음이 포로수용소 내에서 어떻게 화폐가 될 수 있겠는가?

*02. 고대 그리스에서 금(金)이 포도주보다 화폐로 더 많이 사용되었던 이유는 단지 귀했기 때문이다. 이 말이 맞는가, 틀리는가? 그 이유는?

*03. 사람들이 재화와 서비스를 구매할 때 많이 이용하는 신용카드, 직불카드 등이 화폐가 되지 못하는 이유가 무엇인가?

04. 최근 경제가 불안해짐에 따라 사람들이 현금을 선호하는 경향이 강해졌다. 그래서 많은 사람들이 현금으로 인출함에 따라 예금이 많이 줄었다.

    1) 위 상황으로 은행의 지준금과 본원통화가 어떻게 변화하였는가?

    2) 위 상황으로 경제내의 통화량이 어떻게 변화하겠는가? 통화량의 변화를 상쇄하기 위해 중앙은행은 어떠한 정책을 써야 하는가?

05. 금은복본위제도 하에서 정부는 금과 은의 교환비율을 금 1온스 = 은 10온스로 정해 놓았다고 하자. 은의 생산량이 늘어 은의 가치가 하락하여 시장에서 교환되는 비율은 금 1온스 = 은 12온스라면 화폐제도에서 어떤 상황이 벌어질 것인가?

*06. 사람들이 저축성 정기예금에서 요구불 예금으로 이체하면 M1과 M2에 각각 어떤 변화가 오는가?

*07. 1) 어떤 사람이 화폐를 더 많이 갖게 되면 그는 부자인가?

2) 모든 사람이 더 많은 화폐를 갖게 되면 모든 사람이 더 부자가 되는가?

3) 정부가 돈을 찍어서 가난한 사람에게 나눠준다면 어떤 결과가 초래될까?

제14장

경제안정화를 위한 경제정책

우리는 앞장에서 화폐의 공급에 대해서 배웠다. 그리고 제12장에서 인플레이션은 화폐적 현상으로 과다하게 화폐가 공급되면 인플레이션이 유발된다고 배웠다. 그렇다면 여기서 우리는 이런 질문을 하지 않을 수 없다. 과연 어느 정도가 과다한 화폐 공급일까? 화폐를 과다하게 공급하면 인플레이션이 유발된다고 하였는데, 만약 화폐를 과소하게 공급하면 인플레이션과 반대 현상인 디플레이션이 발생하는 것일까? 그렇다면 어느 정도 공급하는 것이 적정하고 충분한 것일까? 사실 이 질문은 인플레이션과 디플레이션만이 아니라 거시경제 전반에 관한 문제인 경기순환과 밀접하게 관련되어 있다. 따라서 이 장에서는 이러한 질문에 대한 답을 탐구하며 정부의 경제정책에 대해 다루려고 한다.

제 1 절
1930년대 대공황

우리는 제12장 제3절에서 경기순환이 발생하는 이유에 대해 간략히 살펴보았다. 그리고 거기에서 1930년대의 대공황이 총수요를 증가시키는 경제정책과 경제이론이

번창하는 계기가 되었다고 언급하였다. 우리가 앞에서 제기한 질문들에 답을 제시하기 위해서는 1930년대 대공황을 더욱더 자세히 살펴볼 필요가 있다.

대공황의 전개 상황

대공황은 1929~1939년 무렵에 북아메리카와 유럽을 중심으로 전 세계 산업지역에서 광범위하게 지속된 경기침체를 말한다. 1930년대 대공황은 '검은 화요일'이라 불리는 1929년 10월 29일, 주가가 1/10로 폭락하는 주식시장의 갑작스러운 붕괴로 시작되었다. 1930년부터 4년 연속 미국의 실질생산과 소득이 감소하였으며 그 감소폭도 대단히 컸다. 1930년에 9%, 1931년에 8%, 1932년에 14%, 그리고 1933년에 2% 감소하였다. 게다가 1930년대 내내 완전한 경기회복이 이뤄지지 않았다. 1929~39년 기간 동안 1인당 세후 소득이 7% 하락하였다. 1930년대의 평균 실업률이 19% 이상이나 되었으며 경기 최저점인 1933년에는 25%나 되었다. 이것은 미국 경제에서 심각성에서뿐만 아니라 지속된 기간 측면에서 전례가 없었던 것이었다. 미국은 이전에도 여러 차례 불황을 겪었지만 그러한 불황은 모두 2년 이상 지속되지 않았었다.

후버 대통령의 정부정책

1929년 주식시장이 붕괴되고 불황이 4년간이나 지속된 것은 후버정부의 잘못된 정책 때문이었다. 1929년 11월말 후버 대통령은 기업들의 임금을 삭감하지 못하도록 했다. 그것은 실업을 더욱 악화시키는 결과를 초래했다. 그뿐만 아니라 후버는 1,000여명의 경제학자들이 반대 서명하며 청원하였지만 1930년 스무트-홀리 관세법(Smoot-Hawley Tariff Act)을 제정했다. 이것은 20,000여개에 달하는 수입품에 대해서 관세를 인상한 것으로서 외국의 경쟁으로부터 미국의 일자리와 농부들을 보호하기 위함이었다. 그러나 이 관세법은 외국의 보복조치를 불러일으키며 전 세계가 보호무역으로 회귀하면서 미국뿐만 아니라 전 세계의 경제가 악화되었다. 농업에 대한 보조금과 구제책을 위한 정부지출을 늘렸고 정부지출의 증가에 따른 자금 조달을 위해 1932년 세입법(The Revenue Act of 1932)을 제정하여 소득세율을 24%에서 64%로 인상하였고, 법인세를 인상했다. 이 같은 정책으로 불황이 더욱 심화되었던 것이다.

루스벨트의 뉴딜정책

후버 대통령의 대공황 대책을 맹렬히 공격하면서 1932년에 대통령 선거에서 프랭클린 루스벨트가 대통령으로 당선되었다. 그는 후버 대통령의 정책보다 더 강력하게 정부지출을 늘리고 정부가 경제에 더욱 적극적으로 개입하는 하는 '뉴딜정책'을 시행했다. 그러자 경제가 루스벨트 대통령의 뉴딜정책에 반응하는 듯이 실업자 수가 감소하기 시작했다. 회복은 더뎠지만 뉴딜정책이 작동하고 있는 것처럼 보였다. 그런데 1938년에 또다시 재앙이 닥쳤다. 경제적 성과가 전년도보다 3%나 추락했으며, 실업률이 다시 20% 가까이 증가했다. 1939년 4월에는 실업률이 20%를 넘어섰다. '불황 속의 불황'이었다.

대공황과 케인즈

루스벨트의 뉴딜정책의 근간이 되었을 것으로 회자되는 것이 케인즈의 〈고용, 이자, 화폐의 일반이론(The General Theory of Employment, Interest, and Money)〉이다. 그러나 케인즈의 일반이론은 1936년에 출간되었고, 루스벨트가 대통령에 당선된 해는 1933년으로 시점이 맞지 않는다. 루스벨트가 케인즈로부터 영향을 받았던 것으로 보이지만 그것은 일반이론이 아닌 케인즈가 1933년에 쓴 〈번영을 위한 방안(The Means to Prosperity)〉이다. 그 책에서 케인즈는 세계적인 불황에 따른 실업을 퇴치하기 위한 방법으로 적극적인 정부지출을 주장하였다. 그는 그 정책을 영국정부에 제안했다. 그 책자는 당시 갓 선출된 미국의 루스벨트 대통령을 비롯하여 다른 나라의 지도자들에게도 전달되었다. 그의 제안은 미국과 영국 정부에 의해 진지하게 채택되었다. 〈일반이론〉은 이렇게 현실의 문제를 극복하기 위한 정책을 먼저 제안한 후 케인즈가 사후적으로 이론적 근거를 제공하려 했던 노력의 결과였다.

케인즈의 〈일반이론〉

케인즈의 일반이론은 고전학파의 경제학을 완전고용이론이라는 비판으로부터 출발한다. 구체적으로 케인즈는 당시 고전학파였던 세이(Say) 이론을 비판한다. 케인즈는 세이의 시장법칙을 "공급은 스스로 그 수요를 창출한다."는 것으로 이해하고, 심지어 이것을 세이의 법칙(Say's law)이라고 부르면서 이 법칙에 따르면 노동은 항상 완전고용 수준에 있게 되는데 현실에서는 그렇지 않다고 주장한다. 세이의 법칙에 따라 완전고용이 실현되는 것은 임금과 물가가 하락하여 비정상적으로 높은 실업을 해결하며 경제를 정상화시키는 것인데, 현실에서는 임금과 물가가 신축적인 것이 아니라 매우 비신축적이라는 것이다. 강력한 노조와 대기업들이 임금과 가격을 내리지 않기 때문이라고 했다. 그래서 고전학파가 주장하는 완전고용이 달성될 수 없다고 주장하였다. 그리고 장기에 가서는 고전학파가 주장하는 것처럼 완전고용이 달성될 수 있겠지만 실업이 오래 지속되면 많은 사람들이 고통을 받기 때문에 완전고용이 달성될 때까지 기다릴 수 있겠느냐는 것이었다. 그래서 이와 관련된 유명한 말이 바로 "장기란 현재 사안에 대한 잘못된 기준이다. 장기에 우리는 모두 죽는다."이다. 사실 이 말은 일반이론에 나오는 말이 아니다. 그것은 케인즈의 〈화폐론(Tract on Monetary Reform, 1923)〉에 나오는 말이다.

케인즈는 경제전체의 노동고용을 결정하는 것은 소비지출과 투자지출의 합인 유효수요인데 유효수요가 부족하면 노동의 완전고용이 달성될 수 없다고 하였다. '소비는 소득이 증가하면 같이 증가하지만 소득 증가량보다 적은 양으로 증가하고 투자는 기업가의 *동물적 감각(animal spirits)*에 좌우되는데 근본적으로 불확실한 경제 하에서 동물적 감각은 매우 불안정하다. 그래서 시장에 맡겨 놓으면 완전고용을 달성할 만큼 충분하지 않을 수 있다. 그러므로 정부가 해야 할 일은 완전고용을 달성하기에 충분한 유효수요를 창출하는 것'이라며 케인즈는 정부의 역할을 강조했다. 케인즈는 정부지출을 강조하기 위해 "만약 우리 정치가들이 배운 고전학파경제학의 원리 때문에 뭔가 더 나은 조치를 취하지 않고 있다면, 피라미드 건축이나 지진, 그리고 심지어 전쟁까지도 부를 증가시키는데 도움이 될 수 있다."라고까지 주장한다.[1]

케인즈 일반이론을 조금 더 구체적으로 살펴보도록 하자. 케인즈는 기본적으로 경제가 불안정하다고 했다. 그것은 투자가 소비에 영향을 미치는 '승수효과(multiplier effect)' 때문이라고 했다. 승수효과는 한 사람의 소득이 다른 사람의 소득이 된다는 전제 하에 성립하는 것이다. 다시 말하면 한 사람의 소득이 증가하면 증가한 소득의 일부가 소비 지출에 쓰일 것이고, 그 소비지출이 다른 사람들의 추가 소득을 창출하고 그 소득의 일부가 소비되어 또 다른 사람의 소득을 창출한다는 연쇄반응을 바탕으로 한다.

1   Keynes, J. M. (1936), The General Theory of Employment, Interest, and Money, p. 85.

그래서 한 사람의 소득이 증가하여 지출이 증가하면 경제전체적으로 국민소득이 몇 배로 증가한다는 원리다. 이 승수효과는 반대 방향으로도 작용한다고 하였다. 즉 한 사람의 소득이 감소하여 지출이 감소하면 국민소득이 몇 배로 감소한다는 것이다.

케인즈의 승수효과에 따르면 사람들이 소비를 많이 할수록, 달리 말하면 저축을 적게 할수록 균형국민소득이 더 많이 증가함을 알 수 있다. 이것은 주어진 소득수준에서 국민경제 전체적으로 보면 소비를 많이 하고 저축을 적게 할수록 좋다는 것을 의미한다. 그래서 케인즈는 저축 증가가 경제를 침체로 몰아갈 것이라고 주장하였다. 이것이 바로 케인즈의 유명한 절약의 역설(paradox of thrift)이다. 케인즈 이론에서는 소비는 미덕이고 저축은 악덕이 된다. 그런데 이 절약의 역설은 제13장에서 언급한 '저축이 투자되지 않고 사장된다는 것'을 전제로 한다.

'공급은 스스로 수요를 창출한다'가 세이의 법칙?

앞에서 언급한 대로 케인즈의 〈일반이론〉은 세이의 법칙(Say's law)을 비판하는 것으로부터 시작한다. 그는 세이의 법칙을 "공급은 스스로 그 수요를 창출한다."로 이해했지만, 사실 세이는 그렇게 말하지 않았다. 세이가 그의 〈정치경제론(Treatise on Political economy)〉에서 '시장의 법칙'을 말했는데, 그것은 바로 "한 생산물이 생산되면 그 순간에 그것은 그 가치만큼 다른 생산물들에 대한 시장을 만들어낸다."였다. 이것은 판매자가 한 제품을 생산하여 판매하게 되면 그 사람은 곧바로 지출할 수 있는 소득을 갖는 구매자가 된다는 의미다. 달리 말하면 생산은 소비의 근원이며 생산 증가는 소비자의 지출 증가를 야기한다는 것이다. 요컨대 세이의 '시장의 법칙'은 "X재의 공급(판매)은 Y재에 대한 수요(구매)를 창출한다."는 것이다. 공급이 수요를 창출하는 것이 아니고 농부가 곡물을 재배해 팔면 그 수입으로 아이들의 옷, 장난감들을 구매할 수 있다는 것이다. 이것을 경기순환과 연결시켜 "경기하강이 시작할 때는 소비에 앞서 생산이 먼저 감소하며, 경기가 회복될 때는 생산이 증가하고 소비가 뒤따른다."고 세이는 설명한다.

이러한 세이의 이론을 케인즈는 "공급은 스스로 그 수요를 창출한다."고 잘못 이해하여 그는 세이의 이론을 생산된 모든 것이 자동적으로 구매되는 것을 의미한다고 생각했다. 그러다 보니 고전학파가 항상 완전고용을 가정하는 이론이어서 현실에 맞지 않을 뿐만 아니라 세이의 이론은 경기순환을 설명할 수 없다는 결론을 내린 것이다.

대공황에 대한 통화주의의 견해

제2차 세계대전이 끝나고 미국 경제를 비롯해 세계경제가 회복되면서 케인즈 이론에 따른 경제정책이 주류를 이루었다. 그것은 케인즈 경제학이 대공황을 치유했다는 믿음 때문이었다. 그러나 밀턴 프리드먼은 대공황이 유효수요의 부족으로 발생했다는 케인지언들의 주장을 비판했다. 프리드먼은 슈워츠와 함께 저술한 〈미국의 화폐 역사 (A Monetary History of the United states, 1987−1960)〉(1963)을 통해 1930년대 공황의 진짜 원인이 Fed의 통화정책에 있다고 주장하였다. 1929년 8월부터 1933년 3월까지 통화량이 1/3 이상 감소하였음을 발견하고 대공황은 자유시장경제의 원천적인 불안정성 때문이라기보다는 정부의 잘못된 정책 때문에 발생하였다고 결론지었다.

미국의 연방준비제도(Federal Reserve System, 보통 Fed로 줄여 부름)는 1928년 봄부터 1929년 10월 주식시장 붕괴 시기까지 투기억제를 위해 통화량을 지속적으로 줄였다. 그리고 주식시장이 붕괴된 후 1930년 10월부터 대규모 은행도산, 예금인출을 위한 뱅크런 등 은행위기가 확산되면서 은행시스템이 붕괴됐다. 은행들이 도산하면서 사람들이 현금을 많이 보유하자 시중에서 통화량이 급감했다. 그럼에도 불구하고 Fed가 적극적으로 통화 공급을 늘리지 않았기 때문에 대공황이 발생했다고 하며, 만일 Fed가 적극적으로 통화량을 늘리는 정책으로 대응했다면 극단적인 상황까지 가지 않았으리라는 것이 프리드먼과 슈워츠의 주장이다.

통화량 감소로 인해 1929년부터 1933년까지의 상황에 대해서 그들의 설명은 설득력을 갖는다. 그러나 그들은 왜 1920년대에 전례 없이 주택시장과 주식시장이 붐을 이루었다가 버스트가 되었는지에 대해 설명하지 못한다. 그들은 단지 1920년대 내내 물가수준이 안정적이었음을 지적하면서 *Fed의 판단 착오*로 충분한 확대통화정책을 쓰지 않았고, 그것이 대공황을 일으켰다고 주장한다. 물론 1920년대에 소비자물가지수가 매우 안정적이었던 것은 사실이다. 그러나 전국적으로 주택가격이 오르면서 거품이 발생하였다가 터지면서 대공황이 시작되었던 것 역시 사실이다.

1920년대에 자산가격이 폭등했던 이유는 통화팽창 때문이었다. Fed는 1921년 중반부터 통화량을 늘리는 팽창정책을 지속적으로 썼다. 통화팽창 정책을 썼던 이유는 제1차 세계대전 후 미국 달러 가치가 상승하고 영국의 파운드 가치가 하락하여 파운드의 약세가 지속되자 전쟁 전의 환율을 유지하고자 통화량을 늘렸기 때문이다. 이렇게 팽창한 통화량이 주택시장과 주식시장으로 유입되어 자산시장의 거품이 발생하였고, 그동안 마이너스를 유지했던 인플레이션율이 1929년 7월에 1.17%로 상승하자 Fed가 통화량을 줄이기 시작한 것이었다. 결국 1930년대 대공황은 1920년대 이어져 온 통화량의 증가와 그에 따른 주택시장과 주식시장의 거품, 그리고 자산시장 거품 붕괴가 심각한 공황을 촉발시켰다는 것이 올바른 해석이다. 1930년대 대공황을 정확히 이해하기 위해서는 먼저 붐-버스트가 왜 발생하는지를 알아야 한다.

제 2 절
붐-버스트는 왜 발생하는가?

재화의 생산구조

붐-버스트(boom-bust)가 왜 발생하는지에 대해 이해하기 위해서는 재화의 생산과정을 먼저 이해해야 한다. 재화의 생산에는 제1장에서 배운 토지와 노동, 그리고 자본이라는 생산요소가 필요하다. 그러나 생산요소로서의 자본은 토지와 노동과는 그 특성이 다르다. 자본은 생산에 투입되는 자본재를 화폐가치로 평가한 개념으로서 생산에 직접적으로 투입되는 것은 자본재다. 자본재는 노동과 토지처럼 자연스럽게 주어진 것이 아니라 사람에 의해 만들어진 것이다. 그 원천은 자기가 가지고 있는 재화 중 소비하지 않고 저축한 것으로부터 나온다.

어떤 재화든 그 생산과정은 현실에서는 적어도 3단계를 거친다. 자원의 일부가 소비되지 않고 저축되어야 하고, 여기에 노동과 토지와 같은 생산요소가 결합되어 자본재가 생산된 다음, 그 자본재를 이용하여 최종재화가 만들어진다. 따라서 자본재와 최종재화 생산에는 자연스럽게 시간의 개념이 포함된다. 이러한 생산과정은 경제 규모가 커지고 분업이 발달할수록 복잡한 단계를 거친다. 달리 말하면 자본재 생산단계가 많아진다. 예를 들면 맨 손으로 하루에 물고기를 3마리 잡는 로빈슨 크루소가 잠깐 쉬

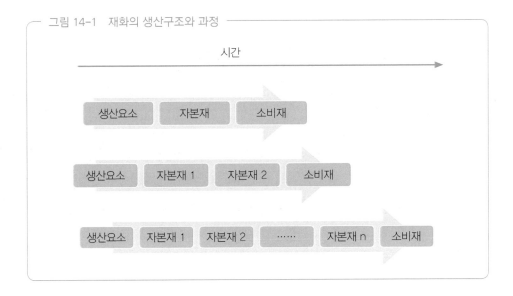

그림 14-1 재화의 생산구조와 과정

시간 →

생산요소 | 자본재 | 소비재

생산요소 | 자본재 1 | 자본재 2 | 소비재

생산요소 | 자본재 1 | 자본재 2 | …… | 자본재 n | 소비재

고 그물을 만들어 사용하면 하루에 30마리를 잡게 된다고 하자. 이때 잠깐 쉬고 만들어
진 그물이 자본재다. 그렇게 되면 그물이라는 자본재로 인해 고기잡이 생산구조는 더
욱 확장된다. 더 나아가 넓은 바다로 나가 고기를 잡을 수 있는 배를 만들면 생산구조
는 더욱 세련되고 고도화된다. 〈그림 14-1〉처럼 최종재를 생산하는 데 필요한 자본재
가 많아질수록 그 생산과정은 고도화된다.

자본재의 전용한계성

실제로 자본재는 노동과 결합하여 산출물을 생산해내는 여러 가지 다른 생산재를
총칭하는 말이다. 그래서 자본재의 구조는 매우 복잡하고, 다양하며, 질적 차이가 존재
한다. 이런 특성 때문에 한 재화의 생산에 투입된 자본재가 다른 재화의 생산으로 전용
되기 어렵다. 예를 들어 한 기업가가 운동화 생산과 화장품 생산 사이에 고민하다가 화
장품이 전망이 밝다고 판단하여 화장품 생산 공장을 지었다고 하자. 그런데 1년 후 화
장품에 대한 수요가 아니라 운동화에 대한 수요가 있다는 것을 깨닫게 되었을 때 화장
품에 투입했던 자본재를 바로 운동화 생산으로 전용할 수 있다면 수요에 맞춰 바로 운
동화를 생산할 수 있을 것이다. 그러나 실제로는 화장품 생산에 투입했던 자본재를 운
동화 생산으로 전용할 수 없어 수요에 맞춰 운동화를 생산할 수 없다. 이것은 화장품은
과잉 생산되었고, 운동화는 과소 생산되었음을 의미한다.

이와 같이 어떤 재화가 과잉 생산되고 어떤 재화가 과소 생산된다는 것은 기업가의 과오투자(malinvestment)가 존재함을 말해준다. 기업가의 과오투자는 인간 사회의 불확실성 때문에 발생하는 것이고, 그것이 바로 교정되지 못하는 것은 한 재화의 생산에 투입된 자본재가 즉각적으로 다른 재화의 생산에 투입될 수 없는 자본재의 전용한계성 때문이다.

이런 자본재의 전용한계성으로 인해 과잉 생산과 과소 생산으로 특정 산업에서의 호황과 불황이 발생할 수 있음을 짐작할 수 있다. 그런데 개별 시장이나 산업에서의 과잉 생산이나 과소 생산은 인간 세상에서 늘 존재하기 마련이다. 왜냐하면 기업가의 시장에 대한 예측은 완전하지 않을 뿐만 아니라 기업가마다 다르기 때문이다. 그러한 부조화는 시간이 흐르면서 기업가의 조정에 의해 자연스럽게 조절된다.

대규모 과오

문제는 개별 시장이나 산업에서의 부조화가 아니라 경제전체의 부조화다. 다시 말하면 왜 갑자기 다수 기업가의 예측이 실패하고, 그런 예측의 실패가 거의 비슷한 시점에 집중되어 경제 내에서 '대규모의 과오'가 초래되는가이다. 이러한 대규모의 과오가 발생하면 그것이 결국 불황을 초래한다. 1930년대 대공황과 관련된 문제는 첫째, 왜 1930년대 대규모 과오가 발생했는가? 둘째, 왜 불황의 기간이 길었고 극심한 불황을 겪었는가? 이에 대해 체계적인 설명을 해야 한다. 결론부터 말하면 1929년 주식시장의 붕괴를 야기한 대규모의 과오는 앞에서 언급한 1920년대 통화팽창 때문이었으며, 불황이 장기화되고 극심한 불황을 겪은 이유는 주식시장 붕괴 이후 시행된 잘못된 정부정책 때문이다.

1930년대 대공황이 촉발된 이유: 확장적 통화정책에 따른 경제적 계산의 왜곡

시간선호와 이자

1930년대 대공황이 촉발된 이유를 이해하기 위해서는 먼저 이자에 대한 이해가 선행되어야 한다. 이자는 사람들의 시간선호에서 비롯된다. 사람들이 미래의 자원보다 오늘의 자원에 더 큰 주관적 가치를 부여하는 것을 시간선호(time preference)라고 한다. 사람들은 일반적으로 미래의 100만원보다 오늘 현재의 100만원을 더 선호한다. 바로 이런 시간선호 때문에 생기는 것이 이자다. 즉 오늘의 자원의 가치와 미래의 자원의 가치 간의 차이 때문에 발생하는 것이 이자다.

현재에 자원을 많이 가지고 있는 사람도 있고 그렇지 않은 사람도 있다. 현재에 자원을 가지고 있지 않은 사람은 자원을 가지고 있는 사람보다 상대적으로 현재재화를 더 선호할 것이다. 현재재화를 이용하여 미래에 더 많은 재화를 생산할 것이란 기대 하에 자원을 빌리려고 한다. 현재에 자원을 많이 가지고 있는 사람은 현재에 그것을 다 소비하기보다는 일부에 대한 소비를 연기하면 미래에 더 많은 재화를 획득할 수 있으므로 현재에 자원을 가지고 있지 않은 사람보다 상대적으로 더 미래재화를 선호할 것이다. 그래서 자신이 소비하고 남는 부분을 다른 사람에게 빌려주려고 한다. 이러한 이유로 현재재화와 미래재화 간에 교환이 발생한다. 따라서 자원을 가진 사람으로 하여금 오늘 자원 사용을 포기하고 남에게 빌려주도록 하는 보상이 또한 이자이며, 자원을 빌리는 사람이 오늘 자원을 사용하기 위해 자원을 빌려주는 사람에게 지불하는 대가가 이자다.

높은 이자율은 현재재화가 미래재화에 비해 상대적으로 비싸다는 것을 말해준다. 그래서 자원을 빌리려는 사람은 현재재화를 적게 구입하려(빌리려) 하고, 자원을 빌려주려는 사람은 현재재화를 많이 판매(저축)하려고 한다. 반면 낮은 이자율은 현재재화가 미래재화에 비해 상대적으로 싸다는 것을 말해준다. 그래서 자원을 빌리려는 사람은 현재재화를 많이 구입하려(빌리려) 하고, 자원을 빌려주려는 사람은 현재재화를 적게 판매(저축)하려고 한다. 그리고 시장 이자율은 빌릴 사람과 빌려줄 사람의 주관적 시간 선호율의 조정에 의해 결정된다. 따라서 간섭하지 않는 시장에서 이자율은 시간선호율에 접근하고 그에 따라 경제가 돌아간다.

이자가 기본적으로 사람들의 시간 선호율을 반영하지만 위험프리미엄(risk premium)과 금융 거래비용, 예상 인플레이션 등을 포함한다. 그래서 사람들마다 이자율이 다르다. 일반적으로 신용이 좋지 않은 사람의 이자율은 신용이 좋은 사람의 이자율보다 높다. 전자가 후자보다 높은 이유는 채무불이행 가능성이 높기 때문이다. 다시 말하면 신용상태를 조사하는 데 비용이 더 많이 들고 채무불이행에 대한 일종의 보험수수료가 추가되기 때문이다.

이자율은 어떤 기능을 하는가?

이자율은 다른 시장가격처럼 기업가에게 제한된 자원을 효율적으로 투자하도록 인도한다. 예를 들어 한 기업이 2018년에 원자재를 사서 2019년 동안에 노동자를 고용하여 그 원자재를 가공하고, 2020년에 최종적으로 만들어진 재화를 판다고 하자. 이 경우 기업은 여러 가지 지출과 수입에 대한 시간 요소를 무시할 수 없다. 2018년에 원자재에 대한 지급과 2019년 노동에 대한 임금지불을 2020년에 얻는 수입과 단순 비교해서는 안 된다. 전체 3년간 생산과정을 놓고 이윤이 나는지를 보기 위해서는 2018년 원자재에 대한 지급과 2019년 임금지급을 할증(premium)하여 2020년에 얻는 수입과 비교하든지, 2020년에 얻는 수입을 할인(discount)하여 2018년과 2019년의 지급들과 비교해야 한다. 시장 이자율은 그 적용하는 적정 할증, 혹은 할인을 결정하는 데 도움을 준다.

이자율이 높을수록 기업의 생산과정은 점점 더 현재 지향적, 즉 생산 기간이 짧아질 것이다. 최종재가 나오기까지 오랜 기간 동안 노동과 원자재를 요구하는 매우 긴 생산과정은 이자율이 높을수록 이윤이 적을 것이다. 먼 미래의 어떤 시점에서 수입을 얻기까지 오늘과 여러 해 동안 돈을 지출할 것이기 때문이다. 이자율이 높을수록 생산과정의 기간에 대한 비용이 커지기 때문에 기업가는 최종재 생산까지의 생산과정이 짧은 프로젝트를 수행하려고 할 것이다.

반면에 낮은 이자율은 기업가에게 생산과정이 긴 프로젝트를 시작해도 좋다는 청신호를 준다. 자원과 최종재의 모든 가격을 동일하게 유지할 때 높은 이자율에서는 이윤이 없는 것처럼 보인 프로젝트가 낮은 금리에서는 이윤이 있을 수 있는 것처럼 보일 수 있다. 그래서 예전의 이자율 수준에서는 이윤이 날 것 같지 않았던 장기 프로젝트가 이윤이 나게 함으로써 이자율 하락은 기업가에게 새로운 장기 프로젝트를 수행하도록 하는 신호를 보낸다.

통화정책의 영향

중앙은행이 확대통화정책을 쓰면 신용이 팽창되어 이자율이 하락한다. 이자율이 하락하면 그동안 수익성이 없었던 투자 프로젝트가 갑자기 이익을 낼 수 있는 것처럼 보이게 되어 기업들로 하여금 그 장기 프로젝트를 실행하도록 한다. 한편 이러한 정부

경제학: 시장경제 원리

의 확대통화정책을 통한 낮은 금리로 인해 사람들이 저축할 유인이 줄어 더 많은 것을 소비한다. 그래서 자본재를 만드는 기업가뿐만 아니라 소비부문 역시 호황(붐)을 보인다. 다시 말하면 모든 부문이 성장하는 것처럼 보인다. 고용이 증가하고 노동자를 고용하는 경쟁으로 인해 임금이 인상되는 등 사람들은 이러한 호황에 도취된다.

그러나 이러한 호황은 일시적인 것으로 지속가능하지 않다. 왜냐하면 신용팽창이 저축의 증가로 인한 것이 아니라 정부의 통화 팽창으로 유도된 것이기 때문이다. 기업투자의 원천은 사람들의 저축이다. 저축이란 현재소비를 연기하는 것이다. 이것은 사람들이 현재재화보다는 미래재화를 더 많이 요구한다는 의미다. 기업은 이에 맞춰 미래재화를 생산하기 위해 사람들이 저축한 재원을 바탕으로 투자를 한다. 그래서 시간이 흘러 미래 시점이 되면 기업이 투자해 생산한 재화가 사람들이 원하는 미래재화의 수요와 맞아떨어져 경제가 조화를 이루며 움직인다.

그런데 사람들이 실제로는 현재의 소비를 줄여 저축을 늘리지 않아 미래재화에 대한 수요를 증가시키겠다는 의사가 전혀 없음에도 불구하고 인위적으로 낮춰진 이자율로 잘못된 메시지를 전달받은 기업들이 투자를 늘리게 되면 미래에 재화의 공급이 소비자들이 원하는 수요보다 많아지는 과잉생산이 초래된다. 이렇게 중앙은행의 확대통화정책에 따른 인위적인 저금리로 저축과 투자 간의 불일치가 초래돼 시간의 흐름에 따라 점점 생산의 조정에 혼란이 초래된다.

그리고 장기 프로젝트를 완수하려는 기업은 노동과 원자재 등이 필요한 만큼 충분하지 않다는 사실을 알게 된다. 실제 저축총량은 기업가들의 예상보다 적은 것으로 드러나고, 따라서 장기프로젝트에 필요한 생산요소가 기업가들이 원하는 양에 비해 매우 적은 것으로 드러난다. 그래서 노동과 자원의 가격이 오르게 되고 기업가들이 예상했던 것보다 사업에 필요한 비용이 상승한다. 예상하지 못했던 투입요소의 가격상승을 감당할 수 없어 투자 프로젝트가 중단될 수밖에 없다. 그로 인해 실업이 증가하고 불황(버스트)이 찾아온다.

이렇게 인위적인 붐 기간 동안 수행된 투자 프로젝트들이 오류였음이 드러나면서 불황이 발생한다. 앞에서 언급한 것처럼 경기와 상관없이 언제나 파산하는 기업들은 발생한다. 그러나 불황기간 동안에는 파산하는 기업들의 규모가 대단히 크다. 이렇게 많은 기업들이 한꺼번에 파산하는 경제전체적인 경제계산의 오류가 발생하는 이유는 모

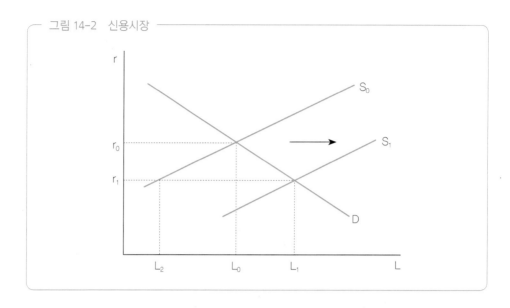

그림 14-2 신용시장

든 시장거래는 화폐로 이뤄지기 때문이다. 다시 말하면 모든 경제계산은 재화와 서비스의 *화폐가격*에 기초하여 이뤄지기 때문이다. 그리하여 중앙은행이 예상치 못하게 화폐공급을 변동시키면 화폐가격을 왜곡시켜 대규모 오류가 발생한다. 따라서 대규모의 기업 파산은 중앙은행의 인위적인 신용팽창 정책 때문에 발생하므로 불황이 발생하는 근본적인 원인은 중앙은행의 인위적인 통화팽창 정책에 있는 것이다.

이 과정을 간단한 〈그림 14-2〉를 이용해 설명할 수 있다. 중앙은행이 신용을 팽창시키면 신용의 공급은 S_0에서 S_1으로 증가하며 이자율은 r_0에서 r_1로 하락한다. 이 낮아진 이자율로 기업들은 이전에 이윤이 나지 않았던 투자 프로젝트를 실행한다. 그러나 이 붐은 실제 저축이 증가하지 않았기 때문에 지속될 수 없다. 다시 말하면 투자량은 L_1이고 저축은 L_2에 불과하다. 따라서 경제가 작동할 수 있는 양이 $(L_1 - L_2)$만큼 부족하게 되어 경제가 붕괴되고 만다.

1930년대 대공황이 장기화한 이유

Fed의 통화 팽창으로 1930년대 대공황이 발생했을 때 고통스러웠겠지만 조정과정을 통해 빠르게 회복될 수 있었다. 그러나 그 조정과정은 정부의 정책으로 방해받았다. 사실 1930년대 초에 미국 경제는 회복되기 시작했다. 그러나 앞에서 언급한 1930년

경제학: 시장경제 원리

에 제정된 스무트-홀리 관세법, 1932년 세입법(revenue act), 시장의 작동을 방해하는 루스벨트의 뉴딜정책들이 불황을 심화시켰고 장기화되었다.

1930년대 대공황은 루즈벨트 대통령이 물러나고 제2차 세계대전이 끝난 뒤 스무트-홀리 관세법이 폐지되고 시장의 작동을 방해하는 규제와 정부의 개입을 줄이면서 회복되기 시작했다. 스무트-홀리 관세법의 폐지로 동맹국과의 무역이 재개되었고, 투르만 정부의 규제완화로 투자가 살아나면서 경제가 회복되었다.

통화정책의 효과성

불황을 타개하기 위한 확대통화정책, 즉 통화량을 증가시키는 정책이 효과가 있겠는가? 불황이 이전의 확대통화정책에 따른 붐과 버스트의 결과라면, 불황을 타개하기 위한 확대통화정책은 모순이다. 왜냐하면 원인을 가지고 치유하겠다는 말이 되기 때문이다. 그럼에도 불구하고 현실에서는 실제로 불황이 왔을 때 확대통화정책을 쓰는 경우가 대단히 많다. 확대통화정책은 불황을 치유하는 것이 아니라 오히려 잘못된 투자의 교정을 방해하여 불황을 더욱 연장시킨다. 따라서 이러한 정책을 쓰는 것은 통화량을 증가시켜 경제를 유지하다가 다른 요인으로 경제가 회복되기를 기다리는 것뿐이다.

확대통화정책이 사람들의 행태 때문에 불황을 효과적으로 타개하기 어려울 수 있다. 중앙은행이 불황을 타개하기 위해 공개시장 매입이나 은행 대출을 늘리면 은행은 더 많은 초과 지준금을 보유하게 된다. 그러나 중앙은행은 시중에 화폐량이 증가할 수 있도록 은행으로 하여금 그 초과 지준금을 사람들에게 대출하도록 강제할 수는 없다. 은행들은 대출 부도를 염려하여 대출에 매우 신중해질 수 있다. 그뿐만 아니라 불황기에 대부분의 사람들은 비관적이고 신중해진다. 그렇게 되면 중앙은행이 확대통화정책을 사용하더라도 시중에 실제로 통화량이 늘지 않는다. 게다가 물가가 하락할 것으로 예상할 경우 사람들은 상대적으로 화폐보다 가치가 더 떨어질지도 모르는 자산들을 보유하지 않으려고 하며 더 많은 현금을 보유하려 할 것이다. 통화당국은 사람들이 보유하고 있는 현금을 지출하게 만들 방법이 없으므로 불황을 타개하거나 경제를 회복을 시키려는 중앙은행의 노력은 무력하게 된다.

이상적인 통화정책: 화폐 수요와 공급의 균형

가장 이상적인 통화정책은 사람들이 보유하기를 원하는 화폐량만큼 중앙은행이 공급하는 것이다. 즉 화폐수요와 화폐공급 간의 균형을 유지하는 것이다. 만약 화폐수요와 화폐공급 간의 불균형이 발생하면 앞에서와 제12장에서 설명한 바와 같이 재화와 서비스의 상대가격이 왜곡이 되어 경제에 전반적인 문제를 일으킨다. 요컨대 화폐수요와 화폐공급 간의 불균형이 발생하면 붐-버스트의 경기순환이 발생하고, 재화와 서비스의 상대가격이 변동하여 소득재분배 효과가 발생한다. 따라서 화폐균형을 이루는 것이 거시경제를 안정시키는 데 가장 중요하다.

화폐균형의 관점에서 보면 통화정책의 목표는 화폐수요에 맞게 화폐를 공급함으로써 그 둘 간의 균형을 유지하는 것이다. 이것은 물가 안정, 즉 영(Zero)의 인플레이션과 디플레이션을 창출한다. 그래야 경제변동을 최소화하고 상대가격 왜곡을 일으키지 않을 수 있다.

제 3 절
재정정책

케인즈는 중앙은행이 확대통화정책을 써서 통화 공급량을 늘려도 사람들의 지출로 연결되지 않기 때문에 불황 타개책으로 통화정책보다는 정부가 직접 지출을 증가시켜 총수요를 늘리는 재정정책을 선호하였다. 재정정책에는 정부가 직접 지출을 늘리는 방법 이외에도 감세가 있다. 소득세와 법인세를 줄이면 가계와 기업들의 지출이 늘어 총수요가 증가할 수 있는 것이다. 따라서 정부는 세율을 조정하여 지출수준을 변경할 수 있다. 그러나 세율을 조정하는 정책에 따른 최종 지출 결정은 가계와 기업이 수행하기 때문에 정부가 직접 지출하는 것보다 총수요에 미치는 효과를 예측하기가 어렵다. 그래서 1930년대 대공황의 타개책으로 케인즈는 재정정책 중 감세보다는 정부의 직접 지출을 선호하였다. 그러나 재정정책은 그 자체로 한계가 있음을 유념해야 한다.

재정정책의 문제점

시차문제

재정정책의 효과는 타이밍에 달려 있다. 불경기에는 확대 재정정책의 효과가 나타나야 하고, 인플레이션 호황기에는 긴축 재정정책의 효과가 나타나야 한다. 그러나 재정정책의 타이밍은 시차로 인해 잘 맞지 않는다. 재정정책이 실행부터 효과가 나타나기까지 여러 가지 시차가 존재한다. 첫째, 인식시차(recognition lag)다. 인식시차는 정책당국이 정책의 필요성을 느끼는 데까지 걸리는 시간을 말한다. 둘째, 실행시차(implementation lag)다. 실행시차는 정책의 필요성을 인식한 후 구체적인 정책을 만들고 시행하는 데까지 걸리는 시간을 말한다. 셋째, 반응시차(response lag)다. 반응시차는 정책실행 후 정책효과가 실제 나타나기까지 걸리는 시간을 말한다.

한편 정책을 수립하기 위해서는 미래의 경제 상황을 정확히 예측하는 것이 매우 중요하다. 그러나 불황의 시점이나 인플레이션적 호황에 진입하는 시점을 정확히 예측하는 것은 결코 쉬운 일이 아니다. 왜냐하면 세상은 끊임없이 변하고 예상치 못한 사건이 수시로 발생하기 때문이다. 그래서 현실적으로 거시경제정책을 추진하는 것은 예상치 못한 방향으로 끊임없이 움직이는 목표물에 활을 쏘는 것과 같다.

시차 문제와 예측의 한계 때문에 정책오류가 발생한다. 채택된 정책수단이 효과를 나타낼 시점에 문제가 저절로 사라졌거나 다른 문제가 발생하여 이미 채택된 정책수단이 적절하지 않게 되는 경우가 발생하는 것이다. 다시 말하면 확대 재정정책의 효과가 인플레이션적 호황기에 나타나기도 하고, 긴축 재정정책의 효과가 불황기에도 나타나는 것이다. 그래서 재정정책이 경기순환의 문제를 해결하기보다는 증폭시키게 되어 경제를 안정시키는 것이 아니라 오히려 불안하게 만드는 요인이 될 수 있다.

구축효과

재정정책이 의미가 있기 위해서는 케인즈 경제학이 주장하는 것처럼 재정지출의 승수효과가 나타나야 한다. 그러나 그러한 재정정책의 효과는 구축효과(crowding-out effect) 때문에 실제로 잘 나타나지 않는다. 정부가 재정지출을 늘리면 총수요가 증가한다. 그러나 정부의 재정지출로 인해 민간부문의 소비와 투자가 줄어들어 총수요가 감소하면 정부지출 증가에 따른 총수요 증가가 상쇄되어 없어진다. 이와 같은 현상을 우리는 구축효과라고 한다.

정부지출을 늘리기 위해서는 세금을 더 걷어야 한다. 증세를 하면 민간부문에서 소비와 투자가 감소한다. 그리고 정부지출을 늘리기 위해서 채권을 발행한다면 금리가 올라 기업의 투자가 감소한다. 그래서 정부지출을 늘려도 민간부문에서 지출 감소가 일어나기 때문에 총수요가 증가하지 않는 것이다. 정부지출을 늘려 승수효과에 의해 국민소득을 늘린다는 것은 소비와 민간투자가 변동이 없다는 것을 가정할 때나 가능하다. 그러나 그것은 현실적으로 가능하지 않다.

케인즈 경제학에서의 승수효과는 대공황의 시기처럼 실업이 극도로 높을 때는 어느 정도 타당할 수 있다. 왜냐하면 정부의 추가지출로 인해 생산요소의 가격이 오르지 않고 유휴 노동자 등의 생산요소들이 고용될 수 있기 때문이다. 그러나 유휴 생산요소가 거의 없는 일반적인 경우에는 그것은 불가능하다. 따라서 일반적인 경우에 정부의 지출증가는 생산요소에 대해 경쟁을 유발해 생산요소의 가격을 올려 승수이론이 주장하는 소득 증가가 잘 나타나지 않는다.

시장조정 왜곡

재정정책의 가장 큰 문제점은 재정정책이 시장조정 과정을 왜곡시키는 데에 있다. 제2~6장에서 배운 것처럼 시장과정을 통해 저축자와 투자자, 소비자와 생산자 등 경제 참가자들 간의 활동들이 조정된다. 사람들은 각자 선호하는 목적을 달성하기 위해 희소한 자원을 최대한 효율적으로 사용하려고 한다. 이러한 것들은 가격 장치를 통해 반영된다. 생산자들은 이윤과 손실을 통해 보상을 받든가 처벌을 받는다. 소비자를 가장 잘 만족시키는 생산자가 희소한 자원의 통제권을 갖는다.

정부는 이윤과 손실이라는 제약을 받지 않는다. 정부 수입의 원천은 이윤이 아니라 조세이기 때문이다. 정부는 조세를 통해 자원을 효율적으로 사용하는 사람으로부터 자원을 걷어다가 사람들이 덜 선호하는 목적에 사용하며 시장조정과정을 왜곡시킨다. 그래서 정부의 지출행위가 많아지면 많아질수록 시장조정 과정의 왜곡은 심해진다. 시장조정 과정의 왜곡이 심해질수록 경제는 쇠퇴하게 된다. 정부가 재정정책을 통해 지출을 늘릴수록 경제에 대한 부정적인 효과가 커진다.

제 4 절
바람직한 안정화 정책

앞에서 경제를 안정화시키려는 통화정책과 재정정책이 오히려 경제를 더욱 불안하게 만드는 경향이 있음을 알았다. 그렇다고 정부가 아무런 조치를 취하지 않고 내버려 두라는 것이 아니다. 문제가 되는 것은 정부의 재량적인 재정정책과 통화정책이므로 이에 대한 대안을 찾는 것이 중요하다. 그 대안은 바로 재정정책과 통화정책을 준칙에 따라 수행하는 것이다.

재정준칙

재정준칙은 제도나 법을 통해 재정운용에 특별한 제한 또는 제재를 가하는 것을 말한다. 구체적으로 재정지출의 확대와 재정적자의 증대를 막기 위해 재정적자의 GDP 비율, 국가채무의 GDP 비율, 재정지출에 대한 한도를 설정하는 것이다. 그리고 기본적으로 균형 예산이 되도록 지출수준을 결정하는 것이다. 이러한 재정준칙 하에서 정부지출을 하면 정부지출에 따른 시장조정 과정의 왜곡을 최소화할 수 있다.

통화정책 준칙

중앙은행이 재량적으로 통화량을 늘렸다 줄였다하는 통화정책의 가장 큰 문제점은 가격시스템을 왜곡시켜 시장조정을 왜곡시킨다는 점이다. 우리는 제2장~6장에서 가격에 기초한 개인들의 경제적 계산으로 시장조정 과정이 이루어지며, 외부의 힘에 의해 가격이 왜곡되면 시장조정 과정 또한 왜곡되어 경제가 불안정해진다는 것을 배웠다. 잘 알다시피 국민경제 전체를 다루는 거시경제는 수많은 개인들의 개별행동들의 상호작용으로 인해 나타나는 경제전체 현상이다. 따라서 거시경제 문제의 근원 역시 가격시스템에 있음을 유추할 수 있다. 그런데 이 가격시스템과 거시경제를 이어주는 가교가 화폐다. 왜냐하면 모든 가격은 화폐로 표기되므로 사람들이 경제적 계산을 하는 가격은 모두 화폐가격이기 때문이다. 사실 화폐는 모든 재화의 거래에서 공통분모의 역할을 한다. 따라서 화폐가치가 왜곡되면 재화의 가격들이 왜곡되고, 재화의 가격들이 왜곡되면 시장참가자들의 경제적 계산이 왜곡되고, 시장조정이 왜곡되어 국민경제 전체에 문제가 발생한다. 재량적 통화정책으로 인해 화폐의 수요와 공급이 균형을 이루지 못하면 가격시스템이 왜곡되어 시장조정 과정이 왜곡된다. 앞에서 본 1930년대 대공황, 그리고 다음 장에서 살펴볼 2008년 글로벌 금융위기 모두 재량적 통화정책에 따른 시장조정 과정의 왜곡 때문에 발생했다. 따라서 재량적 통화정책은 경제를 안정시키는 데 효과가 없다.

그뿐만 아니라 통화팽창으로 붐−버스트의 과정이 한번 발생하면 그로부터 오는 고통이 매우 크고 그것을 수습하는 일은 보통 어려운 것이 아니다. 따라서 향후 금융위기가 재발되지 않고 경제적 혼란을 겪지 않기 위해서는 지금과 같이 정부에 의해 화폐가 무분별하게 팽창되는 화폐금융제도를 개혁해 화폐가치 안정과 경제의 불안정성을 최소화할 수 있는 방법을 찾아야 한다.

그것은 중앙은행의 독립성과 준칙에 의한 통화정책이다. 따라서 중앙은행의 독립성을 유지할 수 있는 제도를 마련할 필요가 있다. 그러나 중앙은행의 독립성은 화폐가치 안정의 필요조건은 될 수 있지만 충분조건은 되지 못한다. 중앙은행 자체가 자신의 이익을 위해 인플레이션적인 통화발행의 유인을 가질 수 있기 때문이다. 그러므로 중앙은행이 마음대로 화폐를 발행할 수 없도록 준칙을 정해야 한다. 그 한 예가 프리드만의 통화공급 준칙이다. 이 준칙은 경제성장률에 맞춰 통화공급 증가율을 정해 실행하는 것이다. 이것이 완전하지는 않지만 지금과 같이 재량적으로 화폐를 발행하는 제도보다는 화폐가치와 경제를 훨씬 더 안정시킬 것이다.

돈 푼다고 경제위기 극복되지 않는다

코로나19가 전 세계로 확산되면서 각국이 전례 없는 경제위기를 맞고 있다. 생산과 소비활동이 심각하게 위축되어 경기가 급격히 둔화되고 고용사정이 악화됐다. 글로벌 경기침체에 대한 공포감이 확대되면서 금융시장의 불안이 가중되고 있다.

경제전체의 공급과 수요가 동시에 충격을 받은 것이 이번 경제위기의 특징이다. 공급 충격은 중국 공급망에 의존하는 반도체, 자동차, 기계 등 전 세계 제조업의 생산 활동이 중단되면서 비롯되었다. 수요 충격은 각국의 국경폐쇄와 이동제한조치, 전염을 우려한 소비활동 중지 등으로 수요가 급감하면서 왔다. 이로 인해 게임 산업과 배달업 등 일부 업종을 제외한 대부분의 업종이 위축되며, 실업자가 증가하고 있다. 미국의 경우 3월 셋째 주와 넷째 주에 사이에 신규 실업수당 신청 건수가 무려 995만명으로 1천만명에 육박했다. 한국의 경우 2020년 3월 신규 실업급여 신청 건수가 19만1,000명에 달했다. 다른 나라들의 사정도 다르지 않다.

이러한 위기상황에 대처하기 위해 각국의 정부와 중앙은행들은 강력하고 과감한 경기 부양책을 내놨다. 미국의 중앙은행인 연방준비제도는 연방기금금리를 0~0.25%로 1%포인트 전격 인하하고, 연방공개시장위원회(FOMC)를 통해 국채와 주택저당증권(MBS)을 무제한 매입하겠다는 양적완화를 발표했다. 미국 정부는 2조2,000억 달러 규모의 경기부양 패키지를 시행하기로 했다. 유럽중앙은행(ECB)은 7,500억 유로 규모의 긴급 채권 매입 프로그램을 발표했고, 유로존 19개국은 평균적으로 GDP의 11%를 코로나19 대응에 사용하려고 한다. 일본도 마찬가지다. 일본은행은 현행 연간 6조엔 규모의 ETF매입을 확대하였으며, 아베 신조 일본 총리는 역대 최대 규모의 긴급 경제대책을 마련하겠다고 밝혔다. 한국은 기준금리를 1.25%에서 0.75%로 인하하고, 금융중개지원 대출 금리를 연 0.50~0.75%에서 연 0.25%로 인하했다. 한국 정부는 소상공인·자영업자기업의 긴급 자금수요 지원과 자금난을 겪는 중소·중견기업 자금을 지원하기 위해 58.3조원 규모의 정책금융 지원 등 시장안정화 장치를 마련했다.

코로나19 사태가 향후 경제에 미칠 영향에 대해 경제학자들마다 의견이 조금씩 다르다. 제롬 파월 미국 연방준비제도 의장은 코로나가 통제되면 기업은 문을 열고 사람들은 일터로 돌아감에 따라 경기가 강한 회복세로 돌아설 것으로 예상했다. 일종의 V자형 반등이다. 제임스 불러드 미국 세인트루이스 연방준비은행 총재는 코로나 바이러스 확진자가 계속 늘어나는 동안에는 경기가 계속 침체하다가 백신·치료제 개발 등이 이뤄지면 경기가 되살아나는 'U자형 회복'을 예고했다. 한편 루비니 뉴욕대 교수는 이번 경기침체를 "대공황보다 심한 특대급 대공황(Greater Depression)"으로 진단하며, "V자, U

자, L자도 아닌 I자형으로 수직 추락할 것"이라고 전망했다.

코로나19는 언젠가는 종식될 것이다. 그러면 중국 공급망도 재개될 것이고, 각국의 국경폐쇄와 이동제한조치가 풀리고 소비활동이 다시 살아날 것이다. 그로 인해 각국이 처한 상태에 따라 다르겠지만 경기는 코로나 이전의 상태로 어느 정도 반등할 것이다. 문제는 코로나 충격이 종식된 이후다.

코로나19와 같은 전혀 예기치 않은 충격으로 인해 실물부문과 금융시장에 대한 충격으로 경제 시스템 전체가 위태로워질 때 중앙은행이 유동성을 공급하여 금융시장을 안정시키고, 정부가 적극적인 재정을 통해 피해를 입은 기업이나 국민들이 무너지지 않도록 지원하는 것은 필요하다. 그러나 지금 각국이 취한 대응책을 보면 그 이상이다. 이러한 과도한 정책은 코로나 위기가 종식된 이후 경기를 다시 침체시킬 가능성이 많다. 코로나 위기가 종식되면 풀린 돈을 거둬들여야 하는데, 그리하면 경기가 침체할 것이 때문이다. 만약 경기침체를 우려해서 돈을 거둬들이지 않는다면 물가가 급등하는 인플레이션이 심해져서 더 큰 위기에 직면할 수 있다. 이러한 점에서 필자는 이번 경기침체는 코로나 위기가 종식되면서 잠깐 반등했다가 다시 후퇴하는 형태가 될 것으로 생각한다.

특히 한국경제가 그런 형태를 띨 것으로 생각한다. 왜냐하면 코로나19 이전에 이미 한국경제는 기업 활동을 옥죄고 민간의 활동을 가로막는 정부의 잘못된 정책으로 인해 성장 동력을 잃고 지속적으로 하락하고 있었기 때문이다. 따라서 정부의 정책 방향이 완전히 바뀌지 않는 한 코로나19가 종식되더라도 지속적인 성장은 불가능하다. 코로나로 인한 네거티브 공급과 수요 충격이 완화되는 효과만 잠깐 나타나고 다시 하락할 것이다. 더욱 우려스러운 것은 4·15 총선을 앞두고 재난기본소득, 긴급재난지원금 등의 명목으로 더 많은 돈을 살포하겠다는 정치권의 포퓰리즘 경쟁이다. 이러한 포퓰리즘 정책은 국가경제를 더욱 나락으로 떨어뜨릴 것이다. 그리스나 아르헨티나, 베네수엘라와 같은 국가로 전락하지 않을까 우려된다.

정말 국가의 미래를 위해서는 포퓰리즘 정책을 폐기해야 함은 물론, 정부의 정책기조를 완전히 바꾸어야 한다. 소득주도성장이란 기치 하에 취해진 핵심 정책들을 수정하거나 폐기해야 한다. 법인세 등 세금을 줄이고 정부의 시장에 대한 간섭을 줄여야 한다. 친노조 정책에서 벗어나 노동시장을 유연하게 하는 노동개혁을 해야 하고, 국민연금 등을 이용해 기업의 경영에 간섭하고 기업 활동을 방해하는 제도들을 제거해야 한다. 지금 우리 경제는 돈 풀어서 경기를 살리고 경제위기에서 벗어날 수 있는 그런 구조가 아니다.

출처: 안재욱, 한국하이에크소사이어티, 자유경제에세이, 2020년 4월 12일.

연습문제

01. 이자율은 불황기보다는 호황기에 높은 경향이 있다. 그러나 투자는 보통 불황기보다는 호황기에 많이 일어난다. 그렇다면 이자율이 높을수록 투자가 많이 일어나는가?

*02. 불황기여서 많은 생산자원이 사용되고 있지 않을 경우 정부가 채권을 발행하여 재정적자를 늘린다고 하자. 정부가 많은 금액의 채권을 발행했음에도 불구하고 이자율이 오르지 않았다면 왜 그러했을까?

03. 정치인은 긴축적 정책보다는 확장적 정책을 선호하는 경향이 있다. 그 이유는 무엇인가?

*04. 갑: 고금리는 경제에 좋다. 왜냐하면 고금리는 이자수입으로 사는 은퇴자들에게 높은 소득을 의미하며 이러한 소득 증가는 경제를 자극할 것이기 때문이다.
을: 고금리는 경제에 나쁘다. 왜냐하면 고금리는 차입비용을 높여 기업의 투자와 소비자의 지출을 감소시키기 때문이다.
갑과 을의 주장 중 어느 것이 옳은가? 고금리가 경제에 좋은가 나쁜가?
어떤 점에서 그러한가?

*05. 불황기에 자신의 제품가격을 올리는 기업이 있는가?

06. 루스벨트의 뉴딜 정책은 대공황을 종식시킨 정책으로 알려져 있다. 과연 그러한가?

07. 중앙은행의 독립성과 준칙에 의한 통화정책이 왜 중요한가?

*표시 문제의 답은 책 뒷부분의 부록에 수록되어 있음.

제15장

2008년 글로벌 금융위기

2008년에 1930년대 대공황 이후 전 세계가 최대 경제위기를 맞았다. 도대체 2008년 글로벌 금융위기는 왜 발생했을까? 이 장에서는 앞장에서 배운 내용을 바탕으로 글로벌 금융위기가 발생한 원인을 모색하고, 각국이 취한 정책에 대해 평가를 할 것이다.

제 1 절
글로벌 금융위기 발발

서브프라임 모기지 사태

2008년 글로벌 금융위기는 미국의 서브프라임 모기지 사태로부터 촉발되었다. 2008년 9월 서브프라임 모기지에 대한 투자의 실패로 투자은행인 리먼 브러더스가 파산하자 미국의 주가가 폭락하고 미국의 금융시장이 패닉 상태에 들어갔다. 1998년부터 2006년까지 급격하게 상승했던 미 주택가격이 2006년 3분기부터 하락하다가 2007년 5월에 폭락했다. 그리고 미국의 DJIA(Dow Jones Industrial Average)가 2007년 10월부터 2009년 3월까지 50% 이상 폭락했고, 주택가격이 30% 이상 하락했다. 서브프라임 모기지 증권 투자에 집중했던 시티그룹과 서브프라임 모기지와 관련된 신용 디폴트 스왑

(CDS)에 투자한 AIG 보험회사가 파산 위기에 몰렸다. 금융위기는 미국 내에만 국한되지 않고, 세계 금융시장으로 확산되었다. 금융 불안으로 투자와 소비가 급랭하면서 세계경제가 동반 침체했다.

한국경제의 충격

한국은 글로벌 금융위기의 진원지인 미국의 서브프라임 사태의 직접적인 영향을 받지 않았다. 국내 금융기관이 보유한 서브프라임관련 채권담보부증권(CDO) 보유액은 10억 4000만달러에 불과하였고, 손실규모는 4,500억원 정도였다. 그럼에도 불구하고 한국경제가 미국 발 금융위기로 입은 충격은 다른 국가들에 비해 컸다.

주가가 2008년 초에 비해 40% 정도 하락하였고, 환율이 달러당 1,500원 가까이까지 폭등했다. 주요국 통화와 비교해볼 때 달러화에 대한 원화가치가 크게 하락하고 변동성도 매우 컸다. 원−달러 환율의 변동성이 2008년 상반기 중 0.65에서 하반기에는 1.83으로 2.8배 확대되었으며, 이는 유로화 파운드화, 일본 엔화, 인도네시아 루피화, 대만 달러 등보다 2~3배 높은 수준이었다. 글로벌 금융 불안이 본격화되자 외국인 투자자들이 유동성 확보 차원에서 주식을 매도하고 한국시장에서 대거 이탈하였기 때문이었다. 외국인이 한국에서 회수한 주식투자금은 일본 등 아시아 7개국 전체 회수액 733.7억달러 중 47.5%를 차지하였다. 이렇게 미국의 금융위기가 국내에 영향을 미쳐 대규모의 외자이탈이 발생하는 유동성 위기를 겪었다.

한편 2008년 3/4분기 실질 GDP 증가율이 0.6%로 0.8%를 기록했던 2/4분기보다 낮았고 2004년 3/4분기 이후 가장 낮은 증가율을 보였다. 소비재 판매가 2008년 9월과 10월에 전년 동기대비 각각 3.6%와 1.4% 감소했다. 제조업 생산은 2008년 3/4분기의 5.6% 증가에서 10월 2.8%로 감소했다. 전자부품, 컴퓨터, 영상, 통신장비 등의 업종의 생산은 10월 전년 동월대비 11.4% 감소했으며, 반도체 및 부품은 전년 동월대비 13.6% 감소하였다. 그뿐만 아니라 설비투자는 2008년 9월 7.1%에서 10월에 7.7% 감소하였다. 특히 2008년 3/4분기 27.1%의 증가세를 보였던 수출은 10월 8.5%로 둔화되었고 11월에는 18.3%나 대폭 감소하였다.

실물경기침체가 가속화됨에 따라 고용 사정이 악화되었다. 3/4분기 취업자 증가는 전년 동기 대비 14.1만명에 그치고 10월에는 9.7만명에 머물러 일자리 창출의 부진이 가속화되었다. 고용률 역시 10월 60.0%로 전년 동월대비 0.4%포인트 하락하여 전년 동월대비 기준 10개월 연속 하락세를 지속하였다. 청년층(15-19세) 취업자 수는 2008년 10월 전년 동월대비 16만2천명이나 감소하였다.

제 2 절
글로벌 금융위기의 원인

미국 정부의 주택정책

2008년 금융위기는 미국 정부의 주택정책과 Fed의 방만한 통화정책이 결합되어 나타난 결과다. 미국 정부는 1977년 제정된 지역재투자법(Community Reinvestment Act; CRA)을 1990년 개정하여 은행들의 지역개발관련 대출의무를 강화해 저소득층에 대한 금융지원을 확대하도록 하였다. 그리고 1995년 서브프라임 모기지의 유동화를 허용하는 법을 제정하였다. 그러자 은행들이 위험을 고려하지 않고 모기지 대출을 하였으며 취약한 대출인 서브프라임 모기지를 포트폴리오에서 떨어버리기 위해 그것을 유동화하는 데 적극적이었다. 그리고 1990년대 후반에 미국 정부와 의회는 모기지 전문회사인 페니매(Fannie Mae)와 프레디맥(Freddie Mac)에게 은행들이 유동화하는 서브프라임 모기지들을 구매하도록 압력을 가하였다.

게다가 정부가 손실을 보증해주기 때문에 페니매와 프레디맥은 은행들이 유동화하는 모기지를 늘릴수록 이익이었다. 페니매와 프레디맥은 위험은 고려하지 않고 그 모기지들을 구입하여 모기지저당증권(Mortgage Backed Seurities; MBS)을 만들어 판매하는 데 적극적인 도덕적 해이를 보였다. 그런 과정에서 모기지저당증권(MBS)을 기초로 만든 부채담보부증권(Collateralized Debt Obligation; CDO), 그리고 부채담보부증권(CDO)을 보증하는 신용부도스왑(Credit Default Swap; CDS)의 시장이 급증하였다.[1] 그리고 이

---

[1] 모기지저당증권(MBS)은 모기지(주택담보대출)를 기초로 하여 발행하는 증권으로서 모기지대출로부터 발생하는 현금흐름을 바탕으로 발행된다. 부채담보부증권(CDO)은 일정한 현금 수입의 흐름이 약

것은 주택시장에 보다 많은 자금이 흘러가게 하는 역할을 함으로써 주택시장을 더욱 과열시켰다.

확대통화정책

이러한 과정을 더욱 증폭시킨 것은 통화정책이다. 미국의 연방준비제도(Federal Reserve System; Fed)의 저금리 정책이 주택가격 버블 형성에 결정적인 역할을 하였다. Fed는 2001년에 911테러, 실업률 증가, 석유가격 상승, 기업의 회계 부정 등 일련의 충격으로 경제가 위기에 처할 수 있을지 모른다고 생각했다. 그래서 이에 대응하기 위해 저금리 정책을 써서 화폐 공급량을 늘렸다. 그러나 Fed가 우려했던 위기는 오지 않았다. 하지만 경기를 부양하기 위해 Fed는 2003년 7월부터 2004년 6월까지 정책금리인 연방기금 금리(federal fund rates)를 올리지 않고 계속 1%로 유지하였다. 저금리 정책은 유동

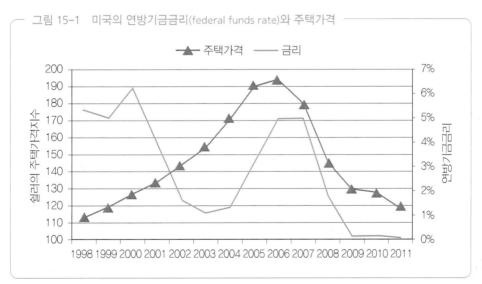

그림 15-1 미국의 연방기금금리(federal funds rate)와 주택가격

출처: Board of Governors of he Federal Reserve System, "Selected Interest Rates," Federal Reserve Statistical Release. http://www.federalreserve.gov/econresdata/S&P/Case−Shiller U.S. National Home Price Index, FRED Economic Data, Federal Reserve Bank of St. Louis, https://fred.stlouisfed.org/series/CSUSHPINSA

속된 여러 가지 고정수입자산(fixed−income asset)들을 담보로 발행하는 파생금융상품이다. CDO신용부도스와프(CDS)는 기업의 파산 위험자체를 사고팔 수 있는 파생금융상품이다. CDS 구매자는 CDS 판매자에게 매년 일정금액(프리미엄)을 지급하고 그 반대급부로 기초증권이 파산하면 기초증권의 액면가만큼 지급받는 일종의 보험과 같은 것이다.

성 과잉을 낳았다. 의도하지 않게 자금이 많아진 금융기관들은 경쟁적으로 대출을 늘렸다. 지역재투자법(CRA)의 개정과 정부의 주택시장에 대한 개입으로 인한 은행 간 대출경쟁에 의해 늘어난 유동성이 주택시장으로 몰렸다. 〈그림 15-1〉에서 보는 것처럼 주택에 대한 수요가 급격하게 증가하면서 주택가격이 폭등했고, 경제가 붐을 이루었다.

그러다가 인플레이션을 우려한 Fed가 2004년 6월 이후 매달 0.25%씩 올려 연방기금금리가 2006년 8월 5.25%가 되었다. Fed의 금리 인상으로 모기지 금리가 올랐고, 주택 수요가 감소하였다. 대출을 받아 주택을 사서 다시 팔아 이윤을 얻으려고 했던 사람들이 대출금조차 갚을 수 없는 상황에 이를 만큼 주택가격이 하락했다. 그러자 대출부도가 일어나기 시작하였고, Citi와 같은 상업은행들과 페니매와 프레디맥의 손실이 크게 증가하였다. 한편 앞에서 언급한 것처럼 모기지유동화증권에 투자한 베어스턴스(Bear Stearns), 리먼 브러더스(Lehman Brothers), 메릴 린치(Merrill Lynch), 골드먼삭스(Goldman Sachs) 등 미국의 투자은행들이 파산에 직면하고, 이들이 만들어낸 CDO에 투자한 외국은행들과 같은 기관투자가와 헤지펀드들과 CDO를 보증하기 위해 CDS를 발행한 금융회사들이 입은 손실로 국제적인 금융위기로 번진 것이다.

요컨대 2008년 글로벌 금융위기는 미국의 주택정책이 확대통화정책과 결합해 시장조정 과정이 왜곡되었기 때문이다. 근본적으로는 앞장에서 살펴본 바와 같이 확대통화정책에 따른 경제적 계산의 왜곡으로 붐을 이루다가 버스트가 되면서 발생한 것이다.

제 3 절
글로벌 금융위기에 대한 대책

유동성 공급

글로벌 금융위기에 대응하기 위해 각국 정부는 금융시장의 안정과 경기부양을 위한 대책을 마련하였다. 미 의회는 서브프라임 모기지 사태를 낳은 부실 금융 자본을 구제하기 위한 7천억달러와 경기부양을 위한 재정 8,000여 억달러를 승인하는 한편, 버락 오바마(Barack Obama) 대통령은 2009년도에 금융시장 안정을 위한 7,500억달러의 추가 자금지원 계획이 포함된 1조 7,500억달러에 달하는 적자 예산을 편성하였다. 영국은 2008년 10월 4,000억파운드 규모의 경기부양책을 실시하였으며, 2009년 1월 금융시장유동성 제고를 목적으로 약 2,000억파운드 규모의 제2차 금융시장구제대책을 발표하였다. 일본 역시 2008년 세 차례의 경기부양책으로 75조엔의 종합경제대책을 마련하였고, 2009년도 예산안이 통과되자마자 또 다시 56조8,000억엔의 경기부양대책을 마련하였다.

한국도 예외가 아니었다. 우선 유동성 공급을 통해 금융시장의 안정을 꾀했다. 한국은행은 2008년 10월부터 2009년 2월까지 6차례에 걸쳐 5.25%였던 기준금리를 3.25% 포인트 인하하였다. 환매조건부채권(RP) 매입을 통하여 16.8조원, 통안증권 중도환매와 국고채 단순매입 등을 통해 1.7조원의 유동성을 공급하였다. 중소기업 자금사정 완화를 위하여 총액한도 대출규모를 10조원으로 증액하고 총액한도대출금리를 연 3.25%에서 연 1.25%로 인하했다.

이뿐만 아니라 외화유동성 공급의 안정을 위해 미·중·일 중앙은행과의 통화스와프계약을 체결하였다. 2008년 10월 30일 미 연준과 300억달러 규모의 통화스와프계약을 하였으며, 2008년 12월 12일 중국인민은행과 계약기간 3년의 1,800억위안(38조원) 규모의 원/위안 통화스와프계약을 체결하였고, 일본은행과 2005년 5월 체결한 30억 달러 상당의 기존 원/엔 통화스와프계약 규모를 200억달러로 확대하였다. 그리하자 원/달러 10월 28일 1,468원까지 상승한 환율이 10월 30일 미 연준의 통화스와프계약 체결 발표 당일 177원이나 떨어졌고, 연말에 1,260원으로 하락하는 등 원화 가치가 안정되어 갔다.

한편 2008년 9월 이후 정부는 경제위기와 관련하여 70조원 신규기금펀드 조성, 77조원 금융공기업지원, 4조원 한국은행 특별지원금 총 151조원에 달하는 지원 대책을 마련했다. 그리고 2009년 예산에 당초 제출한 규모에서 국회의 동의를 받아 경기대책으로 10조원을 추가했으며, 3개월 후에 29조원의 규모를 추경예산으로 편성하고, 재정의 60% 이상을 상반기에 조기 집행하였다.

글로벌 금융위기에 대응하는 정부의 정책과 노력에 힘입어 한국경제는 2009년 들어 빠르게 회복되기 시작하였다. 2008년 4/4분기 큰 폭의 마이너스 성장률(-3.3%)을 보였던 한국경제는 2009년 1/4분기에 전기 대비 성장률이 +0.2%로 돌아서면서 연간 0.7%을 달성하였고, 2010년에는 6.5%의 경제성장률을 기록하며 위기에서 벗어났다. 그러나 고유가로 인해 인플레이션 압력을 받자 한국은행은 인플레이션도 완화하고 출구 전략 차원에서 2010년 7월부터 2011년 6월까지 5차례에 걸쳐 기준금리를 2%에서 3.25%까지 인상하였다.

경기부양을 위한 저금리 정책

2011년 후반부터 세계경제 여건이 기대만큼 좋지 않았고, 우리의 성상률노 기대에 미치지 못하자 한은은 2012년 7월부터 기준금리를 인하하기 시작하여 2016년 6월 1.25% 까지 낮추어 유지하였다. 미국 경제가 회복되면서 미국의 연준이 0.0~0.25%를 유지하였던 기준금리인 연방기금금리를 2015년과 2016년 각각 0.25%포인트씩 올렸다가 2017년 들어서 본격적으로 올려 1.25~1.50%가 되자 우리도 2017년 11월 30일 1.50%로 인상하였다. 미국 금리가 우리 금리보다 더 높아지는 것을 막기 위함이었다. 그러나 2018년 3월 연준(Fed)이 다시 금리를 0.25%포인트 올림으로써 현재 한·미 간 금리는 역전되어 있는 상태다.

문제는 그렇게 장기간 저금리를 유지했음에도 불구하고 여전히 경기가 침체되었다는 점이다. 2012~2017년 연평균 성장률이 2.9%로 금융위기 이전 2000~2007년 5.4%에 비해 절반 수준으로 하락했다. 그리고 잠재성장률은 2006~2010년 3.7%~3.9%에서 2011~2015년 3.0~3.4%로 하락했고, 2016~2019년 2.6%, 2020~2024년 2.0%로 더욱 하락할 것으로 추정되고 있다.[2]

제 4 절
글로벌 금융위기 대책에 대한 평가

유효했던 유동성 공급 정책

글로벌 금융위기가 발생한 직후 유동성 위기에 직면해 이를 해결하기 위한 유동성 공급정책은 옳았다. 유동성이 부족한 상황에서 유동성 공급을 책임지고 있는 중앙

---

2 국회예산정책처,「2021년 및 중기 경제전망」.

은행이 유동성 공급을 늘려 주지 않는다면 유동성 부족으로 인한 신용경색이 발생하여 금융시장이 더욱 불안해지고 그것이 실물경제에 치명적인 영향을 끼치기 때문이다. 따라서 2008년 9월 리먼브라더스 사태 이후 정부의 유동성 확대 정책과 통화스왑은 금융시장을 안정시켜 금융위기를 극복하는 데 매우 효과적이었다고 평가할 수 있다.

경기부양을 위한 저금리 정책의 문제점

경기부양 효과가 없었다.

금융시장이 안정된 이후 경기부양을 목적으로 저금리 정책을 지속한 것은 잘못이었다. 통화정책은 기본적으로 유동성 수요가 증가하였을 때 그에 맞춰 유동성을 공급함으로써 금융시장을 안정시키는 데 중점을 두어야 한다. 금융시장이 안정됨에 따라 화폐수요가 감소하기 시작하면 팽창된 통화로 인해 자산 가격의 거품이 야기된다. 따라서 2010년 7월부터 시행했던 출구전략을 유지했었어야 했다. 2011년 후반부터 경기부양을 위해 저금리 정책을 쓴 것은 경제에 도움이 되지 않았다.

저금리 정책은 잘못된 투자를 교정하려는 시장의 자원배분을 방해함으로써 경제회복을 지연시키는 문제점을 가지고 있다. 저금리로 인해 퇴출되어야 할 기업들이 존속하게 되면 자원사용에 대한 불필요한 경쟁이 유발되어 자원사용 비용이 증가함으로써 건실한 기업과 금융기관에 피해를 주고 경제전체적으로 투자를 위축시킨다. 부실기업은 존속시킬 것이 아니라 파산하도록 하는 것이 마땅하다. 파산은 본질적으로 나쁜 것이 아니다. 파산은 좋은 투자와 나쁜 투자에 대한 정보를 제공하며, 나쁜 투자로부터 보다 생산적인 투자로 자원을 이동시킨다. 따라서 저금리를 통해 부실기업을 구제해주기보다는 인수와 합병을 방해하는 규제 등 잘못된 투자가 생산적인 곳으로 사용되는 것을 방해하는 장애물을 제거하는 것이 경기를 부양하는 데 더 효과적이었을 것이다.

물론 2011년 이후 우리가 저금리 정책을 썼던 것은 단순히 국내 경기부양을 위한 것만은 아니었을 것이다. 왜냐하면 당시 미국을 비롯한 대다수의 국가들이 경기부양을 위해 저금리 정책을 유지하고 있는 상황에서 우리만 금리를 높일 수만은 없었을 것이기 때문이다(〈그림 15-2〉 참조). 만약 우리 금리만 다른 국가에 비해 높을 경우 원화가치가 높아져 수출에 부정적인 영향을 미쳤음은 물론 국내로 외국 자금이 많이 유입되어

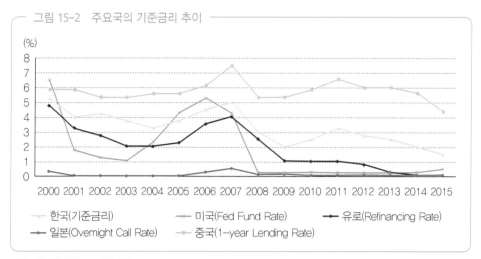

그림 15-2 주요국의 기준금리 추이

(%)

2000 2001 2002 2003 2004 2005 2006 2007 2008 2009 2010 2011 2012 2013 2014 2015

한국(기준금리)　　　　미국(Fed Fund Rate)　　　유로(Refinancing Rate)

일본(Overnight Call Rate)　　중국(1-year Lending Rate)

출처: 시계열조회: e-나라지표
http://www.index.go.kr/potal/stts/idxMain/selectPoSttsIdxSearch.do?idx_cd=2884&stts_cd=288405

금융시장을 교란시킬 수 있었을 것이다. 그러므로 2011년 이후 저금리 정책을 사용한 것은 우리만의 문제는 아니었을지라도 전 세계적으로 경기부양을 위한 저금리 정책은 잘못이었다는 것은 지적할 필요가 있다.

소득불평등 악화

각국의 저금리와 양적완화 정책으로 인해 통화량이 엄청나게 풀려 2017년 기준 전 세계의 총통화량이 90조달러가 넘는다.[3] 이렇게 많은 돈을 풀었음에도 미국만이 2017년부터 조금 회복 기미를 보였을 뿐 세계 경제는 경기를 부양하지 못한 채 자산 가격 상승과 소득불평등만 악화됐다.[4] 이것은 한국에서도 마찬가지다. 우리나라 가구의 가처분소득 지니계수는 외환위기 이후 지속적으로 상승하다가 글로벌 금융위기 직전인 2006년에 정점을 찍었다. 그리고 글로벌 금융위기가 발발한 2007년부터 감소하기 시작해서 2011년까지 감소하다가 2012년부터 다시 상승하였다. 다만 2014년에는 소폭 감소한 것으로 나타났다. 한편 한국은 OECD 35개 국가 중에서 8번째로 소득불평등이

3　여기 데이터는 "All the World's Money", 참조.
https://xbptrading.com/2017/12/29/all-the-worlds-money/

4　G4(미국, 일본, 유로존, 영국)에서 저금리정책과 양적완화정책으로 인해 금융자산의 가격 상승과 소득불평등이 악화되었다. Schnabl, Gunther (2016), "Exit Strategies from Monetary Expansion and Financial Repression," *Cato Journal*, Vol. 38, No. 2, pp. 447-465.

심각한 국가인 것으로 나타났다.[5]

중앙은행의 저금리 정책에 의해 통화량이 증가하면 새로 유입된 통화를 일찍 손에 넣은 사람의 실질구매력은 증가하게 되지만, 통화증가로 인해 물가가 오른 후에 새로 유입된 통화를 입수한 사람의 실질구매력은 상대적으로 하락한다. 결국 새로 유입된 화폐를 일찍 손에 넣은 사람과 나중에 접근하는 사람 간에 소득격차가 발생한다. 따라서 금융위기 이후 각국에서 소득격차가 악화된 주된 원인은 저금리 정책에 있다고 하겠다. 그러므로 소득불평등을 완화하기 위해서라도 저금리 정책은 지양해야 했다.

정부는 어떤 조치를 취해야 했나?

이러한 관점에서 보면 세계 각국은 금융시장이 안정된 이후 경기부양에 실효성도 없고 부작용만 야기하는 저금리 정책과 양적완화정책을 쓸 것이 아니라 지속적으로 출구전략을 썼어야 했다. 우리가 앞장에서 배운 것처럼 인위적인 호황 뒤에 따르는 불황은 상처난 시장의 치유 과정이다. 정부가 금리를 인위적으로 조작함으로써 경제주체들로 하여금 착각을 일으키게 하여 자원배분의 왜곡을 일으켜 거품을 만들고, 그 거품이 터지는 과정에서 불황은 발생할 수밖에 없다. 불황은 왜곡된 자원배분이 교정되어 재배분되는 과정이므로 정부가 계속 개입하면 시장의 조정과정을 방해하여 불황을 더욱 심화시킨다. 금리 인하를 통하여 막대한 유동성을 공급하는 것은 문제의 원인을 곧바로 문제의 치유책으로 사용하는 것과 같다. 따라서 시장에 심한 충격을 가하지 않는 범위 내에서 기준금리를 소폭 인상해가며 유동성을 거두어들일 필요가 있었다.

따라서 2008년 글로벌 금융위기 이후 금융시장이 안정된 이후에는 저금리 정책을 쓸 것이 아니라 서서히 출구전략을 쓰면서 경기를 활성화하는 방법을 추구해야 했다. 경제가 안정적으로 성장할 수 있는 것은 정부의 인위적인 정책이 아닌 자생적인 힘이다. 자생적인 힘의 원천은 기업의 투자활동이다. 따라서 기업의 투자활동을 활발히 할 수 있게 하기 위해서는 기업하기 좋은 환경을 만들어야 한다. 이를 위해서는 기업 활동을 옥죄고 있는 각종 규제들을 완화해야 하고, 노동시장의 유연성을 높여야 한다. 경제성장에 대한 자세한 논의는 다음 장에서 논의하기로 한다.

---

5 최제민, 김성현, 박상연 (2018), "글로벌 금융위기 이후 한국의 소득불평등 변화에 관한 연구", 『경제학연구』, 제66집 제1호, pp. 115–142.

인플레이션인가, 디플레이션인가

인플레이션은 물가수준이 지속적으로 상승하는 것을 말한다. 원래 인플레이션은 통화팽창을 의미하였다. 그러던 것이 현대에 와서 통화팽창의 결과로 나타나는 지속적인 물가상승만 인플레이션으로 쓰이고 있다. 그렇지만 여전히 통화팽창을 화폐인플레이션(monetary inflation), 지속적인 물가상승을 가격인플레이션(price inflation)으로 구별하여 사용하는 경제학자들이 있긴 하다.

2008년 글로벌 금융위기 이후 경기를 부양하기 위해 각국 정부가 저금리 정책 등을 통해 엄청난 돈을 풀었다. 그 결과로 통화량이 급격하게 증가하였다. 2009~2019년 기간 동안 한국의 경우 M1과 M2가 각각 144.5%와 86.0% 증가했고, 미국과 일본의 M2도 각각 51%와 32% 증가했다. 전 세계적으로 GDP 대비 통화 비중이 2009년 111.17%에서 2019년 127.07% 늘어났다(World Bank 데이터 참조). 최근 신종 코로나바이러스 감염증(코로나19) 사태로 인해 각국에서 더 많은 돈이 풀렸다.

그렇게 많은 통화량이 증가하였는데도 물가는 그렇게 많이 오르지 않았다. 소비자물가 지수가 2009년 88.452(2015년 기준)에서 2019년 104.850으로 18.5% 증가하였으며, 인플레이션율이 2009년 2.8%에서 2019년 0.4%로 꾸준히 하락했고 2009~2019년의 평균 인플레이션율은 1.82%에 불과했다. 이러한 추세는 한국뿐만 아니다. 동일한 기간 동안 미국의 평균 인플레이션율은 1.58%, 영국 2.05%, 유로지역 1.26%, 일본 0.30%였고, 전 세계적으로는 2.69%였다. 그리고 코로나19 이후에 경제가 쇠퇴하며 물가가 계속 하락하고 있다. 낮은 인플레이션과 함께 경제성장률이 저조해지자 디플레이션을 우려하며 돈을 풀어야 한다는 주장들이 나오고 있다.

그러나 여기에서 우리가 주의할 점이 있다. 그것은 우리가 관찰하는 인플레이션은 소비자물가지수를 바탕으로 하고 있다는 사실이다. 소비자물가지수에 포함되는 재화는 한정되어 있다. 통화량 변동에 따른 물가의 변동의 범위는 소비자물가지수에 포함되어 있는 재화에만 국한되지 않는다. 그 범위는 경제전반에 걸친다. 통화량이 증가하여 소비자물가지수에 포함되지 않는 재화의 가격을 심각하게 변동시켜 경제에 크게 영향을 미친다면 소비자물가지수만을 보고 통화정책을 수행할 경우 커다란 오류를 범할 수 있다.

그 단적인 예가 2008년 글로벌 금융위기를 촉발한 미국의 서브프라임 모기지 사태다. 당시 미국은 저금리 정책 등을 통해 많은 돈을 풀었다. 그럼에도 불구하고 소비자물가지수를 바탕으로 한 인플레이션이 2% 내외였다. 그러나 저금리 정책으로 풀린 많은 돈은 주택시장으로 흘러들어가 주택가격이 폭등했다. 그럼에도 불구하고 미국의 중앙은행인 Fed는 소비자물가지수만을 바라보고 인플레이션 우려가 없다는 판단 하에 돈을 계속 풀었다. 그것은 결국 주택시장의 버블을 만들었고, 그것이 꺼지면서 서브프라임 모기지 사태가 터졌다.

통화팽창은 실물의 물가만을 끌어올리는 것이 아니다. 자산의 가격들도 끌어올린다. 그래서 우리는 재화 인플레이션뿐만 아니라 자산인플레이션도 신중하게 고려해야 한다. 2008년 글로벌 금융위기 이후 불어난 많은 돈이 실물보다는 자산시장으로 흘러 들어가 자산가격을 크게 상승시켰다. 주가(KOSPI)가 2009~2019년 동안 89.1%, 금값이 43.7%, 채권가격이 23% 올랐다. 이러한 추세는 미국과 유럽도 마찬가지다. 2009년부터 2019년까지 기간 동안 미국의 S&P500와 유럽의 고수익회사채(high yield bond) 지수가 각각 300%와 250% 이상 올랐다. 이것으로 2008년 글로벌 금융위기 이후 중앙은행의 확대통화정책으로 풀린 돈의 대부분이 실물부문이 아닌 주식과 채권 등 금융부문으로 흘러 들어갔음을 알 수 있다.

실물부문이 성장하지 않은 채 금융부문만 성장하는 것은 사상누각처럼 위험하다. 지금은 디플레이션을 우려할 때라며 돈을 더 풀어야 한다고 주장할 것이 아니라 자산인플레이션을 우려해야 할 시점이다. 이러한 상황에서 돈을 더 풀었다가는 지난 미국의 서브프라임 모기지 사태와 마찬가지로 자산가격 버블이 형성되었다가 꺼지면서 경제위기를 맞을 수 있다.

게다가 통화팽창과 관련해서 일반적으로 무시되고 있는 매우 중요한 문제가 있다. 통화팽창이 소득불평등을 야기한다는 사실이다. 통화량을 늘렸을 때 새로 투입된 통화량이 구성원 모두에게 동시에 똑같이 배분되지 않는다. 중앙은행의 통화정책에 따라 늘어난 통화량은 제일 먼저 은행의 지준금으로 들어가 은행을 통해 시중에 나오게 된다. 은행대출을 통해 새로운 화폐를 다른 사람들보다 먼저 입수한 사람이 있다. 그 사람은 재화와 서비스의 가격들이 오르기 전보다 많은 돈을 가지고 있기 때문에 그의 실질구매력은 다른 사람들에 비해 높다. 그러나 가장 나중에 새로운 화폐를 입수한 사람은 거의 모든 재화와 서비스의 가격이 오른 뒤이기 때문에 새로운 화폐가 수중에 들어와도 그의 실질구매력은 증가하지 않는다. 그리하여 새로 유입된 통화를 일찍 손에 넣는 사람과 나중에 입수하는 사람 간에 소득격차가 발생한다. 최근 경제성장이 둔화되면서 갈수록 소득불평등이 커지고 있다. 통화팽창은 소득불평등을 더욱 악화시킬 것이다.

지금 한국경제가 심각한 불황을 겪는 이유는 돈이 부족해서가 아니다. 코로나19의 영향도 있지만 근본적인 이유는 정부가 취한 각종 규제로 인해 경제활동의 활력이 떨어졌기 때문이다. 경제를 살리기 위해서는 돈을 풀게 아니라 자유로운 경제활동을 유발할 수 있는 환경을 만드는 일이 시급하다. 기업 활동을 옥죄고 있는 각종 규제를 철폐·완화해야 하며, 노동시장을 유연하게 만드는 조치를 취해야 한다. 그리고 오히려 자산인플레이션에 대해 주의를 기울여야 한다. 그뿐만 아니라 통화팽창에 따른 소득불평등 문제를 심각하게 고려해야 한다.

출처: 안재욱, 한국하이에크소사이어티, 자유경제에세이, 2020년 7월 5일.

연습문제

*01. 2008년 글로벌 금융위기와 1930년대 대공황이 발생한 원인에 공통점이 있는가? 있다면 무엇인가?

02. 2008년 글로벌 금융위기를 치유하기 위해 각국이 저금리 정책을 쓰면서 많은 돈을 풀었다. 그것이 금융시장을 안정시키는 데 효과가 있었나? 또 경기를 부양하는 데 효과가 있었나? 그것이 어떤 또 다른 문제를 야기하였는가?

*03. 글로벌 금융위기에 대처하기 위해 한국 정부는 미국과 통화스왑을 하였다. 이 통화스왑은 어떤 영향을 미쳤는가?

*표시 문제의 답은 책 뒷부분의 부록에 수록되어 있음.

제16장

경제성장

경제성장(economic growth)이란 장기간에 걸쳐 사람들이 원하는 재화와 서비스가 늘어나는 것을 의미한다. 일반적으로 경제성장을 측정하는 데 실질GDP가 사용된다. 우리는 제2장에서 생산가능곡선을 배울 때 간단하게 경제성장의 요인을 다뤘다. 이 장에서는 조금 더 확장하여 경제성장의 원천이 구체적으로 무엇이며, 경제성장이 국가마다 다른 이유는 무엇인지에 대해 탐구해보자.

제 1 절
경제성장의 원천

특화와 교환

우리는 2장에서 교환이 사회의 부를 창출한다고 배웠다. 교환은 재화를 가치를 적게 평가하는 사람으로부터 가치를 높게 평가하는 사람으로 이동시키기 때문에 가치를 창출한다. 그러므로 교환이 많으면 많을수록 가치 창출로 부가 증가하기 때문에 경제가 성장한다.

애덤 스미스는 〈국부론〉에서 한 국가의 생산량은 노동력과 노동생산성에 달려 있고, 노동생산성은 분업 때문에 향상된다고 하였다. 분업은 특화의 또 다른 의미이고, 이것은 곧 교환을 전제로 한다. 사람들이 교환을 할 수 없으면 특화가 일어나지 않기 때문이다. 따라서 특화에 따른 교환이 많이 일어날수록 경제가 성장한다.

저축

물적 자본 축적

특화와 교환은 추가적인 자본이 축적되지 않고서는 확대되지 못한다. 어떤 사람이 자신이 생산하고자 하는 일에 전념하기 위해서는 그 제품의 생산을 완성하고 팔릴 때까지 생활을 유지하고 생산활동을 할 수 있도록 사전에 자본을 축적해 놓아야 한다. 다시 말하면 자본 축적은 특화와 교환에 선행되어야 한다는 것이다.

자본이 많이 축적될수록 그에 비례하여 노동이 더욱더 세분화된다. 노동이 세분화되면 그에 비례하여 생산성이 증가할 뿐만 아니라 생산활동을 용이하게 하고 간소화할 수 있는 새로운 기계들이 발명되는 기술혁신이 일어난다. 재래식 톱보다는 전기톱을 사용할 때 훨씬 많은 나무를 짧은 시간에 벨 수 있고, 땅을 팔 때도 삽 대신 굴삭기를 이용하면 짧은 시간 내에 훨씬 많은 일을 할 수 있음은 당연하다. 그런데 이러한 것을 가능하게 하는 것이 바로 자본 축적이다. 자본 축적이 있어야 미래의 생산이 증가하면서 경제가 성장하는 것이다. 그런데 자본 축적은 저축을 통해서만 가능하다. 따라서 경제성장에 있어서 저축이 매우 중요한 원천이다.

인적 자본 축적

물적 자본 축적 못지않게 중요한 것이 인적 자본 축적이다. 인적 자본(human capital)은 근로자들이 교육(education), 훈련(training) 및 경험(learning by doing)을 통해 얻은 지식과 기술을 의미한다. 즉, 인적 자본에는 교육을 통해 얻은 지식 및 기술뿐만 아니라 직업훈련, 그리고 직무수행 등 다양한 경험을 통해 습득한 모든 지식 및 기술이 포함된다. 읽기와 쓰기를 배우거나, 목공과 컴퓨터 프로그램을 습득하거나 의대에 진학함으로써 자신의 기술을 향상시키는 사람들은 일반적으로 더 많은 수입으로 보상을 받을 것이다.

　　인적 자본의 축적은 지식 전파에 따른 정(+)의 외부효과(positive externality)를 가져오고, 이와 같은 효과는 물적 자본의 축적과 더불어 나타나는 수확체감의 경향을 약화시키는 역할을 한다. 따라서 자본의 수확체감을 가정한다 하더라도 인적 자본의 축적은 1인당 자본 및 생산을 지속적으로 증가시키는 역할을 통해 장기적으로 정(+)의 경제성장을 가능하게 한다.

기술 발전과 기업가 정신

　　앞에서 본 것처럼 기술의 발전은 경제성장에 기여하는 강력한 동력이다. 250년 전 산업혁명을 기점으로 기술의 변화는 우리의 세상을 변화시켰다. 증기기관, 내연기관, 전기, 핵에너지는 주 에너지원이었던 인간과 동물의 힘을 대체하였다. 기차, 자동차, 그리고 비행기로 인해 교통혁명이 일어났다. 세탁기, 스토브, 전자레인지, 컴퓨터, 그리고 산업용 기계의 안전장비 등 노동력을 줄여주는 발명품들 때문에 적은 시간에 더 많은 것을 생산할 수 있게 되었다. 이러한 측면에서 기술이 발달함에 따라 경제가 성장해 왔다고 할 수 있다. 그러므로 혁신을 추구하는 기업가 정신은 경제성장을 촉진시키는 중요한 요인이다.

경제적 자유를 보장하는 제도적 환경

　　특화와 교환, 저축, 기술발전과 기업가 정신들은 진공상태에서 생기는 것이 아니다. 그것들은 한 국가의 제도와 정책의 영향을 받는다. 경제적 자유를 보장하는 국가의 제도와 정책에 따라 특화와 교환, 저축, 기술발전과 기업가 정신이 영향을 받고, 그로 인해 경제성장이 달라진다. 이것은 이미 1776년 애덤 스미스가 〈국부론〉에서 밝힌 사실이며, 최근에는 소위 신제도학파라고 불리우는 더글라스 노스와 대론 애스모글루, 로버트 배로 등과 같은 많은 경제학자들이 경제성장에서 제도적 환경의 중요성을 강조하고 있다.

　　경제적 자유는 사유재산의 자발적 교환을 통해 사람들이 서로서로 협동하게 함으

그림 16-1 경제자유와 빈곤율

출처: *Economic Freedom of the World: 2020 Annual Report*, Fraser Institute, p. 20.

로써 개인과 국가의 부를 증진시킨다. 이것은 바로 이 교과서가 처음부터 죽 설명해 온 것이다. 경제적 자유가 보장된 사회에서 사람들은 비교우위를 추구하는, 즉 희소한 재화와 서비스를 적은 비용을 들여 생산하고 공급하는 방법을 발견하려고 한다. 또 기업가들은 끊임없는 경쟁 압력 속에서 생산 방법을 지속적으로 개선하고 혁신하며 가장 효율적인 방법으로 생산하도록 하는 유인을 갖는다. 혁신과 효율적 생산을 촉진하는 이런 유인구조(incentive structure)가 생산량을 증가시키는 근본적인 원인이다.

이것은 제2장에서도 밝힌 바와 같이 경제자유지수와 경제발전 간에 밀접한 관계가 있다는 실증적 자료에서도 확인된다. 그뿐만 아니라 〈그림 16-1〉에서 볼 수 있듯이 경제적 자유가 높을수록 빈곤율이 낮고, 경제적 자유가 낮을수록 빈곤율이 높다. 이러한 사실은 경제성장과 국민들의 소득과 삶의 질의 향상에 있어서 경제적 자유가 매우 중요함을 보여준다.

경제학: 시장경제 원리

제 2 절
경제성장이 각국마다 다른 이유

제도적 환경 차이

앞에서 본 것처럼 국가 간에 경제성장에 차이가 나는 가장 큰 요인은 바로 경제적 자유를 보장하는 제도의 국가 간 차이에 있다. 경제적 자유를 보장하는 구체적인 제도란 바로 사유재산권을 보장하고, 자유경쟁을 보호하는 법적 제도를 말하며 경제에 대한 정부개입이 최소한에 그쳐야 한다는 것이다. 제도적 환경 차이에 따른 경제성장에 차이가 발생하는 것은 자본주의와 사회주의를 비교하면 바로 알 수 있다.

구체적으로 비교할 수 있는 대표적인 역사적 사례는 대한민국과 북한이다. 1945년 일본 식민지에서 벗어나 분단될 당시 대한민국과 북한은 경제적으로 거의 동일한 수준에 있었다. 오히려 북한이 경제적으로 더 유리한 조건에 있었다. 일제 식민지 시절 공업화가 남쪽보다는 북쪽에 더 많이 이루어졌기 때문이다. 1944년 전체 공산액에서 남쪽이 차지한 비중이 36.5%밖에 되지 않았다.[1]

그러나 60여 년이 지난 한국과 북한 간의 경제규모는 54배 차이가 난다. 〈그림 16-2〉에서 보는 바와 같이 2019년 북한의 국민총소득(GNI, 명목)은 35.6조원으로 남한 1,935.7조원의 1/54의 수준에 불과하다. 그리고 북한의 1인당 국민총소득은 141만원으로 남한 3,744만원 대비 1/27 수준이다. 2019년 북한의 무역총액은 32.4억달러로 남한 1조456억달러 대비 1/322 수준이다.

한국은 60여 년이 지난 지금 GDP 규모로 세계 9위의 경제대국으로 성장했다. 〈표 16-1〉에서 보는 바와 같이 한국의 경상GDP는 1953년 13억달러에서 2020년 1조6,382억달러로 무려 1,260배나 증가했다. 1인당 국민소득은 67달러에서 31,881달러로 475배, 수출액은 2천달러에서 5,124억9,803만 달러로 25,624배, 외환보유고는 380만달러에서 4,586.8억달러로 120,705배, 자동차 대수는 15,000대에서 24,587,343대로 1,639배 확대되었다.

---

1 이영훈 (2016), 『한국경제사(II)』, 일조각, p. 275.

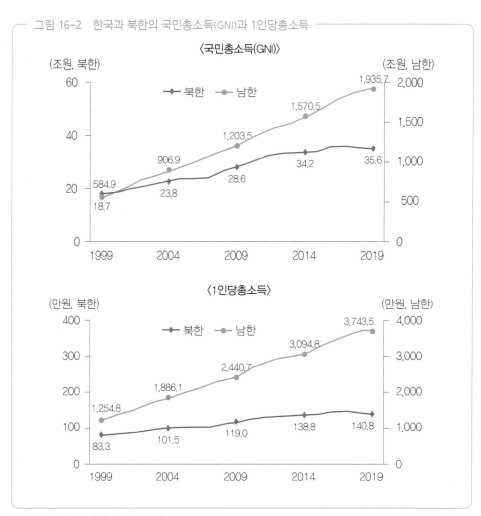

그림 16-2　한국과 북한의 국민총소득(GNI)과 1인당총소득

〈국민총소득(GNI)〉

(조원, 북한)

(조원, 남한)

◆ 북한　● 남한

1,935.7

1,570.5

1,203.5

906.9

584.9

18.7　23.8　28.6　34.2　35.6

1999　2004　2009　2014　2019

〈1인당총소득〉

(만원, 북한)

(만원, 남한)

◆ 북한　● 남한

3,743.5

3,094.8

2,440.7

1,886.1

1,254.8

83.3　101.5　119.0　138.8　140.8

1999　2004　2009　2014　2019

출처: 통계청, 「2020 북한의 주요통계지표」.

　　이러한 양국 간의 커다란 경제적 성과의 차이는 재산권의 확립과 자본주의적 유인 구조의 유무라는 제도적 차이 외에는 달리 설명할 방법이 없다. 왜냐하면 해방 후 두 국가는 민족적, 문화적, 지리적 동질성과 동질적인 경제적 여건으로 출발했기 때문이다. 이러한 측면에서 대한민국과 북한의 경우는 경제성장에 대한 일종의 자연과학적인 실험의 결과와 유사하다.

표 16-1   건국 당시와 현재의 한국경제

	정부수립 직후(A)	현재(B)	B/A(배)
경상GDP	13억 달러(1953)	1조6,382억 달러(2020)	1,260
인당 국민소득	67달러(1953)	31,881달러(2020)	475
수출액	2,000만 달러(1948)	5,124억9,803만 달러(2020)	25,624
외환보유고	380만 달러(1951)	4,586.8억 달러(2021.7)	120,705
자동차대수	15,000대(1948)	24,587,343대(2021.5)	1,639

자료: 통계청, 한국은행 DB

기타 언급되는 요인

인구

인구는 경제성장에 있어서 매우 중요하다. 인구는 애덤 스미스가 〈국부론〉에서 한 국가의 생산량에 중요한 영향을 미치는 노동력을 상징한다. 따라서 인구가 증가하면 생산이 증가할 것이고, 인구가 감소하면 생산에 영향을 미쳐 경제성장이 둔화될 수 있다.

그러나 1인당 소득의 관점에서 보면 조금 다른 주장이 있을 수 있다. 경제성장과 인구증가 간의 관계를 언급한 것으로 유명한 이론이 토머스 맬서스의 인구론이다. 그는 1인당 소득이 생존수준 이상으로 증가하면 인구가 증가하여 소득이 생존수준으로 다시 떨어진다고 주장했다. 식량은 산술급수적으로 증가하는 데 비하여 인구는 기하급수적으로 증가한다고 생각했기 때문이다.

그러나 역사는 그의 이론이 틀렸음을 보여주었다. 오히려 산업혁명 이후 주요 국가들에서 인구가 증가하고 1인당 소득이 증가했기 때문이다. 맬서스의 이론이 틀린 이유는 그가 기술발전, 혁신 등을 무시했기 때문이었으며, 사람들이 입만 가지고 있는 것이 아니라 손과 두뇌를 가지고 있다는 사실을 인지하지 못했기 때문이었다. 오늘날 홍콩, 싱가포르, 일본, 한국과 같이 인구밀도가 높은 국가들이 높은 1인당 국민소득을 누리고 있다는 사실은 인구증가가 경제성장에 해가 되지 않는다는 것을 보여주는 증거다.

천연자원

일반적으로 천연자원을 많이 보유한 국가들이 경제적으로 부유할 것이라는 생각이 많다. 천연자원을 많이 가지고 있는 국가가 경제성장에 유리한 위치에 있는 것은 분명하다. 예를 들어 석유를 많이 보유하고 있는 사우디아라비아, 바레인, 아랍 에미리트는 1인당 국민소득이 높다. 그러나 천연자원을 많이 보유하고 있다고 해서 항상 경제성장을 달성한 것은 아니다. 풍부한 천연자원을 보유하고 있던 아르헨티나, 베네수엘라 등 많은 국가들이 경제성장을 달성하는 데 실패했다. 오히려 빈약한 천연자원을 보유하고 있던 한국, 일본, 싱가포르, 대만, 홍콩 등의 국가들은 높은 경제성장을 달성했다.

이러한 사실은 경제성장에 있어서 제도가 자원의 양보다 훨씬 더 중요하다는 것을 보여준다. 자원이 적더라도 제도가 잘 갖춰진 국가들은 필요한 자원을 외국으로부터 들여와 경제를 성장시키는 데 사용할 수 있지만, 제도가 잘 갖춰지지 않은 국가들은 풍부한 자원을 효율적으로 사용하지 못하여 경제성장을 이루지 못한다. 오히려 풍부한 자원이 경제성장에 중요한 제도 확립을 방해하는 요인이 되고 있다. 이러한 현상을 '자원의 저주'라고 부른다.

개발원조

1950년대와 1960년대에 많은 사람들이 선진국이 후진국에 경제 원조를 제공하면 후진국이 경제성장을 이룰 것이라고 생각했다. 그들은 후진국이 경제를 발전시키지 못하는 이유는 소득이 너무 낮아 저축할 수 없어 경제발전에 기초가 되는 도로와 발전소와 같은 인프라를 건설할 자금을 마련하지 못하기 때문이라고 생각했다. 그리하여 부유한 국가들이 원조를 제공하면 그것이 경제성장과 발전을 일으킬 수 있는 투자로 이어질 수 있다고 했다.

그러나 반드시 개발원조가 후진국의 경제를 성장시킨 것은 아니었다. 보츠와나와 방글라데시는 독립 후 매우 가난하여 해외원조에 의존하였다. 그러나 2016년 기준 보츠와나는 1인당 국민소득이 8,000달러에 달하고 방글라데시의 국민소득은 2,000달러 정도다. 한국도 해방 후 미국으로부터 많은 원조를 받았다. 그러나 1995년 세계은행의 원조대상국에서 제외됐고, 2009년 11월 OECD(경제개발협력기구)의 DAC(개발협력위원회)에 가입해 원조를 주는 국가로 성장했다. 또 홍콩과 싱가포르와 같이 해외원조를 전혀 받지 않고도 놀라운 경제성장을 이룬 국가들도 있다. 따라서 개발원조가 후진국의 경제성장을 촉진하는 요인이 아닌 것이다.

사실 원조란 그 성격상 시장의 힘보다는 정치적 고려에 따라 이뤄진다. 따라서 원조가 집권층의 권력을 유지하는 데 유입되고 권력자 개인의 수중에 들어가 경제개발이 이용되지 않는 사례가 많았다. 그뿐만 아니라 해외원조가 오히려 산업을 파괴시키는 부작용도 낳았다. 부유한 국가들이 후진국들에게 농산물을 제공하였는데, 실제로 그 농산물은 농산물가격지지정책으로 발생한 잉여농산물로서 후진국에 대한 농산물 원조가 선진국의 잉여농산물을 처리하는 수단으로 이용되었다. 그러한 원조로 후진국의 시장이 파괴되었고, 장기적으로 농산물 생산능력마저 파괴되었다.

원조를 받은 국가들 중 경제성장을 이루지 못하는 공통적인 특징은 경제적 자유와 관련된 제도가 잘 마련되지 않은 점이었다. 그들 대부분은 투자를 통제하고, 무역을 억제했으며, 부패한 정치시스템을 보유하고 있었다. 그러한 잘못된 제도로 인해 경제성장이 잘 이뤄지지 않은 것이다. 아마도 전반적인 제도적 변화가 이뤄지지 않는 한 경제성장을 이루기 어려울 것이다.

기후와 지리적 조건

1인당 국민소득의 세계분포지도를 보면 지리적으로 열대지역(아프리카의 모든 지역, 남아메리카, 그리고 남부아시아)에 있는 국가들 거의 모두 가난한 반면, 중위도나 고위도지역(북아메리카, 오세아니아, 유럽, 동아시아)에 위치한 국가들의 소득 수준은 높다. 그리하여 기후와 세계주요시장과 멀리 떨어져 위치한 지리적 조건이 경제성장에 불리한 요인이라고 주장하는 사람들이 있다.

그들의 주장에 따르면 열대 지역에서는 무더운 기후 때문에 노동자들의 에너지가 떨어지고 노동자들이 말라리아와 같은 치명적인 질병에 노출될 위험이 많아 노동생산성이 떨어져 경제성장이 방해받는다는 것이다. 게다가 유럽, 북미, 일본과 같은 세계주요시장들과 멀리 떨어져 있어서 생산설비를 갖추기에 적합하지 않아 경제성장이 잘 이뤄지지 않는다는 것이다.

그러나 그들 대부분 국가들의 경제적 자유도가 낮다. 따라서 열대지역 국가들이 못 사는 이유는 기후와 지리적 조건보다는 잘못된 제도에 있다고 하겠다. 열대지역 국가들 중에서도 보츠와나와 같이 상대적으로 경제적 자유가 높은 국가들은 그렇지 않은 국가들에 비해 경제성장도 높고 국민들의 삶의 질이 높다.

칠레는 왜 베네수엘라보다 훨씬 더 잘 사는가?

나는 이번 주 선양에 있는 Northeastern University에서 강의를 하느라 중국에 와 있다. 오늘 나의 주제는 시장경제를 지향한 국가들이 어떻게 해서 아주 오랜 세월에 걸쳐 성공을 거두어 왔는지를 보여주는 '실제 사례들'이었다.

사례 중의 하나가 칠레다. 칠레는 자유시장경제로 전환한 후 강한 경제성장을 이끌어왔다. 칠레의 사례는 특히 베네수엘라와 대비된다. 베네수엘라는 사악한 형태의 국가주의에 의해 짓눌려 있다.

세계은행(World Bank)이 딱 2년 전에 「경제성장의 수수께끼(Puzzles of Economic Growth)」라는 제목으로 발간한 보고서의 제7장에서 이 두 나라를 비교하고 있다. 그 내용을 발췌해 소개하면 이렇다.

"칠레와 베네수엘라는 국가의 크기나 인구수가 비슷한 남아메리카 국가이다. 그들은 … 비슷한 역사, 문화유산 그리고 상당히 유사한 사회구조를 공유하고 있다. 1971년 이 양 국가의 1인당 소득은 비슷했다. 즉, 칠레는 (2001년을 기준으로 한 연결(chained) 달러로) 6,603달러였으며, 베네수엘라는 7,231달러였다."

이 보고서는 이 두 나라 모두가 1970년대 어떻게 해서 큰 성공을 거두지 못했는지를 설명해준다. 석유가 풍부한 베네수엘라는 에너지 가격의 상승으로 혜택을 누렸음에도 말이다.

적어도 오늘 토론과 가장 관련된 것은 그 후 시장우호적인 개혁을 펼친 칠레가 어떻게 베네수엘라를 뛰어넘게 되었나 하는 점이다.

"2003년 칠레의 1인당 소득은 12,140달러로 베네수엘라의 6,253달러의 거의 2배에 이르렀다. … 칠레는 이 지역에서 하늘의 별 같은 경제성장 사례가 되었고 그 후로 줄곧 베네수엘라를 앞서는 국가가 되었다. 칠레와 베네수엘라의 1인당 GDP의 비율을 보면, 1983년 0.75에서 2003년 1.94로 바뀌었다."

보고서는 많은 자료들을 담고 있다. 이 중 나의 관심을 끄는 것이 있었는데, 그것은 칠레가 무역장벽을 극적으로 줄였는 데 반해 베네수엘라는 더욱더 보호적으로 나갔다는 점이다.

"1979년부터 칠레 경제는 모든 남미 국가들 중 가장 낮은 수준의 관세장벽과 미미한 비관세장벽을 유지했다. 이에 반해 베네수엘라는 소비자들이 국유화된 산업에서 생산된 제품을 구매하도록 무역장벽을 높여나갔다." 칠레의 성공은 무역정책 넘어 전(全) 방위로 나아간다.

아래는 세계은행 보고서의 결론 내용의 일부를 발췌했다. 아래 요약은 칠레는 사회주의로의 몰락에서 어떻게 벗어났으며 이에 반해 베네수엘라는 나쁜 정책으로 어떻게 몰락하였는지를 아주 잘 설명해준다.

"1971년에서 2003년 동안 칠레와 베네수엘라는 모두 경제정책에 있어서 국가주의를 강화한 경험을 갖고 있다. 그러나 칠레에 있어서 그 기간은 아주 짧은 반면 (1971~1973년간 아옌데(Salvador Allende Gossens)의 사회주의 실험), 베네수엘라는 국가주의 정책을 분석 기간 거의 내내 유지했다. (국가주의 정책의 정점에는 1998년 당선된 차베스(Hugo Chávez)의 인기영합 정부가 있다.) 이 기간 동안 이 두 국가의 국유기업은 성장했다. 여기에다 가격통제와 자유로운 시장진입에 대한 규제들에 의해 시장 기구는 방해받았다. 경제의 많은 부문에서 사업 활동이 제한받았다. … 더 나아가 해외무역과 자본흐름에 대해 심각한 제한을 부과했다. 칠레는 경제가 엄청난 적자와 통제 불능의 인플레이션이라는 심각한 불균형 상태에 빠지자 3년간의 국가주의 실험을 중단했다. 경제안정을 위한 급진적인 프로그램과 경제자유 범위의 확대를 위한 개혁이 시작되었다. 경제방향에 있어서의 이러한 극적 변화는 긍정적인 결과를 낳았다. 1980년대 중반 이후부터 분석기간의 끝(2003)까지 칠레는 남미에서 가장 급속한 경제성장 국가가 되었다."

칠레는 왜 이처럼 빠르게 성장했는가? 내가 중국에서 학생들에게 설명했듯이, 그 이유는 자발적 교환에 있어서 더 많은 자유가 주어졌기 때문이다.

세계 경제자유도(Economic Freedom of the World)의 가장 최근 보고서를 보면, 칠레는 15위인 반면 베네수엘라는 가장 밑바닥에 있다.

출처: Mitchell, Daniel J. 저/ 배진영 역, 미제스와이어, 미제스에세이, 2018년 7월 24일.

(원문에 있는 많은 그래프와 표를 생략했음. 그래프와 표를 생략하다 보니 문장이 매끄럽게 이어지지 않아 이해하기 쉽게 문장들을 약간 수정했음).

연습문제

*01. 영(Zero)의 경제성장을 주장하는 사람들은 경제성장이 환경에 미치는 해로운 결과를 우려한다. 경제성장이 반드시 환경의 질을 떨어뜨리나?

02. 1인당 GDP는 GDP를 늘리거나 인구를 줄여서 늘릴 수 있다. 1인당 GDP를 올리는 것이 사람들이 더 잘사는 웰빙을 나타내는 것이라면 새로 아이가 태어나는 것은 평균적으로 생활수준을 떨어뜨린다. 1인당 소득을 늘리기 위해 산아제한을 해야 하나?

*03. 선진국이 후진국의 경제발전을 위해 개발 원조를 해주어야 하나?

04. 민주주의 국가가 반드시 경제적으로 자유로운가?

*05. 기업이 생산시설을 설치할 장소를 선택할 수 있다. 기업의 투자에 영향을 미치는 요인은 무엇인가?

06. 저임금국가의 노동자가 고임금국가로 이민을 가려고 하는 경우가 많다. 그럼에도 불구하고 저임금국가에 잘 투자하지 않는다. 왜 그러한가?

*표시 문제의 답은 책 뒷부분의 부록에 수록되어 있음.

제17장

정부의 역할

경제에서 정부의 역할은 대단히 중요하다. 우리는 지금까지 시장의 작동과 그 원리에 대해 배우면서 정부가 어떤 역할을 하느냐에 따라 시장이 원활하게 작동할 수 있고 방해받을 수 있다는 것을 알았다. 이 장에서는 시장의 원활한 작동과 경제성장, 그리고 국가의 번영을 위한 정부의 역할이 무엇인지를 살펴보기로 한다.

제 1 절
기본적인 정부의 역할

시장의 원활한 작동과 경제성장, 그리고 국가의 번영을 위한 정부의 역할은 크게 나누어 두 가지로 분류할 수 있다. 하나는 시장을 보호하는 역할이고, 또 다른 하나는 시장이 제공하기 어려운 재화를 생산 공급하는 역할이다.

시장을 보호하는 역할

정부가 시장을 보호해야 한다는 것은 시장을 규제하고 간섭해야 한다는 것이 아니다. 시장을 보호해야 한다는 것은 시장이 잘 작동할 수 있도록 시장경제의 기초조건들이 잘 유지될 수 있도록 환경을 조성하는 일이다. 그 구체적인 역할을 보면 다음과 같다.

국민들의 생명, 신체, 자유 그리고 사유재산 보호

인간에게는 선한 면과 악한 면 모두가 존재한다. 아주 선한 사람도 있고 그렇지 않은 사람도 있다. 악한 사람일수록 다른 사람을 해치거나 재산의 전부 또는 일부를 탈취하려고 할 것이다. 남에게 피해를 주는 그러한 행동이 제어되지 않으면 평화로운 인간 협동이 이루어지기 어렵다. 평화로운 사회를 유지하기 위해서 사회를 위태롭게 만드는 사람들은 힘과 강제력을 동원하여 막아야 한다. 다시 말하면 타인의 생명이나, 신체, 개인의 자유, 사유재산을 존중하지 않는 사람들에게 사회생활의 제반규칙을 순순히 따르도록 강제력을 사용할 수 있어야 한다. 이것이 바로 국가가 해야 할 역할이다. 따라서 국가의 역할은 기본적으로 생명, 신체, 자유 그리고 사유재산을 폭력적인 공격으로부터 보호하는 데 있다. 국가는 사람들이 사회생활의 규칙들을 준수하도록 하는 강요와 강제력을 지닌 사회적 기구다. 그리고 국가가 수행하는 규칙이 법률이며, 법률에 정한 바에 따라 강제적인 조치를 취하는 책임을 맡은 기관이 정부다. 그래서 정부의 역할 역시 국민들의 생명, 신체, 자유 그리고 사유재산을 보호하는 데 있다.

그래서 정부는 국민들의 생명, 신체, 그리고 사유재산을 보호하는 법과 규칙을 제정하고 그것을 엄격히 집행해야 한다. 구체적으로 외적의 침입으로부터 국민들의 생명과 재산을 보호하고 사기나 횡령을 엄격하게 처벌하며 도둑과 강도로부터 시민의 재산을 보호하는 것이다. 국방과 치안을 강화하는 일이 정부가 해야 할 가장 기본적인 임무다. 그뿐만 아니라 법과 규칙을 국민 모두에게 동등하게 적용해 집행하고 분쟁을 조정하는 것 역시 정부가 해야 할 일이다. 아무리 법이 명확하게 쓰여 있다 하더라도 그것의 의미와 합법성에 대해 의견이 서로 다르게 마련이다. 자신들이 잘못 다루어진다고 생각하는 사람은 누구나 최종결정을 위해 법에 호소할 수 있어야 한다.

자유경쟁 보호

정부는 자유경쟁을 보호하고 신장하는 일에 주력해야 한다. 구체적으로 소비자 이익을 해치는 행위를 막고 규제해야 한다. 정부는 경쟁 과정에 있는 어떤 특정집단이나

경제학: 시장경제 원리

개인을 보호해서는 안 된다. 정부의 인·허가권과 같은 진입규제나 경쟁제한정책 등은 특정집단이나 개인을 보호하는 것들로서 자유경쟁을 해치는 것들이다. 이러한 규제는 제10장에서 본 것처럼 대부분 정부의 행정기관들이 기업들이나 산업들에 의해 포획(capture)되어 만들어진 것이다. 그것들은 경쟁을 억제할 뿐만 아니라 오히려 독점을 보호하여 소비자와 잠재적 경쟁자 모두에게 손해를 끼친다.

중소기업에 대해서는 규제를 완화하고 대기업에 대해서는 규제를 강화하는 차별적 규제도 마찬가지로 경쟁자를 보호하는 조치다. 제9장에서 다룬 중소기업 적합업종, 대형마트 규제 등의 중소기업을 보호하려는 규제에서 드러났듯이 차별적 규제는 경쟁을 줄이고 다수의 국민들에게 비용을 부과하게 된다. 중소기업을 보호하고 대기업을 규제하는 논거는 거대 기업을 설립할 자본을 가지지 못한 사업자는, 이미 그러한 기업 규모를 운영·유지하고 있는 사업자에 의해 실질적으로 경쟁을 제한당하고 있어 거대한 자본 요구량이 실질적인 진입장벽이 된다는 것이다.

그러나 이러한 주장은 자유와 성공을 혼동하는 것이다.[1] 자유 시장에서 기회는 모든 사업자들에게 열려 있다. 모든 사업자에게 어느 분야든지 뛰어들 수 있는 기회가 열려 있다는 사실과 그들이 모두 그 분야에서 유능한 사업가가 된다는 사실은 별개의 것이다. 다시 말하면, 진입장벽이 없다는 것과 진입 후 성공한다는 것과는 별개의 사안이라는 것이다. 예를 들어, 어떤 사람에게나 권투 시합에 출전할 수 있는 기회는 열려 있으나 실제로 출전하거나 출전하여 챔피언이 되는 사람은 극소수에 불과하다. 마찬가지로 진입장벽이 없는 자유로운 시장에서 많은 자본을 필요로 하는 산업에서는 더 적은 자본을 필요로 하는 산업에서보다 더 적은 수의 사람들이 새로운 기업을 설립하면서 참여할 뿐이다. 그래서 거대한 자본 요구량이 실질적인 진입장벽이 된다는 것은 경쟁의 의미를 왜곡하는 것이다. 게다가 새로 진입하려는 기업들은 기존기업과 동일한 방식으로는 기존기업을 이길 수 없다. 새로운 아이디어로 더 나은 기회를 찾아야 이길 수 있다. 실제로 현실에서 기업들은 이런 방식으로 경쟁할 뿐만 아니라 이런 방식으로 성공한 기업과 기업가들이 대단히 많다.

더 중요한 것은 기업의 생존과 번성이 소비자의 선택에 달려 있듯이 새로운 기업

---

[1] Rothbard, Murray N.(2001[1962]) *Man, Economy, and State: A Treaties on Economic Principles*, Ludwig von Mises Institute.

의 진입 여부를 최종적으로 결정하는 것은 소비자라는 사실이다. 소비자는 기업과 기업가의 출발점이 어디냐에 대해 관심이 없다. 소비자는 기업과 기업가가 가진 배경에는 관심이 없고 오로지 기업과 기업가가 자신들의 이익에 얼마나 잘 봉사하느냐에만 관심을 갖는다.

중소기업은 보호하고 대기업에 대해서는 규제를 가하는 데 따른 결과는 '피터 팬 증후군(Peter Pan Syndrome)'이다. 중소기업들이 중견기업으로 중견기업이 대기업으로 성장하지 않으려는 것이다. 중소기업이 기업을 키워 중견기업으로 커지면 중소기업으로서 받는 각종 혜택이 끊기고 중견기업으로서의 규제를 받는다. 그리고 중견기업이 대기업으로 성장하면 더 많은 규제를 받는다. 그러다 보니 기업들이 성장을 거부하고 기업을 나누거나 계열사를 만드는 등의 회사를 쪼개거나 해외로 진출해 버린다. 2020년 10월 18일 중소벤처기업부가 발표한 중소기업 기본통계에 따르면 국내 약 636만 개 기업 가운데 소기업은 98.5%로 약 650만 개를 차지하고 중기업은 1.5%로 약 9,7000개, 대기업은 약 5,000개로 0.1%를 차지한다. 지난 20년간 중견기업에서 대기업으로 올라선 기업은 극소수에 달한다.

화폐가치 안정

제13장, 14장, 15장에서 배운 것처럼 시장이 잘 작동하고 경제가 안정적으로 성장하기 위해서는 화폐가치가 안정되어야 한다. 따라서 정부는 화폐가치의 안정을 도모해야 한다.

정부는 화폐발행의 독점권을 가지고 화폐를 공급하고 있다. 화폐발행에 대한 지배력을 갖는 정부는 통화팽창의 유혹과 유인을 갖는다. 통화 증가로 인한 화폐의 가치 하락은 정부에 이익을 준다. 통화가 팽창할 경우 채무자가 가치 저하된 화폐로 부채를 갚게 됨으로써 채무자가 이익을 볼 수 있다. 정부 자체가 채무자일 경우 통화팽창의 인센티브를 많이 갖는다. 또한 정부의 화폐발행에 대한 지배력은 정부의 서비스와 기능을 끊임없이 키우려고 하는 것의 원천이 된다. 정부가 서비스를 늘리고 자신의 기능을 확대하고 싶을 때 인기 없는 조세를 통해 재정수입을 증가시키는 방법에 의하지 않고 화폐발행을 이용하고자 하는 유혹을 받는다. 정부가 화폐에 대한 지배력을 가진 이후 각국에서 통화가치는 지속적으로 하락하였다.

제14장에서 배운 것처럼 통화팽창으로 화폐가치가 하락이 되면 상대가격의 변화가 발생한다. 이것은 결국 시장의 가격제도를 왜곡시키게 되어 시장의 기능을 파괴한다. 통화공급의 증가가 공개시장조작을 통해 이루어지면 중앙은행에 증권을 파는 은행에 새로운 지준금이 유입된다. 특정은행들이 새로운 화폐를 먼저 입수하게 된다. 그 은행들이 그 새로운 화폐로 부동산을 구입하려는 사람에게 대출을 할 경우 아직 다른 물가가 오르지 않은 상태이기 때문에 주택을 구입한 사람이 제일 먼저 이익을 본다. 그 다음 주택을 팔아 새로운 화폐를 입수하게 된 사람이 다른 재화들의 가격이 오르지 않은 상태에서 재화를 구입하게 되면 그 다음 이익을 본다. 그 과정이 계속되다가 그 새로이 창출된 화폐를 최종적으로 얻는 사람은 아무런 이익을 얻지 못한다. 이것이 통화팽창에 따른 상대적 가격 효과이다.

통화팽창을 통하여 상대가격을 변화시킴으로써 정치가들은 지지가 필요한 유권자들에게 수혜를 부여할 수 있다. 정치가들은 경제를 통해 초과화폐공급이 파급되어 가는 경로를 정확하게 통제할 수는 없다. 그러나 새로운 통화가 들어와 은행의 지준금이 증가해 이자율을 낮춤으로써 보다 많은 부채가 있는 유권자, 예를 들어, 농업이나 기업의 차입자 등에 도움을 줄 수 있다. 게다가 인플레이션이 재정적자를 보전하는 방법으로 사용된다면 정치가들은 특정이익집단, 혹은 유권자들에게 추가지출이 이루어지게 할 수 있다. 상대적 가격효과가 정치적으로 중립적인 화폐공급과정에 내재되어 있을 뿐만 아니라, 인플레이션으로부터 얻는 정치적 이익이 존재하기 때문에 상대가격에 영향을 미치는 방법으로 화폐를 공급할 추가적인 유인이 존재한다.

이와 같은 통화팽창정책은 시장을 교란시키고 경제를 불안하게 함으로써 경제발전에 해가 된다. 따라서 정부는 인플레이션으로 인한 화폐가치의 불안정을 막는 것은 물론 통화팽창에 따른 상대적 가격효과가 나타나지 않도록 통화관리를 해야 한다.

무엇보다 경제는 돈 푼다고 해서 살아나고 성장하는 것이 아니므로 경제를 살리고 경제성장을 위한다는 명분으로 돈을 풀어서는 안 된다. 돈 풀어서 경제를 살리고 경제를 성장시킨다면 이 지구상에 가난한 나라가 존재하지 않을 것이다. 경제성장은 앞장에서 설명한 바와 같이 경제적 자유와 밀접한 관계가 있다. 따라서 경제를 성장시키려면 정부가 할 일은 경제적 자유를 훼손하고 있는 규제나 제도를 없애 기업과 기업가들이 마음 놓고 활동할 수 있는 환경을 만드는 일이다. 거기에 더해 통화준칙과 재정준칙을 통해 통화정책과 재정정책을 수행해야 경제가 안정적으로 성장할 수 있다.

시장이 제공하기 어려운 재화의 생산 공급

정부가 시장이 제공하기 어려운 재화를 생산 공급해야 하는 역할은 이른바 '시장실패'를 치유하기 위한 정부의 적극적인 시장개입을 의미하는 것이 아니다. 시장이 보다 활성화될 수 있도록 생산의 보조적인 역할을 하라는 의미다. 그것을 구체적으로 보면 다음과 같다.

생활능력이 없는 사람들을 위한 복지제도 마련

우리 사회에는 생활 능력이 없는 장애인과 노약자, 부모 없는 아동들과 같이 스스로 생산 활동에 참여할 수 없는 사람들이 있다. 정부는 이러한 사람들을 위한 복지제도를 마련할 필요가 있다. 누군가는 돌보아야 하는데, 그들을 돌보는 일이 민간의 자발적 행위만으로 충분하지 않으므로 정부가 보호해야 한다.

그러나 그 이상의 복지제도 확대는 경제에 해가 된다. 복지를 확대하기 위해서는 세금을 많이 거둬야 한다. 물론 국민들의 세 부담이 늘어가더라도 국민들이 그만큼 서비스를 받게 된다면 별 문제 될 것이 없다. 그러나 국가주도로 복지지출을 하는 경우에는 개인이나 민간이 하는 경우보다 훨씬 비용이 많이 들고 서비스가 제대로 이루어지지 않는다. 공무원이 늘어나고, 복지 지출과 관련하여 공무원의 부정부패가 증가한다. 또한 복지 대상자들의 선정기준을 정하고 그에 맞추어 경직적으로 운영하는 관료주의 폐해가 증가한다. 이러한 것들로 인해 결국 사람들은 기대하는 것만큼의 서비스를 받지 못하게 된다. 과다한 세금은 일할 의욕을 감소시키며, 기업가의 활동을 감소시킨다. 따라서 전반적인 복지국가를 건설하겠다는 목표로 세금을 많이 거둘 경우 국가경제가 곤경에 처할 수 있다.

또한 일할 능력이 있는 사람에 대한 복지제도는 근로의욕을 저하시키고 실질적으로 도움이 되지 못한다. 임금으로 살아가는 것보다 복지연금으로 살아가도록 유도하기 때문이다. 그리고 많은 경우 복지제도가 보호하고자 하는 계층에 오히려 피해를 주는 결과를 낳을 수 있다. 가난한 사람에게 소득재분배가 일어나기보다는 오히려 소득이 적은 사람이 소득이 높은 사람에게 보조금을 주는 형태로 되는 것이다.

또 다른 복지정책의 문제는 일단 복지제도가 만들어지면 확대되는 경향이 있다는 점이다. 복지에 대한 수요는 늘어가고, 유권자들의 표를 기반으로 하는 정치인들에게는 가난한 사람들을 도와주어야 한다는 주장에 명시적으로 반대하고 나서기 어렵다. 그래서 복지제도는 흔히 인기영합적인 형태를 띠게 된다.

기초교육 지원

정부가 기초교육을 지원할 필요가 있다. 그 이유는 제10장에서 배운 것처럼 기초교육에는 사회에 미치는 긍정적인 영향을 미치는 외부성이 크기 때문이다. 기초교육에 외부성이 있다는 것은 그 교육의 수혜자가 교육을 받은 개인에게만 국한되지 않고 사회전체에 긍정적인 영향을 미치는 것을 말한다. 이 교육을 개인에게만 맡겨 놓을 경우 사회에 필요한 만큼의 교육량이 생산되지 못하기 때문에 국가가 교육을 담당하여 사회에 필요한 만큼의 교육을 공급해야 한다는 것이다. 그러나 무엇보다 중요한 것은 정부가 직접적으로 개입하여 공급하기보다는 학부모들이 학교를 선택하고 학교가 자율적으로 공급할 수 있는 자율시스템으로 운영되도록 하는 것이다.

교육과 관련해 한 가지 유의할 사실은 전문교육으로 갈수록 외부성이 적고 교육을 받는 당사자에게 그 편익이 돌아간다는 점이다. 이러한 특성 때문에 전문교육에 정부가 개입하고 관여하게 되면 전문교육시장에 심한 왜곡 현상이 발생하고 전문교육의 질적 저하가 초래된다. 따라서 전문교육은 정부가 관여하지 말고 민간에 맡겨야만 한다.

도로, 운하, 교량, 항구, 통신 등과 같은 SOC(사회간접자본) 구축

SOC는 국민경제에 긍정적인 효과를 창출한다. SOC가 기업의 생산 활동이 원활하게 이루어질 수 있도록 하는 역할을 하는 것이다. SOC 건설을 통해 거래비용을 절감할 수 있는 시설을 확충하게 되면 기업의 생산 및 물류비용이 절감되어 기업의 경쟁력이 강화되고 생산 활동이 촉진된다. 그로 인해 고용이 창출되고 경제성장에 기여하게 된다. 특히 경제발전 초기에는 국민생황에 필수적인 전력, 상하수도, 통신, 철도, 가스 등의 SOC 구축에 참여할 수 있는 민간기업이 자생적으로 형성되기가 매우 어렵다. 이 시기에는 정부가 직접 담당할 수밖에 없다.

제 2 절
제한된 정부의 필요성

'큰 정부'의 폐해

정부가 활동하기 위해서는 자금이 필요하고 그 자금의 원천은 조세다. 그런데 위와 같은 정부의 기본적인 역할 이상에 대한 정부지출 확대는 경제에 부정적인 영향을 미쳐 국가를 정체시키거나 쇠퇴하게 만든다.

그 이유는 첫째, 정부지출에 대한 조달을 위한 조세 증가, 채무 증가는 경제에 부담을 가중시킨다. 정부가 팽창하고 조세가 증가하면 조세부담의 과중으로 발생하는 경제적 손실은 기하급수적으로 증가한다. 정부지출의 생산성이 감소하지 않더라도 조세 증가 및 채무증가의 비용증가는 결국 추가 정부지출의 편익을 압도하게 된다.

둘째, 정치적 과정이 경제성장을 촉진하는 기업가 정신을 방해한다. 경제성장은 시장의 발견과정에 의해 이루어진다. 기업가는 새로운 기술을 개발하고 더 나은 생산 방법을 찾으며 과거에는 간과되었던 기회나 오류를 발견하면서 부가가치가 높은 재화와 서비스를 생산하는 데 자원을 사용한다. 이것이 부의 창출과 경제성장의 주요인이다. 시장은 기업의 기민한 활동을 촉진하고 잘못된 결정을 한 사람들에게 신속하고 확실한 처벌을 한다. 이와는 달리 정부 부문은 변화에 대한 적응이 매우 느리다. 시장과 비교하여 오류를 시정하는 시간이 길고 환경변화에 대한 새로운 정보, 신기술에 대한 적응이 정부 부문에서 훨씬 더 많은 시간이 걸린다. 그리하여 시장보다 정부가 크게 되면 경제성장의 활력을 떨어뜨린다.

셋째, 정부가 커지면 소득의 재분배 및 규제 활동이 증가하게 된다. 이러한 정부의 활동은 개인의 소득이전추구 행위를 증가시킨다. 즉 개인들이 생산을 통하여 소득을 증가시키려고 하기보다는 정부의 시혜를 통해 소득을 증가시키려고 노력한다. 그리하여 희소한 자원은 부의 창출에 사용되는 것이 아니라 개인들의 소득이전추구 활동에 사용된다. 다시 말하면 자원이 생산적인 것에서 비생산적인 사용처로 이동하게 된다. 이러한 자원의 이동은 경제성장을 방해하고 경제의 잠재력 이하로 소득 수준을 떨어뜨린다.

결론적으로 정부의 기본적인 역할 이상의 정부 활동은 경제에 결코 긍정적인 효과를 낳지 않으므로 정부는 시장을 보호하는 일과 시장이 제공하기 어려운 재화를 공급하는 역할만을 담당하고, 나머지는 민간이 담당하게 하는 것이 바람직하다. 그러한 점에서 정부의 권력을 제한해야 한다. 그렇지 않으면 정부의 권력은 계속 커질 것이기 때문이다.

정부의 권력이 커지는 이유

대의 민주정과 포퓰리즘

정부의 권력이 커지는 이유는 두 가지로 설명할 수 있다. 첫째는 대의 민주정 때문이다. 대의 민주정 체제에서는 다수의 표나 의석을 차지한 사람이나 정당이 정권을 갖게 된다. 정권을 잡은 사람들은 자원을 강제로 배분할 수 있는 국가권력을 행사할 수 있다. 그래서 정치인들은 가능한 한 온갖 수단을 동원하여 대중의 지지를 얻어내려고 한다.

다수의 대중이 국가의 미래보다는 당장의 눈앞에 보이는 자신의 이익을 투표한다면 정치인들은 유권자들이 원하는 바를 충족시키기 위해 대중영합적(포퓰리즘) 정책을 남발하게 된다. 그리고 유권자들의 표를 얻는 데는 그보다 더 매력적인 방법이 없다는 사실을 알고 정권 담당자들은 당장의 집권과 유지를 위해 더욱더 대중영합적 정책을 강화해 나간다. 오늘날의 대의 민주정에서 정권이 표를 가진 집단에 포획되고 있는 것이 일상화되면서 정부의 권력이 갈수록 커지고 있다.

죄수의 딜레마

정부의 권력이 커지는 또 다른 이유는 죄수의 딜레마로 설명할 수 있다. 죄수의 딜레마는 게임이론에서 나왔다. 죄수의 딜레마는 게임에 참가하는 사람들이 서로 협력할 때 최상의 결과가 나옴에도 불구하고 개인적인 이익추구로 가장 불리한 결과를 선택하는 것을 나타낸다.

두 명의 용의자 A와 B가 중범죄로 체포되어 분리된 방에서 심문을 받고 있다. 검사가 두 사람 각각에게 다음과 같이 제의한다. "범죄를 자백하는 사람은 석방되고 부인한 사람은 10년 형에 처해질 것이다. 그리고 둘 모두가 자백하면 3년 형에 처해질 것이다. 두 사람 모두 끝까지 부인하는 경우 과거 다른 범죄를 수사하여 1년 형을 받게 할 것이다." 이것을 표로 만들면 아래 〈표 17-1〉처럼 된다.

표 17-1　용의자들의 형량체계

A	B	
	부인	자백
부인	(1년, 1년)	(10년, 0년)
자백	(0년, 10년)	(3년, 3년)

주: (A의 보상, B의 보상)

위의 상황에 따르면 A와 B 모두가 범죄를 부인하여 1년 형을 받는 것이 최상의 결과다. 그러나 A가 생각할 때 B가 부인할 경우 자신도 부인하면 1년 형이고 자백하면 석방된다. A는 자백하는 것이 유리하다. 그리고 B가 자백할 경우 A 자신도 자백하면 3년 형, A 자신이 부인하면 10년 형을 받는다. 여기서도 A는 자백하는 것이 유리하다. 그래서 A의 지배적인 전략은 자백하는 것이다.

이제 B의 입장에서 보자. A가 자백하고 B 자신이 부인하면 10년 형, 자백하면 3년 형을 받게 된다. 이 경우에 자백하는 것이 B에게 유리하다. A가 부인하고 B 자신이 자백하면 석방되기 때문에 자백하는 것이 B에게 유리하다. 그래서 B의 지배적인 전략 역시 자백이다.

그리하여 두 사람 결국 모두 자백하여 3년 형을 받게 된다. 누구든 그 위치에서 움직이면 손해가 나는 지점이 내쉬균형이다. A의 입장에서 B가 자백하는데 자신이 부인하면 손해다. B의 입장에서도 A가 자백하는데 자신이 부인하면 역시 손해다. 그래서 모두 자백하는 〈표 17-1〉의 우하의 결과, 즉 (3, 3)이 내쉬균형(Nash equilibrium)이 된다.

한편 모두에게 최상의 결과는 A와 B 모두가 부인하는 것이다. 그럼에도 불구하고 각자가 지배적인 전략으로 취한 선택이 두 사람 모두에게 바람직하지 않은 결과를 가져오는데, 이 상황을 죄수의 딜레마(prisoner's dilemma)라고 한다.

이제 이것을 이용하여 정부 문제를 논의해보자. 정부의 권력을 줄이고 민간영역을 확대하는 정부를 '좋은 정부'라고 하자. 그리고 모든 사람들이 '좋은 정부'를 만들기 위해 기꺼이 자신들의 취미활동 및 일상생활의 시간을 줄여 정책문제를 토론하고 정치인들을 감시한다고 가정하자. 만약 가정한 대로 모든 사람들이 자신들의 시간을 할애하여 정책을 토론하고 정치인을 감시한다면 '좋은 정부'를 만들 수 있을 것이다. 그러나 그렇게 되지 않는 것이 현실이다.

만약 나는 나의 시간을 할애하여 정치인 감시활동을 하지만 다른 사람들이 그런 활동을 하지 않는다면 나의 노력은 물거품이 된다. 나는 아무런 보람도 없이 나의 시간을 포기한 셈이 된다. 한편 다른 사람들이 시간을 할애하여 정치인들을 감시하는데 나는 그런 활동을 하지 않고 나의 취미활동이나 일상생활에 매진하면 나는 나의 취미활동과 일상생활도 하고 '좋은 정부'를 얻는 이익을 취할 수 있다. 따라서 나의 지배적인 전략은 나의 취미활동과 일상생활에 매진하는 것이다. 그러나 다른 사람들 역시 정치인 감시활동보다는 자신들의 취미활동이나 일상생활에 매진하는 것이 지배적인 전략이기 때문에 결과적으로 모든 사람들이 원하는 '좋은 정부'를 가질 수 없게 된다.

각 개인에게는 선택에 따라 4가지 가능한 보수가 있다. 정치인을 감시하기 위하여 취미생활이나 일상생활을 포기해야 하는 사람은 정치인 감시보다 취미생활이나 일상생활을 선택하는 것이 항상 더 낫다. 그렇게 함으로써 취미활동이나 일상생활로부터 이익을 얻을 수 있기 때문이다. 이 사람이 '좋은 정부'를 얻을 것인지 '나쁜 정부'를 얻을 것인지는 다른 사람들의 선택에 달려 있다. 그러나 다른 사람들 모두가 각자 똑같은 상황에 처해 있기 때문에 모든 사람이 취미생활이나 일상생활을 선택하게 되고 '나쁜 정부'를 얻는 결과를 가지게 된다. 이것이 딜레마다.

만약 거래비용이 없다면 죄수의 딜레마는 존재하지 않을 수 있다. 당사자들이 최하의 결과가 아닌 최상의 결과를 낳기 위한 구속력 있는 계약을 체결하면 죄수의 딜레마 문제는 해결될 수 있다. 예를 들어 위 예에서 정치인 감시활동을 하지 않으면 그에 따른 벌칙을 부과하기로 사람들 간에 계약을 체결하면 된다. 그렇게 되면 정치인 감시활동을 하는 것이 자신의 이해관계와 부합하므로 사람들은 정치인 감시활동에 자신들의 시간을 사용할 것이다. 그리고 사회는 '좋은 정부' 안에서 생활을 할 수 있을 것이다. 그러나 이러한 계약을 고안하고, 작성하고, 협상하고, 기록하고, 감시하고, 시행하는 데는 엄청난 비용이 든다. 이 거래비용 때문에 우리 모두가 원하는 바를 얻을 수 없게 된다.

정부의 권력을 제한하는 방법

대의 민주정에 따른 포퓰리즘과 죄수의 딜레마 때문에 정부 권력의 팽창을 막을 수 있는 최선의 방법은 헌법이다. 헌법에 제한된 정부의 권력을 명시하는 것이다. 헌법에 정부가 국가의 권력을 어디까지 행사할 수 있는지를 분명하게 명시함으로써 집권세력이 자신들의 이익에 따라 국가권력을 행사할 수 있는 영역을 아예 원천적으로 제거하는 것이다.[2]

2 김영용, 『민주국가는 당신의 자유를 지켜주는가』, p. 305.

경제학: 시장경제 원리

'너무 큰 정부' 감별법

적어도 소크라테스 시절부터 스승들은 제자들에게 질문을 던져 비판적으로 사고하고 자신의 생각을 가다듬어 가정(假定)을 세우도록 가르쳤다. 공공 재정(정부 경제학) 수업에서 나는 학생들에게 질문한다. "너무 큰 정부가 어떻게 너무 작을까?" 모순적으로 보이는 이 문제를 접한 학생들은 우선 질문하게 된다. "정부의 역할은 무엇인가?"

학생들에게 현재 정계에서 정부에 대한 시각을 물어본다. 민주당 대권 후보자들의 낙관적 제안, "정부는 우리가 생각할 수 있는 모든 곳에서 더 커야 한다." 및 여러 상황을 볼 때, 현 시대에서 "정부는 다른 사람들을 제물로 삼아 내가 원하는 것을 주는 조직"이다.

만약 이것이 정부의 역할이라면 내 질문은 어불성설이다. 정부로부터 항상 '더 많은 것'을 기대한다면 정부는 절대 너무 클 수 없다. 그러나 내 소원 목록이 아니라 타인의 목록을 인정하여 '내 돈을 그에게 쓴다면' 비로소 정부는 너무 커 보일 것이다.

오늘날 '다른 사람의 돈을 나를 위해 더 많이' 사용하는 정부와 미국 건국의 아버지들에게 지대한 영향을 미친 사상과 이상 속의 정부의 역할은 확연히 다르다. 그들에게 영향을 주었던 사람들이나 글을 살펴보자.

"다른 이들과 함께 사회를 구성하고 기꺼이 참여하려 한다. … 자신의 생명, 자유, 재산을 서로 보호하기 위해 … 나는 이것들을 통칭하여 사유재산이라 하겠다."

(John Locke)

"현명한 통치자가 항상 제일 먼저 챙겨야 하는 것은 … 사유재산권 보장이다. 이는 여타 모든 것의 기반이다. … 사유재산권을 침해하거나 약화시키거나 위태롭게 하는 사람은 무조건 적이다."

(Cato's Letters)

"사유재산을 구분하는 조약, 그리고 소유권을 보장하는 조약이 어떤 환경에서든 인간 사회 설립에 가장 필요한 것이며, 이러한 법을 규정하고 준수하는 동의가 이루어지면 완벽한 조화와 협력을 결정하기 위해 더 해야 할 일은 거의 없다는 것에 그 누구도 의문을 제기할 수 없다."

(David Hume)

이들의 영향을 받은 건국의 아버지들은 정부의 역할이 시민의 사유재산권을 온전히 보호하는 것이라고 명백하게 주장했다.

"사유재산권은 분명히 자유만큼이나 실제적인 인간의 권리다. … 사유재산이 하나님의 율법만큼 신성한 것이 아니라는, 사유재산을 보호할 법이나 공공질서의 강제력은 없다는 생각이 사회에서 용인되는 순간, 무정부주의와 독재는 시작된다."

(John Adams)

"하늘 아래 그 누구도 당신에게서 뺏어갈 수 없는 권리들이 있다." (Patrick Henry)

"공화 정부의 진정한 기반은 모든 시민들이 인격과 사유재산에 관하여, 또한 사유재산 관리에 관하여 동일한 권리를 갖는 것이다." (Thomas Jefferson)

"인간이 다양한 능력을 갖고 있다는 사실이 자유 재산권의 기초다. … 이러한 능력을 보호하는 것이 정부의 첫 번째 목적이다." (James Madison)

"사실 정부가 너무나 허약해서 파벌 다툼을 견뎌 내지 못하고 … 개인의 권리와 사유재산권을 안전하고 평온하게 즐길 수 있도록 만사를 유지할 수 없는 곳에서는 자유가 그저 이름만 있을 뿐이다." (George Washington)

국가 안보는 외부의 침략으로부터, 치안, 사법, 구속은 이웃의 약탈로부터 시민과 그들의 재산을 보호하는 것이다. 결국 정부의 역할은 시민들의 사유재산권을 보호하는 것인데, 사람들은 이를 거의 인지하지 못한다. 우리는 하나로 뭉쳐 재산을 더 효율적으로, 통합적으로 보호하기 위해 스스로 하기보다는 정부에게 그 기능을 맡긴 것이다. 사회 내부에서도 타인의 우월한 힘에 압도당하지 않기 위해서다.

일단 시민들과 그들의 재산 보호가 정부의 핵심 기능이라고 인정한다면, 왜 그것이 그리 중요할까? 정부가 믿을 만하게 이 기능을 수행하면 시민들은 엄청난 수혜를 얻는다. 사유재산권이 안정적으로 보장되면, 자발적, 상호 호혜적 협의(특히 복잡한 협의들)의 비용이 낮아지면서 선택의 이익을 거의 무한정 누릴 수 있다. 자유와 사유재산권의 인정을 최대한 강화하고 정부 및 그 어떤 것으로부터의 비자발적 강요를 줄인다면 다른 누군가의 자유를 전혀 침해하지 않고도 평화롭게, 상상 이상으로 생산적이며 부유해질 것이다.

정부가 그 핵심 기능을 초과하는 경우에는 '너무' 크다. 왜냐하면 정부를 이용하여 우리의 일반적인 복지를 향상시킬 수 있는 것은 우리 스스로가 할 수 있는 것보다 정부가 더 잘할 수 있는 것을 하는 경우일 뿐이기 때문이다. 그 경우는 몇 가지 되지 않는다. 이 범위를 넘어가면 정부는 응당 받아야 할 자원을 초과하여 요구한다. 정부가 재분배에 점점 더 많이 관여하면 우리는 그 비용을 강제적으로 부담해야 하는데, 분명히 우리 모두가 정부에게 원하는 만큼 얻을 수 없기 때문에 정부는 원래 받아야 할 것 이상의 사회 자원을 가져갈 것이다. 정부가 '너무' 커지려고 자원을 필요 이상으로 가져가고자 한다면 사유재산권을 침해할 수밖에 없다. 즉, 그런 정부는 핵심 기능인 시민과 그들의 사유재산 보호를 수행하기에 너무나 작다.

"재산권은 다수의 압제로부터 소수를 보호하는 정치적 기능을 한다. 그리고 이 지구상에서 제일 소수에 해당하는 것은 바로 개인이다." (Ayn Rand)

출처: Galles, Gary M. 저/ 전현주 역, 자유기업원, 해외칼럼, 2019년 9월 26일.

경제학: 시장경제 원리

연습문제

*01. 시장의 원활한 작동을 위해 정부는 기본적인 역할에 충실해야 한다. 시장의 보호를 위해 정부가 해야 할 기본적인 역할은 무엇인가?

02. 큰 정부의 폐해에 대해 논의 하시오.

*03. 다음과 같이 갑은 원자재를 공급하는 기업이고 을은 갑으로부터 원자재를 구매하여 제품을 만드는 기업이다. 아래 표는 갑과 을 간의 거래에서 각 기업이 갖는 보상(payoff)을 나타낸다. 어느 것이 내쉬균형인가?

을	갑	
	즉시 배달	늦게 배달
전량구매	3, 2	4, −5
부분구매	1, 1	2, −1

위 보상표의 내용을 설명하면 이렇다. 을이 먼저 갑에게 원자재를 '전량구매'하겠다고 제안하는 경우 갑이 '즉시 배달'하면 갑이 얻는 수익은 3이고, '늦게 배달'하면 얻는 수익은 4이다. 그리고 을이 갑에게 '부분구매' 하겠다고 제안하는 경우 갑이 '즉시 배달'하면 갑이 얻는 수익은 1이고 '늦게 배달'하면 수익이 2이다.
갑이 먼저 '즉시 배달'을 제안할 경우 을이 '전량구매'하면 을이 얻는 수익이 2이고, '부분구매'를 하면 수익은 1이다. 그리고 갑이 '늦게 배달'을 제안하는 경우 을이 '전량구매'하면 을업이 얻는 수익은 −5이고, '부분구매'하면 수익은 −1이다.

제18장

국제무역

제 1 절
국제무역의 원리

국제무역이란?

국제무역은 국가 간에 일어나는 자본, 상품, 서비스 등의 거래다. 그렇다고 국제무역이 각국의 정부 간에 이루어진다는 말이 아니다. 국제무역은 각국의 주민과 기업들 간에 이루어지는 것이다. 그래서 그 근본원리는 국내에서 자국민 간의 거래와 다르지 않다. 국제무역은 역시 교환이기 때문에 그 근본원리는 비교우위다. 비교우위에 대해서는 제2장에서 자세히 설명했다. 비교우위 원리를 국제무역으로 확대하기만 하면 된다.

우리가 제2장에서 사람들이 서로 교환하는 것은 서로 이익을 보기 때문이라고 했다. 국제무역에서도 마찬가지다. 쌍방이 이익을 얻을 것으로 기대하지 않는다면 교환하지 않을 것이다. 국내 생산자들은 더 나은 가격으로 외국인들에게 판매할 수 있고 국내 소비자들은 외국 생산자들로부터 싼값의 제품을 향유할 수 있다.

이런 국제무역으로 우리가 사는 세상은 점점 좁아지고 있다. 국제무역으로 인해 우리는 아침에 아프리카 케냐에서 생산되는 커피를 마실 수 있고 간식으로 남미의 페루에서 나는 바나나를 먹을 수 있다. 저녁 식탁에 올라온 쇠고기는 호주산이며, 그에 곁들이는 와인은 프랑스산이다. 반면에 세계 각국의 많은 사람들이 삼성에서 만든 휴대전화를 사용하며, LG가 생산한 OLED TV를 통해 각종 드라마나 뉴스를 시청하고, 현대자동차에서 만든 승용차를 운전한다. 국내 거래와 마찬가지로 국제무역 역시 경제성장을 촉진하여 번영을 이루게 한다. 그래서 국제무역이 증가할수록 생산이 증가하고 소비가 늘며 국가 전체의 후생이 증대된다.

국제무역으로 얻는 이익

교환이 국내 거래든 국제 거래든 거래당사자들은 교환으로부터 이익을 얻는다고 하였다. 이런 교환 당사자들이 얻는 이익 이외에도 국제무역이 가져다주는 또 다른 이익들이 있다. 그것에 대해 간단히 살펴보기로 하자.

대규모 생산으로부터 얻는 이익

국제무역은 시장의 확대됨을 의미한다. 따라서 대규모 생산이 가능해지고 그로 인해 평균생산비가 하락한다. 그로부터 국내 생산자와 소비자들이 더 많은 이익을 얻을 수 있다. 경제에서 규모의 경제는 매우 중요하다. 시장이 국내에만 국한되었다면 가능하지 않았을 대규모 생산과 생산비 절감을 국제 거래를 할 경우 가능해진다. 특히 작은 국가들이 국제무역으로부터 이러한 이익을 얻는다. 예를 들어 말레이시아나 타이완과 같은 작은 국가가 국제무역을 통해 섬유제품을 외국에 팔 수 없었다면 그 생산비용이 매우 높았을 것이다. 국내시장이 매우 협소하여 대규모 생산을 유지할 수 없기 때문이다. 그러나 기업들이 많은 구매자가 있는 세계시장에 접근할 수 있다면 대규모로 생산할 수 있다.

국내 소비자 역시 대규모 생산자로부터 낮은 가격으로 재화를 얻을 수 있기 때문에 이익을 본다. 선박의 예를 보자. 선박을 건조하는 데에는 많은 디자인 및 기술 비용이 들어간다. 만약 건조한 선박을 외국에 팔 수 없다면 경제적으로 생산할 수 없다. 국제무역 때문에 국내 소비자들은 현대중공업이나 삼성중공업과 같은 대규모 생산자로부터 경제적으로 선박을 구매할 수 있다.

경쟁적 시장으로부터 얻는 이익

국제무역은 경쟁을 촉진하고 생산 효율성과 혁신을 장려한다. 해외 경쟁은 국내 생산자들을 긴장하게 하며 그들에게 자신의 제품의 품질을 개선시킬 강한 인세티브를 준다.

국제무역은 또한 한 국가에서 개발된 기술과 혁신적 아이디어를 다른 국가로 확산되게 한다. 많은 경우에 현지 기업가들은 다른 곳에서 성공한 생산과정과 제품을 모방하고 현지 시장에 적용하거나 개선시킨다. 이러한 동태적 경쟁은 경제성장과 번영의 주요 원천이다. 특히 저개발국가에서 그러하다.

건실한 제도를 도입하게 하는 압력

개방경제에 있는 기업들은 치열한 경쟁에 직면한다. 그러나 정부 역시 마찬가지다. 무역으로부터 얻는 이익과 자유무역으로부터 얻는 번영은 정부 관리들로 하여금 건실한 제도를 확립하고 생산적인 정책들을 채택하도록 만든다. 그렇지 않으면 노동과 자본이 더 나은 환경을 가지고 있는 국가로 이동해버리기 때문이다. 국내 투자자든 외국 투자자든 적대적인 기업환경, 불안한 화폐가치, 불안정한 정치시스템, 법적 불확실성, 높은 세금, 공공서비스가 취약한 국가에는 투자하지 않으려고 한다. 일반적으로 자유무역이 주는 이 이점을 간과하는 경우가 많은데, 이것이야말로 자유무역이 가져다주는 가장 큰 이익이다.

제 2 절
무역장벽

앞에서 언급한 것처럼 국제무역은 자유롭게 무역을 하는 당사국 모두에게 이득을 가져다준다. 그럼에도 불구하고 현실에서는 이론과 달리 자유무역을 방해하며 자국의 산업을 보호하기 위한 무역장벽(trade barriers)들이 존재해오고 있다. 대표적인 무역장벽에는 관세와 수입쿼터, 반덤핑관세, 상계관세, 그리고 각종 품질 기준, 위생 및 검역 기준 등과 같은 비관세 장벽들이 있다. 이에 대해서 하나씩 살펴보기로 하자.

관세(tariff)

관세는 교역되는 상품에 부과되는 세금이다. 관세가 높을수록 수입가격이 오르기 때문에 무역이 제한된다. 관세에는 두 종류가 있다. 하나는 종가관세(ad valorem tariff)이고, 다른 하나는 종량관세(specific tariff)다. 종가관세는 수입되는 품목의 총액에 대하여 일정 비율로 부과되는 세금이고, 종량관세는 수입되는 재화의 단위나 수량에 대하여 부과되는 세금이다. 예를 들어 신발에 대해 10%의 종가관세가 부과된다고 하면 10,000달러 가치의 신발이 수입되는 경우 수입관세는 1,000달러이다. 그리고 설탕 1kg당 1달러의 관세가 부과된다면 이는 수량에 부과되는 관세로 종량관세이다. 현행의 관세율은 대부분이 종가세율을 적용하고 있으나 원유, 설탕, 필름 등에는 종량세율을 적용하고 있다.

관세 부과로 인해 소비자들은 수입이 자유로운 경우에 비해 항상 높은 가격을 지불해야 하는 한편, 외국의 수출업자는 관세 부과로 인해 이전보다 낮은 가격을 받게 된다. 따라서 소비자들과 외국의 수출업자는 관세 부과로 인해 가격측면에서 손해를 보게 된다. 반면에 국내 생산자들의 경우는 수입되는 재화와 시장에서 경쟁하므로 품질의 차이가 없다는 전제 하에서 수입가격과 같은 가격으로 판매하는데, 관세를 부과하게 되면 수입가격이 이전보다 상승하므로 국내 생산자들은 관세 부과로 인해 이전보다 높은 가격으로 판매할 수 있게 된다. 그래서 국내 생산자들은 생산자 잉여의 증가라는 이득을 얻게 된다.

관세 부과로 인한 정부의 관세 수입은 증가하겠지만, 이것 역시 세금이므로 제6장에서 배운 바대로 후생 손실이 나타난다. 결론적으로 재화 수입에 대한 관세 부과는 국내 생산자들을 보호하는 역할을 하나 그 이상의 소비자 후생의 손실을 가져오고 정부의 관세 수입을 고려하더라도 결과적으로 국가 전체의 후생을 감소시킨다.

수입쿼터(import quota)

수입쿼터(import quota)는 어떤 재화를 수입하는 데 있어서 수입의 최대량을 제한하는 것을 말한다. 농산물이나 식품, 원재료와 섬유·의류의 수입에 대해 수입쿼터제를 실시하는 경우가 많다. 수입쿼터는 관세와 유사한 경제적 효과를 낳는다.

수입쿼터는 수입수량을 제한하므로 수입가격을 상승시킨다. 그래서 소비자는 수입쿼터가 없는 경우보다 높은 가격을 지불해야 한다. 반면에 외국의 생산자들이 받는 가격은 수입쿼터가 없는 경우보다 낮다. 이것은 공급곡선을 상상해보면 쉽게 이해할 수 있다. 공급곡선은 우상향한다. 수량이 많은 것에 상응하는 가격보다 수량이 적은 수량에 상응하는 가격이 낮다. 그래서 수입쿼터로 수량을 줄일 경우 생산자가 받는 가격은 낮은 것이다.

한편 국내생산자들은 관세 부과의 경우와 마찬가지로 수입쿼터로 인해 이득을 보게 된다. 수입쿼터로 인해 수입수량이 제한되므로 수입품의 대체재인 국내산 재화에 대한 수요가 증가하여 국내 생산자들은 수입쿼터 도입 이전보다 더 높은 가격으로 더 많은 수량을 판매할 수 있기 때문이다.

관세와 수입쿼터의 차이

관세와 수입쿼터 모두 소비자에게 불리하게 작용한다는 점에서 동일하다. 그러나 다른 면에서는 그 경제적 효과가 다르다. 관세의 경우는 관세수입이 정부의 수입이 된다. 그러나 수입쿼터로 인해 발생하는 소비자 가격과 해외 생산자가 받는 가격의 차이에 따른 수입은 수입허가권을 가진 쿼터보유자에게 돌아간다. 만약에 쿼터권한을 외국정부가 가지고 있다면 그 수입은 외국정부로 가게 되고, 외국정부가 자국의 생산자에게 수출면허를 배분할 경우 그 생산자들에게 돌아간다. 반면 수입쿼터를 국내의 수입업자들에 부여한다면 그 수입은 국내 쿼터보유자들에게 돌아간다.

수입쿼터는 관세와는 달리 그 잉여가 외국으로 유출될 수 있다. 그뿐만 아니라 외국으로 유출되지 않는 경우에도 그에 따른 사회적 비용이 증가한다. 국내 수입업자들이 수입 면허권을 획득하기 위해 정부에 로비를 하는 등 많은 노력과 자원을 투입하기 때문이다. 따라서 수입쿼터의 경제적 순손실은 관세의 경우보다 더 크다.

반덤핑관세(anti-dumping duty)

반덤핑관세는 덤핑하는 외국 기업에게 징벌적으로 부과하는 관세이다. 덤핑이란 어떤 상품을 국내시장보다 더 낮은 가격으로 외국시장에 판매하는 것을 말한다. 덤핑은 제8장에서 배운 일종의 가격차별 전략이다. 대체로 외국 시장의 수요가 국내시장에서보다도 가격에 대해 더 탄력적이다. 외국 시장에서는 국내시장에서보다 경쟁하는 대체재가 더 많기 때문이다. 가격차별은 오히려 소비자 후생을 증가시킬 수 있다. 특히 덤핑으로 국내 소비자는 재화를 값싸게 구입할 수 있어서 이익이다. 따라서 덤핑을 부당하다고 처벌하는 것은 경제학적으로는 근거가 없다고 할 수 있다. 물론 덤핑에 대해서 관세를 부과하는 것은 대부분의 국가에서 합법적이고 국제적인 무역협정이나 무역법에서도 인정되고 있다. 그러나 덤핑의 판정 기준이 모호하거나 자의적인 경우가 많아 자국 산업 보호를 위한 수단으로 남용되는 경우가 많다.

상계관세(countervailing duty)

상계관세는 수출국 정부로부터 보조금을 받아 수출경쟁력이 높아진 물품이 수입됨으로써 국내 산업이 실질적인 피해를 입거나 입을 우려가 있는 등의 사유가 발생하는 경우 보조금의 범위 내에서 관세를 추가로 부과하는 조치를 말한다. 수출국 정부가 수출보조금을 지급함으로써 수출국 기업의 가격경쟁력이 올라가기 때문에 상계관세는 보조금 지급에 따른 경쟁 제한에 대한 대응이라는 점에서 어느 정도 근거가 있다고 하겠다. 그러나 상계관세 역시 많은 경우 보조금 여부에 대해 자의적으로 판단할 가능성이 높다는 점에서 국내 산업에 대한 보호수단으로 사용될 개연성이 크다. 실제로 상계관세는 선진국들이 개발도상국들의 수출 경쟁으로부터 자국 기업과 산업을 보호하기 위한 수단으로 이용하고 있다.

2002년 미국이 하이닉스 제품에 대한 상계관세 부과가 그 한 예다. 마이크론이 2000년 하이닉스의 채권은행인 산업은행이 회사채 신속 인수제도를 통해 현대전자의 회사채를 인수한 것이 세계무역기구(WTO) 보조금협정에 위배된다며 하이닉스 제품에 대해 고율의 상계관세를 부과할 것을 요구하자 미국은 2003년부터 2011년까지 8년 동안 하이닉스 제품에 대하여 상계관세를 부과하였다.

수출보조금(export subsidies)

수출보조금은 수출을 촉진하고 장려하기 위해 수출업자나 잠재적 수출업자에게 직접적인 지원금 및 장려금 또는 세금감면이나 저금리 대부와 같은 재정적 지원을 의미한다. 수출보조금은 국제협정에 위반되는 것이지만 많은 국가들은 편법으로 수출보조금을 제공하고 있다. 예를 들어, 정부 재정 지원의 국제 광고는 수출보조금 지원의 한 형태이다. 이러한 수출보조금에 대해 무역 상태국은 상계관세를 부과하기도 한다. WTO는 수출보조금의 지급을 금지하고 있다. 미국의 보잉(Boeing)과 유럽연합(EU)의 에어버스(Airbus) 간의 보조금 제소 건은 대표적인 수출보조금 관련 분쟁사례이다.

무역기술장벽(Technical Barriers to Trade; TBT)

무역기술장벽(TBT)은 국가마다 상이한 기술 규정, 표준 및 시험검사, 인증제도, 적합성 평가 절차 등이 자유로운 무역거래를 위축시키거나 장벽으로 작용하는 것을 의미한다. 각국 정부는 자국민 보호의 명분으로 정책적 목적을 달성하기 위하여 특정 제품에 특정 요건을 의무화하고, 이를 어기면 법적·행정적 조치를 취한다. 국제무역기구(World Trade Organization; WTO)는 회원국 간의 기술규정, 표준 및 적합성평가절차 등이 국제교역에 불필요한 장애를 초래하지 않도록 협정을 맺어 국제기준이나 관행을 준수할 수 있도록 하고 있다. 무역기술장벽은 관세와 달리 그 수준을 정량적 수치로 측정하기 어렵기 때문에 경제적 피해를 산출하기가 용이하지 않다.

각종 품질 기준, 위생 및 검역 기준

농산물이나 식품 수입에 적용되는 위생·검역 기준이나 각종 공산품 등에 적용되는 환경·안전 기준 등도 수입품에 대한 무역장벽의 역할을 한다. 유럽연합(EU)이 화학제품 등 각종 제조업 제품 수입에 있어서 매우 까다로운 환경 기준 준수를 요구하는 것,

많은 국가들이 개별적인 자동차 안전기준 및 환경기준을 정해 놓는 것, 쇠고기 수입에 대해 엄격한 검역 기준을 정해 놓는 것 등 모두 소비자를 보호하기 위한 필요한 조치라고 여기지만 수출국이나 수출 기업의 입장에서는 무역제한을 위한 조치가 된다.

수출자율규제(Voluntary Export Restraints; VERs)

수입국에서 무역 상대국의 수출로 인해 국내 특정 산업이 위협받는다고 판단될 때 수출국으로 하여금 자율적으로 수출을 규제하도록 하는 것이다. 수출국의 입장에서는 수입국의 일방적인 수입제한조치가 예상될 때 이를 회피하기 위하여 스스로 수출을 규제하는 것이다. 수출자율규제가 가능하기 위해서는 수입국이 상대수출국에게 보다 높은 수준의 수입규제조치가 취해질 수 있다는 것이 현실적으로 인정될 수 있어야 한다. 1980년대 초반 미국으로 수출되는 일본 자동차에 대한 수출자율규제가 있었다. 이후에도 캐나다와 독일도 일본의 자동차 수출에 대한 규제를 실시한 바 있다.

제 3 절
보호무역의 논리

유치산업보호론(infant industry argument)

유치산업보호론은 미성숙한 산업이 일정수준으로 성장할 때까지 일정기간 동안 보호·육성해야 한다는 이론이다. 유치산업보호론이 가지는 첫 번째 문제는 유치산업 선정에 있다. 어떤 산업을 보호하는 것이 경제적으로 의미를 갖기 위해서는 보호로 인해 소비자들이 받을 피해를 능가하는 이득을 발생시킬 수 있어야만 한다. 그러나 어떤 산업이 소비자들의 피해를 능가하는 이득을 가져다줄지 그것을 미리 알기는 불가능하다. 따라서 유치산업의 선정은 정치적으로 이루어질 가능성이 높다. 정치적 영향력으로 선정되어 보호를 받게 되면 향후 그 보호조치를 철폐하기가 매우 어렵다.

그보다 더 중요한 문제는 정부가 올바르게 선택했다 하더라도 과연 정부의 보호로 그 산업의 경쟁력이 강화될 수 있느냐는 것이다. 이론적으로나 경험적으로 그렇지 않다는 것이 답이다. 산업을 보호하면 비효율적인 생산자가 존속하게 된다. 게다가 새로운 기술 습득에 대한 유인을 감소시켜 낮은 품질의 제품 생산이 지속되는 결과를 초래한다. 그래서 유치산업보호는 산업의 경쟁력을 강화시키는 것이 아니라 오히려 약화시킨다.

유치산업보호론에 따라 2차 세계대전 이후 대부분의 개발도상국들에서 실시한 수입대체공업화 전략이 실패한 것이 그 증거다. 그뿐만 아니라 한국, 대만, 싱가포르, 홍콩 등의 국가들의 경험에서도 유치산업보호론이 산업정책으로서 적절하지 않음을 확인할 수 있다. 이 국가들은 수입대체공업화 대신 수출주도공업화 전략을 채택해 세계시장에서의 경쟁에 적극적으로 참여함으로써 고도성장을 달성했다. 따라서 산업의 경쟁력 강화와 경제성장에는 보호무역보다는 자유무역이 바람직하다.

애덤 스미스는 〈국부론〉에서 보호무역을 비판하며 자유무역을 강조하였다.

"국내에서 생산할 수 있는 재화를 수입하는 것에 관세를 높게 매기거나 절대 금지를 하여 제한하면 그 재화를 생산하는 국내 산업은 국내시장에서 어느 정도 독점을 보장받는다. (중략) 어떤 특정 기술 또는 제조업이나 그에 따른 생산물에 국내 시장을 독점할 권한을 부여하는 것은 민간인들에게 그들의 자본을 어떻게 사용해야 하는지를 지시하는 것과 같으며, 이는 확실히 대부분 쓸모없거나 해로운 규제다. 만약 국산품이 외제품보다 싸게 공급될 수 있다면 그 규제는 정말로 쓸모가 없는 것이다. 그리고 국산품이 외제품보다 싸게 공급될 수 없다면, 그것은 전반적으로 해롭다."(제4권 제2장)

보호무역의 정치경제학

앞에서 본 것처럼 경제학의 관점에서 보면 보호무역보다는 자유무역이 국가경제에 훨씬 이로움에도 불구하고 보호무역 정책들이 엄연히 존재하고 때때로 강화되는 이유는 무엇인가? 그것은 정치적인 요인 때문이다. 시장을 개방하면 비교우위가 있는 산업은 성장하고 그렇지 않은 산업은 쇠퇴한다. 그러나 그 과정에서 사양 산업(declining industries)이나 그동안 보호되던 산업에 속한 기업과 근로자들은 자신들의 존립을 연장하려고 정치권에 압력을 가해 무역장벽을 만든다.

무역장벽이 만들어지면 소비자들은 자유무역일 경우에 비해 더 높은 가격으로 더 적은 수량을 소비하게 되므로 후생이 크게 감소된다. 그러한 후생 감소는 보호로 인해 생산자들이 얻게 되는 이득보다 크다. 그래서 무역으로부터 수혜를 입는 소비자들이 더 많기 때문에 이들이 무역장벽을 강하게 반대한다면 보호무역 움직임을 막을 수 있다. 그럼에도 불구하고 그것이 이뤄지지 않는 이유는 소비자들이 이질적이고 조직화되지도 않아 결집력이 약하기 때문이다. 반면에 제10장 4절에서 설명한 것처럼 정치적 이해관계가 강한 집단은 조직화도 잘 되고 결집력도 강해서 정부에 압박을 가해 자신들이 원하는 것을 성취한다. 그래서 보호무역이 경제적 편익보다 비용이 큼에도 불구하고 유지되거나 강화되는 것이다.

제 4 절
국제무역의 변천

GATT와 WTO

국제무역의 역사는 매우 오래되었다. 페니키아인들은 인류문명의 초기부터 메소포타미아와 이집트를 오가며 중계무역을 하였고, 알렉산더 대왕의 제국에 편입될 때까지 거의 3천년 가까이 지중해를 중심으로 광범위한 상업체계를 구축하였다. 그리스 · 로마 시대에는 지중해는 물론이고 아시아까지 교역이 이루어졌으며, 중세시대에 이탈리아를 거쳐 근대에 와서 포르투갈, 스페인, 네덜란드를 중심으로 국제무역이 활발해졌다. 이 시대는 중상주의 시대였다.

애덤 스미스(Adma Smith)의『국부론』(1776)에서 자유무역의 이점과 중요성이 강조되면서 각국이 보호무역에서 서서히 자유무역으로 옮겨갔다. 특히 1930년 대공황 시기에 서구 국가들이 자국 산업을 보호하여 경제 불황을 타개하려고 경쟁적으로 수입 관세를 올렸으나 이로 인해 국제무역이 위축되어 오히려 경제난이 더 심각해진 경험을 한 이후 자유무역의 중요성을 더욱 인식하게 되었다.

이런 역사적 배경으로 제2차 세계대전 이후 미국을 중심으로 한 서방국가들은 1947년 자유무역 체제를 공고히 하고, 촉진시키기 위한 방안으로 '관세 및 무역에 관한 일반협정(General Agreement on Tariff and Trade; GATT)'을 창설하였다. GATT는 50여 년 동안 관세와 쿼터를 줄이는 데 중심적인 역할을 했다. 1986년부터 1994년까지 이루어진 우루과이라운드협상(UR)의 결과로 1995년 1월 1일 GATT는 세계무역기구(World Trade Organization; WTO)로 체제가 바뀌게 된다. WTO는 회원국 정부들이 다른 회원국들과의 통상 문제를 해결하기 위해 찾는 통로로서 그 목표는 무역장벽을 낮추고 무역협상의 기반을 제공함으로써 원활하고 자유로운 무역을 지원하는 것이다. 한국은 1967년 4월에 GATT 회원국이 되었으며, 1995년 1월 1일 WTO 출범과 함께 WTO 회원국이 되었다.

자유무역협정(Free Trade Agreement; FTA)

FTA는 협정을 체결한 국가 간에 상품/서비스 교역에 대한 관세 및 무역장벽을 철폐함으로써 배타적인 무역특혜를 서로 부여하는 협정이다. 최근에 FTA가 많이 증가했는데, 그 이유는 GATT-WTO 하의 무역협상은 전 회원국이 참여하므로 협상 타결에 오랜 시간이 걸리기 때문이었다. FTA 체결은 쌍방 간에, 혹은 참여 국가가 적어 협상 타결이 용이한 장점이 있다. 최근에 자유무역화의 이익을 선점하기 위해 많은 국가들은 경쟁적으로 FTA를 체결해 나가고 있다.

사실 FTA는 순수자유무역이 아니다. 원래 '자유무역'이란 무역에 있어서 정부로부터의 자유로움을 의미한다. 다시 말하면, 정부가 간섭하지 않고 사람들로 하여금 재화와 서비스를 자유롭게 교환하도록 허용하는 것이 자유무역이다. 이러한 점에서 볼 때 자유무역협정(FTA)은 이와는 거리가 멀다. 협정을 위해 수많은 조항이 만들어지고, 그 조항을 해석하며 감독하는 기구가 만들어진다. 그리고 그 기구에 의해 내려진 결정들을 회원국들에 강요하면서 조정하고 이행하도록 한다. 새로운 국제규제가 가해지는 것이다.

또한 진정한 자유무역은 관세와 쿼터를 철폐하는 것임에도 불구하고 많은 FTA가 잠정적으로 일정기간 동안 관세를 유지하게 하고, 또한 정부의 보조금과 수입쿼터를 유지하게 한다. 게다가 특정국가의 엄격한 환경가이드라인이나 제조물 기준, 식품안전기준 등을 다른 나라에게 강요한다. 이와 같은 무역협정은 정부 간섭의 축소가 아니라 정부 간섭의 확대를 낳는다. 따라서 우리가 자유무역으로 얻고자 하는 이익은 반감된다.

그럼에도 불구하고 FTA는 현실적인 면에서 경제적 자유를 증진시키는 데 중요한 역할을 할 수가 있다. 보호주의가 만연되어 있는 현실에서 다른 국가와의 무역협정은 국내에 자유무역에 대한 토대를 만들 수 있는 유용한 수단이 될 뿐만 아니라 보호주의에 경도되어 정부가 일방적으로 무역장벽을 쌓을 수 있는 것을 막을 수 있는 수단이 될 수 있기 때문이다. 더욱이 협상에 의해 무역장벽의 제거를 고정시킴으로써 파괴적인 무역전쟁의 가능성을 줄일 수 있다.

이러한 점에서 여러 나라들과 적극적으로 FTA를 추진하여 새로운 시장을 개발하고 진출할 필요가 있다. 한국은 2004년 칠레와 FTA를 체결한 이후 2021년 8월 기준 57개국과 17건의 FTA를 체결했다. 이 가운데 미국, 중국, EU 등 시장규모가 매우 큰 국가들을 포함하고 있으며, 여타 신흥국과의 FTA도 지속적으로 추진 중에 있다. 한편 한국은 다수의 협상국이 참여하는 자유무역협정인 메가(Mega) FTA 가입도 적극적으로 추진하고 있다. 2020년 11월에는 다자간 자유무역협정인 역내포괄적경제동반자협정(Regional Comprehensive Economic Partnership; RCEP)에 가입했다. RCEP는 동남아시아국가연합(ASEAN) 10개국과 한 · 중 · 일 3개국, 호주 · 뉴질랜드 등 15개국이 참여하는 아시아태평양지역 자유무역지대 협정이라고 할 수 있다. 또한 한국은 포괄적 · 점진적 환태평양경제동반자협정(Comprehensive and Progressive Agreement for Trans-Pacific Partnership; CPTPP)에도 가입을 고려하고 있다.

국부 · 평화 지키는 원천은 무력 아닌 무역

1914년 6월 28일 보스니아의 사라예보를 방문한 오스트리아의 황태자 페르디난트 부부가 세르비아 청년이 쏜 총탄에 피살됐다. 이에 격분한 오스트리아가 7월 28일 세르비아에 선전포고했다. 양국의 충돌은 동맹국들의 싸움으로 번져 나갔고, 곧 전 세계가 전쟁에 휘말렸다. 인류 역사상 가장 참혹한 전쟁 가운데 하나인 제1차 세계대전이 그렇게 터졌다.

제1차 세계대전의 원인을 파헤쳐 보면 매우 다양한 것이 나온다. 그러나 가장 핵심적 원인은 사람들을 그릇된 길로 이끈 경제사상에 있다. 사실 나폴레옹 전쟁(1815) 후 제1차 세계대전(1914)이 발발하기 전까지 약 100년 동안은 전쟁의 참혹함이 거의 없던 시기다. 자유무역, 사유재산, 제한된 정부를 기본적인 이념으로 하는 자유주의의 전성기로서 현대 유럽 역사에서 가장 평화로운 시기였다. 이 자유주의 사상이 19세기 말부터 보호무역, 정부개입, 큰 정부를 기초로 하는 경제적 국수주의로 대체되기 시작했다.

1776년 애덤 스미스는 '국부론'에서 국가주의였던 중상주의의 오류를 지적하며 자유기업과 자유무역을 주창했다. 그리고 1812년 비교우위에 기초를 둔 데이비드 리카도의 자유무역이론에 따라 1846년 그 유명한 곡물법(Corn Law)과 1854년 항해조례가 철폐됐다. 이런 조치들은 영국 경제를 자유경제로 전환시켰고 산업혁명으로 일어난 경제를 더욱 발전시켰다. 영국의 경험에 자극을 받은 프랑스, 벨기에, 독일 등이 영국의 모형을 따르면서 자유무역시대가 열렸다.

국가 간 무역으로 세계 도처의 사람들이 더욱 가까워졌고 상호 존중과 우의가 돈독해졌다. 사람들은 자발적 거래가 쌍방 모두에게 이익을 주고 국가의 부를 증진시킨다는 사실을 깨달았다. 부를 늘리는 방법이 정복과 전쟁이 아닌 무역에 있음을 깨달았다. 이 사실을 깨달은 많은 국가가 중상주의의 경제적 국수주의를 버리고 전쟁을 하지 않았던 것이다.

전쟁은 분업을 통한 자발적 거래를 깨뜨려 모두에게 손해를 끼친다. 목축업을 하는 마을과 벼농사를 하는 마을이 서로 자신들이 생산하는 것을 교환해 생활하다 전쟁을 한다면 한쪽에서는 육류를 섭취하지 못하고 다른 쪽에서는 쌀을 먹지 못하게 돼 서로 어려움을 겪게 된다.

우리는 알게 모르게 우리가 원하는 것을 충족하기 위해 세계 모든 사람들과 협력하고 있다. 아침에 마시는 커피는 브라질, 설탕은 태국, 육류는 호주, 와인은 칠레, 가죽은 아프리카 케냐에서 공급받는다. 우리는 우리의 생산물을 이것들과 교환하면서 세계 여러 지역에 공급한다. 이런 분업은 경제를 성장시키며 우리의 삶을 풍요롭게 했다. 그런데 이 분업은 평화가 지속되는 경우에만 가능하다. 그래서 서로 교환을 하는 국가 간에는 전쟁을 하지 않으려는 인센티브가 있다. 자유무역이 평화를 증진시키는 것이다.

그러나 1870년대 이후 자유무역에 역행하는 움직임이 일어났다. 그 선두 주자가 독일이었다. 독일은 보호무역 조치를 취했고 경제적 국수주의로 돌아갔다. 프랑스 역시 정부의 권한을 강화하고 프랑스 내 외국인 투자를 억제하는 것은 물론 해외투자를 통제하는 방향으로 움직이기 시작했다. 가장 오랫동안 자유무역을 유지해왔던 영국조차 해외투자를 억제하기 시작했다. 이런 적대적인 세력들이 극단으로 치달아 충돌해 제1차 세계대전이 일어났다.

자유주의자들은 커피를 얻기 위해서는 커피를 생산하는 국가에 자국의 상품을 수출하는 자유무역을 주장한다. 국수주의자들은 국민의 복지를 개선시키는 방법이 자원이 풍부한 국가를 복속시키는 것이라고 생각한다.

히틀러가 커피를 얻기 위해 채택한 방법은 자유무역이 아니라 커피 생산 국가를 정복하는 것이었다. 민족적 자긍심과 함께 시기와 증오를 불러일으켰다. 경제문제를 유대인 탓으로 돌렸다. 여기에 설득 당한 독일인들은 경제문제를 해결하는 데 자유주의가 아닌 나치즘을 선택했다. 평화가 아닌 전쟁을 선택했다. 제2차 세계대전이 그것이다.

자유시장경제의 세계에서 민간에 의한 무역은 민간들 간 사적인 문제다. 어떤 마찰이 생기면 그것은 민간 기업들 간 문제다. 따라서 국가 간의 정치적 마찰이 발생하지 않는다. 그러나 전체주의 국가 세계에서는 무역은 정부의 일이 되며 무역마찰은 정치적 문제로 비화하게 된다. 20세기에 전쟁이 일어났던 것은 바로 강력한 정치적, 경제적 권력을 목표로 하는 정부 때문이었다.

자유무역과 평화의 관계는 최근의 실증연구들에서도 확인된다. 2004년 미국 오스틴에 있는 텍사스대의 패트릭 맥도날드 교수는 1960~2000년의 국가 간 국제관계를 실증분석해 자유무역과 갈등 간에 음의 상관관계가 있음을 보여줬다('자유무역 또는 무역을 통한 평화', 분쟁해결저널). 에릭 가르츠키 역시 2005년 비슷한 결과를 발표했다('세계의 경제적 자유: 2005년 연차보고서', 미 CATO연구소). 자유무역 국가들은 전쟁을 하지 않는 경향이 있다는 것이다.

우리의 삶을 파괴하는 전쟁을 피하기 위해서는 전쟁의 동기를 제거하는 것이 무엇보다 중요하다. 각국의 경제에 대한 정부개입이 클수록 전쟁의 위험성이 높아진다.

최근 보호무역의 조짐과 각국의 경제에 대한 정부개입이 점점 커져가는 것은 세계평화에 대한 위험요소다. 세계 평화를 위해 자유무역과 확고한 자유시장 경제체제로 돌아갈 필요가 있다.

출처: 안재욱 저, 한국경제신문, 세계경제를 바꾼 사건들(40), 2014년 6월 27일.

연습문제

01. 최근 중국과 미국의 무역 분쟁 중 하나로 대두되고 있는 반덤핑 관세에 대해 개념적으로 설명하고 미국이 이 관세를 부과하는 이유에 대해 설명하시오.

*02. 자유무역이 경제를 성장시키고 국가 전체의 후생을 증대시키는 결과를 가져오는 것이 분명 하다. 그럼에도 불구하고 보호무역정책이 지속되는 이유는 무엇인가?

03. "수입은 국가에 해롭고 수출은 이롭다." 이에 대해 평가하라.

*04. 보통 일본 생산자들은 정부로부터 보조를 받음으로써 외국에 제품을 싸게 판매할 수 있다고 알려져 있다. 값싼 일본 제품의 유입을 막기 위한 무역장벽을 쌓아야만 하는가?

*05. "관세는 수입을 줄일 뿐만 아니라 수출도 줄인다." 이 말은 참인가 거짓인가?

06. 방글라데시와 같은 저임금 국가와 무역을 할 경우 자국의 임금이 하락해 저임금 노동자들이 피해를 볼 것인가?

*표시 문제의 답은 책 뒷부분의 부록에 수록되어 있음.

제19장

국제수지와 환율

우리가 앞장에서 배운 국제무역은 국가 간의 자금의 이동을 동반한다. 예를 들면 한국이 일본으로 상품을 수출하면 그에 따라 일본이 지급하는 자금이 한국으로 들어온다. 반면 일본으로부터 상품을 수입하면 그에 따라 한국에서 일본으로 자금이 이동하게 된다. 한국의 원화가 국제적으로 통용되는 통화가 아니기 때문에 이 자금의 이동은 달러, 엔화, 유로 등의 외환을 통해 이뤄진다. 따라서 수출이 늘어나면 외환의 공급이 증가하고 반대로 수입이 늘어나게 되면 외환에 대한 수요가 증가한다. 국가 간의 자금의 흐름과 이를 표시하는 국제통화와 국내통화의 교환비율, 즉 환율, 그리고 이를 뒷받침하는 국제통화제도는 국제무역뿐만 아니라 각국의 국내경제에도 심대한 영향을 미친다. 본장에서는 한 국가의 국제거래를 요약한 국제수지와 외환시장, 환율 및 환율제도, 그리고 국제통화제도에 대해 살펴보기로 한다.

제 1 절
국제수지

국가 간에는 재화의 교환만이 아니라 서비스와 자본도 거래된다. 이처럼 일정기간동안 한 나라의 거주자와 외국의 거주자 사이에 발생한 모든 경제적 거래를 종합적으로 정리한 것이 국제수지(balance of payment)다. 국제수지표는 크게 경상거래와 자본 거래로 구성되어 있다. 자본거래는 유입된 외화와 유출된 외화의 차이를 기록한 것으로 자본수지와 금융거래로 나뉜다.

경상수지

경상거래는 재화와 서비스를 주고받는 거래를 말하며, 경상거래의 결과로 벌어들인 외화와 지급한 외화의 차이를 경상수지라 한다. 경상수지는 상품수지와 서비스수지, 본원소득수지, 그리고 이전소득수지로 구성된다. 상품수지는 재화의 수출액과 수입액의 차액을 말하고, 서비스수지는 서비스거래로 수취한 돈과 지급한 돈의 차액을 말한다. 본원소득수지는 거주자와 비거주자 간에 급료 및 임금 또는 투자의 대가로 받은 배당금이나 이자소득의 차액을 말하고, 이전소득수지란 거주자와 비거주자 간에 아무런 대가 없이 주고받은 거래의 수지를 뜻한다. 대외송금, 재화의 무상원조, 국제기구 출연금 등이 여기에 속한다.

자본수지

자본수지는 자본이전과 비생산 · 비금융자산으로 구분된다. 자본이전은 해외 이주비나 채무면제 등이 포함되고, 비생산 · 비금융자산의 항목에는 토지, 지하자원 등 비생산유형자산과 특허권, 저작권, 상표권 등의 비생산무형자산의 취득 및 처분 거래(매매)가 기록된다.

금융계정

금융계정은 직접투자, 증권투자, 파생금융상품, 기타투자, 준비자산으로 나뉜다. 직접투자는 경영참여 등 영속적인 이익을 취득하기 위해 행하는 대외투자로 주식 구입이나 자금대여 등의 채무거래를 포함한다. 증권투자는 투자자본의 가치 증가 또는 이윤획득만을 목적으로 한 대외투자로, 외국과의 주식 · 채권 거래가 여기에 해당한다. 다

경제학: 시장경제 원리

만 투자대상기업의 의결권을 10% 이상 보유하고 있는 경우에는 직접투자로 분류한다. 파생금융상품은 파생금융상품 거래에서 발생한 손익을 기록한다. 기타투자는 직접투자 · 증권투자 · 파생금융상품 거래를 제외한 모든 금융거래를 포함한다. 즉, 대출 및 차입, 무역신용, 현금 및 예금 등의 금융거래를 기록한다. 재화를 1억달러 수출을 하고 수출대금을 현금으로 받았다면 수출은 경상수지에, 대금 수취는 금융계정의 기타투자에 기록한다. 끝으로 준비자산이 있는데, 이는 중앙은행이 국제수지 불균형을 바로 잡기 위해 사용할 수 있는 대외자산의 증감을 기록하는 것이다.

〈표 19-1〉은 2020년 국제수지를 나타낸 것이다. 2020년 경상수지는 752억7,000만달러의 경상수지 흑자를 기록했다. 자본수지는 3억3,900만달러 적자이다. 경상수지와 자본수지의 합과 금융계정은 같아야 한다. 왜냐하면 경상계정이나 자본계정에서 적자나 흑자가 발생하면 자동적으로 금융계정에 이를 상쇄시키는 기장이 발생하기 때문이다. 그러나 실제로는 기초통계 간의 작성기준 차이, 보고 잘못이나 누락 등으로 차이가 발생한다. 그래서 이것을 오차 및 누락의 항목으로 조정한다. 그리하여 〈표 19-1〉에서 경상수지, 자본수지, 그리고 오차 및 누락의 합이 금융계정 수지와 같게 된다.

준비자산

국제수지표에 나타나는 준비자산은 중앙은행이 대외거래활동의 결과로 발생한 외화자금의 과부족을 메우는 것을 나타낸다. 경상수지 흑자 또는 자본수지 흑자로 인해 외화가 국내로 유입되면 준비자산은 증가하고, 국제수지표상의 준비자산증감란에서 음(−)으로 표시한다. 경상수지 적자 또는 자본수지 적자로 인해 외화가 부족해지면 중앙은행이 보유하고 있는 외환보유고를 사용해 부족분을 메워야 한다. 이 같은 준비자산의 감소는 준비자산증감란에서 양(+)으로 표시한다. 그러나 한국은행이 발표한 〈표 19-1〉에서는 경상수지 흑자로 자산이 증가한 것을 그대로 양(+)으로 표시하고 있다. 2020년 말 준비자산이 173억 달러 증가했다.

외환보유고와 준비자산은 밀접하게 관련이 되어 있다. 그러나 그 개념은 다르다. 따라서 주의해서 구분할 필요가 있다. 외환보유고는 특정 시점에 중앙은행이 보유하고 있는 외화자산의 크기를 나타내는 저량(stock) 개념인 반면, 국제수지표상의 준비자산증감은 일정 기간 동안에 외환보유고가 얼마나 변화했는가를 나타내는 유량(flow) 개념이다.

표 19-1 국제수지표(2015~2020)   (단위: 백만달러)

	2015	2016	2017	2018	2019	2020
경상수지	105,118.6	97,923.7	75,230.9	77,466.5	59,676.1	75,275.7
상품수지	120,275.0	116,461.7	113,592.9	110,086.8	79,812.1	81,945.2
서비스수지	−14,625.8	−17,338.4	−36,734.1	−29,369.4	−26,845.3	−16,190.1
본원소득수지	4,454.6	4,567.1	5,336.9	4,901.9	12,856.0	12,050.3
이전소득수지	−4,985.2	−5,766.7	−6,964.8	−8,152.8	−6,146.7	−2,529.7
자본수지	−60.2	−46.2	−26.8	316.7	−169.3	−339.4
자본이전	25.7	8.2	60.1	−3.6	−3.8	−27.5
비생산비금융자산	−85.9	−54.4	−86.9	320.3	−165.5	−311.9
금융계정	102,957.2	99,925.3	84,516.4	76,473.4	59,026.9	77,115.9
직접투자	19,583.0	17,785.2	16,156.5	26,037.8	25,604.7	23,256.1
증권투자	49,529.8	66,970.2	57,853.0	47,420.7	42,377.0	41,494.4
파생금융상품 (순자산)	1,791.3	−3,440.1	−8,253.3	−1,502.4	6,233.2	4,215.1
기타투자	20,000.5	10,994.8	14,403.1	−12,978.4	−16,654.2	−9,241.2
준비자산	12,052.6	7,615.2	4,357.1	17,495.7	1,466.2	17,391.5
오차 및 누락	−2,101.2	2,047.8	9,312.3	−1,309.8	−479.9	2,179.6
국제수지	102,957.2	99,925.3	84,516.4	76,473.4	59,026.9	77,115.9

주: 국제수지＝경상수지＋자본수지＋오차 및 누락

상품수지가 무역수지와 다른 이유

〈표 19-1〉을 보면 2020년 재화의 수출액과 수입액의 차액을 나타내는 상품수지가 891억 9,000만달러의 흑자를 기록했다. 그런데 2020년 무역수지 흑자는 452억4,000만달러였다. 개념상으로 상품수지와 무역수지는 같아야만 한다. 그럼에도 불구하고 발표되는 통계치를 보면 항상 다르다. 그 이유는 집계 방식 차이 때문이다.

상품수지는 인도 기준으로 집계된다. 통관을 한 다음 수입업자에게 물품이 전달돼야만 수출입 통계에 포함된다. 반면 무역수지는 통관 기준으로 집계된다. 세관의 검사를 거쳐서 수출 또는 수입이 허가되면 수출입 집계에 포함된다. 또 다른 점은 가격 책정방식이다. 상품수지는 수출입 모두 본선인도조건(Free On Boar; FOB) 가격으로 계산하고, 무역수지는 통관기준 수출은 FOB 가격, 수입은 운임·보험료포함조건(Cost, Insurance and Freight; CIF) 가격으로 평가한다. FOB는 수출업자가 수출품을 수입업자가 지정한 선박까지 운반하고 그 이후 수입업자에게 인도될 때까지의 운임과 보험료를 수입업자가 부담하는 것을 말하고, CIF는 운임과 보험료까지 수출업자가 부담하는 것을 말한다. 일반적으로 동일한 상품이라도 CIF조건의 상품가격이 FOB조건보다 더 높다. 한편 상품수지는 한국은행이 매월 말 확정치를 발표하고, 무역수지는 산업통상자원부가 매월 1일 잠정치를, 관세청이 15일 확정치를 발표한다.

우리나라의 국제수지 추이

〈그림 19-1〉을 보면 1980년부터 2020년까지 21년 동안 우리나라의 국제수지 추이를 보여주고 있다. 경상수지와 금융계정이 대체적으로 유사한 추이를 나타내고 있다. 1985년 중반 이전까지는 경상수지와 금융계정은 적자를 나타냈다. 1986년에 처음으로 약 26억달러의 경상수지 흑자와 31억 달러의 금융계정 흑자를 기록했다. 1988년 하계 올림픽을 했던 해에 경상수지와 금융계정 합계 265억달러를 나타냈다가 이후 하락추세를 보였다. 1996년 경상수지 적자가 약 245억달러였고 금융계정 적자도 235억달러로 최저점을 기록했다. 이듬해인 1997년 이른바, 국제통화기금(IMF) 외환위기를 맞게 되었다. 이후 경상수지는 지속적인 흑자 추세를 유지하고 있다.

그림 19-1   우리나라의 국제수지 추이

(단위: 백만달러)

출처: 한국은행 경제통계시스템

제 2 절
환율제도

국제수지는 환율, 즉 다른 나라의 통화가치로 환산한 한 나라의 통화가치의 영향을 많이 받는다. 자국의 화폐가치가 상승하면(환율이 하락하면) 수출상품의 가격이 오르게 되어 수출은 하락하나 수입은 증가하게 되어 경상수지가 악화될 가능성이 커진다. 반대로 자국의 화폐가치가 하락하면(환율이 상승하면) 수출은 늘어나게 되나, 수입 상품이 상대적으로 비싸져 수입이 줄어들게 되어 경상수지의 개선을 기대할 수 있다. 경상수지 흑자와 적자의 크기는 각국이 사용하는 환율제도와 밀접하게 관련되어 있다. 환율제도에는 다음 세 가지 유형이 있다.

고정환율제도

금본위제도

고정환율제(fixed exchange rate)란 각국 화폐 사이의 환율을 일정수준에 고정시키는 제도를 말한다. 대표적인 고정환율제도가 금본위제도다. 금본위제도는 각국의 통화량을 금으로 뒷받침하고, 화폐의 가치를 금으로 나타내는 것이기 때문에 자연스럽게 각국의 통화의 교환비율이 고정된다.

예를 들어 금 1온스가 미국의 20달러와 같고, 영국의 4파운드와 같다면 파운드와 달러의 교환비율은 1파운드당 5달러가 된다. 만약 파운드 가치가 올라 1파운드당 $5.25가 되었다면 영국으로부터 100파운드어치의 양모를 수입하려는 미국의 업자는 $525달러의 비용이 든다. 그런데 또 다른 방법은 $500로 금 100온스를 구입하여 영국으로 가져가 이것을 100파운드로 바꿔서 양모를 사는 것이다. 아마 미국의 양모 수입업자는 운송비가 싸다면 이 방법을 선택할 것이다. 그렇게 되면 영국에서는 금의 양(본원통화량)이 증가하고, 미국에서는 금이 유출되어 금의 양(본원통화량)이 감소하여 영국의 파운드 가치는 하락하고, 미국의 달러가치는 상승해, 영국에서는 물가가 오르고 미국에서는 물가가 하락하여 환율이 원래 수준인 1파운드당 5달러로 되돌아가 간다. 이렇게 금본위제도는 국가 간 환율이 안정적으로 유지되는 구조를 갖고 있다.

금본위제는 환율변동에 따른 불확실성이 없어 국제거래를 촉진하고 국제시장을 확대하는 데 도움이 된다. 그러나 금본위제도가 전 세계에 걸쳐 보편적으로 도입되지 않을 경우 금본위제도를 채택한 나라는 안정된 화폐로 인해 투자자들의 안전처가 되어 과대평가될 가능성이 많다. 화폐가치가 과대평가될 경우 수출 감소와 같은 실물부문의 충격으로 어려움에 직면할 수도 있다.

국제적으로 금본위제도는 첫째, 1870년부터 1914년 제1차 세계대전이 일어날 때까지 세계 최대 경제 강국들이 선택한 순수금본위제, 둘째, 제1차 세계대전 이후에 1922~1931년 동안 채택한 금환본위제, 셋째, 제2차 세계대전 후 1951~1971년 동안 실시한 달러환본위제, 일명 브래튼우즈 체제(Bretton Woods System)로 변천해가며 실시되었다. 순수금본위제도는 각국의 화폐가 금으로 직접 교환될 수 있는 시스템, 금환본위제도는 각국의 화폐는 국제 결제의 목적을 위해 외부적으로 금에 연결되었지만, 금화와 금보증서가 미국을 제외하고는 실제로 내부적으로 유통되지 않았던 시스템, 그리고 브래튼우즈시스템은 미국 달러가 온스 당 35달러에서 금으로 태환되고 주요 국가들이 고정률로 자신들의 화폐를 달러와 연계시키는 방식이었다.

고정환율제도 작동 원리

고정환율제도 하에서 국내통화가 고평가될 경우 중앙은행은 고정환율을 유지하기 위해 국내통화를 구매해야 한다. 국내통화를 구매한다는 것은 보유하고 있는 외환을 사용하는 것이므로 외환보유가 감소한다. 또는 평가절하, 즉 고정된 화폐가치를 낮추는 방법(고정 환율을 올리는 방법)을 단행한다. 반면에 국내통화가 저평가되었을 경우에는 중앙은행이 고정된 환율을 유지하기 위해 국내통화를 매각하거나 평가절상(고정환율을 내림)을 단행하는 것이다.

투기적 공격에 노출될 위험

고정환율제를 실시하는 국가는 투기적 공격에 노출될 위험이 있다. 예를 들어 설명해 보자. 독일과 영국이 협의 하에 고정환율제를 실시하기로 하고 독일 마르크와 영국 파운드의 교환 비율을 DM2:£1로 정했다고 하자. 독일이 국내의 인플레이션 문제를 해결하기 위해 긴축통화정책을 쓰며 금리를 인상하면 독일 마르크의 가치는 상승하게 되고 영국 파운드의 가치는 하락하게 된다. 그래서 실질 교환가치는 DM1.5:£1이 된다고 하자. DM2:£1의 고정 환율을 유지하기 위해서는 독일이 금리를 낮추는 확대통화정책을 쓰든가, 혹은 영국이 금리를 올리는 긴축통화정책을 써야 한다. 그런데 양국의 경제 상황이 허락하지 않아 당장 독일이 금리를 낮출 수 없고 영국이 금리를 올릴 수 없다면 투기자들은 가까운 미래에 중앙은행들이 환율조정을 할 것으로 예상한다. 그래서 독일 마르크의 가치는 오르고 영국 파운드 가치는 하락할 것으로 예상하여 독일 마르크를 대량으로 구매하든가 영국의 파운드를 대량으로 투매하게 된다. 이러한 투기적 공격으로 환율이 급격하게 변동하는 외환위기가 발생할 수 있는 것이다. 실제로 1992년 영국을 비롯한 유럽 국가들의 외환위기는 이러한 과정에서 비롯되었다.

변동환율제도

환율이 통화에 대한 수요와 공급에 따라 자유롭게 결정되는 제도다. 예를 들어 달러에 대한 수요의 주체는 한국 내의 수입업자나 해외에 투자하고자 하는 기업들, 해외여행자, 유학생 등이고, 달러를 공급하는 주체는 수출업자와 한국에 투자하는 외국인 투자자, 외국 관광객 등이다. 환율은 이들 수요자들과 공급자들의 상호작용(interaction)으로 결정된다. 그리고 환율이 결정되는 시장을 외환시장(foreign exchange market)이라고 한다.

외환시장도 다른 재화시장에서처럼 외환(달러)의 가격인 환율이 상승하면 외환에 대한 수요량이 감소하고 환율이 하락하면 수요량이 증가한다. 원-달러 환율이 상승하면(원화가치가 하락하면) 달러를 구입하기 위한 원화 부담이 증가하고 반대로 환율이 하락하면(원화가치가 상승하면) 달러를 구입하기 위한 원화 부담이 감소한다. 달러의 공급량도 마찬가지로 환율이 상승하면(원화가치가 하락하면) 증가하고 환율이 하락하면(원화가치가 상승하면) 감소된다. 환율이 상승하게 되면 달러를 판매하여 받는 원화 수입이 증대하고 반대로 환율이 하락하게 되면 그만큼 원화 수입이 감소하기 때문이다.

현재의 환율제도: 관리변동환율제도

미국이 브레튼우드 체제를 포기한 후 국제통화제도는 변동환율제와 정부의 간헐적인 통화 개입을 결합한 관리변동환율제로 바뀌었다. 다시 말하면 환율은 시장에서 신축적으로 결정되지만 가끔 정부가 외환시장에 개입하는 것을 말한다.

환율은 어떻게 결정되는가?

구매력평가이론(purchasing power parity theory)

환율이 구매력(즉 물가)에 따라 결정된다는 것이 구매력평가이론이다. 구매력평가이론은 일물일가의 법칙을 근거로 한다. 일물일가의 법칙이란 동일한 제품은 동일한 가격을 가져야 한다는 것이다. 다시 말하면 두 국가 간의 무역에 있어서 제도적인 장벽이 없을 뿐만 아니라 수송비용(transport costs)도 무시할 정도로 낮다면 동일한 제품의 가격은 두 국가에서 동일해야 한다는 것이다.

예를 들어 한국과 미국 간의 무역장벽이 없고 수송비도 매우 낮다고 하자. 그렇다면 동일한 철강의 한국과 미국에서의 가격은 동일할 것이다. 만약 한국의 철강 가격이 미국보다 비싸다면 한국에서 수요가 감소하고 공급이 증가하는 반면 미국에서는 수요가 증가하고 공급이 감소하여 철강의 가격은 한국에서는 하락하고 미국에서는 상승하게 된다. 양국 간의 가격 차이는 수요와 공급의 변화를 통해 수렴하게 되어 같게 될 것이다.

이 일물일가의 법칙을 모든 재화에 적용해 물가에 따라 환율이 결정된다는 것이 구매력평가이론이다. 구매력평가이론은 장기적으로 작용하지만 단기에는 작용하지 않는다. 이것의 문제점은 모든 재화가 양국에서 동일하지 않다는 것이다. 자동차의 예를 들면 현대자동차와 GM차는 동일한 크기라 하더라도 같지 않다. 게다가 무역거래가 되지 않는 재화와 서비스가 존재한다. 예를 들어 헤어컷을 보자. 한국에서의 헤어컷과 미국의 헤어컷 간에 가격차이가 있다고 해서 이것이 이동하여 거래될 수가 없다.

이러한 문제점들로 인해 환율 결정에 대한 설명으로 구매력평가이론은 한계를 갖고 있다. 그럼에도 불구하고 구매력평가 이론이 의미 있는 것은 환율에 국가별 물가 수준이 반영되는 것을 보여주고 있다는 점이다. 상대적으로 높은 인플레이션율을 갖는 국가는 그렇지 않은 국가에 비해 자국의 화폐가치가 하락하는 경향이 있기 때문에 환율은 상승한다. 구매력평가환율(PPP환율)은 한 나라 통화의 구매력과 다른 나라 통화 간의 구매력이 균형을 유지하도록 국내물가와 외국물가의 수준을 환율에 반영시킨 것으로 다음과 같이 산출된다. 이것은 국가 간 물가수준의 차이를 고려하여 GDP 등의 통계를 국가 간 비교하는 데 사용된다.

$$ppp환율 = 명목환율 \times \frac{국내물가}{해외물가}$$

일물일가의 법칙을 바탕으로 각국의 화폐가치를 비교하려고 시도하는 경제지표가 빅맥 지수(Bic Mac Index)다. 맥도날드의 대표적 햄버거인 빅맥은 많은 국가의 매장에서 살 수 있으며, 품질, 크기, 재료가 거의 같다. 따라서 빅맥의 나라별 가격을 달러로 환산해 비교한다면 국가별 물가를 비교할 수 있고 국가별 적정 환율 수준을 파악할 수 있다는 점을 착안해 영국의 경제 주간지 '이코노미스트'가 1986년에 개발해 매년 120여 개국의 빅맥 지수를 3개월에 한 번씩 분기별로 발표한다(〈그림 19-2〉 참조). 빅맥 지수를 통한 적정 환율을 계산해보면 다음과 같다. 예를 들어, 미국에서 빅맥 한 개의 가격이 5.00달러이고 한국에서의 가격이 4,400원이라면, 구매력 비율은 4,400/5.00=880이다. 만약 현재 환율이 1달러 대 1,000원이라면 880<1,000으로 현재 원화가 과소평가되어 있다는 것을 보여준다. 그러나 국가마다 직원 월급, 임대료, 세금 등이 다를 수 있기 때문에 빅맥 지수만으로는 물가와 적정 환율을 판단하기는 어렵다.

한편 최근에는 글로벌 커피브랜드인 스타벅스(Starbucks)의 카페라떼(tall size) 가격을 이용하여 국가 간 구매력을 비교할 수 있다(〈그림 19-3〉 참조). 맥도날드의 빅맥과 같이 스타벅스의 카페라떼는 전 세계적으로 판매되고 있다. 최근 햄버거 판매의 감소 추세가 나타난 것에 비해 카페라떼 판매는 꾸준할 뿐만 아니라 가격할인 등도 하지 않기 때문에 국가 간 구매력 기준 상품으로 적절하다는 평가를 받고 있다. 또한 스타벅스 본사에서도 '라떼 지수'를 산정하기 위하여 카페라떼 가격을 통해 각 국가의 매장 제품을 비교, 분석, 평가하고 있다.

그림 19-2 빅맥 지수

The Big Mac index

Country		2000 —— 2021	Under/over valued, %
Venezuela	Bolívar		47.7
Switzerland	Franc		24.7
Norway	Krone		11.5
Sweden	Krona		9.6
United States	US$		BASE CURRENCY
Canada	C$		-6.0
Israel	Shekel		-8.6
Uruguay	Peso		-9.5
Euro area	Euro		-11.1
Australia	A$		-15.2
New Zealand	NZ$		-15.7
Britain	Pound		-15.9
Denmark	Krone		-16.0
Brazil	Real		-22.8
Singapore	S$		-23.7
Kuwait	Dinar		-26.5
Czech Rep.	Koruna		-27.7
UAE	Dirham		-28.9
South Korea	Won		-29.2
Bahrain	Dinar		-29.6

출처: Economist, https://www.economist.com/big-mac-index

그림 19-3   스타벅스 지수

국가	스타벅스 Tall 사이즈 라테
Russia	$12.32
Indonesia	$8.21
Vietnam	$8.18
Thailand	$8.04
India	$7.99
Egypt	$7.59
Malaysia	$7.23
China	$7.18
Saudi Arabia	$7.08
Poland	$6.74
Philippines	$6.45
Bulgaria	$6.37
Sweden	$5.71
United Arab Emirates	$5.62
Hungary	$5.22
Turkey	$5.12
Chile	$5.06
South Korea	$5.03
Colombia	$4.93
Switzerland	$4.82
Spain	$4.81
Singapore	$4.71
Czech Republic	$4.64
Denmark	$4.62
Finland	$4.50
Mexico	$4.37
France	$4.36
Greece	$4.27
Belgium	$4.23
Austria	$4.10
Germany	$3.83
Brazil	$3.79
Japan	$3.56
Netherlands	$3.53
Ireland	$3.13
New Zealand	$3.06
Canada	$3.06
United Kingdom	$2.88
Australia	$2.86
United States	$2.75

출처: ValuePenguin, https://www.valuepenguin.com/countries-where-buying-starbucks-most-and-least-extravagant

환율에 영향을 미치는 장기적 요인

장기적으로 환율에 영향을 미치는 요인은 대단히 많다. 〈표 19-2〉는 환율에 영향을 미치는 장기적인 요인을 요약해 놓은 것이다. 기본적으로는 외국 재화와 국내 재화 간에 상대적 수요를 변화시키는 요인들은 장기적으로 환율을 변화시키는 요인이 된다. 구체적으로 상대적 국내물가 변화, 관세, 쿼터, 수입, 수출, 생산성 변화 등이 환율에 영향을 주는 요인들이다.

예를 들어 국내물가가 상대적으로 상승했다면 이것은 외국 재화가 상대적으로 싸지게 되어 외국 재화에 대한 수요가 증가한다. 그 결과 외국통화에 대한 수요가 증가하여 국내통화가치가 하락(환율이 상승)한다.

관세가 인상되면 외국재화의 가격이 비싸진다. 그러면 외국재화에 대한 수요가 감소하여 수입이 감소하여 외국 통화에 대한 수요가 감소하여 국내통화 가치가 상승(환율이 하락)한다.

쿼터량 제한을 강화하면 외국재화의 수입이 줄어 국내통화가치가 상승한다. 이런 식으로 생각해보면 수입이 증가하면 통화가치가 하락하고 수출이 증가하면 통화가치가 상승함을 알 수 있다.

끝으로 생산성 향상을 보자. 생산성이 향상되면 생산비가 적게 들어 가격을 낮출 수 있다. 그러면 국내 재화에 대한 외국의 수요가 증가한다. 이것은 곧 수출 증가를 의미하므로 국내통화가치가 상승하게 된다.

표 19-2   환율에 영향을 미치는 장기 요인

요인	변화	환율
국내물가	↑	↓
무역장벽	↑	↑
수입수요	↑	↓
수출수요	↑	↑
생산성	↑	↑

주: ↑ = 상승 ↓ = 하락

단기에 영향을 미치는 요인

지금까지 우리는 장기적으로 환율이 어떻게 변하는지를 살펴보았다. 그러나 환율은 매일매일 크게 변한다. 그럼 환율에 영향을 미치는 단기적 요인은 무엇인가? 그것은 이자율이다. 이자율이 환율에 영향을 미치는 단기적 요인인 이유는 단기적으로 일어나는 자본의 국제적 이동이 장기적으로 일어나는 무역의 규모보다 훨씬 크기 때문이다. 그래서 단기적으로 환율은 무역보다는 자본이동을 반영하고, 장기 환율은 무역의 영향이 크다.

국가 간 이자율의 차이가 자본이동을 일으켜 환율에 영향을 미친다. 예를 들어 한국의 이자율이 5%이고 미국의 이자율이 2%라면 금융자산 투자자들은 미국보다는 한국 정부가 발행하는 국채를 선호할 가능성이 높다. 그렇게 되면 원화에 대한 수요가 증가하여 원화 가치가 달러에 비해 상대적으로 올라 원-달러 환율이 하락한다. 반대로 한국의 이자율이 하락하고 미국의 이자율은 상승하여 양국의 이자율이 역전된다면 투자자들은 더 높은 투자 수익을 얻기 위해 한국에서 투자 자금을 회수하여 미국에 투자하려고 할 것이다. 이 경우 원화를 달러로 바꾸려는 수요가 증대하여 원화 공급은 늘어나는 반면, 달러 공급은 줄어들어 원화가치가 하락하면서 원-달러 환율이 상승한다.

그러면 왜 환율은 매일매일 크게 변하는 것일까? 그것은 미래의 환율변화에 대한 예상 때문이다. 예를 들어 미래에 원-달러 환율이 오를 것으로 예상하면 달러에 대한 수요가 상대적으로 증가해 원-달러 환율이 상승한다. 반대로 미래에 원-달러 환율이 떨어질 것으로 예상하면 원화에 대한 수요가 상대적으로 증가해 원-달러 환율이 하락한다. 이것은 제3, 4장에서 배운 일반 재화시장에서 재화의 미래가격에 대한 기대가 변했을 경우 수요와 공급이 변하여 가격이 변하는 것과 똑같다. 미래의 예상환율에 영향을 주는 요인이 대단히 많다. 이자율, 물가수준, 인플레이션, 무역장벽, 생산성, 수입과 수출 수요, 화폐공급 등 이들 변수 중 어느 한 변수에 대한 예상이 변할 때 외국 통화에 대한 수요와 공급이 즉각 변화한다. 모든 뉴스에 반응해 이들 변수들에 대한 예상이 변화하기 때문에 환율이 심하게 변동하는 것이다.

제 3 절
환율과 국제수지

　변동환율제에서는 한 국가의 국제수지 적자나 흑자는 국가 통화가치의 변동을 통해 그 불균형이 조정된다. 앞에서 환율은 단기에 무역보다 자본이동을 반영하는 반면, 장기 환율은 무역의 영향이 크다고 하였다. 국제수지가 적자인 경우에는 외국통화에 대한 수요가 공급보다 많다. 따라서 외환시장에서 외국통화의 가격은 오르는 반면 자국의 화폐가치는 하락한다. 이렇게 변동한 환율은 다시 수출, 수입, 그리고 자본이동에 영향을 준다. 자국 화폐의 가치가 하락하면 수출 증가 및 수입 감소 등을 통하여 국제수지가 균형으로 접근한다.

　반대로 국제수지가 흑자인 경우에는 외국통화에 대한 수요보다 공급이 많아 외국통화의 가격은 하락하는 반면 자국의 통화가치가 상승한다. 자국 화폐의 가치가 상승하면 수출의 감소 및 수입의 증대 등을 통해 국제수지가 흑자에서 균형으로 접근한다.

　환율의 변동에 따른 국제수지 균형 회복 정도는 외국통화에 대한 수요와 공급이 환율의 변동에 얼마나 탄력적인가에 달려 있다. 예를 들면 외국통화에 대한 수요, 공급곡선이 환율에 대해 비탄력적이면 국제수지의 적자 혹은 흑자에서 균형을 회복하기 위해서는 환율 변동의 폭이 매우 커야 한다. 즉, 외국통화의 수요 공급이 환율에 대해 비탄력적일 경우 국제수지 적자 상태에서 벗어나기 위해서는 큰 폭의 화폐가치 하락이 필요하다.

마샬-러너의 조건(Marshall-Lerner condition)

　마샬-러너의 조건은 자국 화폐가치 하락, 즉 환율의 평가절하를 통해 무역수지가 개선될 수 있기 위해서는 외국과 자국의 수입수요의 탄력성의 합이 1보다 커야 한다는 조건을 의미한다. 만약 양국의 수입수요의 탄력성의 합이 1보다 작을 때는 자국 화폐가치가 하락(평가절하)하더라도 무역수지는 개선되지 않고 악화된다.

$$IM + IM^f > 1$$

IM: 자국의 수입수요 탄력성
IM^f: 외국의 수입수요 탄력성

J-곡선 효과

일반적으로 화폐가치가 하락하면 〈그림 19-4〉에서 보는 바와 같이 J자 모양처럼 무역수지는 처음에 악화되다가 일정 시간이 지난 후에 점차 개선되는 양상을 보인다. 이와 같은 현상을 J-곡선 효과(J-Curve effect)라고 한다. 왜 화폐가치 하락에 따른 무역수지의 개선이 즉각적으로 나타나지 않고 시간이 흐르면서 점차적으로 나타나는 것일까?

이러한 현상이 발생하는 것은 환율변동에 따른 수출입 물량 조정 간에 시차가 존재하기 때문이다. 예를 들어 우리나라의 대미 경상수지 적자로 원화가치가 하락하면 즉각적으로 수입품 단가는 오르고 수출품 단가는 떨어지는 효과가 나타난다. 그러나 수출물량과 수입물량은 즉각적으로 변하지 않는다. 이미 체결한 계약에 따라 수출입이 진행되고, 소비자들이 가격 변화에 따라 소비습관을 바꾸는 데는 상당한 시간이 걸리기 때문이다. 그래서 달러로 표시한 수출액(=수출가격×수출물량)은 감소하고 수입액(=수입가격×수입물량)은 증가해 초기에 오히려 무역수지 적자가 악화되는 것이다. 그러나 시간이 흐르면서 수출물량이 늘어나고 수입물량이 줄어들면서 무역수지 적자가 개선되는 것이다.

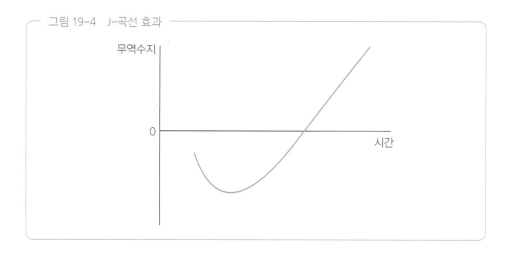

그림 19-4 J-곡선 효과

환율과 물가

　환율이 변동하면 물가에도 영향을 미친다. 자국의 화폐가치가 하락하면 외화로 표시된 수출품의 가격은 하락하지만 자국 화폐로 표시된 수입품의 가격이 상승한다. 그에 따라 국내에서 생산된 수입대체상품의 가격도 상승하여 인플레이션 압력이 생긴다. 그러나 화폐가치 하락으로 인한 가격경쟁력이 올라 국내 생산이 증가해 인플레이션 압력이 완화될 수 있다. 다만 국내 생산의 증가는 단기에 바로 나타나지 않으므로 화폐가치 하락으로 국내 물가는 오르게 된다. 한편 화폐가치 하락은 외국으로부터 수입하는 원유와 같은 주요 원자재 가격의 상승을 유발하므로 생산비용이 상승하게 되어 총공급이 감소해 국내 물가가 상승한다. 그래서 자국 화폐의 가치가 하락하면 대체로 국내 물가가 상승한다.

경상수지와 경제성장

　일반적으로 경제성장을 위해서는 경상수지의 흑자가 반드시 필요하다는 견해가 많다. 과연 그러한가? 이를 확인해 보기 위해서 경상수지와 경제성장 간의 관계를 살펴보기로 하자.

　경상수지 적자 상태를 가정해보자. 경상수지가 적자라는 것은 순수출(수출－수입)이 음(－)의 값을 갖는다는 것으로 GDP를 감소시키는 요인으로 작용한다. GDP의 감소는 소득의 감소를 의미하며 이에 따라 소비와 투자의 감축도 나타나야 한다. 그렇다면 경상수지 적자는 경제성장에 부정적이라고 할 수 있다.

　그러나 경상수지 적자는 변동환율제 하에서 환율의 변동을 초래한다. 즉, 외환에 대한 수요가 공급보다 많아 외환의 가격은 오르는 반면 자국의 통화가치는 하락한다. 원화의 가치 하락으로 수출이 증대되고 수입이 감소되어 경상수지는 적자 상태에서 균형 상태로 향하게 된다. 경상수지 적자에 따른 원화 가치 하락은 수출 증대, 수입 감소를 초래하고 이는 GDP를 증가시키는 요인으로 작용하여 소비, 투자의 증대로 나타난다. 이런 경우는 경제성장에 긍정적이다. 따라서 경상수지 적자가 경제성장에 부정적이라고 이론적으로 단정 지을 근거는 없다.

그렇다면 이론이 아닌 현실에서는 어떨까? 경험적으로 경제성장과 경상수지는 거의 관계가 없다. 중국과 같은 나라는 고도성장을 하면서도 경상수지가 흑자였던 반면, 인도의 경우는 고도성장을 하였으나 경상수지는 적자였다. 한국의 경우 1960년대부터 1980년대까지의 고도성장 기간에 60~70년대에는 경상수지가 만성적인 적자였으나 80년대 후반에는 흑자를 기록하였다. 인도네시아는 고도성장 기간에 경상수지는 거의 균형을 이룬 반면 멕시코와 헝가리는 성장이 더디면서도 경상수지는 적자를 기록했다. 이와 같이 경제성장과 경상수지는 경험적으로도 상관관계를 찾아보기 어렵다.

사실 이러한 결과는 당연하다. 제11장에서 배운 것처럼 수입은 GDP에 영향을 미치지 않기 때문이다. GDP 산정에서 수입은 그 양이 많든 적든 소비지출에 포함되고 다시 빠진다. 그래서 경상수지가 경제성장과는 아무런 관계가 없는 것이다. 경제가 성장하기 위해서는 제16장에서 설명한 바대로 경제적 자유를 보장하는 제도적 장치가 마련되어야 하며, 그 제도 하에서 특화와 교환, 저축, 기술발전과 기업가 정신이 활발해져 더 많은 재화와 서비스가 생산되어야 한다.

구매력과 환율

통념적으로 국제수지(balance of payments)의 상태가 환율결정의 핵심 요인이라고 한다. 이 논리에 따르면 수입의 증가는 외화에 대한 수요 증가를 야기하고, 외화를 얻기 위해 수입업자들은 국내통화를 판매함에 따라 그 결과 국내통화에 비해서 외화의 가치가 오른다. 반대로 수출이 증가하면 모든 다른 조건들이 일정하다고 할 때, 수출업자들이 자신들이 벌어들인 외화를 국내통화와 교환할 경우 외화에 비해서 국내통화의 가치가 오르게 된다.

이러한 사고방식에서는 수출업자들이 외화의 공급을 정하고 수입업자들이 외화에 대한 수요를 정한다. 그리하여 환율은 이 수요와 공급의 상호작용으로 결정된다. 이 논리에 따르면 수출과 수입 간의 상호작용으로 나오는 결과인 국제수지의 상태가 환율결정의 핵심이라고 하는 것은 일리가 있다.

외화에 대한 수요는 수입업자가 정하고 수출업자는 외화공급을 정한다고 하는 것이 과연 타당한가? 예를 들어, 엔화에 대한 수요는 일본 재화와 서비스를 수입하는 미국인들뿐만 아니라 일본인들 자신들로부터도 나온다. 일본에서 일어나는 모든 경제 활동은 일본 돈, 즉 엔화에 대한 수요를 야기한다. 일본의 신발 생산자는 자기의 제품을 판매해 나중에 다른 재화와 서비스를 사기 위해 사용할 수 있는 엔화를 받는다. 즉 화폐에 대한 수요를 실행한다. 마찬가지로 다른 재화와 서비스의 생산자들도 자기들이 생산한 재화와 서비스를 엔화와 교환함으로써 자기들의 화폐수요를 실행하고, 적절한 때에 그것을 다른 재화 및 서비스와 교환하는 데 사용할 것이다.

엔화와 유로화 같은 외화의 공급의 원천은 어디일까? 현대 화폐제도에서는 그 원천은 중앙은행의 통화정책과 부분지급준비제도에 있다. 엔화와 유로화의 양은 관련 중앙은행과 부분지급준비제도에 의해 정해진다. 수출업자들의 활동과는 무관하다. 게다가 다른 모든 조건들이 동일하다면, 각 중앙은행의 통화정책들이 각자의 화폐구매력을 결정한다. 그러면 그것이 환율을 정한다. 어떻게 그렇게 되는지 보자.

재화 한 묶음의 가격은 그 묶음에 대해 지불한 금액이다. 또한 그 재화 한 묶음에 지불한 금액으로 살 수 있는 재화 묶음이 화폐의 구매력이라고 할 수 있다. 만약 미국에서는 재화 한 묶음의 가격이 1달러이고 유럽에서는 동일한 재화 한 묶음이 2유로로 팔린다면, 미국 달러와 유로 사이의 환율은 1달러당 2유로가 되어야 한다.

화폐의 구매력을 정하는 데 중요한 요인은 화폐의 공급이다. 시간이 지나면서 미국의 화폐공급의 증가율이 유럽의 화폐공급의 증가율에 비해 높아진다면, 모든 다른 조건들이 일정할 경우 미국 달러는 가치 하락의 압력 받는다. 재화의 가격은 재화당 화폐의 양이므로 이것은 모든 다른 조건들이 동일하다면, 이제 달러로 나타낸 재화들의 가격들이 유로로 나타낸 가격들보다 더 빨리 증가한다는 것을 의미한다.

화폐의 구매력과 환율에 영향을 주는 또 하나의 중요한 요인이 화폐에 대한 수요다. 예를 들어 재화들의 생산이 증가하면 화폐의 수요도 따라 증가하게 된다. 더 많은 재화가 교환될 것이기 때문에 교환의 매개체에 대한 수요가 증가하게 되는 것이다. 그 결과 적으로 주어진 화폐 공급에 대해 화폐의 구매력이 증가할 것이다. 이제 적은 양의 화폐가 더 많은 재화들을 추구하게 된다.

환율이 상대적 구매력으로부터 벌어지게 되면 그 차이를 없애려는 차익거래 (arbitrage)가 발생한다. 그 차이는 무역수지 데이터에 대한 시장의 반응이나 이자율의 변화 때문에 발생할 수 있다. 이 차이들로 인해 교정력이 작동하게 된다.

유럽중앙은행이 정책금리를 변경하지 않았는데 연준이 정책금리를 올렸다고 하자. 재화 한 묶음의 가격이 미국에서 1달러이고 유럽에서 2유로라면 앞에서 구매력이론에 따라 환율은 1달러=2유로라는 사실을 알았다. 미국과 유로존 간에 이자율 차이가 커졌기 때문에 달러에 대한 수요 증가로 시장에서 환율은 1달러=3유로로 된다. (유로보유자들이 높은 이자율을 주는 예금에 넣으려고 더 많은 달러를 수요하기 때문이다.)

그러나 달러 대 유로의 상대적인 구매력에 비춰보면 달러는 이제 과대평가되어 있다. (1달러=2유로가 되어야지 1달러=3유로가 되어서는 안 되는 것이다.) 이 상황에서 달러를 받고 재화 묶음들을 팔고, 그 달러를 유로와 교환한 다음, 그 유로로 재화묶음들을 구입하면 확실히 차익거래 이익을 얻게 된다. 예를 들면, 개인들은 재화 한 묶음을 1달러에 팔고, 그 1달러를 3유로로 바꾼 다음, 그 3유로로 1.5 묶음으로 교환하면 0.5묶음의 이익을 얻게 되는 것이다.

달러의 보유자가 차익거래로부터 이윤을 얻기 위해서 유로에 대한 수요를 증가시켰다는 사실은 환율이 1달러=2유로가 되도록 움직이게 하면서 달러 대비 유로를 더 비싸게 만들(유로당 더 많은 달러) 것이다. 어떤 이유로든 환율이 근본적인 환율에서 벗어나면 항상 차익거래가 일어난다.

통념과는 달리 국제수지의 상태는 환율결정과는 무관하다. 환율결정의 주요인은 화폐의 상대적인 구매력이다.

출처: Shostak, Frank 저/안재욱 역, Mises Institute. 2018년 10월 18일.
https://mises.org/wire/purchasing-power-and-exchange-rate

연습문제

*01. 다음 기사대로라면 한국의 원화와 미국의 달러에 어떠한 변화가 있을 것인가?

> 미국 상원에서 법인세 최고세율을 35%에서 20%로 인하하기로 하는 파격적 감세안이 통과되자 글로벌 충격파가 일고 있다. 기업 이탈과 자금 유출을 우려한 중국, 유럽연합(EU), 이스라엘 정부는 대응책을 마련하느라 초비상이 걸렸다. (중략)
>
> 긴박하게 대응하는 국가들과 달리 한국 국회는 이날 오히려 법인세 최고세율을 22%에서 25%로 인상하는 개정안을 통과시켰다. (한국경제신문 2017. 12. 6.)

02. 외국인들이 한국경제에 신뢰를 갖고 한국에서 투자를 늘린다면 한국의 경상수지는 어떤 영향을 받는가? 원화가치는 어떤 영향을 받는가?

*03. 현재 한국이 경상수지 적자를 보고 있다고 하자. 다음과 같은 경우가 발생했다면 경상수지적자에 어떤 영향을 미칠 것인가?
1) 한국에서의 불황
2) 한국에서의 투자매력도 감소
3) 외국에서의 투자기회 증가

04. 평가절하가 무역수지를 처음에 악화시키다가 일정 시간이 지난 후 개선되는 J-곡선 효과가 나타나는 이유를 설명하시오.

*표시 문제의 답은 책 뒷부분의 부록에 수록되어 있음.

강성진 외 (2021), 『ESG 제대로 이해하기』, 자유기업원.

국회예산정책처 (2021), 「2020년 회계연도 결산 농림축산식품해양수산위원회」.

_____ (2020), 「2021년 및 중기 경제전망」.

국가통계포털 '경기순환시계' https://kosis.kr/visual/bcc/index/index.do?mb=N

곽기호 (2019), "중소기업 적합업종 지정제도가 중소기업 경영성과에 미친 영향 분석: 음식료
    품 제조업을 중심으로" 『중소기업연구』, vol. 41. no. 2, pp. 25-50.

권혁철 외 (2015), 『세계경제를 바꾼 사건들 50』, 북앤피플.

_____ (2016), 『자본주의 오해와 진실』, 북앤피플.

김영용 (2008), "이탈리아 고급제품이 수입국에서 더 많이 팔리는 이유는", 서울경제, 5월 15일.

_____ (2010), 『생활 속 경제』, FKI미디어.

_____ (2014), 『기업』, 프리이코노미스쿨.

_____ (2019), 『경제현상의 경제학적 이해』, 전남대학교출판문화원.

_____ (2021), 『민주국가는 당신의 자유를 지켜주는가』, 자유주의 시리즈 77, 자유기업원.

김영용, 박경석 (2006), 『재산권, 주식회사, 대규모 기업집단』, 한국경제연구원.

김재호 (2014), "조선시대는 상품화폐의 시대", 한국경제신문, 생글생글434호, 6월 30일.

김정호 (2004), 『7천만의 시장경제이야기』(제임스 과트니 편역, 리처드 스트라움 저),
    자유기업원.

대론 에쓰모글루, 제임스 A. 로빈슨 (2012), 『국가는 왜 실패하는가』(최완규 역), 시공사.

로스바드 (2006), 『인간, 경제, 국가』(전용덕, 김이석 역), 나남출판.

미제스 (1995), 『자본주의 정신과 반자본주의 심리』(김진현 역), 자유기업센터.

민경국 (2014), "GDP 아닌 GO 개념을 주목해야", 한국경제신문, 다산칼럼, 5월 2일.

박정규, 최영일 (2004), "우리나라 경기순환의 국면 식별", 『조사통계월보』, 한국은행.

서용구, 조춘한 (2019), "대형마트, SSM 규제 정책의 효과분석", 『한국유통학회유통연구유통연
    구』, 제24권 제3호, pp. 133-148.

안재욱 (2006), 『얽힌 실타래는 당기지 않는다: 시장경제와 정부의 역할』, 삼성경제연구소.

_____ (2007), 『딱 맞게 풀어쓴 자유주의』, 자유기업원.

_____ (2008),『시장경제와 화폐금융제도』, 나남.

_____ (2013), "'얼음 왕'이 보여준 창조경제", 한국경제신문, 다산칼럼, 3월 31일.

_____ (2014), "국부·평화 지키는 원천은 무력 아닌 무역", 한국경제신문, 세계경제를 바꾼 사건들(40), 6월 27일.

_____ (2015),『흐름으로 읽는 자본주의 역사』, 프리이코노미북스.

_____ (2017), "2008년 금융위기와 화폐금융제도 개혁 방안",『제도와 경제』, 제11권 제1호, pp. 49-79.

_____ (2020), "'마스크 5부제' 부른 정부개입", 한국경제신문, 다산칼럼, 3월 24일.

_____ (2020), "돈 푼다고 경제위기 극복되지 않는다", 한국하이에크소사이어티, 자유경제에 세이, 4월 12일.

_____ (2020), "인플레이션인가, 디플레이션인가", 한국하이에크소사이어티, 자유경제에세이, 7월 5일

안재욱, 김영용, 김우택, 송원근 (2012),『새경제학원론』, 교보분고.

이몬 버틀러 (2009),『시장경제의 법칙』(김명철 역), 시아출판사.

이서영 인턴, 김현석 기자 (2021), "BofA '원유 공급, 수요 못 따라가…유가 100달러 간다'", 한국경제신문, 6월 22일.

이영훈 (2016),『한국경제사(II)』, 일조각.

장용준, 김민정, 최보영, 현혜정 (2019),『무역기술장벽(TBT)의 국제적 논의 동향과 경제적 효과 분석』, 중장기통상전략연구 19-05, 대외경제정책연구원.

전국경제인연합회 (2021), "유통 규제 관련 소비자 인식 조사", 보도자료, 1월 25일.

최광 (2018),『기적의 한국경제 70년사』, 북앤피플.

제이 리처즈 (2015),『돈, 탐욕, 신』(송대원 역), 도서출판 따님.

최제민, 김성현, 박상연 (2018), "글로벌 금융위기 이후 한국의 소득불평등 변화에 관한 연구",『경제학연구』, 제66집 제1호, pp. 115-142.

통계청 (2020),『2019년 프랜차이즈(가맹점)조사 결과(잠정)』.

프리드만 (2009),『선택할 자유』, 자유기업원.

한국경제교육연구회 (2011),『스토리시장경제』, 북오션.

한국은행 (2008),『우리나라의 통화지표해설』.

한국은행 홈페이지 경제총계 http://ecos.bok.or.kr/

Alchian, A. and Allen, W. (1983), *Exchange and Production*, 3rd ed. Belmont, California: Wadsworth Publishing Company.

Atkeson, Andrew and Patrick J. Kehoe (2004), "Deflation and Depression: Is There an Empirical Link?"*American Economic Review*, 94(2), pp. 99-103.

An, J. (2018), "Economic Growth and the Role of a National Leader," *Review of Institution and Economics*, 12(3), August, pp. 19−39.

Baumol, W. (2002), *The Free-Market Innovation Machine: Analyzing the Growth Miracle of Capitalism*, Princeton, N.J.: Princeton University Press.

Berggren, Niclas (1999), "Economic Freedom and Equality: Friends or Does," *Public Choice* 100, pp. 203−23.

Blanchard,. O. and Perotti, R. (2002), "An Empirical Characterization of the Dynamic Effects of Changes in Government Spending and Taxes on Output," *The Quarterly Journal of Economics*, November, pp. 1329−1368.

Buchanan, J.M. (1975), *The Limits of Liberty: Between Anarchy and Leviathan*, Chicago: University of Chicago Press.

Cagan, P. (1956), "The Monetary Dynamics of Hyperinflation, in M. Friedman(ed.)," *Studies in the Quantity theory of Money*, Chicago: University of Chicago Press.

Carrol, B. A. (1999), "Corporate Social Responsibility," *Business and Society*, 38(2).

Chen, Y. and Schwartz, M. (2015), "Differential pricing when costs differ: a welfare analysis," *RAND Journal of Economics*, Vol. 45, No. 2, (Summer), pp. 442−460.

Coase, Ronald H. (1937), "The Nature of the Firm," Economica, 4, pp. 436−405.

_____ (1960), "The Problem of Social Cost," *Journal of Law and Economics*, October, pp. 1−44.

_____ (1974), "The Light House in Economics," *Journal of Law and Economics*, October, pp. 357−76.

Cox, W. M. and Alm, R. (1995), "By Our Own Bootstraps," *Annual Report*, Federal Reserve Bank of Dallas, p. 23.

Demsetz, Harold (1967), "Toward a Theory of Property Rights," *American Economic Review*, May, pp. 347−59.

_____ (1968), "Why Regulate Utilities?," *Journal of Law and Economics*, Vol. 11, No.1 (April), pp. 55−65.

_____ (1983), "The Structure of Ownership and the Theory of the Firm," *Journal of Law and Economics*, June, pp. 375−309.

Demsetz, Harold and Kenneth Lehn (1985), "The Structure of Corporate Ownership: Causes and Consequences," *Journal of Political Economy* 93, December, pp. 1155−77.

Demsetz, Harold and Belen Villalonga (2001), "Ownership Structure and Corporate Performance," *Journal of Corporate Finance* 7, pp. 209−33.

Drucker, P. F. (1984), The New Meaning of Corporate Social Responsibility, *California Management Review*, 26, pp. 53−63.

경제학: 시장경제 원리

Evan, W. M. and Freeman, R. E. (1993), "A Stakeholder Theory of the Modern Corporation: Kantian Capitalism," in T. Beauchamp and N. Bowie, (eds.) *Ethical Theory and Business*, 4th Edition, Englewood Cliffs: Prentice Hall, pp. 75－93.

Flynn, John (1948), *The Roosevelt Myth*, Garden City Books.

Fraser Institute (2020), Economic Freedom of the World: 2020 *Annual Report*.

Friedman, D. (1996), *Hidden Order: The Economics of Everyday Life*, Harper Collins Publishers.

Friedman, M. (1962), "The Social Responsibility of Business is to Increase Its Profits," *New York Times Magazine* 13, September.

_____ (1962), *Capitalism and Freedom*, University of Chicago Press.

_____ (1983), *Bright Promises, Dismal Performance: An Economist's Protest*, Thomas Horton and Daughters.

Friedman, M. and Anna J. Schwartz (1963), *A Monetary History of the United states, 1987-1960*, Princeton University Press.

Galles, Gary M. (2019), "너무 큰 정부 감별법"(전현주 역), 자유기업원, 해외칼럼, 9월 26일.

Garrison, Roger W. (2001), *Time and Money*, Routledge.

Gordon, Robert J. (1980), "Postwar Macroeconomics: The Evolution of Events and Ideas," in Martin Feldstein, ed., *The American Economy in Transition* (NBER monograph). Chicago: The University of Chicago Press.

Gwartney, J., Stroup, R., Sobel, W., and Macpherson, D. (2011), *Economics*, 13ed. South－Western.

Hardin, G. (1968), "The Tragedy of the Commons," Science, 162, pp. 1243－1248.

Hayek, F. A. (1937), "Economics and Knowledge," in F. A. Hayek, *Individualism and Economic Order*, University of Chicago Press.

Hayek, Friedrich A. (1948), "The Meaning of Competition," in *Individualism and Economic Order*, Chapter V, Chicago and London: University of Chicago Press, pp. 92－106

Hayek, F. A. (1978), *Denationalization of Money*, 2nd ed. Institute of Economic Affairs.

Hayek, F. (1933), *Monetary Theory and Trade Cycle*, Translated from the German by N. Kaldor and H.M. Croome, London: Jonathan Cape, (Originally written in German as Geldtheorie und onjunkturtheorie (Vienna: Holder－Pichler－Tempsky, 1929).

Hazlitt, H. (1996[1946]), *Economics in One Lesson*, Laissez Fair Books.

Hazlitt, Henry (2018), "4,000년에 걸친 가격 통제"(이상현 역), 미제스와이어, 미제스에세이, 5월 17일.

Heyne, Paul (1983), *The Economic Way of Thinking*, Maxwell Macmillan International Editions, sixth edition.

Higgs, Robert (1997), "Regime Uncertainty: Why the Great Depression Lasted So long and Why Prosperity Resumed after the War," *Independent Review*, Spring, pp. 61–90.

Horwitz, S. (2000), *Microfoundation and Macroeconomics: An Austrian Perspective*, Routledge.

Horiwitz, Steven (2020), "경제학자처럼 사고하기: 가치 있는 것인가?"(조은지 역), 자유기업원, 해외칼럼, 7월 6일.

Jeon, Yoong–Deok and Young–Yong Kim (2004), "Conglomerates and Economic Calculation," *Quarterly Journal of Austrian Economics*, Spring, pp. 53–64.

Keynes, John Maynard (1936), *The General Theory of Employment, Interest and Money*. Macmillan, London.

Kirzner, I. M. (1973), *Competition and Entrepreneurship*, University of Chicago Press.

Knight, Frank H. (1971), *Risk, Uncertainty and Profits*, The University of Chicago Press.

Kuznets, Simon (1965), *Economic Growth and Structure*, W.W. Norton & Company.

_____ (1971), *Economic Growth of Nations: Total Output and Production Structure*. The Belknap Press.

Kydland, F. and Prescott, E. (1977), "Rules Rather than Discretion: The Inconsistency of Optimal Plans," *Journal of Political Economy* 85(3), pp. 473–491.

Landes, W. and Posner, R. (1981), "Market Power in Anti–Trust Cases," *Harvard Law Review*, 94, pp. 937–96.

Lighterman, Ariel (2017), "정부는 아이폰 '독점'으로부터 우리를 구하지 않았다"(이희망 역), 자유기업원, 해외칼럼, 11월 27일.

Lim, Don (2020), "자동화는 더 많은 직업을 만들어낼 것이다"(김경훈 역), 자유기업원, 해외칼럼, 1월 20일.

Mankiw, G. (2010), *Principles of Economics*, 5th ed. (김종석, 김경환 역), 교보문고.

McCulloch, J. H. (1982), *Money and Inflation* 2nd edition, Academic Press.

McMaken, Ryan (2019), "사치품 구매는 불우이웃에게 도움이 된다"(이희망 역), 자유기업원, 해외칼럼, 8월 1일.

McNulty, Paul J. (1968), "Economic Theory and the Meaning of Competition," *Quarterly Journal of Economics* 82, pp. 639–56.

Menger, Carl (1871), *Principles of Economics*, (『국민경제학의 기본원리』, 민경국, 이상헌, 김이석 역, 자유기업원, 2002).

Mises, L. von. (1949[1996]), *Human Action*, 4th ed. The Foundation for Economic Educations, Inc.

_____ (1980[1912]), *The Theory of Money and Credit*, Liberty Press.

_____ (1990[1920]), *Economic Calculation in the Socialist Commonwealth*, Mises Institute.

Mishkin, F. (2017), *The Economics of Money, Banking, and Financial Markets*, 11th ed. Pearson.

Mitchell, Daniel J. (2018), "칠레는 왜 베네수엘라보다 훨씬 더 잘 사는가?"(배진영 역), 미제스와이어, 미제스에세이, 7월 24일.

Mountford, A. and Uhlig, H. (2005), "What are the Effects of Fiscal Policy Shocks?" SFB 649 Discussion Paper 2005−039, July.

Murphy, R. (2010), *Lessons for the Young Economist*, Mises Institute.

Norton, Seth W (2002), "Economic Growth and Poverty: In Search of Trickle−Down," *Cato Journal*, Vol. 22, No. 2, pp. 263−75.

North, Douglass C. and Robert Paul Thomas (1973), The Rise of the Western World: A New Economic History. Cambridge University Press, (『서구세계의 성장: 새로운 경제사』 이상호 역, 자유기업원, 1999).

Peltzman, S. (1975), "An Evaluation of Consumer Protection Legislation: The 1962 Drug Amendments," *Journal of Political Economy*, October, pp. 663−667.

_____ (1975), "The Effects of Automobile Safety Regulation," *Journal of Political Economy*, August, pp. 667−725.

_____ (1976), "Toward a More General Theory of Regulation," *Journal of Law and Economics*, August, pp. 211−40.

Polumbo, Brad (2021), "기후 변화를 빌미로 주유소 신설을 금지한 도시"(이재기 역), 자유기업원, 해외에세이, 6월 18일.

Read, L. E. (1996), "I, Pencil," *The Freeman: Ideas on Liberty*, Vol. 46, No. 5, (『나는 연필입니다』, 이완재 역, 자유기업원).

Reed, L. W. (1998), "Great Myths of the Great Depression," *The Freeman: Ideas on Liberty*, August, Vol. 48, No. 8.

Reed, Lawrence W. (2019), "청교도들이 사유재산권을 찾아 떠난 이유"(이재기 역), 자유기업원, 해외칼럼, 12월 16일.

Ricardo, David (1951[1817]), *On the Principles of Political Economy and Taxation*. Cambridge University Press.

Romer, C. D. and Romer, D. H. (2010), "The Macroeconomic Effects of Tax Changes: Estimates Based on a New Measure of Fiscal Shocks," *American Economic Review* 100, June, pp. 763−801.

Rothbard, Murray N. (2001[1962]), *Man, Economy, and State: A Treaties on Economic Principles*, Ludwig von Mises Institute.

_____ (1996), "Economic Depressions: Their Cause and Cure" in *The Austrian Theory of the Trade Cycle and other essay*. ed. by R. Ebeling, Mises Institute, pp. 65−92.

_____ (1990), *What Has Government Done to Our Money?*, Mises Institute.

Salvatore, Dominick (2019), *International Economics*, 13th Edition, Willey.

Schnabl, Gunther (2016), "Exit Strategies from Monetary Expansion and Financial Repression," *Cato Journal*, Vol. 38, No. 2, pp. 447−465.

Selgin, G. (1988), *The Theory of Free Banking*, Rowman & Littlefield.

Skousen, M. and Taylor, K. (1997), *Puzzles and Paradoxes in Economics*, Edward Elgar.

Smith, Adam (1776), *An Inquiry into the Nature and Causes of the Wealth of Nations*, (『한 권으로 읽는 국부론』, 안재욱 역, 박영사, 2018).

Shostak, Frank (2018), "구매력과 환율"(안재욱 역), Mises Institute. 10월 18일.

Snell, Amanda (2020), "Disney vs Netflix, 승리자는 누구?"(고은표 역), 자유기업원, 해외칼럼, 8월 10일

Sowell, T. (2000), *Basic Economics*, Basic Books.

Stephane, C. et al. (1999), *The Black Book of Communism*, Harvard University Press.

Stigler, George J. (1971), "The Theory of Economic Regulation," *Bell Journal of Economics and Management Science*, Spring, pp. 1−21.

_____ (1975), *The Citizen and the State: Essays on Regulation*, The University of Chicago Press.

경제학: 시장경제 원리

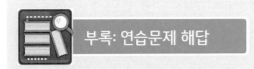
부록: 연습문제 해답

제1장 경제학적 사고방식

02. 수진의 기회비용은 44,000원이다. 콘서트를 보는데 드는 30,000원 역시 기회비용이다. 30,000원으로 다른 활동을 할 수 있는데, 그것으로 콘서트를 보기 때문에 다른 것을 할 기회를 잃었기 때문이다. 그리고 2시간 동안 아르바이트를 하면 14,000원을 벌 수 있는데, 2시간 동안 콘서트를 보기 때문에 14,000원을 벌 수 없게 되었으므로 2시간에 대한 기회비용이 14,000원이다. 그래서 콘서트를 보는 총비용(기회비용)은 44,000원이다.

05. 학생들의 수강 신청 수가 감소할 것이다. 오전 8시는 오전 10시 30분에 비해 아침 일찍 일어나서 부지런히 준비해야 하는 등 불편함이 많다. 이것은 학생들이 수강 신청할 인센티브를 감소시키므로 수강 신청이 감소하게 된다.

06. 이 문제는 한계분석을 강조하는 문제다. 이미 공기오염과 수질오염이 상당히 감소한 상태일 때 오염을 더 줄이는 데 얼마나 비용이 들겠는가? 공기와 수질의 상태가 이미 매우 양호한 상태라면 오염을 줄여서 얻는 이익이 얼마나 될 것인가? 이러한 것들을 생각해봐야 한다.

제2장 시장경제의 기초

01. 거짓이다. 중고차는 기존에 만들어진 자동차로 새로 만들어진 것이 아니지만, 철수의 자동차를 산 사람은 그것으로부터 이익을 볼 것으로 생각하기 때문에 구입한다. 철수 역시 마찬가지고 자동차를 계속 보유하는 것보다 파는 것이 이익이라고 생각하기 때문에 판 것이다. 이 거래로부터 쌍방이 모두 이익을 보기 때문에 두 사람의 복리가 증가한다.

03. 거래비용 때문이다. 식료품비를 절약하기 위해서 농부나 다른 생산자로부터 직접 구입하고 싶으면 자신이 원하는 농산물을 파는 농부나 다른 생산자들을 찾아야만 한다. 그들을 찾기 위해서는 농부와 생산자들에 대한 정보를 수집해야 하고 그들을 방문해야 한다. 자신이 원하는 농산물을 파는 농부와 생산자를 찾는 일에는 많은 비용이 든다. 그래서 직거래를 하기 위해서는 농부나 다른 생산자들과 직거래하는 것으로부터 절약되는 식료품비와 농부와 생산자를 찾는 거래비용을 비교해보아야 한다. 절약되는 식료품비가 탐색비용보다 크면 직거래를 하는 것이고, 그렇지 않으면 중간상인이나, 소매상을 이용하는 것이다. 결국 중간상인은 소비자의 거래비용을 절감시켜주는 역할을 한다.

그뿐만 아니라 중간상인은 많은 위험을 떠맡는 역할도 한다. 생산물이 최종적으로 소비자의 손으로 들어가게 되는 유통구조는 생산물의 특성, 생산자와 소비자의 특성 및 분포 등에 따라 다르다. 생산물의 공급이 불안정할수록, 생산자와 소비자가 널리 분포되어 있을수록 유통구조가 복잡하다. 농산물은 종류가 다양하고 계절마다 다르며 작황에 따라 공급량의 변동이 심하다. 또한 농산물의 생산자와 소비자들은 널리 분포되어 있다. 따라서 농산물의 수급을 일치시키는 일은 매우 복잡하며 손실의 위험이 크다. 게다가 농산물 생산자들은 큰 위험을 감수할 만큼 많은 자본을 소유하고 있지 못하다. 그리하여 여러 사람들이 위험을 조금씩 나누어지는 방향으로 유통구조가 조직되어 다른 생산물에 비해 농산물은 많은 중간단계를 거쳐 소비자의 손에 들어가게 된다.

06. A국가의 자동차 생산의 기회비용은 1/2TV이고, TV 생산의 기회비용은 2자동차다. B국가의 자동차 생산의 기회비용은 4/3TV이고, TV 생산의 기회비용은 3/4자동차다. A국가가 자동차 생산에 있어서 B국가보다 기회비용이 적다. 따라서 A국가는 B국가에 비해 자동차 생산에 비교우위를 갖는다. 반면 B국가가 TV생산에 있어서 A국가보다 기회비용이 적다. 따라서 B국가가 A국가에 비해 TV생산에서 비교우위를 갖는다.

제3장 수요

02. 언뜻 보면 수요의 법칙의 예외인 것처럼 보인다. 그러나 수요의 법칙은 동일한 재화에 적용되는 것이다. 저녁식사로 주로 먹는 것이 고기라고 한다면 삼겹살 가격이 하락할 경우 한 달 동안 쇠고기 대신 삼겹살을 더 먹을 것이다. 식당의 음식값이 내리면 집에서 식사하는 것보다 더 자주 음식점에 가서 식사를 할 것이다. '식사'에는 가격표가 없다. 하루에 먹는 세끼 식사, 즉 아침 식사, 점심 식사, 저녁 식사에 특정 식품의 가격이 변할 경우 어떤 끼니에 무엇을 더 먹을지 결정하는 것이다. 식품가격이 낮다고 해서 하루에 먹는 끼니의 수를 늘리지는 않는다. 그래서 이 경우를 수요의 법칙에 대한 예외라고 할 수 없다.

03. 소주 값이 오르고 소주 소비량이 증가하는 경우는 소주에 대한 수요가 증가하면 그렇게 된다. 사람들이 소주에 대한 선호가 증가했거나 혹은 맥주 값이 올라서 소주에 대한 수요가 증가했을 수 있다. 그렇지만 여전히 수요의 곡선은 우하향하는 것으로 수요의 법칙의 예외가 아니다.

05. 어떤 제품이 비싸다는 평판이 있으면 더 사려고 하는 사람들이 있다. 왜냐하면 그러한 사람들은 친구나 동료들에게 고급품을 소비하는 사람이라는 인상을 남길 수 있다고 생각하기 때문이다. 그러나 비싸다는 평판을 가지고 있는 고급 제품을 사려는 사람들 역시 낮은 가격으로 살 수 있으면 더 많이 살 것이다. 다른 사람들이 모르게 가격을 할인해주면 (그 재화에 대한 고급제품이라는 명성은 유지되므로) 더 많이 팔릴 것이다.

07. 배추 가격이 66% 하락할 때 소비량이 100% 증가했으므로 탄력성은 약 1.5(=100%/66%).

08. 1) 수요가 비탄력적인 경우 정부가 담뱃세를 인상하면 사람들이 담배 구매를 줄이겠지만 담배 구매를 위한 지출은 증가한다. 그렇다고 흡연을 감소시킨다고 볼 수는 없다. 왜냐하면 세금이 오른 후에 흡연자들은 꽁초를 버리지 않고 아껴서 끝까지 피울 것이다. 따라서 담뱃세 인상이 담배 구매량은 줄이겠지만 흡연을 감소시키는 효과적인 방법이라고 할 수는 없다.

2) 어떤 재화에 대한 수요가 비탄력적일 경우 정부가 그에 대해 세금을 올리면 정부의 수입은 증가한다.

3) 흡연을 감소시키는 것이 목적이라면 수요가 탄력적이어야 하고, 재정수입을 올리는 것이 목적이라면 수요가 비탄력적이어야 할 것이다.

10. 아스피린 한 알의 가격에 달려 있다. 아스피린 한 알의 가격이 아주 낮은 100원이라면 50%(다른 재화의 가격상승률에 비해 매우 높은) 올라도 아주 조금 오른 것으로 느낄 수 있다. 그래서 소비자가 크게 반응하지 않을 것이다. 그러나 5배나 50배나 오른 가격에서라면 이야기는 달라질 수 있다. 그 경우에 수요는 탄력적이 될 수 있다. 수요곡선이 선형일 때, 수요곡선상의 각 점에서 수요의 가격탄력성이 어떤지를 생각해보면 쉽게 이해할 수 있다.

제4장 공급

02. 기술의 발전으로 생산비용이 감소하면 공급이 증가하므로 공급곡선이 우로 이동한다.

04. 재화에 대한 수요의 이동에 따른 가격의 반응은 공급의 가격탄력성에 달려 있다. 주택의

공급은 일반적으로 다른 재화에 비해 가격 비탄력적이다. 따라서 국민소득이 증가함에 따라 전반적인 수요가 증가할 때 다른 재화에 비해 주택 가격이 대폭 상승하는 이유는 주택 공급이 가격 비탄력적이기 때문이다.

제5장 수요와 공급의 결합

01. 콩에 대한 수요가 크게 증가해 수요곡선이 우로 이동해 콩의 가격이 상승할 것이다. 이러한 연구결과가 예상되지 않았다면 공급자들이 수요 증가에 따른 가격 상승에 반응하는 데는 상당히 많은 시간이 걸릴 것이다. 이것은 단기에서 콩의 공급곡선이 비탄력적일 것임을 말해 준다. 따라서 비탄력적인 공급 때문에 콩의 가격 상승은 매우 클 것이다.

한편 콩의 가격이 상승함에 따라 토지를 옥수수보다는 콩을 재배하는 데 사용하는 것이 훨씬 가치가 있으므로 옥수수를 재배하는 기회비용이 증가해 옥수수의 공급곡선은 좌로 이동한다. 옥수수 가격이 얼마나 오르는지는 옥수수에 대한 수요의 가격탄력성에 달려 있다. 수요가 매우 비탄력적이라면 옥수수의 가격 상승 역시 매우 클 것이다.

03. 1) 학생들은 자기들뿐만 아니라 다른 잠재적 콘서트 관람자들과 경쟁한다. 그들은 직간접적으로 공연자, 매니저와 프로모터, 티켓 판매자, 그리고 콘서트 홀 소유자와 효과적으로 협동하는 관계다. 티켓을 사려고 줄을 서는 어른들도 마찬가지다.

2) 경쟁적인 경매에서 가격이 결정된다면 결정 기준은 지불의사다. 가장 높은 가격을 제시하는 사람이 티켓을 갖게 된다. 그러나 그렇지 않고 정해진 가격에 구입하도록 한다면 누가 먼저 클릭하느냐에 달려 있다. 오프라인에서의 선착순과 다를 바 없다.

05. 재화의 상대적 희소성은 가격에 반영된다. 상대적으로 희소한 재화의 가격은 그렇지 않은 재화의 가격보다 높다. 따라서 가격을 보면 어떤 재화가 상대적으로 더 희소한지를 알 수 있다.

07. 가격이 올랐음에도 불구하고 판매량이 증가한 것은 수요가 증가했기 때문이다. 우하향하는 수요곡선이 우로 이동하면 가격은 상승하고 소비량을 증가한다. 따라서 우하향하는 수요곡선으로 이러한 결과가 나오므로 수요의 법칙에 어긋나는 것이 아니다.

10. 어떤 재화나 서비스의 가격은 우리가 주관적으로 생각하는 가치와는 상관이 없다. 재화와 서비스의 가격은 수요와 공급에 따라 결정된다. 프로야구선수가 수억원의 연봉을 받는 이유는 프로야구를 관람하는 사람이 많고(즉 수요가 많고), 야구를 잘하는 사람의 수가 적기(공급이 적기) 때문이다. 간호원의 연봉이 프로야구선수에 비해 낮은 이유는 상대적으로 간

호서비스에 대한 수요가 적고, 상대적으로 간호서비스를 제공하려는 사람은 많다. 그리하여 상대적으로 간호원의 연봉이 프로야구선수보다 낮은 것이다.

11. 의사들은 학교를 다닌 연수나 학교를 다니는 데 든 비용에 따라 진료비를 책정할 수 없다. 의사의 진료비 역시 수요와 공급에 따라 결정된다. 우선 의사의 진료비가 대체적으로 높은 이유는 의사의 수가 제한되어 공급이 적기 때문이다. 그리고 의사들의 공급이 제한되어 있는 상태에서 의사들 간의 진료비(소득)의 차이는 특정의사의 진료서비스에 대한 수요에 따라 결정된다. 특정 의사의 진료서비스에 대한 수요가 많으면 진료비(소득)가 오르는 것이다.

제6장 수요와 공급의 응용

02. 1) 감소 2) 감소 3) 감소 4) 증가

04. 월세가 시장 균형수준보다 낮게 책정됨으로써 월세 공급량은 줄어들고 수요량은 증가하여 초과수요가 발생한다. 결국 학생들은 부동산을 하는 아는 사람들을 이용하거나 부족해진 방을 구하러 이리저리 돌아다니는 등, 방 구하기가 이전보다 어려워질 것이다. 가격상한제의 전형적인 사례이다.

제7장 기업

01. A기업과 B기업 간의 거래는 시장거래다. 그러나 정부가 납품가격 하한선을 설정하고 납품업체 선정을 제한하여 기업의 비용이 증가하게 되면 기업은 이렇게 증가한 비용과 부품을 기업 내부에서 생산하는 비용을 비교할 것이다. 그래서 기업 내부에서의 생산비용이 시장거래에서의 비용보다 낮다고 판단하면 A기업은 부품을 기업 내부거래를 통해 조달할 것이다. 또는 자동차부품을 생산하는 외국 기업과 계약을 맺을 것이다. 그렇게 되면 B기업은 부품의 판로를 잃게 되어 문을 닫을 수도 있다.

03. 1) 이윤 = 총수입 – 총비용. 1,000원일 때 이윤은 –200원, 900원일 때 –100원, 800원일 때 0원, 700원일 때 100원, 600원일 때 –200원, 500원일 때 –900원. 따라서 가격이 700원일 때 이윤이 극대화된다.

2)

가격	수요량	생산비용	한계수입	한계비용
1000	3	3200	–	–
900	4	3700	600	500
800	5	4000	400	300
700	6	4100	200	100
600	7	4400	–200	300
500	8	4900	–200	500
400	9	5500	–400	600

한계수입과 한계비용을 계산하여 한계수입이 한계비용보다 큰 경우에까지 생산하는 것이 이윤이 가장 크게 되는 가격이다. 가격이 700원일 때까지는 한계수입이 한계비용보다 크다. 예를 들어 700원일 때 한계수입이 200원이고 그에 상응하는 한계비용이 100원이다. 그리고 가격이 600원일 때 한계수입은 0원이며 그에 상응하는 한계비용은 300원이므로 가격이 600원일 때 한계수입이 한계비용보다 낮다. 그래서 가격이 700원인 경우에 이윤이 가장 크다.

05. 회계적 비용 = 2,000만원 + 5,000만원 + 1,000만원 = 8,000만원

회계적 이윤 = 1억4,000만원 – 8,000만원 = 6,000만원

경제적 비용 = 회계적 비용(8,000만원) + 5,000만원 + 100만원 + 1,000만원 = 1억4,100만원

경제적 이윤 = 1억4,000만원 – 1억4,100만원 = – 100만원 (손실 100만원)

06. 수확체감의 법칙(law of diminishing returns)은 한 가변자원을 고정된 다른 자원에 연속적으로 추가시키면 종국에는 생산량 증가(한계생산물)가 갈수록 적어진다는 것을 말한다. 규모의 비경제는 생산설비를 늘려 생산량이 증가함에 따라 장기평균총비용이 상승해 규모에 대한 보수가 감소(decreasing returns to of scale)하는 것을 말한다.

08. 한 달 동안 정희는 2,000만원의 판매수입을 올렸고, 영순은 1,800만원을 올렸다. 판매수입만 보면 정희가 영순보다 더 나은 가게 운영자인 것처럼 보인다. 그러나 더 나은 가게운영자인지는 이윤으로 판별해야 한다. 만일 정희의 가게 운영비용이 영순보다 커서 정희의 이윤이 영순의 이윤보다 낮다면 정희가 아니라 영순이 더 나은 가게운영자다. 물론 여기서 말하는 이윤은 회계적 이윤이 아니라 경제적 이윤이다. 즉, 명시적 비용뿐만 아니라 암묵적 비용까지 고려해서 이윤을 계산해야 한다는 것이다.

02. 경쟁이다. 맥도날드가 점원의 상냥한 서비스와 매력적인 가격에 맛있는 햄버거를 제공하지 않는다면 사람들은 버거킹이나 롯데리아와 같은 경쟁자로 발길을 돌릴 것이다. 스타벅스도 마찬가지다. 맛있는 커피와 친절한 서비스를 제공하지 않으면 사람들은 엔젤리너스나 탐앤탐스와 같은 경쟁 커피숍을 이용할 것이다. 이마트 역시 편리함과 유용한 것을 제공하지 않으면 사람들은 홈플러스 같은 경쟁자를 찾아갈 것이다.

03. 그렇지 않다. 가격차별로 인해 생산량과 판매량이 증가하는 경우에는 단일가격을 매길 때보다 이득을 보는 사람들이 늘어난다. 그 한 예가 가난한 학생에게 장학금을 주는 것이다. 가난한 학생에게 장학금을 주는 것은 가격차별의 하나라 할 수 있다. 대학은 비탄력적인 수요를 가진 고소득 학생에게 일반적인 높은 등록금을 부과하고 저소득학생에게 장학금을 제공한다. 부유하지 않은 학생에게 일정 장학금을 제공하는 것은 더 탄력적인 수요를 가진 학생들을 끌어들일 수 있다. 이러한 방법으로 저소득 학생들이 높은 등록금으로 인해 대학교육을 받지 못하는 일을 줄일 수 있다.

06. 오를 수 있다. 그러나 그것은 광고가 아파트에 대한 수요에 영향을 미치는 데 성공한 경우에만 그러하다. 아파트를 건설하고 마케팅 하는 비용에 영향을 미쳐서 그런 것이 아니라는 점을 유의할 필요가 있다.

07. 소비자들은 판매자들의 높은 경상비 때문에 물건 값을 더 높게 지불하려고 하지 않는다. 소비자들은 원할 때 빨리 구입하는 데 프리미엄을 지불하려고 한다. 경상비가 높은 작은 편의점은 그러한 편리성을 제공하는 데 특화되어 있다.

09. 가격차별이라고 할 수 있다. 3개의 존의 한계비용이 같다면 3개의 존에 대해 동일한 가격을 매기는 것보다 다른 가격을 매기는 것이 CGV 입장에서는 이윤을 더 증가시키는 전략인 것이다.

제9장 경쟁과 독점

01. 그렇지 않다. 독점기업이라 할지라도 한계수입과 한계비용이 일치할 때까지 생산을 늘릴 것이고, 이 이윤극대화 생산 수준은 기업의 수요 곡선 상에서 보여주는 가격에서 판매될 수 있다. 게다가 독점기업이라고 해서 항상 이윤을 얻는 것은 아니다. 그것은 수요와 기업의 비용 조건에 달려 있다. 한계수입과 한계비용이 일치하는 가격으로 책정해도 수요가

매우 적어 그 가격이 비용을 커버하지 못하면 손해를 본다.

03. 신규진입의 경쟁을 제한하는 것은 우버와 같은 신규진입자와 우버의 잠재적 고객들의 이익을 저해한다. 그러나 진입규제를 요구하는 택시사업자들은 이익을 본다. 그래서 그들은 자신들의 이익을 위해 조직화하여 정부에 로비나 압력을 가해 그러한 규제를 얻어낸다. 이것이 우버와 같은 신규 진입을 금지하는 규제가 생기는 이유다.

05. 학교에서 매일 일정 수의 손님만 받으라고 강제하는 것은 경쟁을 제한하는 조치다. 이와 같이 경쟁을 제한하는 것은 다른 식당들을 보호하기 위해 학생들의 이익을 훼손하는 조치다.

08. 물론 경쟁에 의해 기업이 퇴출됨으로써 일자리나 재산을 잃어버린 사람들에게는 소비자들의 판단이 냉혹하게 느껴질 수 있을지 모른다. 그러나 경쟁에 의한 시장의 창조적 파괴는 인간 사회에서 매우 중요하다. 자원의 희소성 때문이다. 자원의 희소성은 인간이 직면한 근본적인 문제다. 자원의 희소성이 인간 세계에서 피할 수 없는 문제인 한, 사회가 지속적으로 생존 번영하기 위해서는 주어진 자원을 가장 낭비 없이 효율적으로 써야 한다. 자유경쟁은 바로 소비자에게 가장 잘 봉사하고 효율적인 기업에게 희소한 자원의 통제권을 넘기는 장치다. 경쟁이 비효율적인 기업들을 퇴출시킴으로써 자원을 사용하지 못하도록 만들며, 기업들로 하여금 소비자를 만족시키기 위해 값싸고 질 좋은 제품을 생산 공급하도록 한다. 또 새로운 방식과 경영방식을 찾아내게 한다. 그 결과 새로운 일자리가 만들어지고 경제는 발전하게 된다. 따라서 자유경쟁에 의한 비효율적이고 소비자를 만족시키지 못하는 기업의 퇴출은 경제 전체를 위해 바람직한 것이다.

10. 시장점유율을 보면 인텔이 CPU 시장에서 오랫동안 높은 시장점유율을 유지하고 있음을 알 수 있다. 그러나 최근 들어 AMD의 시장점유율이 상승하며 인텔의 시장점유율이 하락하고 있다. 이러한 시장점유율 변화는 CPU 시장이 매우 경쟁적임을 알 수 있다. 기업들은 시장점유율을 높이기 위해 지속적인 경쟁노력을 할 것이다.

제10장 시장의 결점과 정부의 역할

02. 비경합성과 비배제성의 특성을 갖는 재화를 공공재라고 한다. 공공재의 정의에 비춰 교육은 공공재가 아니다. 왜냐하면 교육에 대한 비용을 지불하지 않는 사람을 배제하기가 쉽기 때문이다. 그리고 교육 수혜자와 교육에 대한 비용 부담 간에 일대일 연결이 역시 쉽기 때문이다. 교육은 공공재는 아니지만 어느 정도 공공성을 갖는다. 교육이 사회에 미치는

긍정적인 효과가 있기 때문이다. 그러나 교육에도 기초교육과 전문교육, 고등교육 등 여러 종류가 있다. 공공성은 기초교육에서 고등교육으로 올라갈수록 공공성은 적어진다. 오히려 사적인 수혜가 더 크다. 그러한 점에서 기초교육에는 정부가 지원할 필요가 있지만 사적 수혜가 큰 고등교육까지 정부가 지원하는 것은 옳지 않다. 고등교육에 정부가 개입하고 관여하게 되면 심한 왜곡 현상이 발생하고 교육의 질적 저하가 초래된다. 따라서 고등교육은 정부가 관여하지 말고 민간에 맡겨 수익자 부담의 원칙을 따라야 한다. 이러한 점에서 대학의 반값등록금은 일종의 가격규제이고 대학의 운영을 어렵게 할 뿐만 아니라 장기적으로 대학교육의 질적 저하를 초래할 것이다.

04. 1) 5,000만원의 비용이 든다.

2) 정부가 공해세를 부과하면 기업은 이를 내부화하여 비용을 최소화하려고 하여 공해를 줄이는 비용이 5,000만원 이하가 될 수 있다.

06. 보상해주는 방법이다. 쓰레기처리장을 만들지 않을 경우보다 훨씬 더 형편이 좋아지게 하는 어떤 대가로 주는 것이다. 보통 자신들의 쓰레기를 처리할 만한 부지를 가지고 있지 않은 대도시가 쓰레기처리장을 만들 수 있는 넓은 땅을 가지고 있는 시골이나 소도시에게 입찰을 한다. 대체로 그런 제도는 잘 작동하지만, 가끔 자신들의 토지에 대해 과대평가를 하여 거래가 성사되지 않는 경우가 있다.

제11장 전반적인 경제활동의 측정

01. 25만원. GDP는 일정 기간 동안 생산된 모든 최종재화와 서비스의 시장가치를 반영하기 때문이다.

02. GDP에 포함되지 않는다. 그것은 국내에서 생산된 것이 아니기 때문이다. 지출GDP 계산에서 그 금액이 가계소비에 들어갔다가 수입항목에서 다시 빠진다. 그래서 GDP계산에 아무런 영향을 주지 않는다.

03. 2조원이다. GDP에는 생산과 관련된 거래만 포함되고 주식거래와 금융거래는 포함되지 않기 때문이다.

06. 1) 2019년 GDP는 50억원 증가하고, 2020년 GDP는 전혀 증가하지 않는다.

2) 실제 시장가치인 600만원을 반영하여 2019년 GDP는 10억원 더 증가하는 것으로 수정되어야 한다.

제12장 실업과 인플레이션, 그리고 경기순환

01. 1) 경제활동참가율 = $\dfrac{\text{경제활동인구}}{\text{생산가능인구}}$ = $\dfrac{1800+200}{2500}$ = 80%

2) 실업률 = $\dfrac{\text{실업자}}{\text{경제활동인구}}$ = $\dfrac{200}{2000}$ = 10%

03. 1) 비경제활동 인구에 포함. 따라서 실업자로 분류되지 않음

2) 1)과 마찬가지

3) 15세 이상이고 직장을 구하고 있는 상태. 실업자

4) 생산가능 인구에서 제외. 실업자로 분류되지 않음

05. 하이퍼인플레이션은 급속한 물가 상승을 말한다. 급속한 물가상승은 가격의 신호 기능을 파괴한다. 가격의 신호기능이 파괴됨으로 생산과 소비의 왜곡이 발생해 경제에 심각한 폐해를 일으킨다.

07. 통화량 증가로 인플레이션이 초래된다.

08. 사람들이 저축한다는 것은 침대 밑이나 장롱 속에 넣어두는 것이 아니다. 사람들은 주식이나 채권을 사고 금융기관에 예치해 저축한다. 그렇게 저축된 소득은 다른 사람이 다른 용도의 지출을 하는 데 사용된다. 예를 들어 사람들이 외식을 줄임으로써 소비를 줄이면서 저축을 많이 하고, 다른 사람들이 사무실 컴퓨터를 사기 위해 그렇게 저축된 소득을 빌려간다면 경제전체의 총지출은 감소하지 않는다. 다시 말하면 지출이 소비지출에서 투자지출로 이동하는 것이다. 그러나 외식에 대한 수요 감소가 영향을 미치는 대상(생산과 고용)과 컴퓨터에 대한 수요 증가가 영향을 미치는 대상이 서로 다르다는 점은 유의해야 한다.

제13장 화폐

02. 물품이 화폐로 사용되기 위해서는 내구성, 휴대성, 분할성의 특성을 갖춰야 한다. 금은 그러한 특성을 잘 갖추고 있지만 포도주는 그렇지 못하다. 특히 내구성에서 문제가 있다. 오래 보관하면 상할 수 있기 때문이다.

03. 교환의 매개체는 지불에 사용되는 '자산'을 말하는 것이고 지불수단은 그 자산을 인도하는 '방법'이다. 신용카드와 직불카드는 화폐의 인도를 촉진하는 수단인 지불수단이지 그 자체가 자산이 아니다. 그래서 신용카드와 직불카드는 화폐가 아니다.

06. M1 증가, M2 불변

07. 1) 더 많은 화폐를 가진 개인이 더 부자다.

2) 그렇지 않다. 모든 사람이 더 많은 화폐를 갖게 되었다는 것을 화폐의 공급량이 증가했다고 한다. 화폐공급량의 증가로 화폐의 구매력은 떨어진다. 따라서 모든 사람이 더 많은 화폐를 갖게 된다고 해서 부자가 되는 것이 아니다.

3) 정부가 돈을 찍어서 가난한 사람에게 나눠주면 일시적으로는 가난한 사람을 부자로 만들 수 있다. 그러나 화폐로 구입할 수 있는 재화의 양이 유통되는 화폐의 양만큼 빨리 증가하지 않으면 화폐의 가치는 하락한다. 정부는 다른 사람으로부터 새로 발행한 화폐를 받는 사람에게 일시적으로 부를 이전하는 효과를 낼 뿐이다.

제14장 경제안정화를 위한 경제정책

02. 유휴자원이 많다는 것은 대출해주려고 하는 자금을 원하는 사람이 없어서 그 자금이 그대로 남아 있음을 의미한다. 그래서 정부가 채권을 발행해도 신용을 얻으려는 다른 사람들을 구축하지 않는다. 다른 사람들을 구축하지 않기 때문에 이자율이 오르지 않는다.

04. 고금리가 좋은지 저금리가 좋은지는 말하기 어렵다. 경제에서 바람직한 금리는 간섭받지 않은 대부시장에서 결정되는 이자율이다. 그래야 저축과 투자 사이의 시점 간 균형이 이루어져 경제를 왜곡시키지 않는다. 그렇지 않고 고금리가 이자수입으로 사는 은퇴자에게 높은 소득을 주어서 경제를 자극할 것이란 생각에 고금리 정책을 쓰면 기업의 투자활동을 감소시킨다. 그뿐만 아니라 저금리가 기업 활동을 자극해 경제를 활성화시킨다고 해서 저금리정책을 쓰면 붐과 버스트가 발생해 경제를 불안하게 한다. 경제에서 고금리가 좋다든가 저금리가 좋다든가 하는 논쟁은 바람직하지 않다. 금리를 시장에 자연스럽게 맡겨두는 것이 좋다.

05. 대부분의 제품에 대한 수요가 감소하는 불황기에도 특정 기업의 제품에 대한 수요는 증가할 수 있다. 그러한 기업의 제품 가격은 오른다.

01. 1930년대 대공황의 근본적인 원인은 과다한 통화발행에 있다. 1920년대 미국 정부는 통화팽창정책을 썼다. 1921년 중반에서 1929년 중반까지 통화량이 60% 정도 증가했다. 이러한 통화 증가로 대부자금 시장에서 실질이자율이 떨어졌고, 투자와 소비가 증가하였고, 주가가 상승하여 경제가 붐을 이루었다. 그러나 통화량 증가로 인해 인플레이션이 발생하자 1929년 후반에 들어 미국 연방준비는 통화량을 줄이기 시작하였다. 3년 동안 약 30%를 줄였다. 갑작스런 통화량 감소로 경제가 침체에 빠졌다. 1929년 버스트는 인위적인 통화팽창정책 때문에 결국 일어날 수밖에 없는 현상이었다. 그에 따라 생산이 줄고, 실업이 증가했으며, 잘못 투자된 자본재들이 처리되어야만 하는 불황이 왔다. 거기에 스무트-홀리 관세법과 같은 보호무역정책과 뉴딜정책이란 명목으로 도입된 인센티브를 없애는 조세, 생산과 경쟁에 대한 통제, 곡물과 가축의 무의미한 파괴, 강제적인 노동법 등으로 불황이 심화되어 대공황으로 발전하였다.

   2008년 금융위기의 근본적인 원인도 통화정책의 잘못에 있다. 미국의 연방준비이사회는 2001년 911테러, 기업의 회계 부정 등 일련의 충격으로 경제위기가 올 것이라 예상하여 저금리 정책을 썼다. 연준이 우려했던 위기는 오지 않았지만 연준은 계속해서 저금리 정책을 고수했다. 저금리 정책은 유동성 과잉을 낳았고, 돈이 주체할 수 없이 많아진 금융기관들은 경쟁적으로 대출을 늘렸다. 신용등급이 낮은 사람들에게조차도 주택대출을 해주었다. 대출 경쟁으로 모기지 금리가 낮아졌고 주택에 대한 수요가 급격하게 증가하여 주택가격이 급등하였다. 연준에 의해 인위적으로 낮아진 이자율이 소비자들과 금융회사들에게 잘못된 신호를 보냄으로써 엄청난 자원을 주택부문으로 이동시켰으며, 부동산 가격을 가파르게 상승시켜 거품을 만들었다. 이러한 과정은 정부가 손실을 보증해주는 국책 모기지 회사인 패니매와 프레디맥이 주택저당증권의 규모를 확대하는 데만 열중함에 따라 더욱 증폭되었다. 경제 전체적으로는 단기적으로 호황과 번영을 누렸다. 그러나 그와 같은 부동산 가격의 거품과 호황은 충분한 자원이 확보된 상태에서가 아닌 사상누각임이 드러났다. 그래서 터지고 붕괴될 수밖에 없었다. 금리가 오르고 주택 수요가 감소하였다. 주택가격이 하락하여 모기지 원금에도 못 미치게 되는 경우가 많아졌다. 그러자 대출부도가 일어나기 시작하였고, 베어스턴스, 리먼브러더스 등과 같은 투자은행들이 문을 닫게 되었다.

   따라서 2008년 글로벌 금융위기와 1930년대 대공황이 발생한 원인의 공통점은 과다한 통화팽창이라 할 수 있다.

03. 통화스왑은 한국의 금융시장을 안정시키는 데 기여했다. 당시 한국은 외국자본이 급격히 빠져나가면서 외환보유고가 점점 줄고 있는 상황이었다. 외환을 충분히 확보하지 못하면 외환위기에 빠져 국가부도의 위험에 빠질 수도 있었다. 그러한 것을 예상하는 투자자들이

한국 시장에서 급격히 빠져나가면서 금융시장이 더욱 불안해졌었다. 미국과의 통화스왑은 이러한 추세를 막았다. 한국이 미국과의 통화스왑으로 충분한 외환을 확보할 수 있다고 생각한 투자자들이 서둘러 한국시장을 빠져나갈 필요가 없어졌기 때문이었다.

제16장 경제성장

01. 그렇지 않다. 경제성장은 사람들이 원하는 것이 확장된다는 것을 의미한다. 경제가 성장하면서 사람들은 오염방지 장치, 공원, 숲을 재건하는 계획 등과 같은 환경을 개선하는 것들을 원한다. 따라서 경제성장이 환경의 질을 떨어뜨리는 것이 아니다. 그리고 선진국일수록 환경의 질이 좋다.

03. 개발원조가 반드시 후진국의 경제를 성장시킨 것은 아니다. 보통 원조는 시장의 힘보다는 정치적 고려에 따라 이뤄진다. 따라서 원조가 집권층의 권력을 유지하는 데 유입되고 권력자 개인의 수중에 들어가 경제개발이 이용되지 않는 사례가 많다. 그뿐만 아니라 해외원조가 오히려 산업을 파괴시키는 부작용도 낳을 수 있다. 부유한 국가들이 후진국들에게 잉여농산물을 제공했을 때 그로 인해 후진국의 시장이 파괴되고, 장기적으로 농산물 생산능력마저 파괴된 사례가 많다.

    많은 아프리카 국가들이 원조에도 불구하고 후진국을 벗어나지 못하고 있는 반면, 한국과 같이 원조를 받고 경제성장을 이뤄 선진국이 된 국가도 있으며, 홍콩이나 싱가포르처럼 전혀 원조를 받지 않고도 경제성장을 이룬 나라들도 있다.

    원조를 받은 나라들 중 경제성장을 이루지 못하는 공통적인 특징은 경제적 자유와 관련된 제도가 잘 마련되지 않은 점이다. 그들 대부분은 투자를 통제하고, 무역을 억제하며, 부패한 정치시스템을 보유하고 있다. 그러한 잘못된 제도로 인해 경제성장이 잘 이뤄지지 않은 것이다. 아마도 전반적인 제도적 변화가 이뤄지지 않는 한 경제성장을 이루기 어려울 것이다.

05. 제도적 환경이다. 재산권을 보호하고 계약을 공정하게 집행하는 사법제도, 교환의 자유, 적은 규제 등이 중요하다.

제17장 정부의 역할

01. 국민들의 생명, 신체, 자유, 그리고 사유재산 보호하는 것, 자유경쟁을 보호하는 것, 그리고 화폐가치를 안정시키는 것.

03. 을의 입장에서 갑이 '즉시배달'을 제안한다면 을은 '전량구매'를 선택할 것이다. 왜냐하면 '전량구매'할 때 수익이 2이고, '부분구매'할 때 수익이 1이기 때문이다. 그리고 갑이 '늦게 배달'을 제안한다면 '부분구매'를 선택할 것이다. '전량구매'할 때 수익이 −5이고, '부분구 매'할 때 수익이 −1이기 때문이다. 따라서 을은 지배적인 전략이 없다고 할 수 있다.

　　갑의 입장에서 보자. 을이 '전량구매'를 제안하면 '늦게 배달' 전략을 선택할 것이다. '즉 시배달'할 경우 수익이 3, '늦게 배달'하는 경우 수익이 4이기 때문이다. 을이 '부분구매'를 제안하면 역시나 '늦게 배달' 전략을 선택할 것이다. '즉시배달'의 경우 수익이 1이고, '늦 게 배달'의 경우의 수익이 2이기 때문이다. 따라서 갑의 지배적인 전략으로 '늦게 배달'하 는 것이다.

　　여기서 내쉬 균형점은 (늦게 배달, 부분구매), 즉 (2, −1)이 된다. 누구든 그 위치에서 움직 이면 손해가 나는 지점이 내쉬균형이기 때문이다. 갑의 지배적인 전략은 '늦게 배달'하는 것이기 때문에 갑은 '늦게 배달하는 것을 선택할 것이다. 그러면 을은 손해가 덜 나는 '부 분구매'를 선택할 수밖에 없다. '부분구매'의 경우 수익이 −1, '전량구매'의 경우 수익이 −5 이기 때문이다.

제18장 국제무역

02. 정치적인 요인 때문이다. 시장을 개방하면 비교우위가 있는 산업은 성장하고 그렇지 않은 산업은 쇠퇴한다. 그러나 그 과정에서 사양 산업(declining industries)이나 그동안 보호되던 산업에 속한 기업과 근로자들은 자신들의 존립을 연장하려고 정치권에 압력을 가해 무역 장벽을 만든다.

04. 값싼 일본 제품이 들어오면 소비자들을 이롭게 하지 않은가? 그뿐만 아니라 이러한 제품 은 국내 기업들에게 경쟁압력을 가해 국내 기업들의 경쟁력이 높아질 수 있다. 우리나라 가전제품이 세계 최고의 경쟁력을 가진 것은 수입자유화를 했기 때문이다.

05. 참이다. A국이 관세를 부과하면 A국으로의 다른 국가들의 수출이 준다. 그것은 그들이 A 국으로부터 얻는 화폐수입이 감소한다는 것을 말한다. 그리하여 그들은 A국 수출품들의 구매를 줄여야 한다. 즉, A국의 수출도 감소한다.

01. 미국에서 법인세를 인하하고 한국에서 법인세를 인상하면 한국에 대한 투자는 줄고 미국에 대한 투자는 증가할 것이다. 한국에 대한 투자 감소는 원화에 대한 수요 감소로 이어지고 미국에 대한 투자 증가는 달러에 대한 수요 증가로 이어진다. 그래서 미국의 달러 가치는 상승하고, 한국의 원화 가치는 하락할 것이다.

03. 1) 무역적자는 수입이 수출을 능가할 때 발생한다. 이것은 한 국가가 교역 국가들보다 빨리 성장하기 때문에 발생한다. 급속한 국내 성장은 수입을 자극한다. 반면 외국의 저조한 성장은 그 국가의 수출품에 수요를 줄인다. 따라서 한국에서 불황이라면 한국에서 수입이 줄기 때문에 경상수지적자 규모가 줄어든다.

2) 한국에서의 투자매력도가 감소하면 한국에 대한 외국인들의 투자가 감소한다. 투자 감소는 자본의 유출을 야기해 원화가치의 하락을 유도한다. 원화가치 하락으로 수출이 증가하게 되므로 경상수지적자 규모가 감소한다.

3) 외국에서의 투자기회가 발생하면 2)와 마찬가지로 한국에서 자본유출이 발생해 원화가치가 하락하고 그로인해 수출이 증가해 경상수지 적자 규모가 감소한다.

안재욱

현재 경희대학교 경제학과 명예교수

미국 오하이오주립대학교 경제학박사

경희대학교 교수와 부총장, 한국하이에크소사이어티 회장, 한국제도경제학회 회장, 한국경제신문
객원논설위원 역임

주요 저서로『화폐와 통화정책』,『세계경제를 바꾼 사건들 50』(공저),『자본주의 오해와 진실』(공저),
『흐름으로 읽는 자본주의 역사』,『새경제학원론』(공저),『시장경제와 화폐금융제도』,『응답하라! 자
유주의』,『얽힌 실타래는 당기지 않는다－시장경제와 정부의 역할』,『피케티의〈21세기 자본〉바
로읽기』(공저) 등이 있으며, 역서로는『한 권으로 읽는 국부론』,『도덕 감성』(공역),『화려한 약속 우
울한 성과』(공역) 등이 있음.

김영신

계명대학교 경제통상학부 국제통상학전공 조교수

미국 조지메이슨대학(George Mason University) 경제학박사

현, 한국하이에크소사이어티 회장

현, 한국제도경제학회 이사 겸 편집위원

한국경제연구원 연구위원

국무총리실 정부업무평가위원회 전문위원

행정자치부 지방공기업 혁신단 위원

보건복지부 국민연금위원회 위원

주요 저서 및 논문으로는,『경제학－시장경제의 원리』,『Public Choice and the Modern Welfare
State』(공저),『한국의 환경종합지수』, "On the stability of U.S. politics: post－sample forecasts and
refinements of the Congleton－Shughart models of Social Security and Medicare benefit levels",
"The Effect of Regulation on Public Debt from the Perspective of Interest Groups" 등이 있음.

제2판
경제학: 시장경제의 원리

초판발행	2019년 3월 8일
제2판발행	2022년 2월 25일
지은이	안재욱 · 김영신
펴낸이	안종만 · 안상준
편 집	박송이
기획/마케팅	조성호
표지디자인	이소연
제 작	고철민 · 조영환
펴낸곳	㈜ **박영사**
	서울특별시 금천구 가산디지털2로 53, 210호(가산동, 한라시그마밸리)
	등록 1959. 3. 11. 제300-1959-1호(倫)
전 화	02)733-6771
f a x	02)736-4818
e-mail	pys@pybook.co.kr
homepage	www.pybook.co.kr
ISBN	979-11-303-1419-8 93320

copyright©안재욱 외, 2022, Printed in Korea

정 가   24,000원